성서입문

Translated by
Prof. Ee kon Kim and Sung Kyu Hwang from the English
HANDBOOK TO THE OLD AND NEW TESTAMENT
Written by Claus Westermann
Augsburg Publishing Hosue Minneapolis, Minnesota 1967
Korea Theology Study Institute

성서입문

초판 1쇄 발행 / 1975년 5월 5일
23쇄 발행 / 2019년 2월 22일

저 자 / 클라우스 베스터만
역 자 / 김이곤 · 황성규 역
펴낸이 / 김성일
펴낸곳 / 한국신학연구소

등록 / 제 5-25(1973. 6. 28)
주소 / 03752 서울시 서대문구 경기대로 55
전화 / 02)738-3265 팩스 / 02)738-0167
E-mail / ktsi@chollian.net
홈페이지 / http://ktsi.or.kr

값 25,000원

ISBN 89-487-0002-2 93230

성서입문

클라우스 베스터만
김이곤 · 황성규 공역

한국신학연구소

추천의 말씀

저자 베스터만은 서독의 하이델베르크 대학의 구약교수로서 세계적인 학자다. 목회생활 십여 년의 경험 뒤에 신학부 교수로 전직한 그는 신학생들이 성서에 대한 전체적인 지식이 없는데 놀랜 나머지 이 책의 내용과 같은 강좌를 열므로 신학교육에 새로운 전기를 마련했다. 그 결과로 이 책을 세상에 내어 놓으므로 세계의 많은 신학대학에서 신학을 시작하기에 앞서 이 책을 중심으로 성서의 세계를 포괄적으로 보고 알게 하는 교재로 사용하게 됐다.

이 책은 신·구약을 함께 조직적으로 한 눈으로 볼 수 있게 분류했을 뿐 아니라 최근 성서학의 정설화된 분석을 바탕으로 했기 때문에 성서의 내용을 통관(通觀)할 수 있을 뿐 아니라 성서학의 기본적인 지식을 함께 알 수 있도록 꾸민 책이다. 그러므로 수십년 내에 볼 수 없었던 표준적인 성서 안내서라는 정평(定評)을 받고 있다.

신학을 분과적으로 배우기에 앞서서 성서의 기본적인 지식과 그것을 바르게 보는 눈을 뜨게 하는 일이 앞서야 할 것을 통감하던차 이 책을 발견하여 우리 신학계에 내놓게 된 것은 다시 없는 기쁨입니다.

이 책은 신학을 전공하려는 초반기의 신학생들에게 교재로 쓰기에 다시없이 적절할 뿐 아니라 교회에서의 성서연구 지도나 성서에 관심하는 그룹들이 교재로서 사용하면 성서이해에 큰 변동이 올 것을 의심치 않는다. 그러므로 성서의 참 뜻을 알고 연구하려는 이들에게 자신을 갖고 권하는 바이다.

한국신학연구소장
안 병 무

구약성서입문

목차

도표

이스라엘 역사의 주요 연대표

B.C. 1350년 이후	이스라엘 지파들의 가나안 점령 시작	
B.C. 13세기	애굽억류 및 애굽탈출	미리암의 노래
B.C. 1200년경	지파들의 세겜회의(여호수아)	출애굽과 땅점령 전승들
B.C. 1100년경	점령기 말기	
B.C. 12-11세기	사사시대	J와 E배후 자료들: 계약의 책
B.C. 1005년 /4년경	사울	
B.C. 1000-961년경*	다윗	시집의 시작
		계약제의 설화(삼상 4-6; 삼하 6)
B.C. 961-922년경	솔로몬	J학파의 자료형성
B.C. 922년경	왕국분열 이스라엘: 922-721	
	유 다: 922-587	

* 다윗—시드기야에 이르는 왕들의 연대는 W.F.Albright의 입장(*Bulletin of the American Schools of Oriental Resarch*, Dec. 1945, pp.16-22)을 따랐고 나머지는 저자 Westermann의 입장(*Evangelisches Kirchenlexikon*, Göttingen, 1958. Vol.11, pp.418-422)을 따른 것임. R.H. Boyd의 해설임.

이스라엘 왕들		유다왕들		
B.C. 922-901년경	여로보암 I			
B.C. 9세기		B.C. 922-915년경	르호보암	엘로힘 학파의 자료의 기원?
B.C. 876-869년경	오므리(사마리아 설립)			
B.C. 869-850년경	아합(엘리야 시대)	B.C. 873-849년경	여호사밧	
B.C. 849-842년경	여호람	B.C. 849-842년경	여호람	
B.C. 842-815년경	예후(혁명)	B.C. 837-800년경	여호아스	
B.C. 786-746년경	여로보암 II(아모스)	B.C. 783-742년경	웃시야	아모스, 호세아
B.C. 735-734년경	아람—이스라엘 전쟁 이사야 활동초기	B.C. 735-715년경	아하스	
B.C.721년경	사마리아 함락 앗수르인의 추방			
		B.C. 715-687년경	히스기야(미가. 701년 산헤립에 의한 예루살렘 포위. 이사야 활동 제2기)	미가 이사야
		B.C. 640-609년경	요시아	
		B.C. 639-621년경		스바냐 · 나훔
		B.C. 626-621년경	예레미야 활동초기	
		B.C. 621년	신명기적 개혁	신명기

B.C. 609-598년경	여호야김 (예레미야 활동 제2기)	하박국 예레미야(원전)
B.C. 598년	여호야긴(제1차 포로)	
B.C. 597-587년	시드기야 (예레미야 활동 제3기)	
B.C. 593-571년	에스겔의 활동	에스겔의 운명
B.C. 587년	예루살렘 함락	
B.C. 587-538년	바벨론 포로	애가
B.C. 546-539년		제2이사야, 제사 문서?
B.C. 538-519년		제3이사야
B.C. 520년	학개와 스가랴의 활동	학개, 스가랴 1-8
B.C. 515년	성전 헌당	
B.C. 460년경		말라기
B.C. 450-430년경	에스라와 느헤미야 활동	에스라, 느헤미야
B.C. 4세기		요나, 욥
B.C. 4-3세기		요엘, 역대기사가의 역사
B.C. 332년경		스가랴 9-14
B.C. 3세기		잠언(부분적 형성)
		아가(완성형)
B.C. 250년경		전도서
B.C. 170-160년		에스더, 다니엘
B.C. 167-63년	마카비 시대	쿰란 경전

서론

성서입문의 목적

최근 몇 세대 동안은 그리고 오늘날에 와서는 더욱 우리가 살고 있는 이 세계와 성서의 세계 사이에 일어나는 부조화 현상이 어느 때보다 더욱 증대되었다고 생각된다. 이러한 현상은 결코 성서 언어가 오늘날에 와서는 매우 애매 모호한 것으로 이해되고 있다는 사실 때문이거나, 아니면 전문 용어들의 범람으로 인하여 성서언어에 대한 센스가 둔화되었기 때문에 생겨난 현상은 아니다. 오히려 그것은 우리들의 사고 방식과 생에 대한 평가가 공동체나 개인 생활 양식의 변화, 또는 자연과학의 영향 때문에 최근 몇 세대 동안 크게 수정을 받게 되었다는 사실 때문이라 하겠다.

그러나, 이러한 부조화 현상이 증대되었다고 해서 성서의 말씀이 이젠 우리에게 아무런 의의가 없게 되었다는 것은 아니다. 왜냐하면, 세상 끝날 때까지 우리와 함께 하시겠다는 예수 그리스도의 약속은 결코 수정되지 않았기 때문이다. 그러나 성서의 세계와 성서의 언어가 우리의 세계와 우리의 일상언어로부터 점점 소외되어간다는 것은 성서와 친숙해지려는 새로운 운동에 대한 하나의 도전임이 분명하다.

이 "성서입문"은 이러한 시점에서 큰 도움이 될 것이다. 또한 이 책은 개혁자들의 개혁원리에 기초를 두고 있다. 즉 *sacra scriptura sui* *interpres** 이 말은, 곧 성서의 말씀에 진지하게 접근하려는 사람이면 누구나, 그가 성서의 소리에 진지하게 귀를 기울여 그 속에 파고 들면 들 수록 그리고 성서에 친숙해지면 질 수록 그 성서 자체가 친히 명백하고도 정확하게 말해주고 있음을 발견하게 된다는 뜻이다. 즉 성서 각 책들을 있는 그대로 순수하게 친숙해져서 그 기초적인 이해를 습득한다는 것은 성서 전체의 문맥을 파악한다는 관점에서도 그렇고 성석 각 책을 개별적으로 이해하는 데도 필수적인 일이다.

이런 점에 있어서 이 "성서입문"은 성서에 새롭게 친숙해지려는 사람들에게 매우 큰 도움을 줄 것이다. 물론 이 책 표제가 암시하고 있는 대로 성서에 대한 완전하고도 철저한 지식을 이 책이 제공해 주는 것은 아니다. 여러 가지 세부적인 문제에 대한 주석과 신학적 해석은 가르치는 분이 덧붙여야 할 것이다.

또한 이 "성서입문"은 성서지리에 관해서는 약간의 안내 역할만을 할 수 있을 뿐이다. 물론 성서를 가르친다 할 때는 주석이 동반되어야 한다. 왜냐하면 주석이 동반되지 않은 성서지식은 하나의 착각이 되기 쉽기 때문이다. 그러나 이 책에서는 성서 각 책에 대한 서론적 안내, 특히 각 책의 기원에 관해서도 다소간 다루어 보겠다. 그리고 가능한 한 주석이나 서론에 관한 문제들은 눈에 띄지 않도록 배후에 남겨 놓겠다.

최근 수십년 동안에 나타난 성서 주석서들의 특징은 성서 본문의 글자 한자 한자에 얽매이지 않는다는 점이다. 그러므로 우리는, 성서에 친숙해지기 위해서라면 성서가 전하는 메시지 "전체"의 문제가 우리 자신의 문제가 되도록 그 전체 메시지의 초점이 되는 문제에 집중해 들어가도록 해야 할 것이다.

성서를 전체로든 부분적으로든 진지하게 접근해 들어가서 각 책들

---

* 성서는 그 자신의 해석자이다.

이 가진 통일된 특징을 이해하려고 할 때는, 이미 내려진 결론 즉 성서 속에 나타난 하느님의 말씀은 그 전부가 "회중"에게 주신 말씀이라는 결론에 다다르게 된다. 이 경우는 성서를 주요 대목별로 나누어 보든, 각 책들을 따로 보든, 혹은 각 책의 부분 부분을 따로 떼어내어 보든 마찬가지다. 성서는 처음부터 마지막까지 비록 전체의 역사가 다양하고 복잡하다 해도 나사렛 예수에 관한 설명에 초점을 두고 전체를 이끌어 가고 있다. 즉 성서 각 책들은 이러한 전체적인 설명과 관련해서 그리고 그 중심적인 메시지와 관련해서만 바르게 이해될 수 있다.

본격적인 성서 연구는 여기에서는 지면 관계로 거의 회피하겠으나 성서연구에 있어서 꼭 필요한 그 기본방향은 강조될 것이다.

예컨대 창세기 1-3장에 나타난 창조설화로부터 시편의 창조 찬양, 욥기 38장 이하, 제2이사야 그리고 창조에 관한 신약의 기록에 이르기까지를 한 줄로 꿰어 연속성이 있게 읽도록 방향을 잡아 주어야 할 것이다.

창세기 3-4장과 6-9장에 나타난 인간의 죄에 관한 이야기는 역사서나 시편에서, 그리고 무엇보다 예언자의 고발장들과 신약성서에서, 개인의 죄와 사회적 죄라는 두 개의 평행선을 따라 계속 전개되어 간다(신약에서는 갈라디아서, 로마서, 기타 다른 책들).

창세기 12장 1-3절의 축복의 약속으로부터 시작한 한 가닥의 축복선(線)은 족장의 역사를 꿰뚫고 지나가서 신명기, 시편, 그리고 신약에 이르기까지 계속해서 흐르고 있다.

"갈대 바다"*에서 경험한 구원체험은, 그리스도 안에서 성취된 최종적인 구원행위에까지 이르는 "일련의 하느님의 구원행위"를 알려주

* 출 13:18에 나오는 yôm sûf이라는 히브리 말의 더 정확한 번역이다(흔히 "홍해"라고 번역된다(譯者 註). 마소라 본문에 따른 성서의 새 번역, "율법서"(The Torah), Philadelphia, *Jewish Publication Socity*, 1962를 참고할 것.

는 관문이 된다. 동시에 "중보자의 역사"도 출애굽기의 첫 장에서부터 시작해서 제2이사야의 "고난의 종"의 노래에까지 이러렀다가 마침내는 그리스도에까지 이른다.

창세기 4장의 제단 설치와 아브라함의 희생제사에서부터 희생제사와 제단의 역사가 된다. 동시에 이것은 전 구약을 관통하여 마침내 그리스도의 궁극적 희생을 지시하는 데까지 뻗어 내려간다(히브리서를 비교할 것). 그리고는 그 옛 희생제사는 예수 그리스도의 "단 한 번의 희생"에 모든 것을 내 맡긴 채 그 옛 기능을 완료시켰던 것이다.

사울과 다윗이 세운 "왕국"으로부터 시작해서 극단적으로 전개되어 나가는 남 · 북 왕조의 역사와 그 두 왕조의 붕괴역사를 보면서 우리는 또한 장차 오실 또 한 분의 왕에 대한 "기대"가 얽혀 들어오는 것을 보게 된다. 즉 메시아적 희망과 그 희망이 나사렛 예수 그리스도라는 칭호 안에서 성취되는 것을 깨닫게 된다.

이러한 방법을 따라 우리는 모든 사상계열들을 조심스레 더듬어 가야 하며 그런 후에 구약과 신약 전체에 관한 지식을 얻으려고 해야 할 것이다. 그러나 이러한 것들은 "성서"라는 한 권의 편집물 속에 들어와서 통일된 하나의 사건으로 나타나는데. 즉 하느님께서 그의 민족과 더불어 이끌어 가시는 "역사" 속에 한 개인이 차지하는 역할 또는 성령, 신앙, 율법, 은총과 분노 약속과, 성취, 그리고 예배, 기도, 고백을 통한 인간의 응답 등과 같은 기본 개념들이 그 속에 포함되어 있다. 그러므로 성서 한권, 한권을 소개할 때는 성서문서들의 횡단면을 잘라서 개개의 부분들을 전체와 연결시켜 주는 방법을 수반해야 한다.

이런 점에 있어서나 다른 많은 점에 있어서 이 "성서입문"은 진지하게 성서에 접근하려는 사람들에게 훌륭한 안내자가 될 것이며 성서에 접근하는 기초적 과정을 일러 줄 것이다. 일단, 성서에 친숙해져서 혼자서 성서 연구에 열중할 수 있게 되면 성서를 주입식으로 암기하는 방법은 내어 버려도 좋을 것이다.

성서의 통일성

성서 전체를 개괄적으로 살펴 볼 때 우선, 구약은 적은 분량을 가지고 있는 신약과 나란히 놓여 있는 방대한 분량을 가진 책이다.

이 두 권의 책은 모두(지도에서 나타나듯이), 독립된 영역으로 보이는 많은 좁은 영역들이 하나의 더 큰 덩어리의 통일체로 뭉쳐져 구성된 것이다. 즉 신·구약의 모든 문서들은 현재의 모습과 같이 수집, 편집되기 전에는 각기 독립된 책들이었다.

지도란 것을 생각할 때 한 평면 위에 그려진 하나의 "역사적 표현"으로 볼 수 있는 것과 꼭 같이, 성서 문서들을 피상적으로만 다룰 수밖에 없는 이 성서통독은, 성서의 기사들을 완곡하게만 표현할 때는 단지 하나의 풍자가 될 수밖에 없는, "역사"라고 하는 것을 끊임 없이 바로 보도록 이끌고 간다. 이 역사를 통하여 볼 때만 비로소 성서의 여러 문서들과 책들을 바르게 읽을 수 있다. 이렇게 함으로써만 성서 각 책들과 문서들의 의의를 바르게 이해할 수 있다.

루터는 성서를 번역할 때 신·구약 성서의 내용을 역사서, 교훈서, 예언서로 구분하였다. 그러나 이러한 구분은 단순한 하나의 피상적 일람표에 불과하다. 왜냐하면 이러한 목차로 구분된 그 책들은 본래는 훨씬 더 다양한 성격을 갖고 있던 것이기 때문이다. 이러한 사실은 그 책들을 더 조심스레 검토해 보면 명백하게 알 수 있다.

신구약 성서에는 설화적이고도 역사보도적인 성격의 책들로 구성된 한 개의 "그룹"이 있다. 바로 그것이 전체 편집의 근간이 되며 동시에 모체가 된다 할 수 있다. 이 그룹에 속하는 것으로는 오경과 복음서를 들 수 있다. 성서를 읽는 독자는 신구약 모두의 가장 근본적인 자료가 되는 이 그룹을 주의해서 관찰해야 하고 그것이 성서의 고유한 화법임을 잊지 말아야 한다. 즉 그것을 가리켜서 일반적으로

"설화"(story)라고 부른다. 신구약이 모두 이 점에서 동의하고 있다는 것은 결코 하나의 우연이 아니다. 그것이 신구약 모두에게 본질적인 역할을 한다. 그러나 이 이외에는 공통된 점을 많이 가지고 있다. 즉 신구약은 옛 계약과 새 계약에서 하느님의 역사가 어떻게 밝히 드러났는지를 말해 준다. 즉 신·구약 모두의 중심점에는 계약을 맺고 그 계약을 성취하신 신의 구원행위에 관한 설화가 자리잡고 있다.

성서란 현대적 감각에 꼭 들어 맞는 역사적 보도는 아니라 하겠다. 오히려 그것은 성서에서 말하고 있는 분들의 신앙고백에 대한 증거라 하겠다. 특히 오경의 대부분과 복음서가 구성화고 있는 역사에는 상당수의 개인적 사건들이 있다는 사실도 이것과 밀접한 관련을 갖고 있는 것이다. 게다가 어떤 설화들은 문자적 일치를 이루지 못하고 있다. 즉 어떤 것들은 최초의 보도가 흔히 가질 수 있는 "특색"이 뚜렷이 드러나 있는 것들이 있다.

오경과 복음서 사이에 다른 점이 있다면, 복음서가 가지고 있는 첫 보고들은 각 복음서로 나뉘어 가지런히 나타나 있는 반면에 오경의 첫 보고들은 "하나의 설화" 속에 함께 섞여 얽혀 있다(신명기 만은 다른 것과 병행해서 독립된 설화로 남아 있다). 그러나 이러한 점에서 볼 수 있는 오경과 복음서 사이의 유사점은 참으로 밀접해서(마치 제4복음서가 다른 공관 복음서들과 가지는 관계처럼) 신명기도 하나의 특수한 위치를 차지하고 있다.

이 밖에는 다른 점들이 비슷한 점들보다 더 많다. 신약을 보면 복음서 다음으로는 사도들의 행적 즉 주요 사건들을 따라 기록한 역사가 연결되어 있어서 예수 그리스도의 제자들이 세상에서 어떻게 살았느냐 하는 것을 이야기 해준다. 그러나 구약으로 가 보면 오경 다음으로는 여호수아로부터 열왕기에 이르는 이스라엘 역사에 관한 기사들이 연결된다. 이 부분을 옛날에는 "전기 예언서"라 했다. 이 명칭은 이 역사 과정에서 직접 나타나는 예언자들 뿐만 아니라 그들을 통하여 선포되는 하느님의 말씀에 대하여 결정적인 의의를 제공해 주는 명칭이다. 역대기 역사가(chronicler)의 기록들(역대상/하, 에스라, 느헤미야)은 그 다음에 따라 오는데 그것들은 고대의 배열에 의하면 역사서에 속하지는 않았고 경전의 제3부에 속하는 "성문서"(聖文書, the Writings)에 속했다. 그것은 본질적으로 다른 성격의 여사적 진술이기 때문에 그렇다. 구약에서 역사서라고 말할 수 있는 것은 포로기로서 끝이 난다.

신약에서는 사도행전 다음에 "서신"(書信)들이 뒤따라 온다. 그리고 구약에서는 "전기 예언서" 다음에 "예언서"들이 따라 온다. 신약의 "서신"과 구약의 "예언서" 사이의 상응점이 있다고 한다면 그들 모두가 사도의 메시지와 사도의 직임에 관심하고 있다는 점을 들 수 있다. 그들이 선포한 말에 의하면 그의 백성을 위한 하느님의 활동은 예언자들 뿐만 아니라 사도들의 선교에서 완성되었다는 것이다. 이 선교는 압박과 고난 중에서 이루어졌다. 그리고 이 선교를 받아들인 자들은 단지 몇몇 적은 무리들 뿐이었다. 그러나 그들이 전한 메시지가 그 내용면에 있어서 서로 다르다는 것이 당장 눈에 들어온다. 즉 사도들은 대체로 복음의 사자들이요 예언자들은 대체로 심판의 사자들이다. 그리고 후자가 복음을 전할 때는 주로 미래를 말했으나 신약의 사도들은 이미 일어난 것을 지적해서 말했다. 루터의 번역성서에서 제시된 배열에 의하면 요한 계시록은 신약의 제3부에 두어서 하나의 예언서로 취급되고 있다. 그리하여 계시록은 구약의 예언서들과 함께 분류되었다. 그러나 이러한 것은 오늘날의 예언 이해와는 일치되지 않는다. 왜냐하면 계시란 하나의 묵시이기 때문이다. 그러므로 계시록은 "최후의 날에 일어날 일들"을 취급하고 있는 책이다. 이러한 점에서 볼 때 계시록은 예언서에 해당하지는 않고 다니엘서와 상응하는 책으로서 묵시문학에 속하는 책이다.

루터가 교훈의 책(후기에는 시문학의 책들)이라고 불렀던 구약의

제3부는 아무런 상응성이 없다. 따라서 신구약을 통 털어서 형식적인 상응 뿐만 아니라 실질적인 상응을 이루고 있다고 볼 수 있는 부분은 제1부의 역사서 뿐이라 할 수 있는 반면에, 예언서와 서신은 그 성격은 크게 다르지만 그 형식은 서로 비슷한 점이 있으며 제3부(聖文書)는 구약과 신약 사이에 그 상응하는 점이 전혀 없다고 하겠다.

제3부의 핵심되는 부분은 시편이다. 이 시편은 기도와 노래로 구성되어 있다. 신약에서는 기도와 노래가 하나의 독립된 편집시로 되어 있지는 않으나, 그 대신 독립적으로 분산되어 신약에 첨가되어 전래되었던 것이다. 특히 구약의 제3부는 신약에서는 그 비슷한 것을 결코 찾을 수 없는 잠언서의 지혜와 같은 자료집을 더 가지고 있다.

구약의 제3부에 이 두 가지 중심적인 편집물 이외에도 또 다른 문서들이 더 첨부되어 있다. 즉 첫째로 욥기를 들 수 있는데, 시편과 지혜문학 사이에 위치하고 있다. 그리고 그 다음으로는 다섯 두루마리(megilloth)가 있다. 이 두루마리들은 서로 다른 다섯 개의 짧은 책들로 되어 있다. 두루마리 책들은 유대인들의 다섯 축제 때 읽는 책들이었는데 다음과 같다.

1. "룻기"—이 책은 사사 시대에 있었던 하나의 에피소드를 말하고 있는데 그래서 후일 사사기에 덧붙여졌다.

2. "아가"—이 책은 사랑의 노래 또는 결혼 때 부른 민요를 모은 책인데 단지 이 노래의 메시아적 해석 때문에 성서에 들어오게 되었다.

3. "전도서"—이 책은 후대에 속하는 지혜서이다.

4. "애가"*—이 책은 본래 시편과 밀접한 관계가 있었으나 예레미야서에 첨부되었다. 그 이유는 이 애가가 예레미야의 것이라고 생각된 때문이었다.

5. "에스더"—이 책은 유대인의 부림절(The Jewish festival of Purim)

---

* 우리말 성서에서는 "예레미야 애가"라고 번역되어 있다(역자 주).

의기원을 알려주는 이야기이다.

마지막으로는 다니엘서와 그리고 역대기서 상하와 에스라, 느헤미야서로 구성되어 있는 역대기의 저작이 있다.

따라서 구약의 제3부는 서로 다른 시기에 그리고 각각 다른 이유로 기록한 문서군(文書群)에 첨가되어 들어 온 부분으로 매우 오랜 시일이 걸려서 형성된 것이다. 시편과 지혜(즉 잠언)는 이 제3부에서 매우 중요한 위치를 가지고 있다.

제1부

오 경

1. 오경의 구조와 성장

"오경"이라는 말은, 다섯 권으로 구성된 편집물이라는 뜻이다(희랍어, 펜테, "다섯" + 튜코스, "제본"). 이 이름이 생긴 것은 이 다섯 권의 책이 모두 "토라"라는 한 권의 책 속에 포함되어 한 때 하나의 책으로 되어 있었다는 것을 밝혀 주려는 학구적 노력에 의해서 소개된 이름이다. 오경은 다섯 권의 책으로 되어 있다. 그러나 이것은 편집되기 전 두 세대 동안에 되어졌고 그 이전의 수세기 동안은 그것이 성장하도록 영향을 준 시기이다.

결론에서부터 출발한다면 전체 내용을 빨리 관찰해 내는 데 도움을 받을 수 있다. 신명기의 마지막 장은 하느님께서 그의 백성에게 약속하셨던 그 땅을 어떤 방법으로 임종 전의 모세에게 보여 주셨는가 하는 것을 말하고 있다.

> "…야웨께서 길르앗 온 땅을 단까지 보이시고 또 온 납달리와 에브라임과 므낫세의 땅과 서해까지의 유다 온 땅을 보이시고…그리고 야웨께서 그에게 이르시되 '이것이…그 땅이다!'"(34:1-4).

임종 전의 모세에게 하신 이 말씀 속에는 출애굽기 서두에서 처음으로 계시된 약속이 이미 성취되어 있었다. 그리고 여기서 모세에게 약속하신 말씀이 또 하나 있는데 그것은 모세가 소명 받을 때(출 3장) 주신 말씀이다.

"내가 애굽에 있는 나의 백성의 고통을 보았고 또 그들의 부르짖음을 들었다.…내가 내려와서 그들을 애굽인들의 손에서 건져내고 그들을 그 땅에서 인도하여 기름지고 광대한 땅으로…이끌려 하였도다"(7절 이하).

이상 두 곳의 인용구(오경 둘째 번 책의 서두에서 인용한 것과 오경 마지막 책의 끝 부분에서 인용한 것)는 "약속"에서부터 "성취"에 이르는 그 사이를 이야기해 주고 있다. 이러한 어구를 통하여 우리는 왜 다섯 권의 편집서인 오경이 통일성을 가진 책으로 이해해야 하는지를 분명히 알게 된다.

약속의 본격적 선언이 오경의 첫 머리에서는 나타나지 아니하고 출애굽 구원의 때를 말해 주는 두 번째의 책의 서두에서 나타나고 있다. 그런고로 창세기는 오경 전체에서 볼 때 특수한 위치를 가지고 있는 것이 분명하다. 즉 창세기는 오경 가운데 들어온 여러 역사적 사건의 전역사(前歷史)에 해당한다 할 수 있다. 신명기 34장에서 인용한 구절은 다음과 같다.

"이는 내가 아브라함과 이삭과 야곱에게 맹세하여 '그 후손에게 주리라' 한 그 땅이다"(4절).

여기서는 약속의 시작이 이미 족장들과 더불어 시작되고 있다. 그 족장들의 역사(창 12-50장)는 이 "약속"에 의해서 전개되어 나가고 아브라함 설화가 비로소 여기서 시작된다.

"야웨께서 아브람(아브라함)에게 이르시되 '너는 너의 본토, 친척, 아비 집을 떠나 내가 네게 보여 줄 땅으로 가라'"(창 12:1).

우리가 전역사(前歷史)라고 이해하고 있는 족장들의 역사에서는 이 약속이란 훨씬 더 광범위한 구조를 가지고 있다. 아브라함에게 약속하신 말씀은 다음과 같이 끝난다.

"땅의 모든 족속이 너로 인하여 복을 받을 것이다"(3절).

그러나 이러한 원대한 약속은 소위 원역사(primeval history—고대사)라고 하는 창세기 1-11장의 배경과는 대립되는 것으로 이해할 때 바르게 이해될 수 있다. 즉 이 원역사에 나타난, 신이 창조하신 인류는 특별한 긴장 아래서 증가 번식되지만 그러나 그들은 저주를 받은 자들로 그리고 사방에서 위협을 받는 자들로 나타나고 있기 때문이다.

이러한 인류역사 가운데 뛰어드신 하느님은 아브라함을 뽑으시고 그를 통하여 모든 만민에게 축복 내리시는 길을 여신다. 여기에서 신구약 사이의 근본적인 연속성을 비로소 발견할 수 있다. 하느님께서 모든 인류를 구원하기 위하여 나사렛 예수라는 한 인간의 몸을 입으신 것처럼 지상의 모든 족속을 그를 통하여 축복하기 위하여 열국 중에서 한 족속을 불러내신 것이다. 여기서 시작되는 "축복"은 한 족속의 역사를 초월하여 신약의 말씀 즉 성취의 때까지 확장되어 내려간다. 이러한 창세기 12장의 서두는 요한복음 3장 16절을 연상하게 한다.

"하느님이 세상을 이처럼 사랑하사 독생자를 주셨다."

이러한 개요는 오경의 기본 구조를 요약해 준다. 즉 그것은 고대사(창 1-11장)를 포함한 족장사(창 12-50장)에서 시작된다. 그 다음 출애굽 설화가 따라오고 그리고 약속의 땅에 들어가기 전까지 그 설화가 확장된다. 즉 이것은 출애굽기에서 시작하여 신명기 끝까지 계속된다.

이러한 구조가 비록 이해하기는 간편하지만 구조를 깊이 파고 들려 할 때는 매우 복잡하게 된다. 지금까지 말한 것을 통해서 어떤 이는 오경이란 창조로부터 시작하여 아브라함의 소명, 출애굽, 그리고 약속의 땅에 이르기까지를 포함하는 연속적인 설화라는 인상을 받게 될 것이다. 오경의 구조가 완성될 때 그 형태가 그와 같은 하나의 연속된 설화로 형성되었다. 이러한 형태를 만든 사람들은 수많은 독립된 전승들이 그 속에 포함되었다는 사실을 덮어버리거나 지워버리지 않으려고 상당한 주의와 자제심을 가졌다. 즉 이러한 전승들은 하나의 독립된 형태를 가지고 피차 다른 자료들에 영향을 주었었다.

이에 대한 명백한 예증을 하나 들 수 있다. 즉 신명기는 그 마지막 네 장 속에 출애굽에서부터 민수기까지에 나타난 광야유랑 역사의 결론을 포함하고 있다는 점이다. 그러므로 한 때 독립된 책이었던 신명기가 이 역사에 첨부되었다는 것을 알 수 있다. 이러한 노력은 신명기를 마지막 부분에, 즉 모세의 죽음과 그리고 여호수아를 모세의 계승자로 임명하는 일을 기록하기 전의 위치에 둠으로 이루어졌다. 그러한 방법을 따라 이루어진 오경의 결론에는 한 거대한 시(詩)(모세의 시: 신 32장)와 하나의 잠언(신 33장 이하, 창 49을 병행해서 읽을 수 있다)이 첨가되었다. 이와 같은 오경의 결론 부분들은 오경을 전체적으로 살펴 볼 때 바르게 이해될 수 있다. 즉 오경은 하나의 연속적인 설화로 쓰여진 것이 아니라 여러 가지의 삶의 전승들 가운데서 자라나 점차적으로 하나로 합해졌던 것이다.

오경을 구성하는 기초 자료들은 전체 구조 속에서도 쉽게 발견할 수 있는 "개인 설화들"이다. 이 개인 설화들은—아브라함의 애굽 이주, 야곱이 라반에게로 감, 갈대 바다에서의 구원, 불타는 가시덤불에서 하느님이 나타나심, 또는 광야에서 기적적으로 먹고 살아온 것 등 어느 것이든—모두가 기록된 기사라기보다는 일종의 설화들이다. 그것들은 수십년 동안 구전(口傳)으로 내려오다가 그 다음에 더 거대한 편집물로 모아진 것이다.

문서 전승과 마찬가지로 구술 전승도, 오경자료라고 할 수 있는 대편집물들이 나타나기까지는 제각기 따로따로 전해져 내려왔다(요사이에 와서는 흔히 "전승층"이라고 말한다). 그러나, 그것들은 어디까지나 오경 형성의 자료라는 것을 명심할 필요가 있다. 만일 그 자료들을 그들 본래의 자리에서 본다면 그것들은 오히려 서로 다른 자료들로 구성된 작품들이요 오랜 성장 기간에 완성된 작품들이다.

두 개의 고대 작품, J와 E는 그들이 사용한 신명(神名)에 따라 붙여진 이름들인데 대체로 약 9-8세기 경에 형성되었다. 그것들과 그리고 그것들보다는 좀더 후대의 자료인 제사문서(P) 사이에는 서로 구별점이 있다. P는 포로시대나 포로 바로 직후까지는 완성되지 못하였던 자료다. 그리고 이 P는 제사법전을 포함하고 있다(기타 자세한 것은 구약개론에서 참조할 수 있다).

그러나 오경의 기원에 관한 가장 중요한 문제가 아직 남아 있는데 그것은 이러한 자료들을 형성시킨 추진력은 무엇인가 하는 문제이다. 그것은 흔히 이스라엘 역사의 처음을 회고한 하나의 "역사고백"이라고 말한다. 소위 그것을 흔히 역사신조라고 하는데 하느님께서 그의 백성을 위하여 행한 구원행위를 몇 마디로 요약해 놓은 것이다(폰 라드). 예컨대 그것은 이스라엘 농부들이 그 첫 소출(열매)을 바칠 때 하느님의 위대한 행위를 고백한 표현 가운데서 발견된다(신 26:1-11). 그 속에는 족장시대로부터 약속의 땅으로 들어 간 때까지를 고백한 역사고백이 들어있다. 그런고로 이 위대한 작품의 핵심은 하나의 신앙고백이라 할 수 있다. 이 신앙고백 속에 고대의 민족전승들이 풍부하게 수집되었던 것이다.

이러한 해설을 받음으로 비로소 우리는 오경서론으로 가는 첫 걸음을 내디딜 수 있는 것이다. 오경은 하나의 중심적인 핵에서 발전한 것인데 그 핵은 애굽으로부터 이스라엘인이 구원된 것을 설명한 출애굽기의 첫 부분이다. 이 핵에서부터 살펴보면 그 전체는 다음과 같이 간결하게 표현되어 있다.

1. 만일 오경을 둥근 동심원(同心圓)으로 묘사한다면, 출 1-15장은 가장 가운데에 있는 원을 형성할 것이다. 광야에서 그들이 보호를 받았던 경험에 관한 소위 보존설화(출 16-18)와 그리고 광야를 통과한 그들의 여행에 관한 여행설화(민 10-34장)가 출애굽의 구원설화에 결합되었을 것이다.

2. 둘째 원은 중심적인 사건 바로 앞에 있는 설화, 즉 족장설화(창 12-50)로 구성될 수 있다. 그리고 그 장면을 가나안으로부터 애굽으로 옮겨 놓은 요셉설화를 통하여 족장역사는 갈대바다의 연결된다.
3. 마지막으로, 고대역사(古代歷史)(창1-11장)는 제일 바깥 원을 만든다. 왜냐하면, 그것은 중심 사건과 직접 연결된 것이라고 볼 수는 없기 때문이다. 그것은 하느님의 백성의 역사를 더 넓은 인류 역사 속으로 끌어 들인 하나의 서장(序章)이다.

이러한 모양의 원들은, 오경이 하나의 핵을 둘러 싸고 성장한 것임을 지적해 준다. 우리가 성서 각 책들이 순서를 따라 고대사(古代史)에서부터 읽기 시작한다면 항상 우리는 다음과 같은 동심원(同心圓)의 그림을 염두해 두어야 할 것이다.

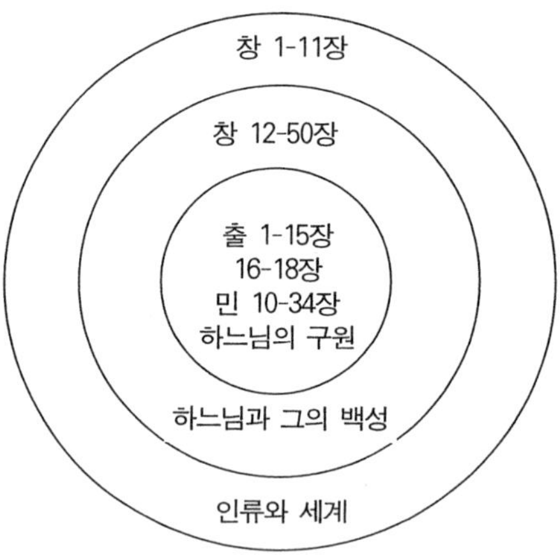

2. 원역사(창 1-11장)

이 열한 개의 장들은 인류와 세계를 취급하되 그것을 하나님이 그의 백성과 더불어 이룩하신 역사라는 관점에서 생각한다. 그런고로 이 부분은 성서의 중대하고도 근본적인 주제를 환기시켜 주는 하나의 서곡(序曲)과 같다. 성서가 신의 역사에 관하여 말하는 모든 것은 곧 인간 역사 전부를 취급할 수밖에 없다. 그것은 진리를 관심하되 하느님이 세우신 것 전체를 관심하게 한다.

세계와 인간의 역사 구조는 이 열한 장 가운데 그려져 있다. 그 다음 이것에 덧 붙여서 창 12장부터는 하느님과 그의 백성과의 이야기가 따라 온다. 또한 이 고대사(창 1-11장)는 요한 계시록에서 발견할 수 있는 것과 같은 성서의 종말역사도 지시해 준다. 따라서 하느님의 백성의 역사는 곧 전 세계 인류의 역사가 된다.

태초의 사건들이 역사 속으로 들어가는 길은, 세개의 족보(5장, 10장, 11장)를 통하여 열려진다. 즉 고대사의 사건들은 아래 도표에서 제시된 것과 같이 세 족보 주위에 모여 있다.

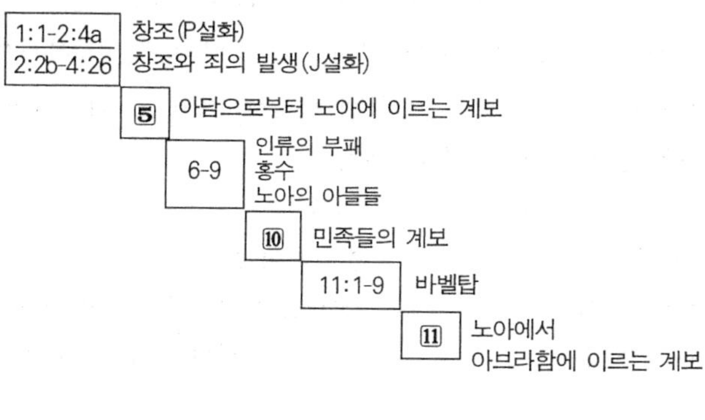

1. 창조설화와 인간의 타락(창 1:1-4:26)

1. 창조설화(P 기사) (1:1-2:4a)

P설화에 나타난 창조의 묘사는 거의 연결식 기도 소리가 울려오는 듯한 명백한 산문체로 되어 있다. 그 전체는 창조를 노래하는 하나의 발라드의 효과를 내고 있다. 즉, 칠일 동안의 작업을 통하여 창조된 모든 것을 노래하는 하나의 찬양이라 할 수 있다.

이것은 다음과 같이 도해될 수 있다.

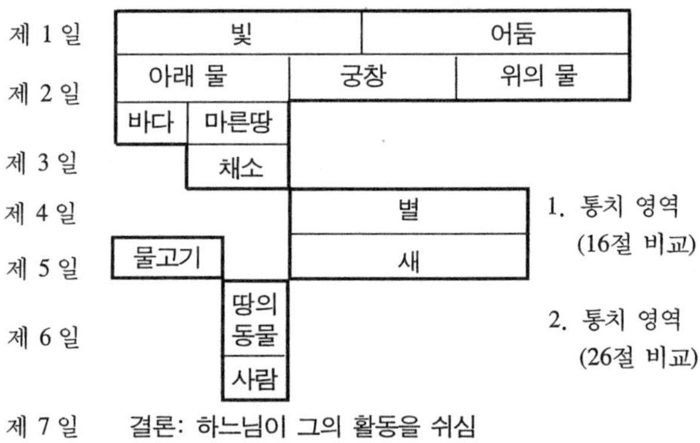

두 개의 설화들이 하느님의 창조 행위들을 율동적으로 묘사해 가면서 전체의 설화로 확장되어 간다. 그 하나는 "명령"하시므로 일어나는 여러 가지 모습들을 간결하게 서술해 가고 그 다른 하나는 창조자의 "다양한 행위"를 묘사해 간다.

신의 명령	창조자의 행위
…있으라 하시니	하느님이 만드시고, 나누셨다.
…이 있었다.	하느님이 …라고 이름을 주셨다.

…을 보셨다.	하느님이 축복하셨다.
…저녁이 되고…	하느님이 (통치케)하셨다.

하느님의 창조행위는 인간을 그 최대의 목표로 했다.

하느님이 인간을 자기의 형상대로 만드시고, 하느님의 형상을 따라 그를 창조하셨다(1:27).

그의 창조행위의 최후 결산은 제7일의 안식으로 나타난다. 이 제7일의 안식이 마침내 거룩한 안식일이 되고 창조의 마지막을 마무리 짓는다.

2. 창조와 그리고 죄의 발생(J의 설화) (2:4b-3:24)

J기자의 역사 서두에는 한 때 독립된 창조설화가 있었다. 그리고 그것이 가진 명백한 언어상의 차이점이 쉽게 발견된다. 이 설화는 2장 4b절로부터 3장에 이르는 하나의 계속된 이야기이다.

P설화의 창조설화는 다음과 같은 질문에 의해서 유도되고 있다. 즉 "존재하는 모든 것의 그 기원은 무엇이냐?" 하는 것이다. 그런 한편 2장과 3장은 오히려 "왜 인간은 죄 많은 인간이 죽음을 향해서 가고 있는 그 길을 가고 있는가?" 하는 질문을 주요 문제로 삼고 있다.

이 이야기는 다음과 같이 구성되어 있다.

인간(2:4b-7)		
그의 배우자(2:18-25)	→	옷을 지어 입히심(3:20-22)
동산(2:8-9, 15-17)	→	추방(3:23-24)

유혹(3:1-7)
교차심문(3:8-13)
징벌(3:14-19)

하느님의 물음 "아담아, 네가 어디 있느냐?" 하는 것은 이 설화

의 중심부이다. 이 물음 가운데서 하느님은 타락한 자기 자신을 감추려는 인간을 추궁하신다. 이 추궁 속에는 두 개의 관념이 암시되어 있다. 즉 (1) 하느님은 불복종한 인간을 (심문과 징벌로써) 붙잡으신다. (2) 그럼에도 그는 징벌받은 인간에게(은혜로 옷입혀 주심으로) 생명을 주신다. 그러나 여기에는 하느님의 창조물로부터 어떻게 악이 나올 수 있는가 하는 수수께끼는 여전히 풀려지지 않은 채 남아 있다.

3. 가인과 아벨: 계속되는 악의 영향(창 4:1-16)

이 설화의 중심부에는 가인이 받는 경고가 들어 있다(6-7절). 그러나 격증하는 악의 영향은 그에게 주어진 경고에도 불구하고 가인으로 하여금 형제 살해자로 만든다. 악은 그 힘이 너무 강대하여 더 이상 타일러 줄 필요가 없다. 오히려 그 권고를 비웃어버릴 수도 있다. 따라서 범죄는 더욱 심화되어 형제살해에까지 이르게 한다. 그럼에도, 가인이 비록 "도피자요 유랑자"로나마 계속 살아 있다는 것은, 곧 자기 형제를 살해할 수도 있는 그러한 사람도 하느님께서 파멸시키지 않으신다는 것을 의미한다.

4. 가인의 후예(창 4:17-24)

1. 이들은 문화를 창조할 수 있는 자들이었다(4:17-22)
2. 라멕의 노래, 가인의 아들들이 할 수 있는 극한성(4:23-24)

5. 셋째 아들 셋: 야웨의 이름을 부름(4:25-26)

2. 아담에서 노아에 이르는 계보(창 5:1-32)

1-3절에 나타난 P설화는 창조설화로부터 시작하여 인류역사로 진

행되어 나간다. 창조는 하느님의 상대자인 인간을 그 목표로 한다. 즉 하느님은 인류를 그의 형상대로 창조하신다(5:1). 그리고 아담은 자기 형상과 같은 아들(셋)을 낳는다(5:3). 그래서 아담으로부터 노아에까지 이르는 또 하나의 다른 세대가 뒤따라 온다. 그러나 인간의 수명을 일정한 틀에 조직해 넣어서 단순히 통계학적으로 다룬다는 것은 너무 단조롭게 보인다. 즉 "태어나고, 낳고 … 년을 살다가 자녀를 낳았고, … 년을 향수하다가 죽었다"는 식이다. 그러나 고대인들은 이러한 자료를 생명의 풍성과 그 특색을 암시해 주는 것으로 보았다. 통계학은 영적 생애, 정치적 생애, 그리고 개인적 생애의 그 하층 구조를 다룬다. 오늘날에 이르기까지 모든 종류의 인간 삶은 이러한 사실들을 기초하고 있다.

인간의 엄청난 장수(므두셀라는 969년을 살았다!)는 기록된 역사 이전의 고대를 암시해 주며 아주 오래된 과거로 거슬러 올라가게 한다. 이러한 아득한 옛날의 모습은 족장들의 수명을 통하여서도 암시되고 있다. 이러한 설화의 중심부에 아무런 설명도 없이 "하느님과 동행한"(24절) 인간 에녹의 이야기가 이상하게 등장한다.

제 5장은 직접 1장을 뒤따르는 장으로서 1장과 같이 P설화에 속한다. 여기서 우리는 P의 특수 방법을 명백하게 깨달을 수 있다. 그 방법은 창조설화로부터 모세의 죽음에까지 확장된다(여호수아서의 어떤 부분은 여기에 속하는 것도 있다). 이 부분은 일련의 특수한 성격을 가진 "연속성"을 가지고 있는데 표현의 단조성이 뚜렷하게 나타나며 그리고 그 기원은 제사장 단체에서 찾을 수 있다.

창세기는 고대사와 족장사가 얽혀 들어간 여러 계보들의 모형들을 가지고 있다. 각 항들은 "이것은…의 계보이다"라는 말로 시작되는데 그것은 대략 다음과 같다.

(1) 세상의 역사(2:4a)와 인간의 역사(5:1)

(2) 노아의 역사(6:9)와 그의 아들들(10:1, 32)

(3) 셈의 역사(11:10)와 데라(11:27)

(4) 이스마엘의 역사(25:12)와 이삭(25:19)

(5) 에서의 역사(36:1, 9)와 야곱(37:2)

다음의 도표는 아담으로부터 시작해서 야곱의 아들들 즉 이스라엘의 12지파에 이르는 계보를 특히 자세하게 소개해 주고 있다.

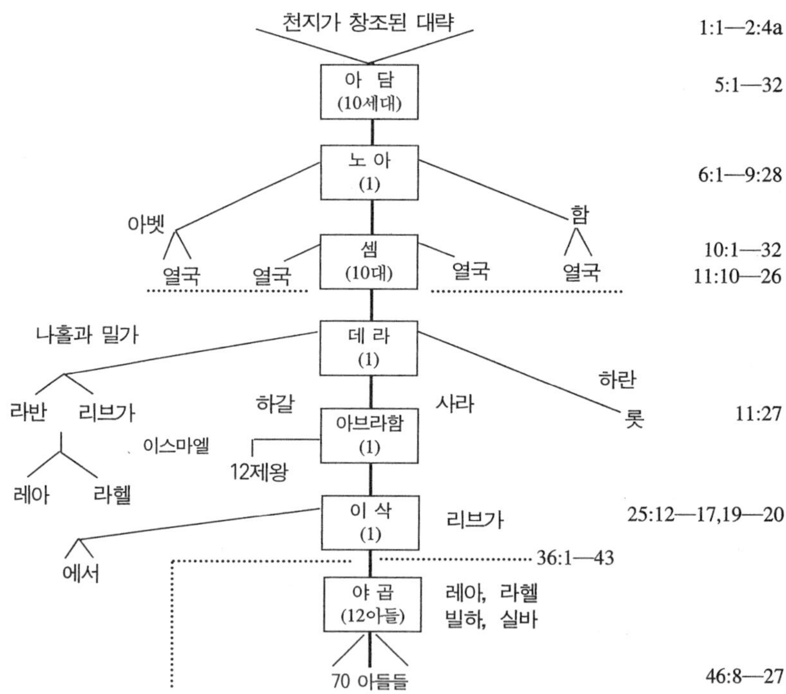

(이상의 창세기 계보에서는 그 가지가 많이 났다가 점차적으로 좁혀져 내려 오는 것을 유의하라)

천지가 창조된 대략
1. 하늘과 땅(창 1장)
2. 인류(창 5-9장)
3. 열국의 목록(창 10장) 제1분파: 지상의 열국들
4. 셈의 아들들(창11) 제2분파: 셈족
5. 데라의 아들(창 11:27)
6. 아브라함의 아들들(창 12-25장)
7. 이삭의 아들들(창 25-36장)
8. 야곱의 아들들(창 37-50장) 제3분파: 이스라엘인들

2. 인류의 부패(창 6:1-9:28)

1. 홍수(6-9장)

서론 부분(창 6:1-4)에서는 홍수가 일어난 것은 지상에 거인족들이 일어남으로, 즉 신적인 존재들이 사람의 딸들과 결혼함으로 생겨난 것이라고 말하고 있다. 이것이 인간 타락의 한 표본으로 기록되어 있다.

이것은 성서에서 발견할 수 있는 신화 또는 신화의 암시가 있는 부분들이다. 그리고 이것은 하느님과 그의 백성의 역사 이전에 있은 신화적인 인간 역사에 관한 하나의 암시라 할 수 있다. 여기서 J는 이 이야기를 "인간 범죄"의 한 예(참고. 3,4,11장)로서, 즉 하느님과 인간 사이의 간격을 더 벌어지게 만드는 한 예로서 채택하고 있다.

그리고 노아의 홍수는(6:5-9:17), 본래는 두 개의 독립된 설화였던 것이 한 개의 설화로 결합된 것인데 이 두 개의 요소가 한데 엮어지는 한 예는 다음과 같다. (40쪽 참조)

여기서 여러 가지 불연속점을 관찰해 낼 수 있는 사람은 누구나 여기

J	P
하느님의 결심; 노아(6:5-8)	노아설화(6:9-12)
	하느님과 노아의 계약(방주를 만들라는 명령[6:13-22])
홍수(7:1-23)	홍수(7:11-24)
홍수가 끝남(8:2-13)	홍수가 끝남(8:1-5, 13-19)
노아의 제사와 하느님의 약속(8:20-22)	축복과 명령(9:1-7)
노아의 아들들(9:18-27)	계약(9:8-17)
	노아의 향년과 죽음(9:28f.)

서 이 두 설화가 하나로 결합되었다는 것을 지적해 낼 수 있을 것이다.

신명(神名)이 바뀌고 있는 것("야웨"와 "엘로힘", 참고 예컨대 6:22과 7:5)은 이 설화에서 분명하게 눈에 들어온다. 또한 거기엔 많은 중복기사들(즉 방주에 들어가라는 명령이 6:18과 7:1에서 중복)이 있으며 이것들은 또한 서로 어긋나는 상치점들을 포함하고 있다. 그리하여 어떤 부분에서는 모든 동물이 각기 한 쌍씩(6:19-20; 7:15-16) 방주에 들어가는 것으로 되어 있는데 다른 어떤 부분에서는 깨끗한 동물은 일곱 쌍, 깨끗치 못한 동물은 두 쌍씩 들어가도록(7:2) 되어 있다. 또 홍수 기간이 61일에 끝나는 것으로 되어 있는 곳도 있고(7:4) 1년 10일만에 끝나는 것으로 기록되기도(8:13) 한다.

이러한 두 설화의 병행에 대하여 스위스 말로 된 주석서 *Prophezei*를 낸 침멀리(W. Zimmerli)가 말한 바는 다음과 같다.

> "여기엔 홍수에 관하여 보도해 주는 두 증인이 있는데, 그들은 모두 각각 자기 나름의 특유한 개성을 뚜렷하게 지니고 있다. 그러나 이 세계의 사건들 안에서 행하신 하느님의 행위는 동일한 것이다. 이러한 하나의 하느님의 행위는 두 구절 안에서 두 증인의 입을 통하여 전달되고 있다."*

무엇보다도 이 설화에서 우리는 인류의 죄에 대한 하느님의 분노는 거대한 파멸을 몰고 온다는 것과 그럼에도 이 세계가 유지 보존되는 것

* *Schweizerisches Bibelwerk für die Gemeinde*, Zürich, 1964[3] Vol.2, p.44.

은 전혀 그의 선하심으로 인하여 생겨난 하나의 기적이라는 것을 깨닫게 된다. 이러한 두 관념은 모두 J설화의 서론과 결론 사이에서 서론 모순되게 표현되고 있다. 즉 첫 부분에서는(6:5) 악으로 기울어지는 인간성향이 인류를 진멸하시겠다는 하느님의 결심을 일으키게 했다고 하는 반면에, 끝 부분에서는(8:12) 다시는 홍수를 내리지 않겠다는 하느님의 결의를 일으키게 한 그 원인이 되었다고도 한다. 따라서 여기에 인간의 악의와 하느님의 선의 사이엔 얼마나 무한대의 대립이 있는가 하는 것에 대한 심오한 신학적 해석이 들어있다 하겠다.

이 역사적 전환점에서 홍수설화는 인류에게 내린 하느님의 언약(言約)을 묘사하고 있다. 그것은 다음과 같다: "땅이 있을 동안에는 신음과 거둠, 추위와 더위, 여름과 겨울, 낮과 밤이 그치지 아니하리라"(8:22). 바로 이 점에 있어서 그것은 인류 사회를 향해 최초로 던진 근본적인 율법이 되고 있다. 즉 "누구든지 사람의 피를 흘리는 자는 사람에 의해서 그의 피가 흘려질 것이다"(9:6).

4. 열국의 목록(창 10:1-32)

5장은 인간이 어떠한 발전과정을 거쳐서 역사 속에 들어 오게 되었는가 하는 것을 기록한 반면에, 10장에 나타난 열국의 목록은 인간이 어떻게 이미 알려진 이 세계 전역으로 퍼지게 되었는가 하는 것을 말해 주고 있다. 이 두 개의 설화는 다시 결합된다. 그 기초 자료는 P의 목록이고(1-7, 20, 22-23, 31-32절) J는 거기에 보충되었다(8-19, 21, 24-30절).

이 목록은 세개의 큰 민족단위로 구성되었는데 노아의 세 아들, 셈, 함, 야벳으로부터 시작되고 있다. 그리고 이 목록에서 빌려다 사용한 셈족, 함족이라는 현대적 명칭은 부분적으로만 여기 언급된 민족단위와 일치할 뿐이다.

무엇보다도 성서의 세계주의가 이 장에서 발견될 수 있다는 것은 매우 중요한 사실이다. 하느님께서 많은 민족들 중에서 한 민족을 자신을 위하여 선택하실 때(12장부터 계속) 그 한 민족에게 주신 약속은 또한 "땅 위의 모든 족속"에게도 주신 것이다(12:3). 인류 구원이라는 하느님의 궁극적 목적은 그러므로 그가 창조하신 모든 피조물을 위한 것이 된다. 그리고 열국을 어떻게 보느냐 하는 견해는 예언자들이 열국들을 위하여 받은 신탁 속에서(사 13-21장; 렘 46-51장; 그리고 다른 많은 구절에서), 그리고 하느님께서 열국들을 비추는 하나의 빛으로 지명하신 "고난의 종"(사 42, 49, 50, 52-53장)에 관한 노래에서, 그리고 이방인들을 위한 신약의 사도들의 선교에서 다시 나타난다.

5. 바벨탑(창 11:1-9)

지상의 열국들이 번성하고 확장되는 것을 하느님이 허락하셨다는 말씀과 더불어 "탑 건축"에 관한 설화가 나타난다. 그러나 본문은 힘을 무리하게 증가하려는 거기에 그 열국들을 휘협하는 위험이 있다는 것을 논증한다. 이런 점에서 역사의 법칙이 놀라우리 만큼 들어 맞는다 하겠다. 즉 힘을 너무 증가시키는 것은 불가피하게 사회 파멸을 초래하게 된다는 것이다.

6. 노아로부터 아브라함에 이르는 계보(창 11:10-32)

이 부분은 5장과 정확하게 상응한다. 여기서는 홍수 전의 시대가 10대 또는 10시대로 되어 있다. 그리고 홍수 후 아브라함까지도 10대 또는 10시대로 되어 있다. 그러나 여기에 나타난 수명은 5장의 것보다 훨씬 짧다는 점에서 놀라울 정도의 차이가 생긴다. 이러한 점에 있어서 P는 인류 초기의 역사에는 각 시기 사이의 불일치점이 있다는 것을 지시하고 있다.

명백한 세대의 수와 그리고 그 순서를 리드미칼하게 표현하는 단조로운 P의 계산 태도가 모든 사건에 영향을 주고 있다. 하느님은 이와 같이 역사를 통하여 그 길을 가신다. 그 길은 그의 계획에 따라 태고 시대 이후에도 계속된다.

3. 족장사(창 12-50장)

이 족장설화는 그 자체가 곧 하나의 적은 세계이다. 현재의 형태로 보면 그것은 3대에 걸치는 한 가정의 이야기를 말하고 있을 뿐이다. 그러나 그 설화의 배후에는 아득한 먼 과거, 반유목의 종족들이 역사가 깔려 있다. 바로 이 시대가 족장설화 속에 보존되어 있으며, 이것이 곧 이스라엘 민족역사의 서론이다.

이 설화는 "약속"이라는 주제를 가지고 민족 역사와 연결된다. 그리고 이 주제는 창세기 12장 1-3절, 즉 전체의 족장 설화 맨 앞에 나타나서 모든 장, 절을 통하여 계속 나타난다. 이러한 신학적 주제는 곧 복잡하게 얽혀 있는 족장설화들을 하나의 통일된 이야기로 묶어 준다.

그리고 이 족장 설화를 구성하고 있는 세 개의 전설은 각각 하나의 전기적 설화 형태로 연결되어 있다. 그 세 개의 전설은 아브라함 전설, 이삭-야곱 전설, 그리고 요셉 전설이다.

이 설화들을 결합하는 일은 놀랄 정도로 기교적이다. 그 첫 장에서는 고향을 떠나는 아브라함의 순례로 시작하여 마침내는 그의 아들, 손자, 그리고 그의 거대한 후손들의 운명으로까지 독자들을 끌고 감으로 독자의 관심을 사로잡는다. 마침내 이 설화는 애굽의 영광스런 자리에 앉은 사랑하는 아들을 다시 만난 족장 야곱이 죽어서 그의 고향으로 돌아가는 장례 행열에 대한 절묘한 표현으로 끝을 맺는다.

이러한 연속성이 있는 이 설화는 본래는 개인 설화들로 구성되어 있었다. 즉 그들이 전체 설화 속에 끼어들어 오기 전까지는 단순히 개인 설화로만 있었다. 그 개인 이야기들이 세대에서 세대로 전해져 내려 갔다. 그리하여 그 많은 설화들이 여러 시대와 여러 지역을 거쳐 오는 동안 모양이 변하게 되었다. 새로운 형태의 것들이 첨부되기도 했다. 그리하여 옛 것들은 배후로 물러가게 되었다. 그리고 그 주요 성격들도 바뀌었다. 이라하여 족장의 아내가 수모의 위험에 처했었던 이야기들이 세 차례나 나타나기까지 한다. 즉 아브라함과 관계된 기사가 두 번(창 12장, 20장), 이삭과 관계된 기사가 한 번(창 26장) 나타난다.

성서의 이런 부분에 관심을 가지고 그러한 본문에 친숙해지려고 한다면 "개인 설화들 속으로" 파고 드는 것이 무엇보다도 필요하다. 바로 이것이 이러한 고대 설화들의 신비성에 접근해 볼 수 있는 유일한 길이다. 이러한 방법을 쓰는 경우, 가능한 한 그 설화들이 한 때 가졌던 그 발랄한 구술언어 그대로를 다시 말하게 하는 것이 큰 도움을 줄 수 있다. 이러한 이유로 인하여 이 성서입문은 성서를 읽는 자들로 하여금 족장설화를 이해하게 하는 데 단지 조출한 봉사자의 구실을 할 수 있을 것이다. 만일 그 설화들을 읽고 또 읽어서 그 설화들 스스로가 말하기까지 그 암시하는 바를 이해하지 못하는 독자에게는 이 입문서가 별 도움을 줄 수 없을 것이다.

아브라함 설화(창 12-25장)

서론적 줄거리

아브라함 설화에서부터는 제3의 자료가 나타나는데 그것은 엘로히스트의 자료(E)로서 고대사의 자료들(J와 E)에 첨가되었다. 그것이 한 때는 독립된 자료였는지 아니면 단지 후대에 J가 확장되고 연속된 것인지는 명백하게 말할 수는 없다. 어쨌든 15장 이후에 그것은 분명하고도 명백하게 아주 자세하게 나타난 하나의 자료로서 J와 나란히 나타난다. E는 훨씬 후대의 자료인 P설화보다 시간적으로 중심 문제에 있어서 J에 더 가깝다.

족장들에게 주신 "약속"은 전체 족장 역사와 방향을 제시하는 기본 주제인데, 아브라함 설화 속에 들어있는 세 개의 자료 모두에서 발견된다. 즉 12장(J), 15장(E), 그리고 17장(P)의 서두에서 강조된다. 그리고 J에서 더 많이 나타난다(12:6-7; 13:14-18; 15:7-18; 18:9-16).

창세기 15장에서 야휘스트(Yahwist)는 "약속"을 계약의 형식으로, 즉 "계약"이라는 말을 직접 사용하지는 않으나 고대 계약의식의 형식으로 표현한다(7-21절). P는 엄숙하게 이행된 "계약"에 대해서 분명하게 말한다(17장). E에서는 아브라함의 신앙에 관한 언급이 이 자리에 나타난다(15:6).

무엇보다 우선 생각해 볼 점은 아브라함이 아들을 낳으리라는 약속을 받은 이야기다. 세 자료 모두 아브라함이 아들을 낳을 것이라고 말한다. 그리고 세 자료 모두 이삭의 탄생에 관해서 말하고 있다(21:1-7). 출생설화 주위에 아브라함 전설 설화들이 모여있는데 초기 설화들의 대부분이 그 곳에 모여 있다.

이들 약속은 축복 약속과 깊은 관련을 갖고 있다(12:1-3). 13장 14-18절에서는 후손의 약속으로 표현되어 있다. 그것은 아브라함을 방문하는 세 사람에 관한 설화에서 분명하게 언급되어 있다(18:9-16). 즉 아브라함은 사라에 의해서 아들을 낳을 것이고 한다. 이상 세 가지는 모두 J에서 온 것이다. 그러나 E에서는 아브라함이 그의 몸에서 직접 아들을 낳으리라는 특별한 보증을 준 것 이외에 "씨"(offspring)에 관한 약속(15:1-6)이 첨가되어 있다. 그리고 P에서도 일반적인 약속인 후손에 관한 약속(17:15-22)이 모두 나타난다.

족장의 아내가 수모를 당했다는 두 개의 설화는 일반 약속(12)과 사라를 통하여 아들을 낳으리라는 특수 선언 사이에 나타난다. 그녀가 겪은 위험은 다음 두 가지 사실 때문에 생겨났다.

1. 그녀는 생산치 못하는 불행한 여인이었다(15:2-3; 16:1). 이스

마엘을 낳아 준 하갈이라는 아브라함의 첩에 관한 설화가 여기에 속한다. 그것은 J와(창 16장, 비록 1a, 3, 15-16절은 P라 할지라도) E(21:8-21)에서 발견된다.

2. 남자들을 통하여 두 번째 위험이 찾아왔었다. 즉 애굽에 갔던 사라의 이야기(12:10-20은 J)와 아비멜렉의 면전에서 겪었던 동일한 형태의 사건(20장은 E)이 그것이다.

땅 약속은 후손 약속과 함께 받는다. 즉 하느님은 아브라함에게 "내가 네게 보여 줄 땅으로"(12:1) 떠나가라는 명령을 하였으나 아브라함이 가나안을 통과한 후에는 "이 땅을 내가 너의 후손들에게 주겠다"(12:7)고 약속을 하였다.

땅과 관련된 구절들은 아브라함의 유랑 과정을 취급하는 구절들이다(12:6-9과 13:14-18은 J로부터 온 것이다). 즉 롯과의 이별(13:1-13과 19:1-38은 J와 P), 우물로 인한 다툼(21:22-34은 E), 그리고 매장지 구입(23장은 P) 등이다.

이삭의 출생 이후에 나오는 설화들 중 어떤 것은 이미 언급되었다. J는 약속의 줄이 다음 세대까지 계속된다는 것을 말해 주는 주요 설화, 즉 리브가의 결혼(24장)에 관한 설화만을 언급한다. 그리고 매장지 구입에 관한 설화(23장은 P)에서 P설화는 땅 약속에 관한 주제를 결말짓는다. 아브라함은 그가 우거하는 땅에서 그와 아내 사라의 무덤으로 쓸 장소를 자기의 소유로 사들였다.

아들 약속에 관한 설화의 주제가 아주 독립적으로 발전한 것은 E인데 그것은 22장에 나타나 있다. 이 설화는 약속을 상속받은 자인 아브라함이 아들을 바치라는 하느님의 명령을 받고 어떠한 모험을 하게 되었는가 하는 것을 말해주는 설화이다. 아브라함 설화의 근본 주제는 여기서 심오한 신학적 통찰의 경지에 다다르게 된다.

25장은 한 토막의 계보, 아브라함 사망 기사 그리고 막벨라의 사유 묘지에 묻히게 된 사실을 보도하고 있다.

14장만은 경우가 다르다. 즉 이 부분은 통일성 있는 아브라함이 전쟁 무사로 나타난다. 단지 여기서 만은 족장설화가 당시의 정치사에 깊이 관여되고 있다. 또 종교의식을 집행하는 한 제사장도 여기서만 나타난다. 이리하여 이 부분은 족장설화 가운데 끼어든 신비한 외국적 요소를 가진 유일한 부분이 된다. 이 부분은 비록 고대 전승들의 핵심되는 부분을 포함하고 있다 하더라도 P를 회상케 하는 듯한 후대의 양식을 갖추어서 전해져 내려 왔다. 즉 여기 나타난 전승들은 다른 설화들과는 아주 다른 방법으로 이스라엘 족장들을 말하고 있다.

아브라함 설화의 줄거리는 대개 이상과 같은 줄거리로 되어 있다. 그들은 약속에 관해서 말하고 있는데, 그 약속은 아들에 관한 약속과 땅에 관한 약속으로 되어 있다. 그리고 아들의 출생이 아브라함 설화의 핵심으로 되어 있으며 동시에 아들 약속과 그의 출생에 관한 약속은 아브라함 설화를 버티고 있는 두 기둥 노릇을 한다.

이 점에 있어서 복음서의 처음 부분과 상당한 유사점이 있다. 즉 아들에 대한 약속과 그 아들의 탄생은 복음서(눅 1-2장)의 근본 주제이기도 하다. 아브라함 설화에서와 마찬가지로 복음서에서도 초기 역사의 주제가 나타나 있다.

J, E 그리고 P에 나타난 아브라함 설화

1. 이주(창 12-14장)		
J	E	P
1. 아브라함에게 주신 명 명령과 약속(12:1-3)		(11:27,31-32)
2. 아브라함의 이민(12:6-9)		(12:4-5)
3. 애굽에 온 사라(12:10-20, 13:1)		
4. 아브라함과 롯		(13)
1. 롯과 헤어짐(13:2-13)		5. 왕들의 전쟁(14:1-24)
2. 약속(13:14-18)		

2. 계약(창 15-20장)		
1. 계약의 설립(15) 2. 하갈과 이스마엘(16:1-16) 3. 아브라함의 가정을 방문 (18:1-33) 4. 소돔(19:1-38)	아브라함에게 약속(15) (cf. 하갈을 추방 21) 5. 아비멜렉의 집에서의 사라(20:1-18)	계약의 설립(17:1-27) (이스마엘의 출생 16)
3. 아들 출생(창 21-24장)		
1. 이삭의 출생(21:1a, 2a, 7) 6. 리브가의 결혼 설화 (24:1-67)	(21:1b, 6) 2. 하갈과 이스마엘, 하갈 추방(21:8-21) 3. 우물논쟁(21:22-34) 4. 번제(22:1-24)	(21:2b-5) 5. 사라의 출생과 막벨라 묘지에 매장(23:1-20)
4. 아브라함의 죽음(창 25장)		
1. 아브라함의 후손들 (25:1-6,11)		2. 아브라함의 죽음과 매장(25:7-10) 3. 아브라함의 후손들 (25:12-20)

1. 이주(창 12-14장)

1. 아브라함에게 주신 명령과 약속(창 12:1-3)

족장설화의 서론에서 야휘스트(Yahwist)는 족장사 전체의 신학적 기초를 놓았다.

1. 명령: "너의 본토를 떠나라 … "(1절). 이 부분은 출애굽기 1장 이하에 나오는 민족사의 첫 부분과 상응한다. 즉 이것은 구원하고 지키는 분이신 하느님으로부터 부르심을 받은 기사다.

2. 약속: "내가 너를 축복하리라 … "(2-3절). 이것은 족장사의 근본적인 신학적 주제를(축복) 민족사의 신학적 주제(약속)에 결합시킴으로 이 둘 사이를 연결하는 고리 역할을 한다.

3. 축복: 아브라함이 약속받은 이 축복은 다음 세 개의 말로 확대된다.

① 축복이 아브라함의 이름을 창대케 할 것이다(2절).

② 인근 족속들의 운명이 아브라함을 어떻게 대하느냐에 따라서 결정될 것이다(3a절).

③ 먼 곳에 있는 모든 족속들의 운명도 아브라함이 약속받은 축복을 목표로 한다(3b절).

마지막 문장에 와서는 그 약속이 아브라함 한 사람이라는 범위를 넘어서서 하느님께서 자기의 창조물들을 위하여 베푸실 행위의 원대한 목표로 뻗어 나간다(3a절). 창세기 12장 1-3절은 따라서 아브라함과 더불어 시작되는 족장사와 구원설화 사이를 연결하는 고리이다.

2. 아브라함의 이주(12:6-9)

3. 아브라함과 사라가 애굽에 우거함(12;10-20, 13:1)

약속으로 시작되는 자료(12:1-3)에 J는 더 고대의 설화를 삽입해 넣었다. 이 부분은 아브라함이 외국 땅에 있으면서 겪은 배고픔과 폭행의 위험을 얼마나 놀라우리 만큼 잘 견디어 내었는가 하는 것을 말해 주고 있다. 그러나 동시에 그는 믿음이 약한 이유로 수치를 받기도 했었다. 이 때문에 그는 약속된 아들의 어머니가 될 자기 아내를 빼앗길 뻔한 경험을 하기도 했다.

20장과 26장에 나타난 후기의 자료들은 아브라함(혹은 이삭)을 변명하려는 의도를 가지고 있다. 또한 이 자료들은 이 설화가 이스라엘의 대표적 믿음에 관한 시험을 어떻게 묘사하고 있는지도 말해 준다. 이 설화는 계속적으로 새로운 방법에 따라 반성되고 새롭게 이해되었다.

4. 아브라함과 롯(13:1-18)

1. 아브라함이 네겝으로부터 벧엘로 이주함(13:1-4)
2. 아브라함이 롯과 헤어짐(13:5-13)
3. 땅과 후손에 대한 약속(13:14-17)
4. 헤브론 근처 마므레 상수리 나무 곁에 머무름(13:18)

아브라함이 롯과 헤어지는 것에 대한 설화의 밑바닥에는 여러 가지 많은 주제들이 깔려 있다. 여기서 결정적으로 지적할만한 요소는 목축지의 결핍이다. 21장 22-23절에서는 물이 부족한 것으로 되어 있다. 이리하여 땅과 식량으로 인한 다툼이 생기기 시작한다. 그러나 여기서 우리는 하느님의 축복의 효력을 깨닫게 된다. 즉 족장설화 가운데 나타난 이 논쟁은 평화적으로 진행된다. 즉 아브라함은 하느님께서 그의 부족함을 채워 주실 것을 믿고서 롯으로 하여금 더 나은 땅을 선택하도록 허락해 준다.

5. 왕들의 전쟁, 아브라함이 롯을 구출함(14:1-28)

1. 왕들의 전쟁(14:1-11)
2. 아브라함이 그돌라오멜을 쳐서 롯을 구출함(14:12-16)
3. 멜기세덱이 아브라함을 축복함(14:18-20)
4. 소돔왕이 아브라함에게서 재물을 돌려받음(14:17,21-24)

18-20절에 의하면 멜기세덱은 살렘(예루살렘?) 왕이었고, 동시에 지극히 높으신 하느님(El elyon)의 제사장이었다. 그는 아브라함을 축복함으로 그를 자기의 제의(cult)에 친분을 갖도록 하였고, 아브라함은 십일조를 드림으로 이를 받아들였다. 여기 등장한 멜기세덱은 이스라엘 이전에 예루살렘에 있었던 제사장 가문의 시조였던 것으로 보인다. 시편 110편 4절에서는 멜기세덱에 관한 전승이 다윗 왕에게로 넘어간다. 그리고 히브리서 7장이 그것을 인계받았다는 것은 이러한 이유 때문이었다.

2. 계약(창 15-20장)

1. 계약과 약속의 설립(15:1-21)

여기에는 두 개의 독립된 설화가 있다. 즉 1-6절과 7-21절이다.

창세기 15장 1-6절에는 하나님에 대하여 항거한 아브라함의 불평(두 가지 불평, 2절과 3절)과 하나님이 아브라함에게 "두려워 말라"라는 말로 이야기해 주신, 복지에 관한 약속(1절), 그리고 이 약속과 관련된 한 표징이(5절) 포함되어 있다. 그리고 아브라함을 의롭다고 인정해 준 그의 믿음에 관한 언급이 결론을 이루고 있다. 아마도 이 설화는 더 이상 덧붙여지지는 않는다.

창세기 15장 7-21절의 중심부에는 계약수립에 관한 고대의 의식이 들어 있다(9-12, 17절). 그 자세한 세부적 개체 자료는 더 이상 분명하게 나타나 있지 않으나 대체로 그 의식은 하나님께서 아브라함의 후손들에게 약속의 땅을 주시기로 한 맹세를 시행하고 있음을 설명해 주고 있다(7절과 18절). 이에 대한 자세한 해석(13-16절)은 후대에 와서 덧붙여진 것이다.

하느님이 아브라함과 맺은 그 계약의 수립에 관한 P의 설화는(17:1-27) 다음과 같다.

1. 계약적 약속: 도와 줌, 후손, 땅(17:[1]3-8)
2. 계약적 명령: 할례(17:9-14)
3. 사라에게 "씨"를 주시겠다는 축복과 약속(17:15-16)
4. 아브라함의 항거(17:17-18)
5. 사라에게서 아들 이삭을 얻을 것이라는 약속(17:19-22)
6. 할례의 이행(17:23-27)

2. 하갈과 이스라엘(16:1-16)

1. 하갈이 아브라함의 첩이 되다(16:1-3)
2. 아내들 사이의 다툼과 하갈의 도망(16:4-6)
3. 사자의 나타남과 라해로이(Lahai-roi)에서 약속(16:7-14)
4. 하갈은 이스마엘을 아브라함에게 낳아 주다(16:15-16)

3. 세 사람이 아브라함의 가정을 방문함(18:1-33)
1. 아브라함이 하느님의 사자들을 자기 집으로 초청하여 대접함 (18:1-8)
2. 아들 약속과 사라의 웃음(18:9-16)
3. 소돔 멸망에 대한 선언과 아브라함이 그 성을 위하여 개입함 (18:17-32)

4. 소돔의 멸망(19:1-38)
1. 롯이 하느님의 사자들을 자기 집으로 초청하여 대접함(19:1-3).
2. 소돔 백성의 악행(19:4-11)
3. 하느님의 사자들이 롯을 파멸에서 구출함. 그가 소알로 도망 (19:12-23)
4. 유황과 불이 소돔과 고모라 위에 쏟아짐과 롯의 아내(19:24-28)
5. 롯의 딸들로부터 모압인들과 암몬인들이 유래(19:29-38)

5. 아브라함과 아비멜렉(20:1-18; 참고. 12:10-20)

3. 아들 출생(창 21-24장)

1. 이삭의 출생(21:1-7)

2. 하갈과 이스마엘(21:8-21)

1. 하갈 추방(21:8-14)
2. 아이를 구출함과 약속(21:15-19)
3. "하느님이 이스마엘과 함께 하셨다"(21:20-21)

16장에서는 하갈이 도망한다. 그러나 21장에서는 그가 추방을 당한다. 첫 번째 경우에서는 이 일이 이스마엘이 출생하기 전에 일어났고, 지금은 이스마엘이 벌써 소년이 되어 있다. 이 설화의 특수한 모습은 사막에서 그 소년이 목이 갈하여 죽을 지경에 이르렀다가 극적으로 구출받는 놀라운 장면이다. 이와 관련하여 하느님의 행동이 가진 그 특성이 계시되어 있다. 즉 그는 고통당하는 그의 피조물의 부르짖음을 들으시고 그들을 죽음의 위험에서 건져주신다(21:17). 이스마엘에 대해서도 "하느님이 그와 함께 하신다"(21:20)고 말해 줄 수 있다.

3. 우물 논쟁(21:22-34)

4. 번제(22:1-24) (E)
   1. "하느님이 아브라함을 시험하셨다"(22:1)
   2. 하느님의 명령(22:2)
   3. 아브라함이 그 계명을 이행(22:3-11)
   (1) 산을 오르는 도중(22:3-8)
   아버지와 아들의 대화(6-8절); "하느님이 준비하실 것이다"(8절)
   (2) 번제 (22:9-11)
   4. 명령의 취소
   이유; "내가 이제야 네가 하느님을 두려워 하는 줄을 알기 때문이다"(22:12)
   5. 숫 양을 대신 드림(22:13)
   6. 장소의 이름이 뜻하는 것은 "주께서 준비하실 것이다"는 것

이다(22:14)
7. 고향으로 돌아옴(22:19)
8. 후대의 확장: 아브라함에게 주신 약속의 갱신(22:15-18)

이 설화는 이러한 최종의 형태를 갖추기 전 수세기 동안 암송되어 왔었다. 그 밑에 깔려 있는 것은 동물희생에 의하여 인간 희생이 속죄를 받는 것에 관한 이야기이다. 그러나 현재의 형태로 보아서는 이러한 개념을 거의 찾아낼 수 없다. 지금에 와서는 이 설화는 하나의 신학적 구조를 갖추게 되었다. 즉 하느님에게서 아브라함이 시험을 받는다는 신학적 구조를 갖추게 되었다(1a절과 12b절). 이 설화의 중심 부분은 고난 중의 아브라함이 그의 아들을 향해 "하느님이 준비하실 것이다"라고 말한 문장이다. 이러한 문장을 빌려서 후일 그가 안도의 한숨을 쉬고 하느님을 찬양하였을 때 이 사건이 발생한 그 장소의 이름에 이 이름을 붙여 주었다. 하느님에 대한 그의 찬사가 이 설화의 목적이다.

5. 막벨라 동굴을 획득(23:1-20) (P)

1. 사라의 죽음(23:1-2)
2. 막벨라 동굴을 포함하는 매장지, 에브론을 헷 사람들로부터 획득함(23:3-18)
3. 막벨라 동굴에 사라를 매장(23:19)
4. 이것을 아브라함의 소유로 인정해 줌(23:20)

사라의 죽음(1-2절)과 매장(19절)에 관한 아주 간결한 기사에(19절) P는 묘지를 어떻게 구입하였는가 하는 설명을 매우 장황하게 덧붙였다. 이러한 방법으로 그는 "가정"의 중요성을 논증하려고 한다. 적어도 인간이 죽어 영면하는 그 자리만은 그 자신의 것이 되어야 할 것이다.

이 점에 있어서 P설화는 계속해서 전적으로 계보적인 특징을 따라가고 있다. 그리고 인간 실존의 세 가지 가장 중요한 모습을 강조하고 있다. 그 세 가지는 예배의 영역에 속하지는 않지만 의식의 영역에 속하는 것으로서 그들은 각각 연결을 갖고 있다.

(1) 출생과 할례(21:3-7)
(2) 죽음과 장례(23:1-23)
(3) 결혼과 부모의 축복(28:1-9)

이 세 가지 사건을 강조함에 있어서 P설화는 가정의 역사를 하나님의 역사의 자리에 갖다 놓는다.

6. 리브가의 결혼설화(24:1-67)

1. 아브라함이 그의 늙은 종에게 일을 위촉함(24:1-4)
2. 그 종의 맹세(24:5-9)
3. 나홀성을 향한 여행(24:10-11)
4. 징조를 요청(24:12-14)
5. 우물가에 리브가와 만남(24:15-25)
6. 감사의 기도(24:26-27)
7. 초대와 머무름(24:28-33)
8. 위촉받은 일을 성취함(24:34-49)
9. 허락(24:50-54)
10. 리브가를 출가시킴과 축복(24:55-60)
11. 리브가와 함께 떠남(24:61)
12. 도착, 이삭과 만남, 결혼(24:62-67)

이삭이 외척지간의 여인인 나홀의 손녀와 결혼했다는 짤막한 보도는 아브라함의 종이 리브가에게 구애하는 소박하고도 아름다운 설화로 짜여졌다. 이 설화는 단지 인생살이를 하는 동안 일어나는 대소간의 결단들과 그리고 하느님의 법과 뜻 사이를 연결해 보려는 명백한 의도가 나타나 있는 설화이다. 우물가에서 일어난 극적인 해후는 기도와 찬양의 언어로 표현된다. 이것은 이 지역 안에서 발생하는 인간의 일상생활에 대한 하나의 멋진 묘사라 하겠다. 여기 포함되어 있는 모든 것은 하느님의 법이 일상적이고도 평범한 사건들에게도 미치고 있다는 사실을 믿는 소박한 신앙과 관계를 맺고 있다. 리브가가 출가를 허락받았을 때 그의 오라비들이 그녀를 축복했다(60절). 이것은 작별할 때의 축복을 보여 주는 한 예다.

4. 아브라함의 죽음(창 25장)

1. 아브라함의 후손들(25:1-6)

2. 아브라함의 죽음과 막벨라의 굴에 매장(25:7-11)

3. 아브라함의 후손들(25:12-20)
   1. 이스마엘의 계보(25:12-18)
   2. 이삭의 계보(25:19-20)

야곱-에서 설화(창 25-36장)

서론적 요약

"야곱-에서 설화"는 첫눈에도 분명하게 족장설화의 중심을 형성하는데, 아브라함 설화와는 근본적으로 다르다는 것이 나타난다. 즉 12-25장은 본질적으로 단일 설화들이며 후손 약속의 기본 주제에 의해서 아주 엉성하게 엮어져 있는 데 반하여 25-36장은 훨씬 더 분명하고 훨씬 더 특징이 있는 한 개의 통일된 단위로 구성되어 있다. 이러한 통일성은 야곱과 에서 사이의 싸움을 두 장면에 담아서 표현함으로 달성되었다(25-27장과 32-33장). 첫 장면은 야곱의 도망으로 끝나고, 두 번째 장면은 그가 고향으로 돌아온 때 일어났다. 이 둘 사이에는 라반의 집에서 있는 에피소드가 특이한 긴장과 특수한 드라마의 형태를 갖추어 끼어들어 있다(29-31).

족장설화의 제2 그룹은 명백한 주제를 가지고 있다. 그것은 형제간의 투쟁 즉 축복을 둘러 싼 투쟁이다. 아주 오랜 고대의 언어 사용에 의하면 축복은 풍성한 출산의 능력을 의미한다. 신명기는 세 가지 축복을 말하고 있다. 즉 자궁의 축복(자녀), 가축의 축복(가축), 땅의 축복이다. 그러나 그것은 땅의 축복이 성취된 정착기 이전까지는 문제삼지 않는다. 그러므로 여기 나타난 족장 설화들은 주로 자궁의 축복과 가축의 축복만을 취급하고 있다.

아브라함 설화는 단지 자궁의 축복만을 취급하고 있다. 마침내 한 아이가 출생했는데, 아브라함에게 내린 축복을 계승할 아이였다. 그러므로 여기서는 부모와 자녀의 관계에 강조를 하고 있다.

두 번째 설화에서는 축복은 전혀 새로운 종류의 문제로 옮겨진다. 즉 아들이나 상속자가 여럿이 있을 때는 축복이 어떻게 전해져 내려갈 수 있는가 하는 문제로 옮겨지게 된다. 따라서 여기서는 "형제와 형제 사이의 관계"를 강조하게 된다. 여기서는 이미 그러한 문제가 벌써 나타나기는 했지만 그 문제가 절대적으로 정당한 것인지는 의문스럽다.

야곱-에서의 시대 구조를 설명해 주는 것은 축복의 개념이다. 즉 그것의 처음(25-28장)과 끝(32-35장)은 축복이 성취되는 그 방법에 관심하고 있다. 즉 그 중간 부분(29-31장)은 축복의 결과에 관심하고 있다. 이것과 관련해 볼 때 자궁의 축복은 그 설화의 처음과 마지막 부분에서 현저하게 나타나 있다. 그리고 중간 부분에서는 가축의 축복이 나타나 있다.

그러나 이러한 구성 요소를 지나치게 강조하거나 따로 취급하려해서는 안 된다. 즉 아브라함 시대의 전면에 나타난 부모와 자식의 관계가 이 시대에도 아주 뚜렷하게 계속되고 있다. 따라서 형제 관계가 비록 어느 시대에서는 분명히 다른 모습을 가지고 있다 하더라도 족장설화의 세 시대 전체에 걸쳐서는 중요한 역할을 하고 있다.

제1기-본처의 아들 대 하녀의 아들—아들

제2기-동등한 위치의 두 아들—형

제3기-동등한 위치의 많은 아들—막내 동생(즉 요셉)*

이와 같이 형제관계가 서로 다른 것은 이스라엘인들은 서로 다른 지파들끼리 연합된 관계를 가지고 있고 그리고 인근에 여러 부족들과 국가들이 있다는 사실과 관련되어 있다. 이쉬마엘(이스마엘 사람들)의 설화는 전혀 별개의 것으로 되어 있다. 그럼에도 이스마엘은 첫 부모의 아들이었고 하느님으로부터 인정받은 아들이었다. 에서(에돔)의 경우에는 계속적인 긴장관계가 나타난다. 그럼에도 불구하고 열두 형제들과 함께 살고 있다.

창세기 25-36장에 있는 자료들의 상호관계는 12-25장에 있는 것과는 다르다. 대체로 J와 E는 평행되게 나오는데 12-25장에서 보다는 훨씬 더 평행되게 나온다. 반대로 P는 그 중요성에 있어서 분명히 나변을 돌고 있다. 즉 그것은 완전한 설화를 갖추지 못하고 단지 독립된 것으로 나타나 있다. 즉 그것이 야곱과 에서와의 관계를 나타내는 방법은 아주 다르다.

1. 장자 상속권(창 25-28장)

이 부분의 중심부에는 두 개의 설화가 있다: 야곱이 에서를 기만하

* 여기서 요셉을 막내로 말하고 있는 것은 막내 아들인 베냐민은 요셉이 애굽에 있은 후까지는 형제 설화 가운데서 현저하게 않고 있기 때문이다(역자 주).

여 장자권을 뺏는 기사(27:1-40)와 야곱이 에서로부터 도망하는 기사(27:41-45)이다. 첫 설화의 서두에는 중심설화로 가는 예비적 설화가 두 개 있다. 즉 에서와 야곱의 출생(25:21-26, J설화) 그리고 아브라함의 축복권을 이삭이 계승함(26:2-5)에 관한 설화이다. 창세기 26장 7-23절은 이러한 구절에 속하지는 않는다. 이삭과 아비멜렉에 관한 설화는 오히려 창세기 12장 10-20절과 20장과 평행을 이루고 있다.

팥죽 이야기(25:27-34)는 27장의 것과는 다르다. 두 곳 모두에서 에서가 야곱에게 선수를 당하고 장자권을 동생에게 잃는다.

첫 설화의 마지막 부분에는 야곱의 아내들과 에서(P설화), 그리고 야곱이 도망하는 중에 꾸었던 꿈에 관한 설화가 나오는데 그것은 약속의 갱신(E설화)을 포함하고 있다.

1. 야곱과 에서의 출생(25:21-26)

이 부분은 연장자 우대의 관습이 감추어져 있는 매우 특수한 출생설화이다. 이리하여 자식을 못 낳는 것에 관한 주제가 다시 나타난다. 리브가의 남편은 자기 아내를 위하여 하느님 앞으로 나아간다(그것은 마치 모세와 예언자들이 백성을 위하여, 또 욥이 그의 친구를 위하여 한 것과 같다). 그리고 하느님은 그의 간구를 들어주신다(21절). 복중의 아이가 태 속에서 서로 싸우므로 리브가가 탄식하여 말하기를 "이 같으면 내가 어찌 살겠는가?"라고 말한다. 이 탄식은 욥기에서 다시 나타난다. 이러한 탄식으로부터 하느님을 향한 질문이 나타난다. 그 대답은 리브가가 낳을 아들에 관한 신의 잠언이다. 미래에 있을 것을 말한다(22-23).

2. 팥죽(25:27-34)

이것은 한 때 전혀 다른 의미를 가졌던 설화다. 왜냐하면 이것은 목양인에 대한 농경인의 반목감정을 건드리는 설화이기 때문이다. 야휘스트는 그 설화를 매우 재치있게 야곱설화로 끌어들여 전혀 새로운 의미를 부여한다. 그러나 지금에 와서는 하느님의 뜻이 무시당할 때 사람의 손으로 축복하는 일이 어떻게 일어날 수 있는가 하는 것을 보여 준다. 그것은 27장에서도 꼭같이 옳다. 그러나 그 설화의 목적은 하느님은 축복의 주님이시라는 것을 나타내는 데 있다.

3. 이삭에 관한 설화들(26:1-35)

비록 지금은 남아 있지는 않다 해도 이삭 설화가 전해지던 시대가 한 때 있었다. 26장은 그 족장의 아내가 어떻게 하여 더럽힘을 당했는가 하는 것을 말해 주는 설화를 후대에 크게 보충 수정하여 변형시켜 놓은 것이다(12장과 20장에서처럼). 그것은 여러 가지 방법으로 보충되었다.

4. 야곱이 에서를 속이고 그의 장자권과 축복을 빼앗다(27:1-45)

1. 이삭은 에서를 축복하려 함(27:1-4)
2. 리브가의 음모(27:5-13)
3. 속임(27:14-24)
4. 축복의 행위와 말씀(27:25-29)
5. 에서의 낙담(27:30-40)
6. 에서의 음모와 리브가의 도피 주선 계획(27:41-45)

5. 에서와 야곱의 아내들(28:1-9; 26:34-35; 27:46 / P)

P설화는 그 속임사건을 기록지 않고 빠뜨려 버렸고, 또 두 형제 사이의 긴장관계도 에서가 부모의 뜻을 어기고 가나안 여인들을 아내로 맞아 들였기 때문이라고 말함으로써 야곱-에서 설화를 대폭 수정해 버렸다. 반대로 야곱은 부모에게 잘 복종한 것으로 기술되었다. 그는 라반의 딸을 아내로 맞이하기 위하여 아버지의 축복을 몸에 받으며 라반의 집으로 여행한다(이 설화에 의하면 그는 도망하고

있지는 않다). 후에 "에서"도 그 친족 중에서 또 다른 아내를 취한다 (28:9).

6. 야곱의 꿈(28:10-22 / E)

1. 야곱은 거룩한 장소에서 밤을 보낸다(28:10-11)
2. 하늘로 뻗은 사닥다리의 꿈(28:12)
3. 야곱에게 주신 하느님의 약속(28:13-15)
4. 야곱이 벧엘에서 제단을 쌓음(28:16-19)
5. 야곱의 맹세(28:20-22)

이 부분은 인간이 하느님을 만난 기사들 중의 하나이다. 그 기사의 중심부는 그 곳이 거룩한 곳임을 발견할 때 야곱이 부르짖은 부르짖음이다.

> "주께서 분명 이 곳에 계시거늘 내가 알지 못하였도다. 얼마나 두려운가 이 자리가! 이 곳은 하느님의 집이요 하늘의 문이로다"(16-17절).

그러나, 이러한 설화에서는 오랜 발전과정의 흔적이 있음을 분명히 하는 것이 중요하다. 이스라엘이 가나안에 들어오기 전 오랫동안 벧엘은 하나의 성소로 있었다(B.C. 2000년부터 계속). 여로보암 1세가 통치하는 동안 벧엘은 전성기에 달했다(이 설화가 발전한 것은 이 무렵이었다). 요시아는 B.C. 622년 이후 그 신당을 파괴했다. 창세기 28장은 매우 고대의 한 성소의 역사가 어떻게 하느님과 그의 백성과의 역사 속에 흡수되었는가 하는 것을, 이 경우에서는 족장 야곱의 설화에 흡수되었는가를 아주 감동적으로 논증하고 있다.

2. 라반의 집에 거하는 야곱(창 29-31장)

두 설화가 중심부에서 다시 나타난다: 야곱이 레아와 라헬과 결혼

(29:15-30), 그리고 고향으로 돌아가라는 명령(31:3). 처음 부분에는 야곱의 도착과 라반의 집에서 봉사한 일에 관한 설화가 있다(29:1-14). 그리고 그가 자녀의 축복(29:35-30:24)과 가축의 축복(30:25-34)을 받는 기사가 나타난다. 마지막 부분에는 야곱이 라반으로부터 도피하는 것과 그의 조약을 맺는 것에 관한 기사가 있다(31:1-55).

1. 라반의 집에 거하는 야곱(29:1-35)
   1. 우물에서 라헬을 만남(29:1-11)
   2. 라반의 집에 초대를 받고 고용됨(29:12-14)
   3. 라헬과 레아를 위한 봉사(29:15-30)
   4. 레아가 르우벤, 시몬, 레위, 유다를 야곱에게 낳아 줌(29:31-35)

2. 야곱의 아들들(30:1-24)
   1. 라헬의 종 빌하가 단과 납달리를 낳다(30:1-8)
   2. 레아의 종 실바가 갓과 아셀을 낳다(30:9-13)
   3. 레아가 잇사갈과 스불론을 낳다(30:14-21)
   4. 라헬이 요셉을 낳다(30:22-24)

3. 라반과 헤어짐(30:25-31:55)
   1. 야곱이 라반에게 떠나는 것의 허락을 요구(30:25-26)
   2. 야곱의 가축이 늘어남. 라반의 허를 찌름(30:27-43)
   3. "돌아가라"고 하느님이 명령(31:1-3)
   4. 야곱이 그의 아내들과 밀담을 나눔(31:4-16)
   5. 야곱이 도망함(31:17-21)
   6. 라반이 야곱을 급습하고 그를 책망함(31:22-30)
   7. 라반이 잃어버린 그의 가정의 신 드라빔을 찾다(31:31-35)
   8. 야곱이 라반을 꾸짖음(31:36-42)

9. 야곱과 라반이 조약을 끝맺다(31:43-55)

4. 마하나임에서 천사와 만남(32:1-2)

이상에 나타난 세 장(29-31장)은 초기 이스라엘의 생활의 일부분을 기술하고 있으며, 여기는 외국에서 야곱이 겪은 생활의 한 면으로 생각했다. 이들을 하나의 전기로 보아서는 안 될 것이다. 하물며 계몽적인 기록으로 보아서도 안 될 것이다. 그것들은 오히려 유랑하는 부족들의 실생활에 관해서 말해주고 있을 뿐이다. 즉 그것에 대한 우리의 판단의 표준을 적용하지 않는 것이 나을 것이다.

특별히 두 장면은 지적할 필요가 있다. 즉 첫 부분에 나타나는 우물가의 장면(29:1-11)과 마지막 부분에 나타나는 조약의 확증(31:41-55)을 들 필요가 있다. 전자는 두 민족이 서로 만나는 것에 대해서 성서는 어떠한 의의를 부여하는가에 관해 말해 주는 가장 좋은 보기들 중 하나다. 그리고 후자는 고대에서는 어떤 방법으로 계약이 수립되는지, 그 방법의 요소들을 모두 보존하고 있다. 53절은 각자 자기의 신을 두고 맹세를 했으며, 다른 민족들의 여러 신들이 초기에는 실제로 존재하는 것으로 생각했다는 것을 보여준다.

3. 형제의 상봉(창 32-36장)

두 형제의 해후 장면이 중심부에 들어 있다(33장). 첫 부분에는 야곱의 상봉 준비와 기도에 관한 기사가 나온다(32:1-21). 또한 얍복에서 하느님과 씨름한 기사도 나온다(32:22-32). 마지막 부분에는 야곱의 세겜 정착에 관한 설화(33:18-20)가 나오고, 세겜으로부터 벧엘로 가는 순례와 약속의 갱신에 관한 설화(35:1-15)가 나온다.

다른 모든 설화들은 이 구절들의 묶음에는 속하지 않는다. 단지 각각이 첨부되었다. 이 부분은 "디나"의 강간당함과 세겜에서의 대량 학살

(34장), 베냐민의 출생과 라헬의 죽음(35:16-20), 르우벤의 폭행(35:21-22), 야곱의 12아들들의 명단, 이삭의 죽음에 관한 설화(35:23-29), 그리고 에서의 후손들 즉 에돔인들의 명단을 포함하고 있다(36장).

1. 에서와 만나기 위한 준비(32:3-21)

1. 야곱이 에서에게 사환들을 보냄(32:3-6)
2. 그가 그의 민족을 두 진영으로 나눔(32:7-8)
3. 기도(32:9-12)
4. 야곱이 에서에게 예물을 드림(32:13-21)

2. 압복에서 하느님과 씨름함(32:22-32)

1. 강을 건넘(32:22-23)
2. 씨름과 넙적다리 강타(32:24-25)
3. 축복을 획득함, 야곱이 이스라엘이 되다(32:26-31). 장소의 명명—브니엘(30절)
4. 이 사건에서 유래된 의식(32:32)

얍복에서 하느님과 겨루었다는 이 설화의 밑바닥에는 그가 강을 건너가지 못하도록 하려 했던 강의 악마(a river demon)와의 투쟁에 관한 아주 고대의 이스라엘 선사시대의 사담이 깔려 있다. 야휘스트는 인간과 신과의 관계에서는 인간과 신과의 투쟁이라는 것이 항상 따라다닌다는 것을 지적하기 위하여 그것을 족장설화에 채용해 넣었다. 그러나 이것은 이스라엘이 승리를 거두었던 투쟁이었다.

축복한다는 것은 하나의 선물로서 하느님만이 승인할 수 있는 어떤 것이다. 그럼에도 그것이 투쟁을 통하여 얻을 수 있는 것으로 바뀔 수 있다는 것을 여기서는 아무런 설명 없이 소개하고 있는데 그것은 단지, 하느님에게 대항하는 불가해한 현실중의 하나라고만 이해될 수 있을 뿐이다.

3. 에서와 만남(33:1-20)

1. 만나기 직전(33:1)
2. 동반자를 정열시킴(33:2)
3. 공손히 절함(33:3,6-7)
4. 화해(33:4)
5. 용서와 확증(33:8-11)
6. 화해 받은 자를 떠남(33:12-17)
7. 야곱이 세겜에 머뭄(33:18-20)

이 설화는 에서 앞에서 야곱이 무릎을 꾼 것(축복을 받지 못한 자 앞에서 축복받은 자가 무릎을 꾼 것)이 완전한 항복을 의미한다는 것을 깨달을 때만 의미가 있다.

이러한 형태로 나타나는 축복의 미묘한 성격은 비록 자녀가 가축은 풍부하다 해도 계속되는 도피의 삶 속에서 야곱이 뼈저리게 체험한바다. 즉 그것은 그로 하여금 외국에서 객이 되게 했고, 마침내는 축복받지 못한 그의 형제에게 무릎을 꿇게 했다. 이 설화는 놀라운 방법으로 용서와 화해가 그럼에도 불구하고 어떻게 계속될 수 있는가 하는 것을 논증해 주고 있다.

이러한 설화로 야곱-에서의 시대는 끝을 맺는다.

4. 보충 자료

1. 디나에 대한 폭행과 세겜 대 학살(34:1-31)

1. 야곱의 딸, 디나가 강간 당함(34:1-7)
2. 하몰이 그의 아들 세겜을 대신하여 디나에게 청혼함(34:8-12)

3. 조약과 그 시행으로서 할례를 요구함(34:13-24)
4. 무기력한 상태의 세겜인들을 대량 학살(34:25-31)

34장에 나타난 이 설화는 야곱 설화에 속하는 것은 아니다. 그것은 오히려 그 성격상 사사기와 관련이 있다. 왜냐하면 이스라엘인들이 자기들을 가나안인들 중에 있었다는 것을 주장하려는 의도가 여기에 나타나고 있기 때문이다. 이 전쟁에서 그들은 간교하고도 잔혹한 수법을 써서 승리를 거둔다.

2. 세겜에서 벧엘로 순례(35:1-7)
1. 벧엘로 가라는 명령(35:1)
2. 야곱이 그의 가족에게 요구(35:2-3)
3. 외국 신들을 폐기함(35:4)
4. 벧엘로 가는 도중(하느님으로부터 오는 무서움)(35:5-6)
5. 제단을 세움과 장소에 이름을 붙여 줌(35:7)

알트(Alt)*에 의하면 이 설화—세겜의 성소에서 벧엘 성소로 가는 순례에 관한 설화—배후에는 제의적 행위(cultic act)가 있다는 것이다. 축제의 예비행동, 즉 외국 신들을 폐기한 것은 세겜에서 일어났다. 그 기본적 행동이 벧엘에서도 일어났다. 이 설화는 그러한 관습을, 하느님의 명령으로 발생한 독립된 사건으로서 세겜에서 벧엘로 가는 여행사건에 기초를 둔 것이라고 본다. 후일 이 축제와 관련지은 모든 것은 이 때 생겨났다.

3. 리브가의 유모인 드보라의 죽음(35:8)

4. 벧엘에서 신이 나타나심과 약속을 주심,
야곱이 이스라엘이 되다(P) (35:9-15)

* Albrecht Alt, "Die wallfahrt von Sichem nach Bethel!", *Kleine Schriften zur Geschichte des Volkes Israel*, I. München, 1959. pp.79-88.

P설화는 여기서 창세기 28장 10-22절의 설화를 한 번 더 반복하고 동시에 고대의 모습들을 모두 제거한다. 남아 있는 것은 약속이며, 돌을 세우는 것은 여기서는 하나의 기념비적인 것으로 그 모습을 바꾼다. 이 설화는 또한 벧엘이 어떻게 창설되었는가를 말하려고 한다.

5. 베냐민의 출생과 라헬의 죽음(35:16-20)

6. 르우벤의 능욕(35:21-22)

7. 야곱의 아들들의 명단, 이삭의 죽음과 매장(P) (35:23-29)

8. 에서와 에돔인들(36:1-42)
   1. 에서의 후예들: 그가 에돔으로 이주함(P)(36:1-8)
   2. 에서의 아들들(36:9-14)
   3. 에돔의 족장들(36:15-19)
   4. 세일의 아들들인 호리족(36:20-30)
   5. 에돔을 통치한 왕들(36:31-39)
   6. 에돔의 족장들(36:40-43)

야곱-에서 설화의 끝에 나오는 에서의 계보는 아브라함 설화(25:12-18)의 끝에 나오는 이스마엘의 족보와 상응한다. 이 부분은 단지 명단과 계보만을 포함하고 있다. 에돔의 왕조가 언제 시작되었는지를 말해 주는 왕들의 명단(36:31-39)은 이외에도 역사적 관점에서 볼 때 가치가 있는 것이다.

요셉설화(창 37-50장)

이미 지적한 바와 같이, 아브라함설화는 여러 개의 단일 설화들이 모여서 전체의 설화를 형성한 반면에 야곱-에서 설화는 훨씬 더 분명한 한 개의 단위를 형성하였다. 그러나 요셉 설화는, 37장으로부터 50장에 이르기까지 결코 끊기는 일 없이 연속적으로 흘러내려간 하나의 연속적인 설화로 나타난다. 이 설화는 마치 쇠사슬과도 같이 37장에 나타난 형제간의 투쟁에 관한 이야기로부터 50장에 나타난 극적 화해 이야기에 이르기까지 한 줄로 꿰 매어져 있다. 그러므로, 요셉 설화는 연속성이 있는 하나의 소설이 되어버렸다.

오경 전체에서 요셉 설화가 담당한 기능은 족장들이 유랑하다가 마침내는 정착하게 된 그 "가나안"에서 있었던 일과 그리고 그들이 애굽에서 겪었던 민족 역사와 연결시켜 주는 일을 하는 것이다. 즉 이 설화는 "족장들이 어떻게 하여 애굽으로 내려 갔는가?" 하는 물음에 대답해 주고 있다. 이 물음에 대한 대답의 서두는, "야곱이 기근 때문에 애굽으로 이사했다"는 말로 나타난다. 즉 "야곱이 어떻게 애굽으로 갔느냐?"라는 질문에 대하여 요셉설화는 "야곱이 막내 아들이 형제들 때문에 애굽으로 팔려갔다. 거기서 그는 요직에 앉게 되고 후일 야곱을 거기로 오게 했다"는 식으로 설명한다.

야곱이 어떻게 애굽으로 가게 되었는가 하는 것을 유일하게 말해 주는 이 이주 설화로부터 고대의 역사가들(J와 E)은 각 설화들을 제각기 독특한 특징을 가지고 있는 독립적인 설화이면서도 동시에 포괄적인 설화로 그려냈다. 창세기의 어떤 부분도 이 요셉 설화보다 더 실감이 나게 하는 설화는 없다. 이 이야기는 야곱의 집이라고 하는 조그만 부족 안에서 발생된 형제간의 분쟁에 관한 이야기로부터 시작된다. 이러한 분쟁의 결과가 어떠 했는지를 자세하고도 길게 이야기하고 있는데, 이 이야기는 연로한 아버지의 비탄에 잠긴 애가에서 처음으로 그 절정에 다다른다(37:31-35).

둘째 무대는 애굽으로 옮겨져서 거기서 요셉이 일약 바로의 장관들 중의 하나로 높임을 받게 된다는 것을 선명하고도 활기있게 묘사해 준다.

셋째 무대는 첫째 무대의 주제를 한 번 더 끌어들여서 요셉의 형제들이 기근 때문에 애굽으로 오지 않으면 안 되었던 상황을 묘사한다. 그리고는 돌연 이 설화는 요셉과 형제들이 화해를 하는 장면을 끌어들여 이야기의 절정을 이룬다. 그리고는 설화자의 기교 있는 손으로 그 화해의 사건을 처음 분쟁이 있을 때의 옛 상황을 방불케 하는 순서를 따라가게 한다. 이와 같이 해서 그동안 무슨 일이 일어났는가 하는 것을 요약해서 알려 주는 대단원의 막은 내리게 된다.

하나의 속편으로서, 아버지의 슬픔이 기쁨의 감사로 바뀌는 장면이 뒤따라 온다. 그 드라마의 주역이었던 그 민족은 다시 조화를 되찾게 된다. 동시에 야곱의 집과 관련된 기근의 위협도 제거되어 버린다. 따라서 연로한 아버지가 편안히 죽을 수 있게 된다.

설화의 전승은(J와 E) 다른 어떠한 일반적인 설화보다 요셉 설화에서 더욱 뚜렷하게 나타나 있다. 이 설화의 많은 부분은 그 자료들을 나란히 놓고 비교해 볼 때만 명백해진다.

J	E
1. 분쟁(창 37:3-35)	
1. 기초(겉옷)(37:3-4)	기초(꿈)(37:5-11)
2. 아버지의 심부름(37:12-17)	
3. 행동(37:18-30)	행동(37:18-30)
4. 행동의 은폐(37:31-35)	행동의 은폐(37:31-35)
2. 애굽에 온 요셉(39:1-41:57)	
1. 요셉의 승진과 실각(39:1-23) 1. 애굽인들 중의 요셉(39:2-5) 2. 요셉의 실각(39:6-20) 3. 감옥에서의 승진(39:21-23)	감옥 간수로서의 요셉(단편) (39:1,2,4,6)
2. 요셉과 감옥에 갇힌 두 관리(단편) (40:1b, 5b, 14b, 15b)	요셉과 감옥에 갇힌 두 관리(40:2-5) 1. 두 사람의 꿈(40:2-5) 2. 해몽(40:6-19) 3. 꿈의 성취(40:20-23)

3. 요셉의 승진(41:31-57) 1. 기근의 선언(41:31) 2. 바로에게 충고함(41:33-36) 3. 요셉이 임명됨(41:39-45) 4. 요셉의 직무(41:45-57)	요셉의 승진(41:1-44) 1. 바로의 꿈(41:1-32) 2. 바로에게 충고함(41:34-37[38]) 3. 요셉이 임명됨(41:41-44)
3. 조화의 회복(창 42-45장)	
1. 애굽으로 가는 형들의 첫 여행(42장) 2. 형들의 둘째 여행(J가 현저)(43:1-34) 3. 잔(44:1-34) 1. 돌아가는 도중 검색받음(44:1-12) 2. 요셉 집에 임한 시편(44:13-34) 18-34절 유다의 이야기 4. 요셉이 자기를 드러냄(45:1-28) 1. 대단원(45:1-7) 2. 형제들이 떠나서 집으로 돌아옴 (45:16-28)	애굽으로 가는 형들의 첫 여행 (특히 E가 현저함)(42:1-36) 형들의 둘째 여행(단지 몇 마디의 문장) (43장) 요셉이 자기를 드러냄(45:1-27) 1. 대단원(45:2-15) 4-8절, 요셉이 지난 일을 설명 2. 형제들이 떠나서 집으로 돌아옴 (45:16-27)
4. 요셉설화의 결론과 족장들(창 46-50장)	
1. 야곱이 애굽으로 가다(46:1-47:12) 2. 요셉은 애굽인들을 바로의 농노로 만듬(47:13-26) 3. 야곱의 축복과 죽음(47:27-48:22, 49:33) 1. 이스라엘들이 고센에서 번성 (47:27) 2. 야곱의 나이(47:28) 3. 맹세(47:29-31) 4. 야곱이 요셉의 아들들을 축복 (48:1-22) 5. 야곱의 죽음(49:33) 4. 야곱의 장례(50:1-14) 6. 요셉의 죽음(50:22-26)	야곱이 애굽으로 가다(46:1-47:12) 야곱의 축복(48:1-22) 야곱이 요셉의 아들들을 축복 (48:1-22) 야곱의 장례(50:3-10) 5. 형제들의 최종화해(50:15-21) 요셉의 죽음(50:22-26)

본래 요셉 설화에 속하지 않았던 장이 둘 있다. 그 하나는 38장인데 유다와 다말에 관한 이야기이다. 이것은 그 자체로서 완전한 한

단위를 형성하고 있다. 그러나 많은 점에 있어서 이 부분은 룻기와 비교해 볼 수 있다. 왜냐하면 두 부분은 모두 유다 지파에 새로 들어온 과부에 대해서 말하고 있기 때문이다. 이런 점에서, 즉 유다가 37장의 주체가 되어 있다는 것 때문에 38장이 여기 끼어 든 것으로 이해할 수도 있다.

또 하나, 요셉설화에 본래 들어 있지 않았던 장은 49장인데 야곱의 축복을 싣고 있다. 이 부분은 아주 오래된 지파 설화를 모아 놓은 것이다. 그것은 열두 아들에 대한 야곱의 축복으로 되어 있다(평행되는 장으로서 신명기 33장에 나타난 모세의 축복과 비교). 이 열두 아들들은 여기서 열두 지파의 조상으로 묘사되어 있다. 즉 서로 다른 지파의 특성들을 이 이야기들 안에서 뽑아 낼 수 있다. 이리하여 우리는 그들이 이스라엘 민족으로 형성되기 이전의 지파의 생활과 지파 역사를 여기서 관찰할 수 있다.

전체의 설화를 이해하기 위하여서는 요셉 설화의 두 흐름을 나란히 비교해 보는 것이 중요하다. 왜냐하면 J와 E에 나타난 중심 주제는 동일하지 않기 때문이다. 다음과 같이 사건의 진행과정을 나타낼 수 있다.

J	E
1. 아버지의 편애	1. 요셉의 꿈
2. 형들의 행동	2. 형들의 행동
3. 애굽인들 가운데 삶	
4. 실각	
5. 요셉이 감옥에 갇힘	3. 요셉이 감옥에 갇힘
6. 요셉이 관리가 되다.	4. 요셉이 권리가 되다

이러한 사건들이 실제 어떤 방법으로 일어났는가를 설명함에 있어서 J는 그 사건들을 자세하게 기술하는 반면에 E는 주요 경향을 따라

가며 기술하려 한다. 따라서 E의 중심 주제는 J와는 다른 방법으로 관찰되어야 한다. 즉 E는 해석을 붙인 결론으로 그 설화를 끌고 간다.

> "당신들은 나를 해치려 하셨지만 하느님은 그것을 선으로 바꾸사 오늘날 처럼 많은 사람을 살리기 위함입니다"(50:20).

45장 5-7절에 나타난 그 비슷한 구절과 비교해 보라. 이 두 개의 말씀에서는 인간의 행위와 신의 행위가 잘 대조되고 있다. 그리고 그 전체의 설화는 하느님의 찬양으로 가득 차 있다. 즉 하느님은 놀라운 방법으로 인간이 부패하게 한 것을 새롭게 변화시키고 있다.

반대로 J는 신의 행위와 인간의 행위를 구별하지 않고 오히려 하느님의 행동이 인간의 행동을 통하여 완성되는 것을 놀라움을 가지고 바라보고 있다. 그는 전체 설화의 중심 주제를 일반적인 진술로 묘사하지 않는다.

그는 유다가 비난의 추궁을 받을 때, 책임있는 형으로서, "하느님이 당신의 종들의 허물을 발견하셨사오니"(44:16)라고 말하는 때의 그 절정을 통하여 그 설화를 설명 없이 그대로 내어 놓는다. 요셉에게 제기한 탄원 속에서 유다는 자기 자신이 그 형벌을 떠 맡아야 한다는 생각을 해낸다(18-24절). 이와 같은 옛날의 허물에 대한 인정이 요셉을 움직여서(45:4-13) 화해에로 이끌어 간다.

이렇게 하여 야곱의 가정에 있었던 부조화가 다시 회복되었다. 이러한 방법으로 J는 하느님의 놀라운 행위를 나타냈다.

꼭같은 사건에 대한 두 개의 설화를 나란히 대조해 봄으로 그 자료들이 하느님의 행위를—복음서에서처럼—나란히 증거하고 있음을 깨달을 수 있다. 두 곳 모두 하느님이 장차 그의 백성을 어떻게 다루실 것인가를 묘사해 주고 있다.

4. 출애굽기로부터 민수기까지

하느님의 민족 구원사는 출애굽기에서부터 본격적으로 나타난다. 이 구원사는 출애굽의 구원경험에 관한 보도(1-14장)로 시작된다. 그 다음 장인 15장에는 구원을 경험한 자들의 찬양응답이 나타난다. 이러한 구원 설화 다음에는 하느님의 보호하심(보존)에 관한 이야기(출 16-18장; 민 10-20장)가 나온다. 이러한 하느님이 보호해 주시는 행동에 부합하는 인간의 행동은 하느님의 계명과 율법에 복종하는 일이다. 이와 같이 건지고 지켜 보호하시는 하느님의 행동과 그리고 하느님의 계명을 지키는 인간의 행동이 서로 결합됨으로 비로소 계약이 성립되는 것이다. 즉 이 둘은 긴밀한 관련이 있다.

그러나 얼마가지 않아서 바로 그 계약을 이스라엘 백성들 편에서 깨뜨려 버렸다(출 32장에 나오는 금송아지 이야기를 참조). 그리하여 하느님의 형벌이 뒤따라 일어나게 된다(출 32-33장). 그러나 놀라웁게도 하느님의 백성의 역사가 여기서 끝나 버리지 않고 있다는 것은 진실로 하나의 "은총"이라 하겠다. 하느님은 그들이 범죄했음에도 불구하고 그 깨뜨려진 계약을 새롭게 갱신한다(출 34장).

출애굽에 대한 이러한 묘사 속에는 하느님의 백성의 역사를 설명할 수 있을 만한 주요 요소들이 다 들어 있다. 거기에는 이스라엘 백성이 어떠한 방법으로 "율법"을 받게 되었느냐 하는 것을 설명해 주는 P의 설명이 첨가, 삽입되어 있다(19-23장). 이러한 점에서 볼 때 이러한 P의 기사는 법전 전체(출 25-31장; 35-40장; 레위기; 민 1-10장)를 이리고 끌고 들어오는 역할을 하고 있다. 이 법정은 실제로는 점차로 발전하여 된 것이다. 그리고 시내 산을 출발하여 광야 여행을 다시 시작하는 것에 관한 기록(민 10-20장)은 이 전체 법전기록이 끝날 때까지는 나오지 않다가 출애굽기가 끝날 무렵에 다시 계속된다. 그리고, 민수기 20장에서는 새로운 이야기가 시작되는데, 그것은 요단 동편 땅을 정복하는 이야기다(20-24장; 32장). 그러나 이 이야기에 관해서는 몇 개의 에피소드 안에 단지 암시만 되어 있을 뿐이다. P법전의 삽입해 넣은 부분들은 몇 개의 자료를 보완 하고(25-31장; 33-36장) 민수기서 마지막에서 끝이 난다.

그러므로 출애굽기, 레위기, 민수기는 잘 짜여진 하나의 통일체를 이루고 있다. 즉 이 부분은 출애굽으로부터 요단 동편 지역을 정복하기까지의 역사를 일관성 있게 엮었다.

따라서 오경은 세 가지 부분으로 구성되어 있다고 할 수 있다. 즉 고대의 역사와 족장역사(창세기), 출애굽 설화(출애굽기, 레위기, 민수기), 그리고 모세의 연설(신명기)이 그것이다.

출애굽기

1. 하느님의 구원해위: 고난으로부터의 구원(출 1-14장)
   1. 고난(1-11장)
      1. 애굽의 압박(1장)
      2. 모세의 소명과 위임(2-6장), 약속(3장)
      3. 모세와 바로(애굽에서 일어난 기적과 재앙) (7-11장)
   2. 구원(12-14장)
      1. 유월절과 애굽을 떠남(12:1-13:16)
      2. 광야행군, 추격당함과 건짐받음(13:17-14:31)

2. 인간의 찬양응답(출 15:1-21)

찬양의 노래: 미리암의 노래(15:1=21), 역사시(詩)로 확장(2-18절)

3. 하느님의 행위: 보존(출 15:22-18:27)

인간 실존의 기본적 욕구에 직면함.

1. 목이 갈함: 물을 공급(15:22-27, 17:1-7)
2. 배고픔: 메추라기와 만나를 공급(16장)
3. 절망:
   1. 원수로 인한 절망: 아말렉인들을 정복(17:8-16)
   2. 내부 문제로 인한 절망: 이드로의 방문, 유사들을 임명(18장)

4. 인간의 응답

1. 율법과 계약(19-24장)
   1. 하느님의 시내산 현현(19장)
   2. 십계명(20장)
   3. 계약의 책(21-23장)
   4. 계약체결(24장)

      계약을 위한 헌물

      돌비, 신의 영광
2. 율법에 관한 지시들(25-31장)

   성소와 성구(聖具)의 준비

5. 범죄와 계약갱신

1. 부어 만든 우상과 그것을 깨뜨림

   모세의 중재(32장)
2. 떠나라는 명령(33:1-6)
3. 회막(33:7-23)
4. 새 계약: 계명판을 바꿈

의식(儀式) 십계명

5. 율법(35-40장)

25-31장에서 주신 교훈의 성취(레위기와 민수기에서 계속)

1. 하느님의 구원행위: 고난으로부터의 구원(출 1-14장)

출애굽기의 첫 부분에 해당하는 이 부분에서(1-14장) 우리는 애굽에서 겪은 이스라엘인들의 고역으로부터 시작하여 곧 그들의 구원에로 뻗쳐 나가는 뚜렷한 하나의 진행과정을 바라볼 수 있다. 그 진행운동의 서두는 하나의 놀라운 신의 선포로 시작되고 있다(3:7-8). 그러나 그 선포는 직접 백성을 향하여 선포되지 않고 중재자인 모세를 통하여 선포되고 있는데, 모세는 이 역사적 사건에 끼어 든 필요불가결한 참여자였다.

그러므로 우리는 그 중재자에 관한 설화, 특별히 그의 소명(3-4, 6장은 P에 근거하고 있음)에 관한 설화를 설명해 주는 것이 필요할 것이다. 즉 이 설화의 중심부에는 모세가 그의 백성에게 전달한 "구원선포"가 자리잡고 있고, 그의 소명설화는 그가 그의 백성의 고역에 깊은 관심을 표명했을 때 겪게 되었던 여러 가지 난관에 관한 이야기들 속에 포함되어 있다. 이 이야기들은 그의 출생, 애굽으로부터의 도망 그리고 그의 내적 갈등 등을 포함하고 있다(2-5장). 그 다음으로는 여러 가지 기적과 재난에 관련된 모세와 바로의 투쟁에 관한 기묘한 에피소드들이 따라 오고 있다(7-11장). 그리고 마침내 이 부분의 클라이막스는 12-14장에서 나타난다. 즉 출애굽과 노예의 짐을 벗어던지는 백성들이 해방에 관한 이야기가 나타난다.

이 설화가 이와 같이 그의 백성을 위한 하느님의 활동 중 가장 원초적인 활동사건을 취급하고 있는 한, 여기 나타나는 주제는 성서 전체를 통하여 면면히 흐르고 있는 사상인데 그것은 다음과 같다:

1. 3장 7-8절에 나타난 구원선포는, 창세기 12장 1-3절에서 시작하여 족장역사를 통하여 계속되고 있는 "땅에 관한 약속"과 관련을 갖고 있다. 그 구원 약속은 곧 성취된다. 왜냐하면 출애굽기 3장과 14장 사이의 간격은 너무 짧기 때문이다. 여호수아서는 땅에 관한 약속의 성취를 기록하고 있다(11:23). 그러나 거기에는 아직도 부족한 점이 있다. 왜냐하면 이스라엘은 자기 땅에 있으면서도 계속적으로 위협을 받고 있기 때문이다. 그리하여 전혀 새로운 약속이 삼하 7장에 나타나는데 그곳에는 하느님의 심판선언이 전면에 어렴풋이 나타난다. 그곳에서부터 비로소 궁극적인 구원의 약속이 나타나고 그리고 그 약속은 이스라엘 역사로 넘어가서 마침내는 그 약속이 신약에서 성취된 것으로 선포된다.

2. 이 구원선포는 중재자를 통하여 선포된다. 그러므로 중재자의 역사가 이와 함께 시작되고 그 역사는 모세로부터 시작해서 여러 가지 형태를 갖추고(사사, 왕, 예언자, 고난의 종) 그리스도에게로 뻗어나간다.

3. 모세의 소명은 예언자들의 소명설화와 연속성을 갖고 있다(암 3장; 사 6장; 렘 1장; 겔 1-3장; 사 40장).

1. 고난(1-11장)

1. 애굽의 압박(1:1-22)

세 자료(P: 1-7절, J: 8-14절, E: 15-20절)가 모두 애굽에서 겪은 압박을 말하고 있고 각 설화들이 그러한 압박에도 불구하고 이스라엘인들이 늘어났다는 것을 덧붙이고 있다. 여기 나타난 축복의 주제는(즉 인구 증가) 족장설화에서 채용한 것이다. 그리고 이스라엘이 애굽노역을 결코 잊지 않고 기억하였다는 것은 예컨대 그들이 가지고 있는 사회적 억압에 반대하는 많은 율법들이 이스라엘 자신의 수난이 동기가 되었다는 사실을 알 수 있다.

2. 모세의 소명과 위임(2;1-6:29)

3장의 설화 그 중심부에는 신의 계시가 나타나는데 이 신의 계시는 성서가 말하는 "거룩" 개념의 요소를 모두 포함하고 있다(사 6장을 비교하라). 모세는 이사야와 예레미야가 그러했듯이 부르심에 대해서 항변했던 것이다(네 번의 반대의사와 네 번의 약속). 5장에 나타나는 바로와의 처음 대면에서 시작되는 불평의 주제는 출애굽 설화 전체를 통하여 계속된다. 짐이 새롭게 부과될 때마다 불평이 일어나고 그 불평은 계속해서 중재자 모세에게로 집중된다. 그런고로 모세는 그때그때 야웨에게 호소하고 야웨는 다음 단계에 할 일을 그에게 지시한다. 6장에는 소명에 관한 P의 소명기사가 하나 더 나타난다.

3. 모세와 바로의 대결(기적과 재앙) (7-11장)

7-11장에는 아홉 가지 재앙에 관한 설화가 실려 있다. 이 재앙들은 점차적으로 심해져 간다. 마침내 이 재앙들이 바로로 하여금 이스라엘인들을 놓아 주게 만들었다. 그리고 11장에서는 열 번째의 재앙이 단지 선포만 되었을 뿐 그것이 처음으로 이행된 것은 유월절과 관련해서 되었고(12장) 그 유월절의 때에 출애굽이 시작되었다.

그 재앙들은 하느님의 권능에 대하여 주의를 환기시키기 위하여 시도되었다. 이와 같은 재앙설화의 형태는 훨씬 더 과거로 올라가기 때문에 그것에 관한 완전한 이해는 불가능하다. 후에도 계속해서 이 설화는 자주 언급된다(신 4:34; 시 105:27; 135:9).

2. 구원(12-14장)

1. 유월절(12:1-13:16)

이스라엘의 주요 대축제들은 선민의 역사와 깊은 연관을 갖고 있는데 그 가장 뚜렷한 보기가 유월절이다. 이 유월절은 이전에는 고대 목축제의 하나였는데 후에 와서는 무교병의 축제와 결합되었다. 무교

병 축제는 밀추수기가 시작될 때 열렸던 축제다. 이러한 절기의 관습과 그 절기가 보존하고 있는 것들은 이스라엘 역사의 기초를 형성하는 이 출애굽 사건과 아주 긴밀하게 결합되었다. 그러므로 이 관습은 아주 정중하게 보존되었다. 출애굽기 12장 11절은 매우 인상에 남는 어조로 이 사건을 다음과 같이 지시하고 있다. "너희는 그것을 급히 먹을찌니라. 이것이 주의 유월절이니라."

2. 이스라엘의 해방과 갈대바다를 건넘(13:17-14:31)

이 부분은 여러 개의 설화를 결합시켜 놓은 것이다. 그런데 아주 고대의 전승층(the stratum of tradition)은 그 기적을 아주 급박한 순간에 발생하는 자연스러운 구원 사건중의 하나로 설명하고 있다. 그리하여 후기 설화에서는 이 기적의 요소가 더 확장되었다. 그런데 이러한 절박한 경우에 와서도 이스라엘인들은 모세를 대적하여 불평을 털어 놓았다. 실로 모세는 백성과 하느님 사이에 홀로 서 있었다(14:10-12).

2. 인간의 찬양응답(출 15:1-21)

미리암의 노래는 성서에 보존된 노래 중에서 가장 오래된 찬양노래이다.

> "야훼를 찬양하라. 그가 전쟁에서 크게 승리하였도다. 말과 그 탄자를 함께 바다 속에 던지셨도다"(21절).

이 노래는 구원을 체험한 자들이 자발적으로 부르짖은 직접적인 응답노래이다. 이 응답노래는 아론의 누이인 미리암이 갈대 바다를 극적으로 건너 간 후 불렀던 노래(19-20절) 가운데서 소개된다. 그러나 이것은 이스라엘 역사상 매우 중요한 사건이었기 때문에 그 노래는 후일 역사시 그룹에 확장되어 들어갔고(2-18절), 이 미리암의 노래는 다시 그 시 그룹의 서두에 자리잡게 되었던 것이다(1절).

찬양을 통한 응답은 구약에서는 분명히 하느님의 구원행위에 대한 체험에 뒤따라 일어난 것이므로 많은 시들이 여기서와 같은 설화형태로 역사서들 전반에 걸쳐서 침투되어 있음을 볼 수 있다(즉, 삿 5-승전의 노래; 삼상 2장; 삼하 22장; 사 38장).

3. 하느님의 행위: 보존(출 15:22-18:27)

여기서부터는 새로운 주제가 등장한다. 그것은 구원이라는 주제와 나란히 나타나는 "보존"이라는 주제이다. 그러나 "보존"이라는 것은 정착된 땅에서 안정된 제도를 갖추고 있을 때의 "생계"(substenance) 문제와 관련된 그런 문제가 아니고, "목마름"과 "배고픔"과 그리고 "절망"과 같은 인간 실존의 가장 기본적인 요소와 관련된 문제다.

1. 목마름: 마라(15:22-27): 이스라엘인들이 삼일간이나 광야를 유랑하다가 기대와는 어긋나게 겨우 "쓴" 물만 만나게 되었을 때였다. 백성들은 또 다시 모세에게 불평을 털어놓게 되었다. 그리하여 모세는 다시 하느님께 호소하여 도움을 허락받았다. 따라서 "바위에서 물이 솟게 한 이야기"는 여기에 속하게 되었다(출 17:1-7; 민 20:1-13).

2. 배고픔(16:1-36): 이 부분은 그들이 "신" 광야에서 어떻게 굶주림으로부터 구출받았느냐 하는 것을 이야기해 주고 있다. 또한 이부분은 이 사건이 얼마나 백성들의 마음 속에 깊은 인상을 심어 주었는가 하는 것을 지시해 준다. 본래는 짧은 설화였지만 사건 자체에 대한 사실적 보도보다 보완되었다. 이와 꼭 같은 주제가 민수기 11장 4-35절과 예수의 기적(오병이어의 기적과 같은 것)들 속에서 다시 나타난다.

3. 절망(17-18장)

1. 원수의 위협: 아말렉인들과의 전쟁(17:8-16)

이 부분은 이스라엘이 개입된 전쟁설화 중의 첫 번째 부분이다. 여기서부터 왕조 말엽까지 이스라엘은 하느님의 백성으로서 감당해야 할 전쟁을 감당하기 시작한다. 이 첫 번째 전쟁에서 모세는 그의 백성들을 위하여 하느님 앞에 나아가 중재기도를 드린다. 이 모세의 중재가 결정적인 역할을 했다. "모세가 그의 손을 들면 이스라엘이 이기고…"(11절). 16절에는 고대의 전쟁 노래가 들어 있다.

2. 내부적 문제들(18:1-27)

(1) 이드로의 방문(18:1-12): 이 부분은 매우 훌륭하고도 사실적인 설화인데 즉 모세와 미디안 제사장인 그의 장인과의 만남에 관한 설화이다. 여기에는 하느님의 일이 비이스라엘계인 이드로의 입을 통하여 성취되고 있음을 나타내려는 의도가 들어 있다. 이드로는 다음과 같이 말한다. "너를 애굽인들의 손에서 구원해 내신 야웨를 송축할찌로다"(10절)*

(2) 유사들을 임명함(18:13-27): 이드로의 충고대로 모세는 자기를 도와 줄 유사들을 임명한다. 이 설화는 다른 나라들을 배우고 모방하는 초기 이스라엘의 모습을 보여 주고 있다.

4. 인간의 응답(출 19-31장)

1. 율법과 계약(19-24장)

1. 하느님의 시내산 현현(19:1-25)

이 부분은 십계 제1계명에로 가는 서론적인 말들을 가지고 있다. "나는 너의 하느님, 야웨이다…"라는 말은 오경에 나타나는 율법

* 왕상 10:9에서는 시바 여왕이 이와 비슷한 찬사를 하고 있다.

조문에 해당하는데 주로 현현(theophany)에 의해서 소개되고(19장), "나는 너의 하느님 야훼이다"라는 진술로 표현되는 특징이 있다. 하느님은 권위를 가지고 그의 백성 앞에 나타나서 그의 뜻을 알리신다. 이 19장은 율법의 서문 역할을 한다.

더욱이 이와 같은 신과의 만남에 관한 묘사는 곧 공중예배를 직접적으로 묘사한 것이라 하겠다(19:10-15). 여기서 모세는 전보다는 다른 중재자의 기능을 갖게 된다. 그는 신의 거룩하심과 그 거룩함을 두려워하는 백성 사이에 서 있다. 그는 곧 거룩한 것과의 사이에 있는 중재자다. 그는 하느님의 명령을 받아서 전달하는 자다(토라를 전달하는 자다). 이것은 본질상 예배의 기능이기도 하다.

2. 십계명(20:1-17)

본래는 이 십계명(또는 열 개의 명령) 만이 시내산 현현에 속한 것이다. 이 십계명은 이스라엘 최고대의 계명과 율법층에 속한 것인데 이 열 개의 계명이 그 기초 역할을 한다. 즉 이 십계명이 "원율법"(primary law)의 기능을 가지고 있다. 이 십계명이 시내 산 현현과 결합되었다는 것은 그 초기의 "삶의 자리"(Sitz-im-Leben)는 공중예배였다는 것을 말해 준다. 그래서 그것은 다시 직접적인 설교의 언어로 소개되게 된 것이다.

3. 계약의 책(21-23장)

이 법전은 가나안 정착 초기에—즉 왕국 시대 이전에 생겨난 것이다. 이 법전의 수집은 하느님의 계명으로 표현된 고대의 순수 이스라엘 율법들이 어떻게 하여 가나안 본토의 법률제도와 결합되어 하나의 율법으로 통합되었느냐 하는 것을 밝혀 준다.*

4. 계약체결(24장)

---

* Albrecht Alt가 그의 논문 "구약역사와 종교"(Oxford, 1966, pp.81-132)에서 말한 "필연론적 율법"(apodictic)과 율법 "결의론적 율법"(casuistic law)에 관한 토의 참조.

이 기사는 서로 다른 세 가지 자료 속에 나타난다. J는 매우 낡은 고대의 설화체로 되어 있는데(1:9-11절) 모세가 하느님 앞에서 70장로들과 함께 산 꼭대기에 먹은 계약식사(covenant meal)에 관해서 말하고 있다. E는 계약제의(covenant sacrifice)가 어떻게 이행되었는가 하는 것을 자세하게 서술하고 있다. 희생의 피는 제단 위에 일부 뿌리고 또 다른 일부는 백성들 위에 뿌려졌다(3-8절). P에서는 신의 영광이 산 위의 구름 가운데서 나타난다(15-18절).

5. 율법에 관한 교훈들(25-31장) (p. 90 참조)

5. 계약파괴와 계약 갱신(출 32-34장)

1. 부어 만든 우상과 그것을 깨뜨림, 모세의 중재(32장)

여기서부터 이스라엘 역사를 결정짓게 될 사건이 나타나기 시작하는데 곧 백성들이 계약을 깨뜨리는 사건이다. 우상을 부어 만듦으로(32:1-6) 그들은 십계명의 한 계명을 범했던 것이다. 32장 7-35절은 이러한 계약파괴 이후에 어떤 일이 일어났는가 하는 것을 말해준다.

이와 관련해서 구약의 아주 전형적인 중심사상이 나타나는데 그것은 신의 "불일치성"(inconsistency)에 관한 사상이다. 즉 하느님은 우상을 만든 백성을 멸절시켜 버리려고 결심했다. 그러나 그는 이러한 뜻을 실천에 옮기지는 아니했다. 그렇게 한 이유가 분명하게 밝혀지지는 않았지만 그 결정적인 요인은 중재 때문이었을 것으로 볼 수 있다. 이러한 사상은 마침내 궁극적으로 그리스도의 사상과 연결된다.

2. 떠나라는 명령(33:1-6)

3. 회막(33:7-23)

33장에는 광야유랑 시대에 속하는 "성소"에 관한 암시가 있다. 그것은 "회막"이라는 것인데 그 안에서 하느님은 모세와 만났고 이스라엘 백성이 제출한 물음에 답변을 했다(7-11절). 이 장은 불명료한 설화로 끝을 맺고 있는데 모세가 어떠한 방법으로 하느님의 얼굴을 보려 했는가 하는 것에 관해서 말해 주고 있다(18-23절).

4. 새 계약: 계명판을 바꿈. 의식 십계명(34:1-28)

이 장은 19장과 밀접히 관련되어 있다. 시내산 계시 다음에 십계명이 따라 온다(20장). 그러나 여기 34장에서는 소위 "의식 십계명"(cultic Decalogue)이 대신 나타난다(12-26절). 이 의식 십계는 20장에 나오는 기본계명과 밀접히 관련되어 있다. 그러나 이것도 역시 공중예배에 속하는 계명들을 갖고 있다.

P에 의하면(29-35절) 모세의 얼굴에는 아직도 하느님의 영광이 빛나고 있었다. 그러므로 그는 회막에서 나올 때 자기의 얼굴을 베일로 가려야 했었다(고후 3:12-18과 비교).

34장에 기술된 율법판들은 새로운 계약을 가리키는 것이 아니고 24장에 나타난 배교(背敎)에도 불구하고 수립한 율법의 회복을 가리킬 뿐이다. "새" 계약이란 구약에 있는 어떤 것을 언급하는 것이 아니다. 이것은 구약을 초월해 가는 것이다.

제사법전(The Priestly Code)

—오경에 나타난 율법집들

24장과 34장 다음에는 제사법전이 따라온다. 이 P법전은 새롭게 잘 정리된 것으로 민수기 10장까지 확장된다. 이리하여 P법전은 레위기 17-26장을 포함하게 되는데 이 부분은 한 때 독립된 율법집으로 존재했었고 후에 P법전 속으로 들어가게 되었다. 레위기 1-7장에 나타난 율법집과 레위기 11-15장에 정결법도 한 때 독립적으로 존재했었다.

1. 율법집의 연결

다음의 도표는 오경에 나타난 율법집들의 연결상태를 나타내 보여준다.

연대기적인 관점에서 볼 때는 그 순서가 다소 달라진다.

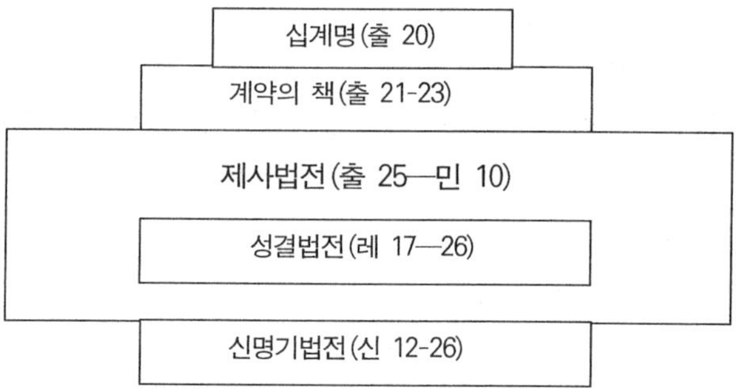

1. 십계명(출 20)—초기(아래의 그 비슷한 것들은 여기에 속하기도 한다)
2. 계약의 책(출 21-23)—사사 시대
3. 신명기법전(신 21-26)—B.C. 7세기(요시아 통치 이전)
4. 성결법전(레 17-26)—B.C. 6세기
5. 제사법전(출 25-민 10)—B.C. 6-5세기

가장 의의깊은 관찰은 다음과 같다.

1. 십계명은 신명기 5장에도 포함되어 있다. 그 계명들 중의 어떤 것들은 출애굽기 34장(소위 의식십계)과 레위기 19장에서도 발

견된다.

2. 신명기법전은 많은 점에 있어서 계약의 책을 닮았다.

2. 율법의 기본 유형에 관한 예

1. 명령: "재판장을 욕하지 말라"(출 22:28).
2. 법규: "사람이 매로 그 남종이나 여종을 쳐서 당장에 죽으면 그는 반드시 벌을 받아야 한다"(출 21:20).
3. 법규(충고형식): "네가 밭에서 곡식을 벨 때에 그 한 묶음을 밭에 잊어버렸거던 다시 가서 거두지 말고 나그네와 고아와 과부를 위하여 남겨두라. 그러면 네 하느님 야웨께서 네 손으로 하는 모든 일에 축복을 해 주실 것이다(신 24:19).
4. 제의조례(祭儀條例): "만일 누구든지 야웨의 금하신 것 중 하나를 범하면 그것이 부지중에 한 것이라 하더라도 허물이니 벌을 받을 것이다. 그러므로 그는 속건제에 해당하는 수양을 속건제물로 제사장에게 가져갈 것이요 제사장은 그가 부지중에 범한 허물을 위하여 속해줄 것이다"(레 5:17ff.).

3. 각 법전들 사이의 주요 차이점

1. 십계명, 계약의 책, 그리고 신명기 법전은 모두 국가공동생활형식에 관심하고 있다.
2. 성결법전과 제사법전은 거의 전적으로 제의공동체를 취급하고 있다.
3. 십계명은 단지 계명으로 구성되어 있고, 계약의 책은 계명과 율법만으로 되어 있다. 그리고 신명기법전의 율법과 계명은 권고형식으로 되어 있으며 제사법전은 제의조례의 형식으로 되어

있다.

4. 성결법전은 신명기법전과 제사법전 사이의 중앙에 자리잡고 있다.

제사법전의 구분

1. 제사 법전의 첫 부분(25-31장; 35-40장)

1. 성소, 제사장, 그리고 성구(聖具) (25-31장)
   1. 궤, 상, 등대(25:1-40)
   2. 성막(장막)(26:1-37)
   3. 번제단과 뜰(27:1-21)
   4. 제사장의 의복(아론과 그의 아들)(28:1-43)
   5. 제사장 수임식의 의식(29:1-46)
   6. 보충적 문제: 분향단, 물두멍 등등(30:1-31:11)
   7. 안식일(31:12-17)

2. 출 25-31장에 제시한 명령의 이행(35:1-40:33)

3. 구름이 성막을 덮음(40:34-38)

25-31장은 모세 개인에 부여한 신의 위임사항으로 구성되어 있다. 이 명령들은 각기 다음과 같이 출애굽기 35-40장에서 성취되고 있다.

여기서 우리는 창조설화로부터 시작되는 P설화의 기본 모형을 발

야웨께서 모세에게 "이스라엘 백성에게 말하여 그들이 나를 위하여 제품을 가져오게 하라" 하셨다(25:1).	모세가 이스라엘 모든 회중에게 말하기를 "야웨께서 명하신 바가 이러하니 너희의 소유중에서 야웨께 드릴 제물을 취하여 드릴찌니라"라고 하였다(35:4,5).

견할 수 있다. 즉 모든 것은 하느님의 계명에 입각하고 있다. "야웨께서 모세에게 말씀하시기를"이라는 형식은 하느님께서 직접 모세에게 주신 명령이라고 이해할 수는 없다. 오히려 그 말은 하느님의 처음 목적을 따라 이해된 이스라엘의 공중예배를 자세히 밝혀주기 위한 표현으로 이해해야 한다. 그러나, 이 모든 자세한 제도가 이미 시내 광야에서 비롯되었다고 가정해서는 안 된다. 왜냐하면 그 모든 제도들은 오히려 조직된 공동체의 생활을 전제하고 있기 때문이다. 그러나 의미는 같다고 볼 수 있다. 즉 그 모든 공중예배의 형식과 제도들이 역사과정 속에 들어올 때는 하느님께서 시내 산에서 그의 백성과 맺어진 계약을 근거하고 이러한 형식으로 형성되었던 것이다.

2. 제사법전의 둘째 부분(레위기)

1. 희생제사의 율법(1:1-7:38)
   1. 번제에 관한 지시(1:1-17)
      (1) 서론: 하느님께서 모세에게 책임을 맡김(1:1-2)
      (2) 소의 희생에 관한 지시(1:3-9)
      (3) 다른 동물의 희생: 양, 염소, 비둘기(1:10-17)
   2. 소제에 관한 지시(2:1-16)
   3. 화목제(3:1-17)
   4. 속죄제(the sin offering)(4:1-35)
   5. 속건제(the guilt offering)(5:1-19)
   6. 보충적 문제(6:1-7:38)

레위기 1-7장은 한 때 희생제 규칙에 관한 독립된 수집물로 있었으나 후에 제사문서 속에 삽입되었다. 이 부분은 제사장에 대한 지시에 덧붙여서 평신도를 위한 지시까지 포함한다. 그 문체는 뚜렷히 구별되며 오랜 구전 기간에 영향을 받았다. 모든 희생제가 구속적인 의의를 가지게 된 것은 아주 후대의 일이었다. 이 보다 앞서서 여러 가지 상이한 희생제들은 서로 다른 상황과 관계를 가졌다. 끝날 때의 문장으로 가끔 자주 반복되는 문장인, "그것은 화제니 야웨께 드리는 향기로운 냄새니라"라는 문장은 희생사건의 영화(靈化)로 이해될 수 있다. 다른 말로 말하면 희생제를 그 자체가 본질적인 것은 아니었다. 오히려 그것은 희생을 통하여 나타나는 존중심이었다.

2. 제사장의 봉헌(8:1-10:20)

1. 아론과 그의 자손의 봉헌(8:1-36)
2. 아론과 그의 자손이 드린 첫 번 희생제(9:1-24)
3. 나답과 아비후의 모독행위, 제사장들을 위한 지시들(10:1-20)

출애굽기 40장 끝에는 성소완성에 관한 기사가 나온다. 그 다음 제사장의 봉헌(레 8-10장)이 직접 뒤따른다. 레위기 1-7장은 여기에 끼어들었다. 왜냐하면 처음 희생이 시행되기 전에 희생에 관한 규정을 소개하는 것이 바람직하다고 보았기 때문이다.

아론의 봉헌에는(8장) 여러 가지 풍부한 의식과 거의 모든 종류의 희생이 포함되어 있다(9장). 아론은 실제로 제사를 드렸던 자였으나 그의 아들들은 단지 협력 역할만을 하였다. 그런고로 여기에는 제사권의 체제라는 것이 예견되었다. 그리고 희생제사는 축복으로 끝맺는다(9:22). 나답과 아비후의 모독행위와 징벌은 제사가문 내에 일어났었던 제사장권을 둘러싼 투쟁을 반영하고 있다.

3. 정(淨), 부정(不淨)에 관한 율법(11:1-15:33)

이 부분은 본래 독립적인 자료였는데 후에 제사법전(P법전)에 삽입되었다. 정결(淨潔)에 관한 이스라엘인들의 모든 생활방침은 깊은 의

의를 가진 생활태도인데 그 경우는 신약에서도 마찬가지다. 즉 신약에서도 이 율법은 그리스도인 공동체와 유대인 공동체 사이를 구별하는 데 특별한 의의를 갖고 있었다(행 10장).

1. 정(淨)한 짐승과 부정(不淨)한 짐승(11:1-47)
2. 해산한 후의 여인(6-8절과 눅 2:24을 비교해 볼 수 있다)(12:1-8)
3. 문둥병에 걸린 사람과 그 의복과 그리고 그 집(13:1-14:57)
4. 유출병의 부정(15:1-33)

정(淨), 부정(不淨)에 관한 율법의 그 한계 규정은, 해산한 여인의 정결해지는 것을 하나의 속죄행위로 이해했다는 사실에서, 더욱이 정결케 되기 위하여서 그 여인은 속죄제로 드려야 했다는 사실에서 명백히 드러나 있다(12:7).

4. 속죄의 날(16:1-34)

이 장은 보충부분이다. 이 속죄일은 에스라 시대 이후에, 즉 매우 늦게 소개되었다. 이것은 속죄행위에 관한 것이라는 것 때문에 아주 다른 성격의 희생을 말하는 문맥 속에 들어오게 되었다. 희생이 하느님께는 별 소용이 없다는 확신은 후대에 와서 자라난 확신이다. 그래서 "속죄의 날"의 중심 의도는 "네 모든 죄가 야웨 앞에서 정결케 될 수 있을 것이다"(16:30)라는 것이었다. 신약의 히브리서(9장)는 "단 한 번"이라는 말에 강조를 주어서 그리스도의 희생적 죽음에 관한 암시를 해 주고 있다.

"아사셀"을 위하여 염소를 광야로 내 보내는 것(8-10절)은 고대의 물활론적 의식(an ancient animistic rite)인데 본래는 제물을 광야의 악마에게 내보내는 의식에서 사용했던 것이다. "속죄의 날"에 관한 자료에서는 이 행위가 하나의 표징으로 사용되었고 백성의 죄를 소멸시키는 것을 표상하는 것으로 사용되었다.

5. 성결법전(17:1-26:46)

1. 짐승을 잡는 것은 반드시 먼저 회막문 앞에서 제사를 드린 후에 시행되어야 한다(17:3-9)
2. 고기를 피와 함께 먹는 것을 금함(17:10-16)
3. 결혼에 관한 율법(18:1-30)
4. 여러 가지 다른 종류의 계명과 율법(19:1-37)
   (1) 서론: "너희는 거룩할지니라. 왜냐하면 나 야웨 너희 하느님이 거룩함이니라"(19:1-2)
   (2) 계명은 십계명의 처음 네 계명에 해당하는 계명이다(19:3-4)
   (3) 화목제에 관한 규정(19:5-8)
   (4) 공동체와 관련된 계명들(19:9-18); "네 이웃을 네 자신처럼 사랑하라"(19:18)
   (5) 다른 계명들(19:19-37, 출 34와 비교) "너희는 백발의 어른 앞에서는 일어 설찌니라"(32절).
5. 사신숭배(邪神崇拜)를 금함(20:1-8)
6. 금지된 성관계(20:10-21)
7. 훈계(20:22-26, 26절=19:2)
8. 제사장과 희생제(21:1-22:33)
9. 축제의 율법(23:1-44)
   (1) 안식절(23:1-3)
   (2) 유월절(23:4-8)
   (3) 추수절(23:9-44)
10. 기타 율법(24:1-23; 26:1-2)
   (1) 등잔(24:1-4)
   (2) 제(祭)빵(24:5-9)

(3) 신성모독과 그 보복(24:10-23)

(4) 우상숭배금지(26:1-2)

11. 안식년과 희년(7×7 = 49+1)(25:1-55)

12. 축복받는 조건(26:3-13)과 재앙을 받는 이유(26:14-39)

13. 하느님의 자비의 약속(26:40-45)

성결법전(Holiness Code = H법전)이라는 명칭은 19장의 서론에 나오는 훈계 부분에서부터 취하여 낸 것이다. 그리고 그것은 여러번 반복되었다(20:7,26; 21:6, 그리고 22:31-33과 비교하라). 이것도 계약의 책과 같이 율법을 수집해 놓은 것으로 P자료에 들어오기 전에는 독립적으로 존재했었다.

이 부분을 둘로 나누어 생각해 볼 수 있다. 즉 공동체와 공중예배를 위한 계명과 법령(19-20장 + 18장), 그리고 축제의 해(21-25장 + 17장). 그 언어는 P법전과 공통되는 신의 연설 형태로 되어 있고, 신명기처럼 계명들은 다소 훈계의 형식을 갖추고 있다. 즉 계명(18:2-5)과 결혼에 관한 율법(18:6-23)은 일반적인 훈계 형식으로 되어 있다.

그와 같은 교훈적인 결론은 20장 22-24절에서도 발견된다. 마지막 장(26장)은 특별히 축복과 저주에 관한 것이라든지 복(福)과 화(禍)의 조건에 관한 이야기 등을 통하여 신명기를 생각나게 한다. H법전의 연대는 위에서 말한 대로 신명기와 P법전의 사이 기간으로 볼 수 있다.

3. 제사법전의 셋째 부분(민수기)

1. 보충자료(레 27장; 민 1:1-6)

1. 서원(誓願)과 십일조에 대한 가르침(27:1-34)
2. 지파의 명수 계수와 정리(1:1-2:34)

3. 제사장과 레위인의 가족을 위한 인원점검(3:1-4:49)
4. 특수 경우에 밟을 절차(5:1-6:21)
5. 제사장의 축복(6:22-27)

2. 부록(민 7:1-10:10)

1. 지파 계수를 맡은 감독관에게 줄 현물(7:1-89)
2. 레위인과 그들의 봉사를 위한 현물(8:1-26)
3. 유월절 율법의 보충(9:1-14)
4. 불모양의 구름(9:15-23)
5. 신호용 은나팔 두 개(10:1-10)

P법전의 셋째 부분 중심부에는 민수기 1-4장이 있는데 민족 전체의 목록이 들어 있다. 백성(1-2장)과 제사장(3-4장) 사이의 차이는 처음 그 가족 등록에서부터 구별되었다.

제사장들은 또 다시 순수 제사장과 레위인으로 구분된다. 레위인은 안수의식을 행한 후 그 봉사직임을 받는다(8장). 지파의 우두머리들이 제단에 봉헌한 것에 관한 것도 그 기록의 일부로 들어가 있다(7장).

특수 경우에 밟는 절차의 규례가 여기에 첨가되었는데, 예컨대 간음의 혐의가 있을 경우 고된 시험(신의 심판)을 받도록 되어 있다(민 5장).

불 모양의 구름과 신호용 나팔에 관한 두 개의 결론 부분(9:15-10:10)은 직접 시내 산을 떠나는 설화와 연결된다. 제사장의 축복은 전체 부분을 결론지어 준다(다음의 것은 후에 보충된 것이다).

"야웨께서 네게 복을 주어 너를 지켜주시기를 원하노라"라는 소위 모세의 축복사로부터(6:22-27) 우리는 고대사와 족장사에 나타난 축복사를 회고해 볼 수도 있고(창 1장, 12:1-3, 27, 49), 또 시편에 나타난 축복사(특히 67편과 121편)를 내다볼 수도 있고 또 신약 서신들의 추이문(追而文)으로 넘어가 볼 수도 있다. 이와 같이 축복은 신구약 성서 전체를 통하여 확장되어 있다.

3. 추가 보충자료(민 15; 19; 25-31; 34-36장)

1. 기타 규정(15:1-41)
   (1) 가루로 드리는 제물과 포도주로 드리는 제물(15:1-31)
   (2) 안식일을 범한 자를 돌로 침(15:32-36)
   (3) 의복에 다는 술 장식(tassels)(15:27-41)
2. 붉은 암송아지를 태운 재로 정결케 하는 의식(19:1-22)
3. 제사장의 특수권한의 수립(25:6-13)
4. 여자 상속권의 조정(27:1-11)(슬로브핫의 딸들)
5. 회생의식과 축제에 관한 규정(28:1-29:40)
6. 맹세의 효력(30:1-16)
7. 미디안인 격파와 전리품 구분에 관한 교훈(31:1-54)
8. 광야 여행 때 진을 쳤던 곳의 명단(33:1-34:29)
9. 레위인의 성과 도피성 설치(35:1-34)
10. 여자 상속권에 관한 규약의 보충(36:1-13)

민수기 10장(시내 산을 출발함) 다음에 P법전의 보충자료가 들어 있는 것을 볼 때 이 속에 들어 있는 많은 규약은 오랜 기간 동안에 발전한 것이라는 것이 분명하다. 이 사실만이 시내 산의 율법수여 사건과는 거리가 먼 자료가 얼마나 많이 민수기 6장에 나타난 P법전의 마지막 부분 다음에 첨가되었느냐 하는 것을 설명해 줄 수 있다. 그리하여 이 보충자료는 광야유랑의 후반기에 관한 보고 중간에 자리잡게 되었고 요단 동편 지역을 정복하는 기사와 밀접한 연관을 맺게 되었던 것이다. 이러한 보충자료의 성격을 보면 그 규약들은 한 개의 설화를 기초로 하고 있다는 것과 이러한 규약을 가지게 된 그 환경을 상기시켜 주는 특징이 있다(민 15:32-36; 25:6-13, 비교. 레 24:1-16).

붉은 암 송아지의 재를 이용하는 정결제를 드리는 방법은(민 19장)

고대의식을 이용하고 있는데, 그것은 "속죄의 날"에 사용한 것을 회상케 한다. 신약의 히브리서 9장에서는 이러한 종류의 정결례는 그리스도의 희생을 통한 정결례가 그 대형(對型antitype)으로 채용되고 있다.

설화의 계속 부분(민 10-36장)

1. 광야를 통과한 길(민 10-20)

민수기 10-20장은 구원설화 다음에 오는 "보존설화", 출애굽기 16-18장과 직접 연결되고 있다(비교. 출 19:1과 민 10:11). 이 두 부분은 모두 광야 여정을 기록하고 있고 그리고 같은 주제를 담고 있다. 그것은 다음과 같다.

1. 서론: 시내산을 떠남(10:11-36)

출발에 관한 짧은 이야기가(출 16:1과 상응) 행군의 순서를 말하는 명단 때문에 더 확장되어 나간다(13-28절). 여기에는 모세의 장인의 지도에 관한 것이 언급되어 있다. 그 장인이 여기서는 이드로로 나오지 않고 "호밥"으로 나오고 있다(29-32절). 그리고 법궤가 앞서서 인도하는 것에 관한 기사도 있다. 여기에 포함되어 있는 법궤에 관한 기사는(33-36절) 이스라엘 최고대의 전승군에 속한다.

2. 보존

1. 목마름(민 20:2-13): 이 설화는 출애굽기 17장 1-7절과 평행되는 설화이다. 그리고, 그 성격도 백성의 불평으로 나타나 있다. 그리고 하느님은 중재자를 통하여 기적을 나타내었다.

2. 배고픔(민 11:1-35): 이 설화도 출애굽기 16장의 기적설화와 상

응한다. 이것도 역시 짧은 설화였던 것이 크게 확장되었다. 특히 자세히 소개된 모세에 대한 백성들의 불평기사는 특히 중요하다. 모세는 지도자된 직책을 따라 하나님께 부르짖는다.

3. 내부 문제: 이 설화는 출애굽기 16-18장과 비교할 때 민수기 10-20장에 훨씬 더 많이 그리고 훨씬 더 돌발적으로 나타난다.

1. 장로들의 모음(11:24-30, 출 18장과 비교)

이 설화는 식물공급의 기적과 결합되었다. 하나님은 배고픔과 반역하는 백성으로 인한 모세의 원망에 대하여 두 가지 방법으로 응답했다.

(1) 식물을 제공하는 기적을 통하여,

(2) 모세를 돕고 있었던 장로들에게 "영"을 부어 줌으로,
그런데 여기서 영을 부어 준다 할 때 그 영을 예언하는 영으로 기술하였다는 사실은 놀랄만한 사실이다.

2. 미리암과 아론이 모세를 대적함(민 12장)

이 설화는 예언자와 제사장의 지도권을 둘러 싼 대립 경쟁에 그 근거를 두고 있는 설화이다. 그러나 그 자세한 내용은 더 이상 확실하게 알 수는 없다. 그리하여 하나님은 아론과 미리암을 불러 책망하시고 미리암을 벌 주신다(문둥병). 그 후 모세는 중재자로 나섰다.

3. 정탐군들(민 13-14장)

여기서는 전혀 새로운 국면이 전개된다. 문화세계로 건너가게 된 것이다. 이 정탐군 설화는 백성 가운데 나타난 믿음의 약화 현상을 지적해 준다. 그들은 약속 성취를 보지 못하고 처벌을 받았다.

4. 고라, 다단, 아비람의 반역(민 16-17장)

다른 두 개의 반란설화가 여기 융합되어 들어 왔다. 더 고대의 자료인 J와 E는 모세에게 대항하여 일어난 르우벤 지파의 다단과 아비

람의 반란에 관하여 말하고 있다. 이 부분은 땅 약속에 관한 비난과 조소를 반란의 주제로 말하고 있다. 그러나 고라의 반란은 제사장의 권위에 대한 시비라는 성격을 띠고 있었다. 즉, 그들은(고라의 편당들은) 제사장의 권위를 모세와 아론에게만 돌리기를 원치 않았고 자신들에게도 그 권위를 부여해 주기를 원했다. 이 점에서 P가 손질한 흔적이 뚜렷이 나타나 있다. 왜냐하면 이 설화는 제사장 계층과 레위인 계층 사이를 구분지은 표준으로 사용되기 때문이다(민 18장).

광야 유랑 후반기에서 강조되고 있는 부분은 내부의 문제들이었다. 그러나 여기에서 기술되고 있는 부분들은 약속 성취의 때가 다달았을 무렵에 하느님의 백성에게 부딪쳐 온 새로운 위험들은 무엇이며 그것이 그 국가 안에서 어떻게 발전해 갔는지를 말해 주고 있다.

다음으로 중요한 역사설화는 땅 정착설화인데, 그것은 하느님의 백성의 조직과 지도권 문제를 취급하고 있다. 그러나 이와 동시에 출애굽기 16-18장의 제4 주제에 해당하는 문제가 새로운 주제로 등장한다. 즉, 그것은 외부적 위험이었다.

4. 외부적 위험*: 무엇보다 첫째로 이 부분은 민수기의 마지막 부분에 해당하는데 그 전경을 보여 준 다음 곧장 여호수아, 사사기로 넘어가 버린다.

2. 요단 동편지역 정복(민20:14-36:13)

1. 이스라엘인들이 에돔인들의 땅을 통과하는 것을 에돔인들이 거절함(20:14-21)
2. 아론의 죽음(P)(20:22-29)
3. 호르마에서 가나안인들을 격파함(21:1-3)

* 출애굽기에 나타난 외부적 위험(17:9-16)은 내부문제(출 18장)보다 선행한다.

4. 구리뱀(21:4-9)
5. 통과지역의 명단(21:10-20), 우물 노래(21:17-18)
6. 아모리인들이 길 통과를 허락지 아니함(21:21-32)
7. 바산의 "옥"을 격파함(21:33-35)
8. 여리고 맞은 편에 도착(22:1)
9. 발람설화(모압을 진압)(22:2-24:25)
    1. 모압 왕이 선지자 발람에게 예언을 위촉함(22:2-23:6)
    2. 발람의 첫 번째 거절: "누가 이스라엘인들의 그 많은 수효를 능히 셀 수 있을가?"(23:7-10)
    3. 다시 위촉함(23:11-17)
    4. 발람의 두 번째 신탁: "축복하라는 신의 명령을 받았소!"(23:18-24)
    5. 발락의 세 번째 시도(23:25-30)
    6. 발람의 세 번째 신탁: "너를 축복하는 자마다 복을 받을 것이로다!"(24:1-9)
    7. 발락이 발람을 책망함(24:10-14)
    8. 발람의 네 번째 신탁: "한 별이 야곱에게서 나오리라"(24:15-19)
    9. 보충재료와 결론(24:20-25)
10. 이스라엘이 브올의 바알에게 부속되다(바알브올을 섬김)(25:1-5)
11. 제사장(Phinehas)이 이스라엘인을 미디안 여인과 함께 죽임(P)(25:6-15)
12. 미디안인들을 격파함(P)(31:1-54)
13. 르우벤, 갓, 므낫세의 반지파가 요단 동편 지역에 거하고, 그리고 요단 서편 지역을 정복하는 일에 참여하기로 약속하다(32:1-42).

민수기 20-36장의 율법항목과 발람설화(민 22-24)를 제외하면 요단 동편 지역의 정복에 관한 설화를 담고 있는 단지 두 장만 남는다(민 20장 끝부분과 21장, 31장). 그리고 두 개 반(2½) 지파가 어떻게 이 지역을 점유하게 되었는가 하는 것을 말해 주는 장이 하나 더 추가되어 있다. 분명히 이 지역의 정복에 관한 기사는 연속되는 설화로서 전승되었다기보다는 오히려 몇 개의 단편으로 전승되었을 것이 분명하다.

이 부분의 중심부에는 비슷한 두 개의 설화, 즉 에돔인들과 싸운 이야기(20:14-21)와 아모리인들과 싸운 이야기(21:21-31)가 나타나고 있는데 그것은 그 두 족속이 모두 이스라엘인들이 자기 땅으로 평화로이 통과하는 것을 거절하였기 때문에 생기게 되었다. 따라서 여기 나타난 이 설화는 요단 동편 지역을 정복했을 그 때 만은 적어도 가장 중요한 전쟁이란 결코 정복의 싸움은 "아니었다"는 것을 강조하고 있다. 이스라엘인들은 그들에게 약속된 지역으로 가기 전에 평화스럽게 한 지역을 통과하기만을 원하였다는 것이다.

구리뱀 설화(21:4-9)는 광야에 있을 동안 겪은 위급한 정황 아래서 이스라엘인들이 털어놓은 불평에 대한 최후의 신의 계시이다. 이 주제는 이전의 설화들이 가지고 있는 주제와는 대조가 된다. 즉 하느님은 그 뱀에게 물린 재앙을 단순히 종결시켜 주신 것만 아니라, 그 뱀을 쳐다 본 자는 누구나 구원을 받게 되는 "하나의 상징"(a symbol)을 설정하셨다는 점이다. 여기서 비로소 처음으로 신앙이 하느님의 구원 행위와 관련되었다.

발람 설화(민 22-24장)

이 발람설화는 한 때 독립적으로 전승되었던 설화이다. 이 설화가 구약 속에 들어 왔을 때 비로소 더 확장되었던 것이다. 거기에 나타난 자세한 점치는 행위가 후일에는 예언하는 일과 융합되어 버렸다. 그 전체의 설화는 하느님께서 주위에 강대한 열국들이 있음에도 불구하고 그의 백성에게 주신 축복을 높이 찬양하는 "노래의 형식"으로 구약 속에 침투되어 들어 왔다.

"축복"이란 역사문학의 주제는 아니지만 여기서는 하느님께서 그의 백성을 다루시는 설화로 소개되고 있다(창 12:1-3도 마찬가지). 이스라엘의 선견자가 아닌 "발람"이라는 이방 점장이가 모압 왕 발락으로부터 이스라엘을 약화시키는 저주를 예언하라는 명령을 받는다. 그러나 그는 저주를 예언하는 대신에 축복을 할 수밖에 없게 된다. 왜냐하면 홀로 축복과 저주의 주이신 야웨가 그에게 그렇게 하라고 하시기 때문이라는 것이다.

그 서론 부분은 신탁을 받는 장면을 묘사하고 있다.

"브올의 아들 발람의 신탁이로다.
눈을 뜬 자의 신탁이로다.
하느님의 말씀을 듣는 자의 신탁이로다.
전능자의 이상(vision)을 보는 자
엎드려서 눈을 뜬 자가 받는
신탁은 이러하도다"(24:3-4, 15-16).

발람의 신탁들도 약속이 어떻게 축복을 통하여 성취되는가 하는 것을 보여 준다. 그 선견자는 한 공동체에게 주신 축복의 비밀을 내다 본다. 그의 신탁 속에는 구원에 관한 약속이 나타난다. 이와 같이 약속과 축복의 결합은 야곱과 모세의 축복사 속에서도 발견된다.

5. 신명기

신명기는 전체가 연설체로 되어 있는데 이스라엘인들이 광야유랑을 끝내고 요단 강을 건너기 전에 모압 평지에서 모세가 연설한 것으로 되어 있다(1:1-5). 이 신명기를 대부분의 학자들은 요시아 왕이 B.C. 621년에 종교개혁을 일으킨 그 기초자료(왕하 22장)와 관련시키고 그 보다 10년 전에 생겨난 것이라고 가정한다. 신명기 법전(12-26장)은 신명기의 중심부이다. 첫 부분에는 두 개의 서론적인 연설이 나온다(1-4장과 5-11장). 마지막 부분에는 마감 연설과(27-30장) 오경의 마지막 부분이 나타난다(31-34장).

다른 율법자료와 비교해 볼 때, 신명기는 역사자료와 철저하게 얽혀 있다. 각 항의 처음과 끝에는 때로 해석을 붙이는 특징이 있다. 그러한 해석은 때로 율법 자체에 대한 해석으로 나타난다. 경고 형식의 설교가 가진 가장 중요한 특징은 그 설교 속에 들어 있는 율법은 역사 회고에 기초를 두고 있다는 점이다.

계명을 지키라는 훈계는 하느님의 능력 있는 행위의 선포를 근거한 것이다. 과거역사도 하느님의 구원행위에 의해서 결정되었지만 미래의 역사도 하느님의 축복이나 저주에 의해서 결정될 것이므로 계명을 지키라는 것이다. 신명기에 나타난 중심적인 개념은 축복 개념이다.

신명기 자료의 구성 형태는 다음과 같다.

1—11	연설의 서론(1-11)
12—26	신명기 법전(12-26)
27—30	끝맺는 연설(27-30)
31—34	오경의 결론(31-34)

1. 연설의 서론(신 1-11장)

이곳의 중심 부분은 6장인데, 이 6장은 고백과 명령의 근본에 해당한다 하겠다(4-5절). 즉 이 부분은 십계명의 기본 계명인 제1계명을 밝혀 설명하려는 것과 관련이 있다. 이 중심 부분 다음에는 먼 과거의 역사에서부터 최근의 역사에 이르기까지, 즉 출애굽으로부터 요단강 도강 이전까지에 대한 생생한 회고가 나타난다(7-10장).

1. 호렙으로부터 요단 동편 지역의 정복에 이르기까지에 대한 회고(1:1-3:29)
   1. 호렙에서 가데사까지(민 10-20장과 상응함)(1:1-46)
   2. 요단 동편 지역으로 이주(민 21장과 상응함)(2:1-25)
   3. 요단 동편 지역의 정복과 정착(민 21장, 32-35장과 상응함)(2:26-3:20)
   4. 여호수아를 모세의 후계자로 지명함(3:21-29)
2. 율법의 서론(4:1-43)
   1. 듣고 준행하라는 훈계(4:1-14)
   2. 우상숭배와 천체숭배를 경고(4:15-24)
   3. 추방과 귀환에 관한 선언(4:25-31)
   4. 이스라엘을 선택하신 하느님 찬양(4:32-40)
   5. 부록: 도피성(4:41-43)

3. 십계명(4:44-5:23)
   1. 서론(4:44-5:5)
   2. 십계(5:6-21)
   3. 중재자 모세(5:22-23)

4. 고백과 명령(6:1-25)
   1. 율법을 지킬 자들(6:1-3)
   2. 한 분 하느님과 그에 대한 절대 복종(6:4-5)
   3. 계명을 통한 교육(6:6-19), 땅의 선물(10-11절)
   4. 후손들이 물을 때 대답할 내용인 "역사신조"(6:20-25)

5. 요단 서편 정복예고(7:1-10:22)
   1. 이교숭배를 금함(7:1-11)
   2. 율법을 지킨 자의 보상(7:12-15)
   3. "그들을 무서워하지 말라." 땅 약속(7:16-26),
      애굽으로부터 구원받은 것을 회고함(출 1-15장과 상응함)(7:18-19)
   4. 훈계와 경고(8:1-10:22)
      (1) 하느님의 보존(출 16-18장과 상응)(8:1-20)
      (2) 이스라엘의 완고(출 32-34장과 상응)(9:1-10:22)

6. 일반적 훈계와 경고(11:1-32)

이 설화의 중심부에는 "한" 하느님에 관한 고백이 나온다. 그 "한" 하느님은 완전한 복종을 요구하시는 분이다(6:4-5).

> "들으라, 오, 이스라엘, 야웨는 한 분이신 하느님,
> 너의 하느님 야웨를 마음과 성품과 힘을 다하여 사랑하라."

이스라엘인들의 삶을 결정짓는 근본 계명인 이 계명이(6:6-9) 그들

의 마음에 깊은 인상을 남겨 놓았다. 그들은 그들이 가지고 있는 모든 것이란 하느님의 은혜로 얻은 것임을 결코 잊을 수는 없는 것이었다(6:10-13).

"한" 하느님에 관한 고백은 이스라엘 민족을 위하여 행하신 하느님의 구원 행위를 요약하고 있는 역사신조*로 성장하였다(6:20-25). 이스라엘 전승의 기본 요소는 부모들이 자녀들의 질문에 대답할 때 전승되는 것이다.

모세의 회고연설(1-3장)과 앞을 내다 보는 연설(7-10장)은 출애굽으로부터 가나안 동편 정복에 이르는 일련의 사건들을 포함하고 있다. 이 부분은 새로운 출발로 시작한다. 이 새 출발 때문에 그 연설은 회고적이고 설득적인 성격을 띤다. 그래서 이 부분은 이스라엘이 호렙에서 출발하기 전의 역사와 장차 일어날 일에 대한 예고를 결합시켰다.

이와 관련해서 P는 신명기를 사용하던 사회에서는 아직도 쓰이지 아니했었다는 사실을 기억한다면 이 부분은 다음과 같이 출애굽기-민수기와 조화시킬 수 있을 것이다.

> 신 1 = 민 10-20, 신 2=민 21, 신 3=민 21, 32-35, 신 7=(출 1-15), 신 8=출 16-18, 신 9-11= 출 32-34

마틴 노트(Martin North)에 의하면** 신명기적 역사서(=여호수아-열왕기)의 서론들과 신명기 율법의 서론은 신명기 1-11장에서 서로 얽혀 있다고 말한다. 그는 1-3장을 전기의 작품에 속하는 것으로 생각한다. 그러나 신명기 7-10장이 1-3장과 긴밀하게 결합되어 있는 한 역사서의 서론은 1-3장과 7-10장이 될 것이다. 4장과 5장은 후기의 첨가로서 이 장들과는 별개의 것으로서 아마도 포로기 중에 첨가되었을 것이다. 4장은 하느님의 이스라엘 선택에 대한 웅대하고도 장대한

* von Rad, G., op. cit., S. 1-78.

** Martin North, *Überlieferungsgeschichtliche Studien*, Tübingen, 1957. S.12ff.

해석이다. 그 중심부에는 우상숭배와 천체숭배에 대한 경고가 들어 있다. 세부적인 점에서는 제2이사야를 생각하게 한다. 11장은 일반적인 훈계와 경고를 많이 가지고 있다.

2. 신명기법전(신 12-26장)

신명기법전의 처음과 마지막에는 상당히 확장된 부분이 붙어 있다. 그리고 그것은 이 율법의 특수 목적을 다음과 같이 분명하게 제시하고 있다.

1. 중앙집권화의 법: "야웨가 선택하실 장소"(12:1-28)
   1. 하나님은 모든 번제를 드릴 장소로서 한 곳을 선택하실 것이다(12:1-12)
   2. 희생제물과 일반고기 사이를 구별하는 것도 이 장소 선택에 기준할 것이다(12:13-27).

중앙집중화에 대한 요구와 십일조(14:23-29), 첫물(15:19-23), 절기(16:1-17)에 대한 규례가 결합되었다.

2. 다른 신을 섬기려는 유혹(12:29-13:18)

3. 첫물을 드린다는 것은 하나의 고백을 포함하고 있다(26:1-11).

4. 십일조를 드린다는 것은 기도를 포함하고 있다(26:12-15).

14-25장은 아주 다른 계명과 율법을 많이 가지고 있다. 신명기법전의 특성은 훈계가 역사 회고와 결합되어 있다는 것이다. 가장 중요한 율법군은 다음과 같다:

1. 하나님의 백성을 위한 율법—이 율법은 인도주의적이고도 사회

적인 특성을 갖고 있다. 이런 점에서 그것은 단순한 사법상의 성격을 초월하고 있다.

1. 불쌍한 백성과 노예들(15:1-18)
2. 보호법(22:1-4, 6-8)
3. 궁핍한 자를 위한 계명들(24:6-25:3)

2. 계층에 관한 율법
   1. 재판관(16:18-20; 17:8-13)
   2. 왕(17:14-20)
   3. 제사장(18:1-8)
   4. 예언자(18:14-22)
3. 계엄령(20:1-20; 21:10-14; 23:9-14)
4. 음식에 관한 금령(14:3-21)
5. 부자연스런 결합을 금함(22:5, 9-11)
6. 성(性)에 관한 금령(22:13-29; 24:1-4; 25:5-12)
7. 총회(23:1-8)와 출진(23:9-14)에 속하는 여러 금령

신명기법전은 국가법의 모든 모습을 갖추고 있는 구약에서 가장 근대적인 율법집이다. 성결법에 따르면 법적인 문제는 예배공동체에 제한되어 있다. 그러나 신명기법전은 하느님에 대한 철저한 복종을 요구하는 기본 계명을 모든 생활 영역과 관련시키고 있다는 데 특별한 중요성을 지니고 있다. 그리고 사회정의에 대해서 대단한 관심을 갖고 있다는 데도 의의가 있다.

3. 끝맺는 연설(신 27-30장)

1. 땅 입주 후에 행할 것에 관한 교훈(27:1-13)

1. 한 개의 제단 또는 율법이 새겨진 두 개의 돌을 세울 것 (27:1-8〔10〕)
2. 축복의 산 그리심과 저주의 산 에발(27:11-13)

2. 저주받을 자들(백성은 "아멘"할찌어다) (27:14-26)

3. 축복과 저주(28:1-68)

4. 모압 땅에서 맺은 계약(포로 시대에 추가된 것) (29:1-30:10)

5. 신명기법전의 결론(30:11-20)
   1. 계명은 가까이 있는 것(30:11-14)
   2. 결단: "그런고로 생명의 길을 택하라"(30:15-20)

신명기법전의 결론은 본래 30장 11-20절만이었을 것이며 이 부분은 구약의 율법을 이해하는 데 특별히 중요한 구절이었다고 생각된다. 왜냐하면 그것은 율법이란 어느 정도까지를 하느님의 은혜로 이해할 수 있는 것인가 하는 것을 논증해 주기 때문이다.* 여기서 율법은 분명히 이행될 수 있는 것으로 즉 인간과 가까이 있는 것인 동시에 인간이 이해할 수 있는 성격의 것으로 기술되고 있다.

28장은 축복과 저주를 말하고 있는데 본래는 신명기 법전에 속했었던 것이다. 그와 같은 축복과 저주에 의해서 율법을 이해한다는 것은 오랜 기간 동안 하나의 합법적인 인정을 받았다. 그러나 28장은 크게 확대되었다. 소박한 축복과 저주의 공식이 물질적 번영(28:1-14)과 재앙(28:15-68)에 관한 명백한 선고 형태로 나타나고 있다. 재앙 선고는 구약의 자료 중 가장 무미한 자료 중의 하나이다. 어떠한 종류의 재앙의 위협이 이곳에 모여 있나 하는 것을 지적한다는 것은 놀랄 만한 일이다. 그 배후에는 하느님의 거룩성에 대한 깊은 신앙이

* von Rad G., *Old Testament Theology*, vol.I. New York, 1962, p.1953.

자리잡고 있다.

27장 14-26절에 나타나 있는 "저주목록"은 꽤 무질서하게 붙여진 것이다. 이것은 이스라엘이 생기던 그 초기에서 온 고대의 "필연론적 율법"이다. 그리고 그것은 십계명과 그와 비교할 만한 것에 비길 만한 것이다. 이러한 옛 율법은 한 때 공동예배의 한 몫을 맡았던 것임을 밝혀 주고 있다. 즉 회중은 다 같이 "아멘"이라고 화답하도록 되었음을 보여 주고 있다.

27장 11-13절에는 에발 산과 그리심 산 위에서 외치도록 명령된 저주와 축복의 제3의 규약이 실려 있다. 그 배후에는 지금은 단지 희미하게나 깨달을 수 있는 고대의 한 의식이 있었던 것으로 보인다. 그 땅에 들어가서 해야 할 것에 관한 율법들은 그 첫 부분에 첨가되었다(27:1-8).

계약갱신 의식에 관한 후기의 기록은 소위 모압 땅에서 맺은 계약이다(29:1-30:10). 이 계약의 명칭은 그 표제에서 따 온 것이다. 이 부분을 형성하고 있는 것들은 대체로 신명기의 서두 부분과 마지막 부분을 다소 고쳐서 다시 진술한 것들로 되어 있다.

4. 오경의 결론(신 31-34장)

1. 여호수아 지명(31:1-8, 14, 15, 23)

2. 율법에 관한 전승(31:9-13, 24-27, 45-47)

3. 모세의 노래(31:16-22, 28-30, 32:1-43)
   1. 노래의 서론(31:16-22, 28-30)
   2. 노래-역사시(歷史詩)(32:1-43)

4. 모세의 축복사(지파설화) (33:1-29, 창 49장과 비교)

5. 모세의 죽음(32:48-52; 34:1-12)

오경은 모세의 죽음에 관한 설화와 함께 모세의 후계자로 여호수아를 임명함으로 결론을 맺는다. 그러나 이 두 개의 끝막음 설화는 크게 수정되고 보충되었다. 여호수아 지명 기사는 31장 1-3절에서 시작되고 그리고 회막에 신이 임재하는 사건과 관련하여 31장 14-15절에서 계속되고, 31장 23절에서 한번 더 계속된다.

31장 9-13절에는 율법전승을 이행하는 항이 첨가되었다. 그것은 31장 24-26절과 32장 45-47절에서 계속되었다. 율법을 칠년마다 초막절 때에 소리내어 읽으라는 교훈은 의의있는 일이다. 여기에는 그 율법을 선포하는 고유한 장소가 예배라는 것이 분명하게 지적되어 있다.

모세의 죽음에 관한 설화는 그가 "약속된 땅"을 보기 위하여 "느보" 산으로 올라가라는 하느님의 명령을 받을 때 소개된다. 그 "약속된 땅"으로 그가 들어가는 것을 하느님은 허락치 아니하셨다(32:48-52/P). 결론을 맺는 말들(34:10-12)은 모세의 중재직은 유일한 것이었음을 강조한다. 더욱이 "오늘까지 그의 묘를 아는 자는 없다"는 간단한 표현은 모세 전승의 본질과 일치된다.

두 편의 시가 이 끝 맺는 항에 삽입되어 있다. 첫째로 모세의 노래를 지적할 수 있는데 하나의 훌륭한 역사시로서 하느님의 역사를 그의 불복종의 백성과 잘 결합시키고 있다. 즉,

> "이제 보라! 나 곧 내가 그 이니나니 이외에 다른 신이 없도다. 나는 죽이기도 하며 살리기도 하고 상하게도 하고 고치기도 하도다"(32:39).

모세의 축복사인 33장은 지파설화를 수집한 것이다. 창세기 39장과 밀접하게 관련되어 있다. 신의 현현을 빌려서 시작되는(2, 26, 27절) 이 장은 이스라엘을 구원하시리라는 약속으로 끝난다(28-29절). 요셉에 관한 축복(13-17절)은 특별히 풍부하고 자세하다.

제 2부

전기 예언서

6. 전기 예언서의 특징

정확히 말해서 이 부분은 가나안 점령 이후부터 바벨론 포로시대에 이르기까지의 정착시기를 취급하고 있는 역사서(여호수아에서 열왕기까지)의 그룹에 속한다. 따라서 "전기 예언서"라는 명칭은 이 책들의 내용을 포괄적으로 설명해 주는 것으로 생각할 수 없다. 오히려 이 명칭은 이스라엘이 그 땅에 거할 수 있는 것은 예언자들의 말에 복종하느냐 복종하지 않느냐에 따라 결정된다는 것을 지시해 주는 것으로 이해할 수 있다.

마틴 노트에*에 의하면(많은 학자들이 동의하고 있지만) 여호수아에서 열왕기에 이르는 이 책들은 하나의 완전한 역사서, 소위 말하는 신명기 역사서로 이해될 수 있다는 것이다. 이 책들은 그 서술구성에 있어서 매우 뚜렷한 특징을 갖고 있다. 이 책들이 표현하는 언어는 신명기 학파에서 온 것인데 특히 여호수아 1장, 사사기 2장 6절, 열왕기상 8장에서 뚜렷하게 나타나 있다.

이 책들이 가지고 있는 전체 역사의 심장에 해당하는 부분은 왕정의 기원과 그 초창기에 관한 설화로서 사무엘 상·하서에 있는 부분이다. 사무엘로부터 솔로몬에 이르는 이야기는 한 개의 이야기인데 자세하게 소개되어 있다. 그 이야기의 중심부에는 다윗 왕국이 있다. 여호수아와 사사기에는 왕정이 세워지기 전의 이야기가 수록되어 있는데 이스라엘이 그 땅에 세워질 때에 있었던 혼란과 격동에 관한 이

---

* Martin North, *op. cit.*, pp.4ff.

야기로 구성되어 있다. 그 다음으로는 왕국분열(남과 북으로) 시대의 사건들로부터(왕상 12장) 한 왕국의 붕괴(왕하 17장)에 이르는 사건들을 말하고 있다. 다른 한 왕국(왕하 22장)에 관해서는 간단하게만 묘사되어 있다.

전체 설화의 목적은 명확한데 즉 이스라엘은 왕국건립 후 많은 중요한 기회들을 반역과 배신으로 탕진해버렸음을 보여 주는 데 있다.

7. 여호수아서

요호수아서는 매우 단조로운 배열로 구성되어 있다. 1-12장은 요단 서편 지역을 정복한 기사로 구성되어 있다. 중심 부분에 해당하는 13-21장은 각 지파들에게 땅을 분배해 주는 기사로 구성되어 있다. 두 부분 모두 동편의 지파들이 고향으로 되돌아 오는 기사(22장)와 그의 사업을 절정으로 끌고 가는 여호수아의 연설(23장), 그리고 세겜에서 이루어진 "지파 대회"로(24장) 결론을 짓는다.

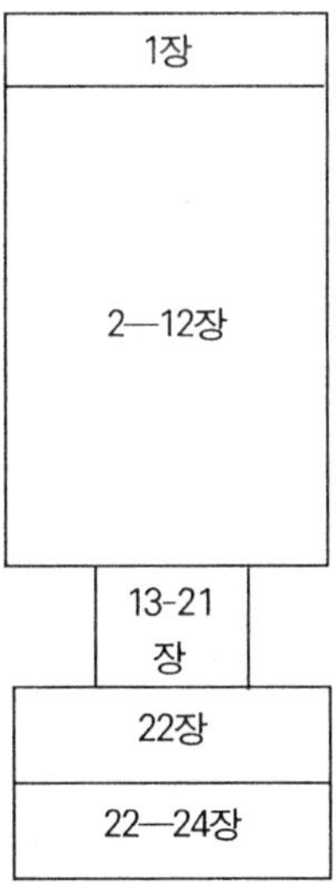

적진을 취하라는 명령 .... (1)
정탐꾼 .... (2)
요단을 건넘 .... (3-4)
준비 .... (5)
요단 정복 .... (6)
아이 정복(아간의 배신: 7장) .... (7-8)
기브온 사람들과 조약 .... (9)
남방 왕들을 쳐서 이김(남방 정복 28-43절) .... (10)
북방 왕들을 쳐서 이김(전 영토를 정복 16-23절)·· (11)
정복한 왕들의 명단 .... (12)
지파들에게 땅 분배 .... (13-21)
동쪽 지파들의 돌아옴 .... (22)
요단에서 제단을 세움 .... (22)
여호수아의 고별 연설 .... (23)
세겜의 지파 대회 .... (24)

1. 땅 분배(수 13-21장)

요단 동편 지역으로부터 시작한 땅 분배에 관한 기사가 중심 부분을 형성하고 있다(13장). 그 다음으로 요단 서편 지역을 분할하는 기사가 나온다. 즉 남쪽에서부터(14장에는 갈렙, 15장에는 유다) 중앙지대(요셉 지파 16-17장)와 북쪽(북지파 18-19)에 이르는 지역의 분할기사이다. 끝으로는 여섯 개의 도피성(20장)과 레위인의 성을(21장) 열거하고 있다.

땅 분배에 관한 기사는 비록 우리들에게는 지루한 이야기처럼 들리지만 여호수아서의 중심이 되는 기사이다. 왜냐하면 그 기사야말로 족장들의 관심의 중심이었고 또 애굽에서 노역을 겪었던 이스라엘인들의 쟁점이었던 약속의 성취를 이행하고 있는 기사이기 때문이다. 다음의 구절들 속에 바로 그러한 쟁점이 암시되어 있다.

창 12:7 — "이 땅을 내가 네 후손들에게 주겠다."
창 28:13 — "네가 누워있는 그 땅을 내가 너와 네 후손들에게 주겠다."
출 3:6 — "넓고 비옥한 땅, 젖과 꿀이 흐르는 땅으로 … "

약속의 성취가 여호수아서의 중심부분 끝에서 엄숙하게 확인된다.

수 21:43 — "이와 같이 주께서 조상들에게 주시기로 맹세하신 그 땅을 이스라엘에게 주셨다."
수 21:45 — "주께서 이스라엘 집에 약속하신 선한 약속들 가운데 어느 하나도 실패한 것이 없이 다 이루어졌다."

땅 분배가 약속에 속한 문제라는 것은 이스라엘인의 사고양식의 기본 특징이다. 이스라엘에 속하는 "모든 사람은" 아브라함의 아들로서 또는 야곱의 아들로서 축복의 기업을 얻게 되며 동시에 땅의 선물을 받게 된다. 하느님이 그것을 주신 것은 "모든 사람"을 위한 것이다. 그러므로 모든 지파, 종족, 친척들이 분할에 참여하게 되었던 것이다.

2. 여호수아서를 하나로 묶는 역할을 하는 처음과 마지막 장들(수 1, 23, 24장)

여호수아서의 중심부분과 비교할 만한 부분은 땅 약속의 성취에 관한 신학적 해석을 마련해 주는 서장(序章)과 결장(結章) 역할을 하고 있는 부분이다. 땅의 선물은 오직 하느님의 약속에 근거한 것이다. 이 사실은 여호수아께 주신 말씀, "강하고 담대하라"(1:6, 7, 9, 18)에서 한 번 더 강조된다. 이 말은 적진을 치라는 명령 속에서도 암시되어 있다.

동시에 여호수아는 하느님이 그 백성에게 주신 계명을 지킬 것을 경고 받는다. 여호수아는 그의 부하 장수들에게 떠나라는 명령을 전달한다. 그들은 하느님의 약속을 받아들이고 그 다음은 여호수아에 대한 충성을 서약한다. 그 책은 세겜 국민대회와 계약 수립으로 끝이 난다. 이 때 여호수아는 그 백성에게 작별인사를 하게 되고, 백성들은 또 다시 그들을 애굽에서 구출하시고 이곳까지 인도하신 그 하느님을 계속 의지할 것인가 아닌가 하는 문제에 직면한다. 여기서 여호수아는 백성들의 약속에 동의하는 증거로서 돌을 세운다. 그리고는 하느님과 백성 사이의 계약을 인준한다. 그의 백성에 대한 하느님의 약속(1장)에 응답하여 백성은 하느님에 대한 의무이행을 약속한다(24장). 이 장에는 계약의 본질적인 성격이 분명하게 제시되어 있다.

23장은 24장과 평행된다. 이 장은 백성들에 대한 여호수아의 고별인사로 구성되어 있다. 이 장은 하느님과 그의 율법에 대한 충성을 요구하는 24장보다는 더 긴급한 상황을 그려 준다. 여기에는 특히 신명기적 성격의 언어가 분명하게 나타난다. 여호수아는 한 번 다시 하느님의 약속들이 신실한 것이었음을 강조한다(23:14=21:45).

3. 요단 서편 지역의 정복(수 2-11장)

2-11장은 요단 서편 지역의 정복에 관한 기사이다. 이 부분의 중심되는 부분은 6장인데 여리고 정복기사이다. 처음 다섯 장은 건너가라는 명령(1장), 여리고에 정탐꾼을 보냄(2장), 요단을 건넘(3-4장)에서부터 정복을 위한 최종 준비에 이르기까지를 기술하고 있다.

그 다음 두 번째로 이스라엘인들이 쳐부순 것은 아이(Ai)다(7-8장). 그러나 그 성을 함락시키기 전에 야웨에게 드려진 성물(聖物)을 범한 사람 때문에 한 번 대 참패의 경험이 있었다(7장).

그 다음 성인 기브온은 평화적으로 굴복을 했는데 그 이유는 기브온인들이 지혜로운 조약체결을 했기 때문이었다(9장). 이 시기까지는 정복된 점령지가 적은 지파인 베냐민 지파의 영토로 제한되어 있었다. 군진(軍陳)은 요단 가까운 길갈에 세워져 있었다(10:6). 다른 말로 바꾸어 말한다면 여호수아 2-6장과 7-9장은 단지 베냐민 지파의 정복기사만을 갖고 있다는 말이 된다. 이 문제에 관한 언급은 여기선 피하기로 하자.* 성서를 관찰해 보는 것만으로도 정복에 관해서 말하는 여호수아서의 열 장중 여덟 장은 베냐민의 영토에 제한되어 있음을 볼 수 있다.

다음 두장은(10-11장) 남방 왕들(10:1-27)과 북방 왕들(11:1-9)을 쳐부순 것에 관한 도식적인 기사로 시작하며 다음에는 남방(10:28-43)과 북방(11:10-15)에서의 정복상황에 대한 열거가 나오고 끝으로 전체 영토 정복에 관한 설화가 여기에 덧붙여졌다(11:16-23).

---

* Cf. North, *Das Buch Joshua*, Tübingen, 1938; *Interpreter's Dictionary of the Bible*, New York, Vol. 2, pp.541ff.

1. 길갈 주변 영토의 정복(2-9장)

요단 서편에 있는 길갈 주변의 길게 뻗어 있는 협지를 정복한 것은 이 장에서는 하나의 연속적 사건으로 기록되어 있지는 않다. 이 설화는 전체 설화로 결합되기 전에는 개별적인 설화로 있었다. 그것은 이 설화들의 대부분이 그 결론부에 "오늘날까지"라는 문구를 달고 있어서 그 각 설화의 시대적 특징을 암시하고 있기 때문이다. 이 설화들은 다음과 같다.

1. 길갈 근방의 요단계곡에 열 두 돌을 세움(4:9, 20ff.)
2. 길갈 땅(5:9)
3. 라합의 일족이 이스라엘에 가입(6:25)
4. 여리고 근방의 아골 골짜기에 있는 돌무더기(7:26)
5. 아이성 파괴(8:28)
6. 아이성문 어귀에 쌓인 돌 무더기(8:29)
7. 이스라엘 성소에서 일하는 가나안 종들(9:27)
8. 막게다의 동굴 어귀 앞에 있는 돌들(10:27)

"오늘날까지"라는 말의 형식은 소위 "원인론적 전설"의 특징적인 묘사인데 한 장소의 이름과 관련을 갖고 있다. 즉 어떤 특수 지역의 성격을 설명해 주는 전설이 가지고 있는 특성이다. 여기서 "전설"이라고 하는 말은 "진실성이 없는" 어떤 "창작해 낸" 이야기라는 것을 의미하지는 않는다. 오히려 그것은(그 말의 문자적 의미가 말하고 있듯이*) 한 지역의 역사를 구술로 설명하였던 것을 입에서 입으로 전달된 이야기임을 의미한다. 아마도 이 전승들은 길갈 성소를 말하려는

* "전설"이라는 말은 어원학적으로 말하면 희랍어 λέγειν 즉 "말한다"는 것과 관련되어 있다. 이 책의 저자가 사용하는 말은 독일어의 Sage(영어의 Saga)인데 독일어 sagen과 관련되어 있다.

데 그 초점이 있었을 것이다. 그 설화들은 후일 한 개의 완전한 설화로 결합되었고, 그 다음 이스라엘 전체에 의의있는 것이 되었다.

정탐꾼 설화(2장)는 어떻게 해서 신의 약속(1장)이 이스라엘 군대보다 선행되는 것이며 어떻게 하여 그들이 갈 길을 준비해 두었는지를 논증하려는 의도를 갖고 있다. 요단 강 통과 설화(3-4장)는 엄숙한 하나의 행진으로 묘사되어 있다. 이 설화의 형성 배후에는 이스라엘 축제의식이라는 것이 있었음이 분명하다. 그 축제의식 때에 계약궤가 행진대열을 따라 이동되었다. 많은 자료들이 이 설화 배후에 자리잡고 있다는 증거는 뚜렷하다. 여호수아 4장 21-22절에는 전승사건에 관한 좋은 실례가 있다. 즉 조상들이 세워 둔 기념비들은 하느님에 대한 찬양을 확대 발전시키는 하나의 수단이 되었다. 말하자면 자녀들이 그 의미를 물으면 부모들은 어떻게 하여, 무엇 때문에 12개의 돌이 세워지게 되었는가를 말해 주었던 것이다.

땅 정복에로 가는 첫 단계는 길갈에서 할례를 받고(5:1-9) 유월절 만찬을 베풀므로 제의상의 의식을 갖춘다. 이젠 만나의 은사가 중단되었다. 그 백성이 그 땅에 들어갔을 때 그 땅의 과일로 영양을 섭취하기 시작하였다.

5장 13-15절에는 칼을 들고 여호수아 앞에 나타난 "천사의 설화"가 있다. 이것은 한 때 여리고 점령에 관한 약속으로 끝났던 하나의 단편이다(6:2?).

여리고 정복(6장)은 신의 기적으로 묘사되어 있고 이스라엘인들은 종의(宗儀)적 행진에 따라 그 성 주변을 행군하는 것에 의해서 묘사했었다(3-4장과 비교된다). 성벽들이 무너지고 그 성이 함락된다. 이것은 결코 역사적 사건으로 보아서는 안 되고 그것이 이 설화의 목적으로 보아서도 안 된다.

아간의 도둑질에 관한 기사(7장)는 "거룩한 전쟁"의 한 특색을 보여주고 있다. 전 군대가 한 사람의 실수로 인하여 위험에 직면하게 되었고 그 위험의 영향은 속량에 의해서만 제거되었다. 그 범행 사실은 제비를 뽑아봄으로 밝혀졌다. 속량제물로 뽑힌 자는 그의 범행을 인정하고 하느님께 영광을 돌려야 했다(7:19).

기브온 사람들의 명석한 계략(9장)은 여러 곳에서 일어났던 일의 한 예이며 평화적 동화에 의한 가나안인들의 항복에 관한 한 예이다.

2. 남방 정복(10장)

10장은 이스라엘군에 대항하기 위하여 결성된 가나안 왕들의 동맹에 대항하는 방위전에 관하여 말하고 있다(1-4절). 그들은 기브온을 포위했다. 이 기브온은 여호수아에게 도움을 청했다(5-6절). 여호수아는 밤을 틈타 다섯 왕들을 갑자기 습격하여(7-15절) 그들을 사로잡아 쳐 죽여버렸다(16-27절). 그리하여 이 전쟁도 베냐민 영토 안에서 일어났다. 남방 정벌의 요약이 10장 28-43절에 나타난다.

3. 북방 정벌(11장)

11장은 10장과 뚜렷한 평행을 이룬다. 즉 북방 정벌 기사는 남방 정벌 기사와 비슷한 형태로 표현되고 있다. 그 처음에는 가나안 왕들(여기서는 북방 왕들)이 동맹을 맺고 갈릴리의 메롬 물가에서 이스라엘을 대적하여 공격하는 것이 나타난다(1-15절). 이스라엘인들은 그들을 격파한다는(6-9절) 단순한 요약형태로 북방 정복기사를 끝 맺는다. 여기엔 하솔 근방의 도시들만이 언급되어 있다(이 지역은 최근에 발굴되었다).*

4. 전 영토의 정복(11:16-12:24)

전체 영토가 정복된 기사는 11장 16-23절에 나온다. 그리고 여호

---

* 이 발굴의 결과에 관한 설화로는, *The Biblical Archaeologists*, New Haven, Feb. 1956 Vol. XIX, pp.1-11, May 1957, XX, 34-37, May 1958, Vol. XXI, pp.30-47, Feb.1959, XXII, pp.2-20를 보라.

수아서의 첫 부분은 12장에서 정복된 왕들의 명단으로 끝을 맺는다.

4. 마지막 부분(수 22장)

여호수아의 연설을 두 개 첨부하고 있는(23, 24절) 이 마지막 부분은 요단 동편 지파들의 귀향에 관한 보고만 포함하고 있다. 이들 지파들은 요단 서편 정벌에 참여했었던 지파들이다(22절). 이때, 요단에 제단 세우는 일에 대한 논란이 일어났다(10절). 이 일은 동편 지파들의 편에서는 종교적 배타주의로 가려는 움직임과 동시에 다른 이스라엘인들의 편에서는 신앙의 배신이라고 생각되었다(11-20절). 그러나 동편의 지파들은 그들의 계속적인 친교의 결속으로 설명했다(21-29절). 그 긴장은 그로 인하여 다소 해소되었다(30-34절).

8. 사사기

사사기는 여호수아서와는 다른 삼부 구조의 성격을 갖고 있다. 여호수아서에 나타난 삼부구조는 하나의 유기적인 통일체를 구성하고 있다. 그러나 사사기는 첫 부분과 셋째 부분 즉 1장 1절-2장 5절과 17-21장은 따로 분리해서 취급해야 한다. 사사기의 실제 부분은 그 서론 부분인 2장 6절-3장 6절과 그 중심 부분(사사들에 관한 이야기)인 3장 7절-16장 31절을 가지고 깨어지지 않은 통일체를 형성하고 있었다. 17-18장과 19-21장은 두 개의 보충자료인데 같은 시기의 사건들을 말하고 있다는 것 때문에 사사기와 연결을 갖게 되었다. 1장 1절-2장 5절은 후에 사사기 서두에 첨부되었다. 즉 그것은 이스라엘인들이 그 땅을 점령한 방법에 관한 다른 표현의 요약이다.

사사들의 설화들에서는(3-16장) 두 개의 연속설화로 구분되어 있는데, 소위 대사사(大士師)와 소사사(小士師)의 이야기로 구분된다. 입다에 관한 설화에는 두 개의 설화가 결합되어 있는데, 하나는 중대 위기의 때에 구원자로 나타난 지파영웅들을 취급하고 있고, 다른 하나는 이스라엘 전지역을 다스리는 사사의 직무를 행사한 사람들에 대해서 말하고 있다. 10장 1절-12장 15절에 나타나는 소사사들에 관한 설화는, 대사사인 입다에 관한 설화(10:6-12:7)에 의해서 그 중간이 짤리웠다.

마틴 노트(M. North)는 그러한 중단을 다음과 같이 설명한다. 즉 입다는 두 사사 설화 모두에 속하였던 것인데 그들 설화 모두를 그의 개인 설화 안에 결합시켜 넣었다는 것이다. "사사"(士師)라는 용어는 10-12장에 나오는 실제 재판장들로부터 시작해서 지파 영웅들에게까지 확대 적용되었다고 볼 수 있다.

사사기의 틀은 아래의 도해와 같다.

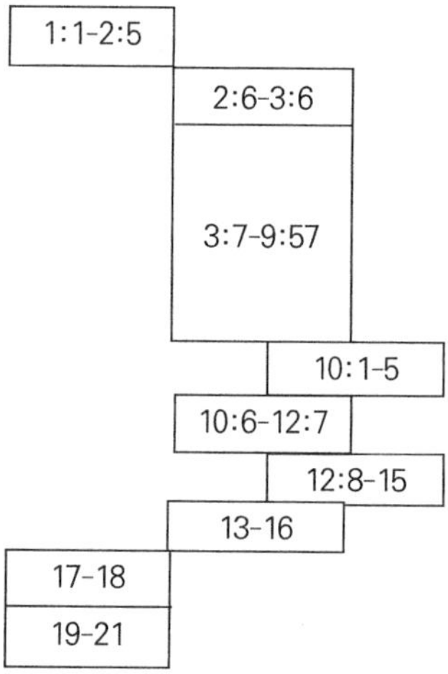

가나안의 부분 정복 ························ (1:1-2:5)
서론: 사사시대
(신명기 설화) ························ (2:6-3:6)
옷니엘, 에훗, 삼갈 ························ (3:7-31)
드보라와 바락 ························ (4:1-5:31)
므낫세의 기드온 ························ (6:1-8:35)
아비멜렉 ························ (9:1-57)
돌라, 야일 ························ (10:1-5)
입다 ························ (10:6-12:7)
입산, 엘론, 압돈 ························ (12:8-15)
단의 삼손 ························ (13:1-16:31)
단 지파의 이주 ························ (17:1-18:31)
베냐민 지파의 징계 ························ (19:1-21:25)

1. 가나안의 부분 정복(1:1-2:5)

1. 남부와 중앙 가나안(부분정복) (1:18, 22-26)
2. 비(非)정복 지역(1:9-21, 27-26)
3. 보김에 나타난 천사(2:1-5)

사사기의 첫 장은 완전한 하나의 책으로 보아야 한다. 그 주제가 여호수아서와 평행된다. 왜냐하면 그것은 전체가 가나안 정복을 취급하고 있기 때문이다. 그러나 그것은 매우 압축해 놓은 요약에 불과하다. 더욱이 그것은 단편적이고 동시에 연결이 안 되어 있다.

편집상의 구절인 "여호수아가 죽은 후에"라는 구절은 평행설화를 연속설화로 바꾸어 놓았다. 그 전체로서 완전한 한 기사였던 것이 이와 같이 하여 사사기의 서론이 되어 버렸다.

이러한 서론의 첨가가 가지는 의의는 쉽게 알아낼 수 있다. 여호수아서를 완전히 읽어 본 사람이면 사사시대 동안 있는 개개 지파들의 잔혹한 투쟁들을 잘 이해하기가 어려웠을 것이다. 그러나 그것들은 사사기 1장의 배경과는 뚜렷하게 반대되는 것을 깨달을 수 있다. 즉 사사기 1장에서는 "…의 지파는 쫓아내지 못하였음이라…" 하는 구절이 하나의 후렴처럼 나타난다. 따라서 가나안이 어떻게 정복되었는가 하는 것을 기술하는 데 있어서 사사기 1장과 여호수아서는 다르다는 사실을 알아낼 수 있다. 여호수아서의 정복 설화는 정복에 관한 세부적인 것들을 단순화시킨 후대의 관점에서 기록되었다. 여호수아서는 이스라엘의 모든 지파가 다 참석한 하나의 계속되는 전쟁에서 전체 영토를 정복한 것으로 묘사한다. 모든 것은 요단 강을 건넌 후 신속히 완성된 것으로 되어 있다. 그러나 사사기 1장에서는 여러 지파들이 각각 개별적으로 다른 지역들에서 점차적으로 침공했고, 단지 몇 곳에서만 발판을 얻은 것으로 되어 있다.

사사기 2장 1-5절은 후대에 와서 다시 손질을 한 고대 설화이다. 그것은 천사의 나타남에 관해서 말한다. 본래 그것은 보김(우는 자들)이라는 이름을 설명하려는 의도가 있었던 것 같다.

2. 서론: 사사 시대(삿 2:6-3:6)

"여호수아가 백성을 보내매…"라는 2장 6절의 문장은 세겜의 국민대회에 관해서 말하고 있는 여호수아 24장(28절 참조)의 결론의 연속임이 분명하다. 2장은 그래서 여호수아서의 주위에 돌출해 있는 장들과 일치한다. 여기서도 신학적인 주제의 개요가 나타나고 있으며, 그것은 사사들이 살았던 그 시기를 해석하고 있다. 대체로 다음과 같이 네 그룹으로 나눌 수 있다.

1. 배신(…바알들과 다른 신들을 따라갔다) (Apostasy, 2:11-12)
2. 원수를 통한 징계(Oppression, 2:13-15)
3. 하느님께 도움을 구함(Cry for help, cf. 3:9)
4. 사사를 일으켜서 해방시키심(Liberation, 2:16)

해방의 결과는 다음 세대까지 계속되었다. 그러나 이스라엘은 다시 배신이 있기 전 나머지 40년간을 지냈다.

3. 사사들에 관한 이야기(삿 3:7-16:31)

그 설화 자체는 2장에 나타난 형태와 언제나 같은 모양을 갖고 있지 않다. 각 사사들은 단지 한 지파 안에서만 일하였거나 소규모의 지지파 집단 안에서만 일하였던 것이 분명하다. 그들이 가진 사사의 직무는 그들이 살아 있는 동안 계속된 것이 아니고 특수한 시련기간 동안 영향을 주었다.

1. 옷니엘, 에훗, 삼갈(3:7-31)

옷니엘에 관한 설화에는 구체적인 자세한 이야기가 많지 않을 뿐만 아니라 그의 활동 시기의 명확한 역사성을 제시할 수 없는 것 같다. 그러나 사사들의 이야기에 관한 한 가장 중요한 신학적 의의를 주는 개념은, "여호와의 영이 그에게 임했다"(3:10)는 진술 가운데 명백하게 나타나 있다. "하느님의 영"이라는 개념은 사사 설화 가운데 계속적으로 나타난다.

여기에 덧붙여 말한다면, 이러한 개념과 연결된 주요한 다른 두 집단을 지적할 수 있다. 즉 엘리야와 엘리사 같은 초기 예언자들과 또 후기 구원 선포 예언 단체와 관련된 집단들을 들 수 있다.

3장 12-30절에다 에훗은 모압왕 에글론을 암살함으로 베냐민 지파를 건진다. 삼갈에 관한 기사는 아주 짧게만 기록되어 있다(3:31).

2. 드보라와 바락(4:1-5:31)

여기에는 산문체의 기사(4장)와 승전의 노래(5장)가 들어 있는데 이 둘은 모두 동일한 사건을 취급하고 있다. 그것들은 본질적으로 일치를 이루고 있다. "드보라의 노래"는 구약에 보존되어 있는 유일한 승전의 노래이다. 또한 그것은 구약에서 가장 고대에 속한 편집물 중의 하나이다. 이 노래는 뛰어난 아름다움과 신선미가 넘치는 노래이며 승리의 분위기가 한창 고양되어 있을 때 편집된 것에서 온 것이다. 노래의 구성은 다음과 같다.

1. 서론(5:3)
2. 신의 현현(하느님이 그의 백성을 도우러 오심)(5:4-5)
3. 전쟁의 필요성에 관한 기술(5:6-8)
4. 드보라와 바락의 출전 명령과 응답(5:9-12)
5. 지파들은 칭송을 받기도 하고 책망을 받기도 한다(5:13-18)
6. 승리를 암시하다(5:19-22)
7. 저주와 축복(5:23-27)
   (1) 메로스를 저주(5:23)
   (2) 시스라를 죽인 야엘을 축복(5:24-27)
8. 시스라의 어머니의 무익한 기다림(5:28-30)
9. 결론: "그러므로 야웨여, 당신의 모든 대적들을 망하게 하소서! 그러나 당신의 친구들은 힘있게 솟아 오르는 태양과 같게 하소서!"(5:31)

3. 기드온(6:1-9:57)

기드온 설화들은 "카리스마적 지도자"가 가지는 특성을 가장 잘 논증하고 있는 부분이다. 미디안인의 압박(6:1-6)이 출발점이 된다. 그

때 신의 사자가 한 농부의 아들에게로 와서 한 개인을 부른다. 처음엔 그도 해방자가 되는 것을 거부한다(6:11-24). 그러나 원수의 진 앞에서 하느님의 영이 기드온을 사로잡는다. 그는 전투 신호의 나팔을 불어 자기 지파 사람들과 이웃 지파 사람들을 불러 모은다(6:33-35). 그는 하느님께 원수를 자기 손에 맡기신다는 표징을 요구한다(6:36-40). 그 다음 해방을 위한 전쟁이 발생한다(7). 그리고는 단지 300명만으로 하느님의 지시를 따라 전쟁에 임한다(7:1-8).

기드온에 관해서 언급된 다른 활동기사가 있다(8:4-21). 그는 그에게 요청된 왕위를 사양했다(8:22-23). 그러나 그는 전리품으로 취한 금으로 에봇을 만들었고, 그것으로 인하여 이스라엘인들이 우상을 섬기게 되었다(8:24-27).

9장은 기드온의 아들, 아비멜렉이 어떠한 방법으로 자신을 왕으로 세우려다가 실패하였는지를 분명하게 서술하고 있다. 이 장은 좁은 의미에서 볼 때 구약의 역사적 편집물 중에서 가장 고대의 것에 속한다. 여기에는 두 가지 정치적 견해가 서로 투쟁을 일으키고 있다. 즉 아비멜렉이 시도했던 가나안 식의 왕권과 그것과는 반대되는 것으로 지파의 규례와 지파의 특권과 평행될 만한 어떠한 통치권도 인정하려 아니 한 고대 이스라엘 지파의 개념 사이였다. 자신들을 지배하는 왕을 기름부어 세우려 했던 나무들에 관한 "요담의 동화"(9:7-15)는 이러한 긴장을 분명하게 표현한다.

4. 입다(10:6-12:7)

카리스마적 지도자들은 아주 특이한 방법으로 구원자로 부름을 받았다. 입다(사울에게서 도망한 후의 다윗처럼)는 특수 의병대의 두목이었다. 길르앗의 장로들은 암몬인들과의 싸움에서 그를 지도자로 선정했다(11:1-11). 그는 처음에는 암몬인들과 협상을 시도했으나 성공하지 못했다(11:12-28). 그 때 야웨의 영이 그에게 임했으며(11:29)

해방을 위한 전투가 시작되었다. 이 중요한 때 입다는 서약을 했고 그의 외동 딸이 그의 서약이행의 제물이 되었다(11:30-40). 이것은 그 시대의 정황과 대립해서만 이해될 수 있는 설화이다. 여기서는 맹세의 절대적 정당성을 취급하고 있다.

5. 삼손(13:1-16:31)
   1. 삼손이 출생(13:1-24)
   2. 영감을 받음(13:25)
   3. 삼손의 결혼, 그의 힘과 그의 수수께끼(14:1-26)
   4. 불레셋인들에 대한 복수(15:1-8)
   5. 삼손이 나귀 턱뼈로 1000명을 죽임(15:9-17)
   6. 목이 갈하여 야웨께 부르짖었을 때 기적을 체험함(15:18-19)
   7. 삼손이 성문을 메고 감(16:1-3)
   8. 들릴라가 삼손의 비밀을 캐어냄(16:4-21)
   9. 삼손은 죽음에 자신을 던지면서 불레셋에게 복수함(16:22-31)

삼손설화는 그 가지고 있는 지나친 허세와 공개된 신성 모독적인 성격으로 미루어 볼 때 선민역사에서 빠뜨릴 수 없는 면을 포함하고 있기도 하다. 삼손의 생애는 출생에서부터 사망까지를 기록하고 있다. 그는 나실인으로서 성별된 사람이었다.* 그는 많은 힘의 위력과 그 힘을 통한 많은 업적을 남겨 놓았다. 그의 힘이 위력은 비록 불레셋인들을 완전히 정복하지 않았다 하더라도 신의 기적이 압박받는 국민 중에 아직도 일어날 수 있다는 것을 불레셋의 통치기간 동안 나타내 보인 하나의 표징이 되었다. 삼손은 그가 살았을 때 행한 것보다는 죽을 때 더 많은 놀라운 업적을 나타냈다.

* "나실인"이라는 말은 히브리어 נָזִיר 이라는 말에서 온 것인데 성별(聖別)된 또는 헌납(獻納)된 사람이라는 뜻을 가지고 있다.

6. 소사사들(10:1-5; 12:8-15)

여기서 사사들에 관해서 수록하고 있는 것들은 어떤 통일된 기록법에 따라 그들에게 관한 것들을 기록하고 있는 하나의 목록이다. 이 목록은 초기 이스라엘 재판관들의 직무를 취급하고 있다. 그들의 직무는 특별히 율법전통이라는 범주 안에서 이행되었고 생존기간 동안만 유효하였다. 사사기를 통해서 볼 때 카리스마적 지도자들 중의 적어도 한 사람은 동시에 이스라엘을 다스리는 재판관 역할도 하였던 것으로 보이는데 그는 입다였다. 그러나 그이 만이 유일한 사람이었다는 것은 아니다. 이러한 직능이 어떻게 이행되었는가 하는 것은 단지 추측할 수 있을 뿐이다. 아마도 그 직능은 후일 왕에게로 넘어 갔을 것으로 보인다.

4. 제1보충: 단 지파가 미가의 우상을 훔치다(삿 17-18장)

이것은 매우 초기에 속한 설화로서 우상숭배에 대한 금지가 아직 시행되지 않았던 때의 환경에서 나온 설화이다. 에브라임 지파의 한 농부가 부어 만든 우상을 모시고 가정제단을 세웠으며, 한 순회 레위인을 제사장으로 모셨다. 그런데, 불레셋 사람들에게 거주지를 빼았긴 단 지파 사람들은 새로운 거주지를 찾아 나서게 되었는데 그 길 도중에 제사장과 함께 그 성소를 탈취해 버렸다. 그 성소가 단 지파 사람들에게 탈취당하였을 그 때 그곳에 새로운 지명을 붙이게 되었다.

5. 제2보충: 베냐민 지파의 난폭행위와 그 보상(삿 19-21장)

기브아에 있는 비류들의 범죄는 나그네 접대 관습을 파괴한 심각한 범법행위였는데 성적 문란이 동반된 범법행위였다(19). 그리하여 지파들이 연맹을 결성하여 그 행위에 대한 보상을 할 책임을 지게 되었다(20:1-10). 왜냐하며 베냐민 지파의 사람들이 그 범인들을 내놓기를 거절했기 때문이었다. 그리하여 전체 지파가 베냐민 지파와 대결하여 싸우게 되었다(20:11-48). 이 싸움에서 패배한 이후 그 지파의 남은 자들은 아내 될 자들을 훔쳐다가 자손을 얻을 수밖에 없었다는 것이다(21).

두 개의 보충자료들을 살펴볼 때 거기엔 하나의 후렴과 같은 구절이 나온다. 즉 "그 때에 이스라엘에 왕이 없었으므로 사람들은 각기 자기 눈에 옳다고 생각되는 대로 행하였더라"(21:25)라는 구절이 나온다.

9. 열왕(列王)에 관한 네 권의 책

왕들에 관하여 기록하고 있는 네 권의 책(삼상 · 하, 왕상 · 하)은 왕정사를 포함하고 있다. 이 부분은 이스라엘이 독립국가를 세우고 있던 시기인데(솔로몬 이후부터는 둘로 나누어졌지만) 그 기간은 왕조의 기원에서부터 바벨론 포로기까지이다.

그러나, 이러한 역사 단편들 중에서 주요한 사건들은 네 개의 책에 고루 고루 분배되어 있지 못하다. 그래서 사무엘상에서는 사무엘(1-25)과 사울(9-31), 그리고 다윗의 초기 경험들(16-31)이 취급되어 있고 사무엘하에서는 다윗만을 취급하고 있다. 열왕기상 1-11장에서는 솔로몬을, 열왕기상 12장-열왕기하 17장에서는 이스라엘과 유다의 역사를, 열왕기하 18-25장에서는 유다만을 취급하고 있다. 따라서 이 네 권의 책 중 그 절반이 단지 두 왕만을 취급하고 있다. 그리고 다른 절반은 나머지 모두를 취급하고 있다.

아래의 도표는 각 책에 자료들이 분포된 상황을 보여 주고 있다.

삼상 1		사무엘		25
	9	사 울		31
		16	다윗	31
삼하 1		다 윗		24
왕상 1	솔로몬	11		
왕상 12		두 왕국의 역사		왕하 17
왕하 28		유다 역사	25	

예언과 왕도

이 네 권의 책이 가진 역사적 사실들을 설명하기 위해서 여기서는 단지 주요 주제와 사사의 영역에만 제한하는 것이 필요하다. 실제적 자료들을 정확히 편집하는 일은 "이스라엘 역사"라는 과목에서 다룰 관심사이다. 이 네 권의 책에는 두 개의 흐름이 나란히 나타나고 있는데 그 하나는 왕정의 역사와 관련된 "역사"가 그 주제로 되어 있고, 다른 하나는 "예언자의 활동"이 그 주제로 되어 있다. 그러므로 이 책들은 "전기 예언서"에 속하게 된다. 그리고 시대적 관점에서는 왕정의 역사와 예언의 역사가 상당히 결합되어 있다.

1. 예언자 전승

예언의 주제를 가지고 있는 자료들은 매우 복합적이다. 그것은 다음과 같은 내용을 담고 있다.

1. 사무엘의 소년시절(삼상 1-3장)
2. 사무엘과 관련된 예언전승(삼상 7장, 8장, 10:17-27, 12장, 13:8-15, 15장)
3. 나단과 갓(삼하 7장, 12장, 24장)
4. 아히야(벧엘에 살던 하느님의 사람)(왕상 13:1-14:18)
5. 엘리야와 엘리사(왕상 17-22장, 왕하 1-9장, 13:14-21)
6. 예언자의 말씀들(왕하 19-21장)

두 개의 초점이 왕정수립 초기(사무엘상에 나타나는 여덟 장)와 북방 왕국사의 절정기(왕상 17장-왕하 9장 사이의 15개 장)에 집중되고 있다. 이 두 개의 주제는 하나의 큰 책에 비교될 만하다. 따라서 예언

전승은 왕들을 취급하고 있는 책들의 주요 부분을 구성하고 있다.

2. 역사자료에 나타난 왕들

둘째로 주요한 점을 지적할 수 있다. 즉 광범위한 문학편집사와 그리고 간단한 보고와 비망록을 연대기적으로 정리해 둔 것과의 사이의 구별점을 들 수 있다. 전자는 역사기록을 통일성 있는 설화로 제시하고 후자는 단순히 연대기적 형태에 맞추려고 했다.

1. 광범위의 문학편집사: 사무엘 상 · 하에서만 나타난다.
   1. 법궤에 관한 설화(삼상 4-6장; 삼하 6장)
   2. 사울 출현의 역사(삼상 9-14장)
   3. 다윗 출현의 역사(삼상 16장-삼하 5장)
   4. 다윗 왕위의 계승의 역사(삼하 5:9-20; 왕상 1-2장)

2. 연대기 일람: 이것은 솔로몬 이후부터 시작된다. 그 속에서 다음과 같은 문학을 요소를 발견할 수 있다.

(1) 대조연대연표((a synchronistic chronicle)

이 부분은 솔로몬으로부터 히스기야에 이르는 유다와 이스라엘 왕들의 연대를 대조적으로 수록하고 있다. 동시에 그 왕가에 관련되는 주요 사건들의 일부를 간단히 보고하고 있다. 따라서 그것은 이스라엘과 유다의 각 왕들의 통치기간을 대조적으로 말한다는 하나의 원칙을 기초해서 되었다.

(2) 좀더 확대된 "연대기"(annalistic work)에서 온 것 들이 있는데 열왕기의 책들 가운데서 자주 언급된다. 그것은 이 연대를 늘인 것이다. 그러나 그 전체가 보존되어 있지는 않다. 예컨대 솔로몬의 건축활동에 관한 기술은 그것의 한 부분이다.

(3) 각 개개의 왕들에 대한 평가

이것은 신명기 편집자들이 가진 신명기의 원리에 기초하여 하느님의 뜻이 어떻게 하여 왕들에 의해 계속적으로 방해를 받았나 하는 것을 논증하려는 목적을 가지고 있다. 동시에 왕들과 백성의 불복종 때문에 하느님의 진노를 받았던 왕조의 붕괴 다음에 그 이후의 남아 있는 자들을 환기시키려는 의도를 갖고 있다. 만일 그들이 하느님의 뜻에 복종하기만 하면 그 남은 자들에게는 하나의 미래가 약속될 것이다.

3. 역사의 정점들

열왕(列王)에 관한 책들이 가진 중심 원리를 찾으려는 사람은 간혹 그 자료의 방대함 때문에 어려움에 부딪칠 수도 있을 것이다. 그러나 각 부분들이 가지고 있는 중심 원리를 다음과 같이 찾아낼 수 있다. 그 속에는 다음과 같이 각 항이 도달하려는 세 개의 정점이 있다.

1. 다윗과 그 후손에 대한 나단의 약속

처음부터 사무엘상은 사무엘하 7장, 즉 "다윗에 대한 나단의 약속"을 지적하고 있다. 소년 사무엘에 관한 설화의 자리(1-3장)는 실로다. 실로는 법궤가 있던 장소였다. 사무엘상 4-6장에서 시작하는 법궤설화는 사무엘상 6장까지 끝나지 않고 곧장 "나단의 약속"(7장)으로 넘어가서 일종의 삽입절처럼 사울(9-14장)과 다윗(삼상 16장-삼하 5장)의 출현에 관한 두 개의 설화를 끼워넣어 버린다. 여기서 이미 나단의 약속이 이 편집물의 궁극적인 목적이라는 것이 알려지고 있다. 왕권의 기원에 관한 전체의 설화는 다윗 왕가에 대한 신의 서약, 즉 그 왕가는 그 백성을 위한 영원한 하느님의 선물로 계속될 것이라는 서약 안에서 절정에 이른다.

2. 솔로몬의 봉헌기도

간단히 말해서 여기서부터 다윗 왕위의 계승사가 시작된다(삼하 9-20장; 왕상 1-21장). 그 가는 방향의 목적지가 어디인지에 대해 열왕기상 2장 끝에 나타난다. 즉 "그렇게 하여 그 나라는 솔로몬의 손에서 견고해졌느니라." 여기서부터 새롭게 이어지는 솔로몬 설화에는(왕상 3-11장) 그의 통치기간 중 가장 중요한 모습인 "성전건립"에 강조점을 준다. 그래서 그 정점은 "성전봉헌 때 드린 솔로몬의 기도"가 된다(8장). 그의 기도 속에는 성전의 의의에 관한 해설이 들어 있고 전체 국가를 위한 성전 예배와 그 역사에 관한 해설이 들어 있다. 성전은 다윗 왕위(삼하 7장)와 함께 이 설화에서 가장 중요한 요소다. 따라서 여기에 제왕의 역사가 가지고 있는 두 번째의 절정과 중간 부분이 나타났다.

3. 이스라엘의 멸망에 관한 말들

열왕기상 12장에서 시작된 두 왕국의 역사는 그 동반하는 예언설화에서 의의 있는 초점을 가지고 있다. 그러나 그 목적지는 분명히 북왕국의 붕괴와 그 다음 남왕국의 붕괴에 관한 기사이다. 북왕국의 멸망에 관한 기사에서 그 설화자는 이 역사의 난외주(註)와 같은 일종의 중간 부분을 소개하고 왜 그 역사가 그렇게 그 길을 바꾸게 되었는가 하는 것을 설명하고 있다. 여기서 그가 말하고 있는 것은 유다의 멸망에 관해서 꼭 같이 적용된다. 그러나 그와 같은 관찰은 그 기사 속에서 이루어진 것은 아니다. 이와 같이 그 멸망의 의의를 해석하는 설명 속에서(왕하 17:7-23) 왕조 역사의 세 번째 부분이 가고 있는 정점을 발견할 수 있다.

이러한 세 개의 지시점들, (1) 나단의 약속, (2) 솔로몬의 봉헌기도, (3) 북방 이스라엘의 멸망에 관한 말들 등을 통하여서 전체 왕조사의 일반적인 관점을 쉽게 발견해 낼 수 있을 것이다. 이러한 구절들은 역사의 흥망성쇄에 관한 의미있는 해석을 제공해 준다. 이 세

개의 시대구분을 통하여 전체 왕조 역사가 가지고 있는 근본적인 모습이 명백하게 드러났다.

4. 문학적 구성

왕들에 관한 네 권의 책이 가진 구조는 다음과 같다.

예언자 계열	정치와 역사 계열
삼상 1-3	
	삼상 4-6(+삼하 6)
삼상 7, 8, 10, 12	
	삼상 9-11, 13-14
삼상 15	
	삼상 16, 삼하 5
삼하 7	
	삼하 8
	삼하 9-20, 왕상 1-2
	왕상 3-11
	왕상 12
왕상 13:1-14:18	
	왕상 14:19-16:34
왕상 17-19	
왕상 20-22	왕상 20, 22
왕하 1-9	
	왕하 8:16-17:6
왕하 17:7-41	
왕하 19-21	왕하 18-25

왕정의 역사

1. 사무엘, 사울, 다윗(삼상 1장-삼하 5장)

1. 실로의 사무엘(1:1-3:21)

1. 한나의 서약(1:1-18)
2. 사무엘의 출생과 실로의 성소에 드려짐(1:19-28)
3. 한나의 노래(2:1-10)
4. 엘리를 도우는 사무엘, 엘리의 아들들(2:11-26)
5. 하느님의 사람이 엘리에게 재난당할 것을 통지함(2:27-36)
6. 하느님께서 사무엘을 부르심: 엘리를 심판하시는 말씀(3:1-18)
7. 사무엘이 예언자로 세움받음(3:19-21)

(1)

성서에 나타나는 출생설화를 보면 각각 족장사, 민족사, 왕정사의 첫 부분에 등장한다. 즉 이삭의 출생, 모세의 출생, 사무엘의 출생 등이다. 각각 그 설화가 관심하고 있는 것은 기적적인 출생이나 아이의 보호 등이다. 사무엘의 출생도 역시 한 여자가 오랫동안 무자(無子)한 후에 비로소 아이를 얻게 되었다고 말하는 그러한 설화 그룹에 속한다. 이러한 주제는 성서에서 아브라함으로부터 누가복음 1장*에 이르기까지 흐르고 있는 주제이다.

(2)

역사, 예언, 그리고 시편은 이 열왕에 관한 책들의 서두에서 놀라우리만큼 밀접하게 결합되어 있다. 대체로 그것은 처음 두 왕에게 기름을 부은 사무엘을 소개함으로 왕조사를 시작시키는 한 설화에서

* Cf. Claus Westermann, *Gottes Engel brauchen keine Flügel*, Berlin, 1957. pp.95ff.

발견된다. 사무엘은 실로의 제사장이었던 엘리가문의 종말을 선언하였다는 점에서 볼 때 그는 한 시기의 끝에 나타난 사람이었다. 이리하여 그는 후기의 선화(宣禍) 예언자들의 기능을 이행했다. 3장 1-18절에는 예언자의 소명에 관한 암시가 나타난다. 그리하여 여기에는 왕조가 시작되었을 때 예언도 시작되었다는 무언의 암시가 나타나 있다.

이 서론 부분은 동시에 시편의 기본 요소를 포함하고 있다. 즉 한나의 "탄식", 그의 "맹세" 그리고 그의 "찬양" 등이다. 제사장 엘리는 울고 있는 여자를 보고 이렇게 말했다. "평안히 가라. 그러면 이스라엘의 하느님께서 네가 드린 기도를 들어 주실 것이다"(삼상 1:17). 이것은 기도에 대한 제사장의 "응답보증"(Heilzusage)의 가장 대표적인 예다.* 한나의 기도 다음에는 찬양이 따라온다. 그것은 출애굽기 15장에서 구원을 요청하는 백성의 기도 다음에 구원받은 백성의 찬양이 따라온 것과 같다. 그러나 이 경우가 그 경우와 다른 점은 개인의 고난과 개인의 찬양 노래라는 점이다. 이 노래는 시편에서도 발견될 수 있는 노래이다. 이 노래는 하느님의 놀라우신 변혁의 활동을 찬양하는 찬양시이다. "야웨께서는 죽이시기도 하시고 살리시기도 하시도다. 스올로 내리게도 하시고 올리기도 하신다"(2:6).

(3)

엘리에 대한 심판선언은 그의 아들들이 희생제물을 욕되게 했다는데 있었다. 여기에 다음에 오는 공중예배의 타락시기에 중대한 의의를 가지게 된 주제를 생각나게 한다. 이것이 후기 예언자들의 주요 고발점 중의 하나였다.

2. 법궤의 역사(삼상 4-6, 삼하 6장)

1. 불레셋이 아벡에서 이스라엘을 쳐 이김(4:1-11)

* Cf. Westermann, "The Way of the Promise through the OT", in; B.W. Anderson, *The O. T. and Christian Faith*, New York, 1963. pp.200ff.

2. 재난의 소식과 엘리의 죽음. 이가봇의 출생(4:12-22)
3. 불레셋의 다곤 신전에서의 법궤. 법궤가 이성 저성으로 이동(5:1-12)
4. 벧세메스와 기랏여아림으로 돌아감(6:1-21)

(1)

왕이 나기 전의 이스라엘의 외부 환경은 불레셋의 지배 아래 있었다. 사무엘상의 첫 부분(4:1-11)과 마지막 장(31)에는 큰 패배에 관한 기사가 있다. 이러한 위험이 중앙의 최고 권위가 필요하게 된 주요 원인이 되었다. 이 사실이 왕을 요청하는 이유를 설명하고 있다. 이러한 위험은 법궤를 앞세웠는데도 패배를 막아내지 못하였다는 데서 분명해졌다(4:3-11).

(2)

그러나 불레셋인들에게 빼앗긴 법궤는 전쟁의 패배에도 불구하고 그 자체의 능력을 갖고 있었다. 그리고 그것이 불레셋인들 중에 심각한 위험을 몰고 온 원인이 되었다. 여기서 처음으로 하느님은 자기 백성이 심각한 패배를 경험한 때에도 그의 기사를 행사하신다는 주제가 등장한다.

(3)

법궤는 블레셋인들이 자발적으로 돌려보내 주었다. 그러나 그것이 가진 무시무시한 힘은 생명도 창조할 수 있고 죽음도 가져 올 수 있었다. 사무엘하 6장 7절에서는 법궤가 그것을 만진 사람들을 죽였다(비록 그들은 단지 그 법궤가 넘어지지 않도록 붙들은 자들임에도 불구하고). 이러한 법궤 설화에는 만나의 위력에 관한 고대의 신앙의 흔적이 나타나 있다. 이스라엘 시대 오래 전에 있었던 이러한 미신에 의하면 어떤 물건은 생명을 창조하기도 하고 파괴하기도 하는 능력을 갖고 있는 것으로 믿어졌다. 아주 오래된 고대의 종교들 가운데는 이러한 것들이 많이 발견되는데 그것은 결코 이스라엘만이 가진 또는 성서에서만 나타나는 현상은 아니다.

그러나 법궤에 관한 이러한 설화들은 하느님에 대한 구약적 신앙을 아는 데 있어서 의의있고도 근본적인 요소를 가지고 있다. 즉 하느님의 활동은 불가해한 것이다. 하느님은 무엇 때문에 어떤 때는 축복을 베푸시고 또 어떤 때는 죽음을 선언하시는가 하는 것을 인간이 완전히 이해하는 것은 결코 가능하지 않다.

3. 왕정의 기원(삼상 7-12장)

왕정을 찬성하는 기사	왕정을 반대하는 기사
	1. 사사로서의 사무엘의 활동 에벤에셀에서 불레셋이 승리 (7:1-15) 2. 이스라엘이 왕을 요구함(8:1-22)
1. 사울이 왕으로 기름부음 받다 (9:1-10:16) (1) 사울의 아버지의 집 암나귀(9:1-10) (2) 사무엘과 만남 희생제 만찬(9:11-25) (3) 사무엘이 사울에게 기름부음 (9:26-10:1) (4) 표징들, 예언자들 중의 사용 (10:2-13) (5) 기름부음받은 것을 비밀로 함 (10:14-16)	3. 이스라엘이 왕을 세움(10:17-27) (1) 너희가 오늘날 너희 하나님을 버렸다(10:17-19) (2) 제비를 뽑음(10:20-24a) (3) 기뻐함과 배척함(10:24b-27)
2. 사울의 승리와 왕위에 오름 (11:1-15) (1) 야베스길르앗으로부터 온 사자들 (11:1-4) (2) 하느님의 영과 징병(11:5-10) (3) 암몬족을 쳐서 이김(11:11) (4) 사울이 길갈에서 왕위에 오름 (11:12-15)	4. 사무엘의 이별(12:1-25) (1) 사무엘이 자신을 설명함 (12:1-5) (2) 왕에 대한 요구가 사사 시대의 종말을 가져옴(12:6-13) (3) 그들의 잘못을 증명하는 표 (12:14-18) (4) 격려와 경고(12:19-25)

(1)

위에서 지적한 대로 8-12장은 이스라엘 왕조의 시조에 관한 서로 다른 두 개의 기사를 갖고 있음이 분명하다. 그 하나의 주장을 따르면 왕정은 하느님의 선물로서 그 백성에게 주어진 것으로 그들 백성들을 절망적인 고난에서 이끌어내는 데 도움을 주는 것으로 묘사되어 있다. 그러나 다른 하나의 주장에 의하면, 왕권은 신이 승인하는 것이어야 하는 것으로는 인식되어 있으나 백성들 편에서 왕을 요구하는 것은 "큰 악" 또는 "하느님을 부인하는 것"으로 묘사되어 있다. 두 번째 설화는 분명히 후대의 것으로 신명기적 관점에서 씌어졌다. 그 자료들 중의 어떤 것은 분명히 초기의 것이긴 하지만 그 판단 기준은 역사의 쓴 경험을 맛 본 후인 후대의 관점에 근거한 것이다. 통치자의 악에 관한 심판은 신명기의 심판과 상응한다.

그러나 이렇게 서로 모순되는 기사를 통하여 우리는 역사적으로 매우 의의있는 진리 하나를, 즉 이스라엘의 왕권은 이스라엘 전체 역사를 통하여 두 개의 판단 아래에 있다는 것을 발견하게 되는데 이 두 개의 판단은 참으로 이상하게도 왕조의 기원을 묘사하는 두 기사 가운데 나란히 나타나 있음을 볼 수 있다.

(2)

사무엘상 11장은 역사적 사건들의 그 진행과정과 가장 밀접한 장이다. 이 장에서 사울은 카리스마적 지도자들(예, 사사들) 중의 하나인 것으로 묘사되어 있다. 그는 자신의 판단을 기준하여(아마도 블레셋의 위험이 있다는 관점을 가지고) 왕권을 발동했다. 사무엘상 11장 1-11절은 사무엘상 6-7장과 함께 카리스마적 지도자 즉 이스라엘 공동체가 위험에 직면했을 때 하느님의 영력(靈力)을 받아서 군대를 소집하고 위험을 제거한 카리스마적 지도자를 분명하게 묘사하고 있다. 여기서 당한 위험은 암몬인들이 야베스의 성을 포위하였다는 점이었다.

이제는 사울이 왕으로 선언되고 사사의 시기는 끝이 난다(11:11-15).* 사무엘은 그의 연설을 통해서 왕정에 대한 반대 견해를 가진 채 사사의 시대가 끝났음을 분명하게 긍정한다.

(3)

9장 1절-10장 16절에는 이스라엘 초기에서 온 매우 중요한 기사들을 많이 가지고 있다. 사무엘은 제사장으로도 선견자로도 표현되어 있다. 고대에 있었던 희생제 만찬의 형식이 친교의 만찬으로 나타난다. 엘리사 주위에 모인 예언자 집단과 비슷한 예언자 집단이 여기서 처음으로 나타난다.

(4)

8장 10-18절에서 사무엘이 선언한 "왕의 권한"이 요담의 우화와 아주 비슷하다(삼 9장). 즉 거기서 새로운 왕정질서가 부정적인 관점에서 묘사되고 있다. 이것은 문화적 역사적 관점에서 볼 때 매우 의의있는 비평으로 아주 초기 시대에까지 거슬러 올라간다.

(5)

위의 주장은 사무엘이 12장 1-5절에서 자신에 관해서 말하고 있는 기사에 대해서도 옳다. 그것은 자기의 사사 직무를 공적으로 폐기선언한 것이며 그것은 계약의 책과 신명기에 있는 율법의 깊은 사회적 의식과 상응한다.

4. 사울의 왕권(삼상 13-31)
   1. 불레셋 전쟁(13:1-14:52)
      1. 모병(募兵)과 분산(13:1-7)
      2. 사무엘이 처음으로 반대선언(서두른 제사)(13:8-15a)

---

* 왕위에 대해 반대하는 무리는 여기서도 나타난다(11:12-13).

3. 군대가 믹마스 가까이에 진침(13:15b-22)
(이스라엘 땅에는 칼 만드는 철공이 없었다. 19-22절)
4. 요나단의 영웅적 행동(14:1-15)
5. 에브라임 산지에서 승리(14:16-23, 31)
6. 금식 명령(14:24-30)
7. 약탈물과 희생제(14:32-35)
8. 추격, 요나단이 금식 명령을 깨뜨림(14:36-46)
9.) 결론: 사울의 군사상의 공적, 사울의 가족(14:47-52)

2. 사무엘이 두 번째 사울을 배척(15:1-35)
3. 악령이 사울을 괴롭히다. 다윗이 수금을 연주(16:14-23)
4. 다윗이 사울의 라이벌이 되다. 다윗이 사울의 딸을 획득 (18:1-30)
5. 사울이 다윗을 핍박함(19:1-27:12)
6. 사울과 엔돌의 점쟁이(28:1-25)
7. 길보아 산위에서 사울이 죽음(31:1-13)

(1)

사울의 등장에 관한 기사는 삼상 14장까지 계속된다. 이 부분은 불레셋 군에 대한 그의 첫 승리에 관한 분명한 묘사를 포함하고 있다(13-14장). 그 첫 승리에는 요나단이 적극적으로 참여한 승리였다. 전략적으로 중요한 순간에 그는 훨씬 우세한 불레셋 군대의 진으로 급습하여 전쟁의 기선을 잡았다. 13장 19-22절은 이 승리가 얼마나 의의가 있었는가 하는 것을 말해 준다. 불레셋인들은 철 시장*을 가지고 있다는 점에서 이스라엘보다 우세하다는 것을 주장했다. 그런고로 기술적으로 우세한 원수와 싸울 수밖에 없었다.

* 이것이 근동의 철기시대의 시작이었다.

(2)

14장 47-52절에 나타난 사울설화는 그의 통치를 적극적인 태도로 평가하는 간단한 요약으로 끝을 맺는다. "그는 용맹있게…하였고 이스라엘을 약탈자의 손에서 건졌도다"(48절). 그러나 16장과 그 다음에 나오는 사울에 관한 언급은 다윗 등장 설화의 한 부분이며 사울에 관해서는 과정상 부정적인 관점을 가지고 있다.

14장 47-52절에 간단히 요약된 것에 의하면 사울에 관한 더 적극적인 전승이 한때 존재했었다는 것을 말해 주는데 아주 단편적인 것들만 남아 있다. 사무엘로부터 배척을 받게 하였던 행위들 조차도(13:8-15; 15:1-35) 야웨와 그의 백성들을 섬기려는 목적으로 행해졌다고 말하고 있다. 그러나 사울에 관해서 전승된 것은 아직도 비극적인 것으로 둘러싸여 있음을 지시해 주고 있다. 다윗과의 투쟁도 역시 비극적이다. 다윗 등용에 관한 설화들 조차도 이것을 보여 준다. 사울 생애의 마지막(28장과 31장)은 이스라엘 역사상 가장 충격적인 순간들에 속한다.

5. 다윗의 등용(삼상 16-31장; 삼하 1-5장)

1. 제1부: 사울 궁전에서 다윗(16:1-20:42)

1. 사무엘이 다윗에게 왕을 삼기 위하여 기름을 부음(16:1-13)
2. 다윗이 젊은이로서 사울의 궁전에 오다(16:14-23)
3. 다윗과 골리앗(17:1-58)
4. 다윗이 요나단과 계약, 사울의 라이벌(18:1-16)
5. 다윗이 사울의 딸, 미갈을 취함(18:17-30)
6. 요나단이 사울과 다윗을 화해시킴(19:1-7)
7. 다윗의 도망과 사무엘과 함께 거함(19:8-24)
8. 다윗의 마지막 도피, 요나단의 우정(20:1-42)

2. 제2부: 추방된 자로서의 다윗(21:1-31:13)

1. 놉에 있는 아히멜렉과 함께 한 다윗, 골리앗의 칼(21:1-10)
2. 가드 왕 아기스와 함께(21:11-16)
3. 아둘람 동굴에 자원병을 모집하여 자기 길을 계속함(22:1-5)
4. 사울이 놉 제사장들에게 복수함, 아비아달이 다윗에게로 도망(22:6-23)
5. 다윗이 그일라를 블레셋으로부터 건짐(23:1-6)
6. 십 광야로 도망, 하나님께 물음(23:7-14)
7. 요나단의 방문(23:15-18)
8. 십 사람들이 다윗을 내어 주려함, 그는 계속해서 도망(23:19-28)
9. 다윗이 엔게디에서 사울을 살려줌(24:1-22)
10. 사무엘이 죽음, 나발과 아비가일(25:1-44)
11. 다윗이 십 광야에서 사울을 살려줌(26:1-25)
12. 다윗이 가드 왕 아기스와 함께 거함(27:1-12)
13. 다윗이 블레셋 군대로부터 해고당함(29:1-11)
14. 다윗이 시글락을 노략한 자들에게 복수함(30:1-31)
15. 사울의 마지막(28, 31)
    (1) 사울이 엔돌의 신접한 여인(무당)을 방문(28:1-25)
    (2) 길보아 산의 전투, 사울과 그의 아들들이 죽음(31:1-13)

3. 제 3부: 다윗이 헤브론 왕이 되다(삼하 1-5장)

1. 사울과 그의 아들의 죽음에 관한 보고(1:1-16)
2. 다윗이 사울과 요나단을 애도함(1:17-27)
3. 다윗이 헤브론에서 유다의 왕으로 칭함(2:1-7)
4. 다윗과 에스바알*과의 싸움(2:8-32)

---

* 저자는 여기서 이스보셋의 원명을 쓰고 있다(대상 8:33; 9:39). 바알과 관련시킨 이름

5. 아브넬이 다윗에게로 왔다가 요압에게 살해됨(3:6-39)
6. 에스바알이 암살당하다. 다윗이 그 암살자들을 죽이다 (4:1-12)
7. 다윗이 이스라엘 지파들을 다스리는 왕이 되다(5:1-5)
8. 다윗은 예루살렘을 탈취하여 그의 거주지로 정하다(5:6-12)
9. 다윗의 아들들(5:13-16)
10. 불레셋 사람들을 쳐서 이김(5:17-25)

다윗의 왕위등극에 대한 묘사에서 구약에 기술된 역사의 그 절정을 볼 수 있다. 그러나 그의 높음을 그의 깊음으로부터 볼 수 있을 때만 그것이 절정임을 덧붙여야 할 것이다. 다윗의 즉위에서만 비로소 족장시대로부터 계속하여 기다려 온 이스라엘의 모습을 볼 수 있다. 다윗 이후 수세기 동안도 그것은 기다림의 대상이 되었다.

이러한 등극에는 아무런 방해도 받는 바 없었다. 그는 놀라운 능력을 발휘하여 계속해서 찾아드는 위협들을 영웅적으로 극복해버렸다. 놀라운 민첩성을 발휘하여 그는 가장 곤궁한 처지에 있으면서도 통솔력을 가지는 방법을 알았고 원수들조차도 친구로 만드는 방법을 알았다. 그의 능력과 민첩성 뿐만 아니라 그보다 더한 것이 있었다. 왜냐하면 다윗은 놀라울 정도로 행운을 가진 자였다. 때에 맞추어 가장 운이 좋은 일들이 발생하였다. 그의 능력, 그의 영민함, 그의 행운 등이 그가 받은 축복이었다. 이 왕이야말로 하느님께서 그의 민족에게 주신 놀라운 선물이었다고 본다. 그 이 안에서 이스라엘은 큰 명성을 얻고 번영을 누렸다. 그러한 영화의 시대가 다시는 오지 않았다.

사무엘상 16장으로부터 사무엘하 5장에 이르는 이 기사는 너무도 간명하고 직접적이고 분명해서 특별한 성서적 해석이 필요치 않다.

들은 초기왕국 시대에 일반화되었다. 바알 예배에 대한 공격 때문에(cf. 호 2:16) 후대에는 바알이라는 이름을 쓰기를 주저했고 "보셋"(수치)이라는 이름으로 대치시켰다. 이스보셋=수치의 사람, 에스바알=바알의 사람 또는 바알이 존재한다는 뜻.

위에 제시한 설명만으로도 충분하다. 설명 없이 읽어 나가는 데 어떠한 어려움도 느끼지 않을 것이다.

어떤 것을 좀더 덧 붙이고 싶으면 그 설화 전체를 처음부터 끝까지 노트에 기록해도 좋을 것이다. 그럴 때 그는 아마도 그에 대해서 아주 친숙해지게 될 것이고 그러므로 해서 그는 그 다윗 왕이 이스라엘 왕권의 모형이며 구원을 가져 오실 미래의 왕의 한 상징임을 깨닫게 될 것이다.

후대 역사를 이해하기 위하여 이 설화 안에 나타난 다윗 왕권은 복합적인 것이라는 것을 지적할 필요가 있다. 2장 1-7절에서는 유다 지파가 그 주요 지파로 되어 있는 남방의 몇 지파들이 다윗을 그들의 왕으로 옹립한 것으로 되어 있다. 이리하여 그는 본질상, 그리고 원래는 남쪽의 몇 지파의 왕이었고 후에 남왕국 유다의 왕이 되었던 것이다. 사무엘하 5장 1-5절에서는 사울과 에스바알이 죽은 후 북쪽 지파들이 그에게 북왕국의 왕권을 맡겼다고 되어 있다. 그러나 이것은 어떤 환경에 가서는 다시 해체될 수 있는 한 계약을 기초로 하고 이루어졌다. 이리하여 다윗은 인격적인 합의를 기초로 하고 "이스라엘 왕"이 되었던 것이다. 그밖에 거기엔 다윗이 예루살렘을 정벌함으로 생겨난 또 하나의 제3의 통치권이 생겨났다(5:6-12). 예루살렘은 본래 가나안인의 도시로서 여부스 사람들이 살았던 성이었다. 그 성은 그의 개인 소유물, 즉 "다윗성"이 되었고, 그는 예루살렘의 왕이 되었다. 예루살렘이 남왕국과 북왕국의 경계선에 위치하고 있기 때문에 도읍지로서는 안성맞춤이었다. 이러한 관점에서 그 성이 후일에 가지게 된 의의를 이해할 수 있다.

2. 다윗의 왕위 계승(삼하 6장-왕상 2장)

여기에도 포괄적인 기사가 나타난다. 그 결론부에는 "그와 같이 해서 그 왕국은 솔로몬의 손에서 확고해졌다"(왕상 2:46b)라는 선언이 분명하게 나타난다. 그 저자는 다윗의 왕위 계승에 관해서 어떻게 이런 일이 그의 역사 안에서 일어났는가를 말해 주고 있다. 궁정에 있던 어떤 사람이 직접 그 사건들 가운데 참여하여 그 사건들을 목도한 목격자였음이 분명하다. 그렇지 않고서는 어느 친구도 그렇게 많은 세세한 일들을 알고 그것을 설명할 수가 없었을 것이다. 이 사람이 현저히 가치있는 순수한 역사설화를 산출해 냈을 것이다.*

이 설화는 법궤설화의 마지막 부분과 함께 시작한다(삼상 4-6장; 삼하 6장). 다윗이 법궤를 도로 찾았을 때 그 법궤를 운반하는 의식이 엄숙하게 진행되는 가운데 왕은 그 법궤 앞에서 춤을 추었다. 여기서 설화자는 실제로는 법궤설화에 속하는 하나의 조그만 삽화를 삽입해 넣었던 것이다. 사울의 딸이요 다윗의 아내였던 미갈이 그가 춤추는 것을 비웃었다. 따라서 여기에 "사울의 딸, 미갈은 죽기까지 아이가 없었다"(삼하 6:23)는 언급이 포함되어 들어 왔다. 그녀는 분명히 상속자의 어머니가 되었어야 했다. 그러나 이제는 누가 왕위를 이을 자가 될 것인가? 바로 이점이 상속자의 어머니에 관한 어두운 그림자의 시작이다. 이제는 누가 나단이 다윗의 가문과 그의 왕권을 위해 말한 약속에 빛을 던져 줄 것인가?(삼하 7장) 이와 함께 그 주제는 열왕기상 2장 끝에 나타나는, 위에 제시된 질문에 대답이 주어질 때까지 계속된다.

1. 왜 미갈은 무자(無子)하였는가?(삼하 6장)
2. 나단의 약속(7:1-29)
3. 간략한 기사: 다윗의 전쟁과 그의 막료들(8:1-18)

---

* 두 개의 중요한 논문이 이러한 문학적 자료를 취급하고 있다. ① L. Rost, "Die Überlieferung von der Thronnachfolge", *Beittäge zur Wissenschaft von Alten und Neuen Testament*, III, 6, Stuttgart 1926. ② G. von Rad, "The Biginnings of Historical Writing in Ancient Israel", In; *The Problem of the Pentateuch and Other Eassays*, Edinburgh and London, 1966, pp.166-204.

4. 다윗이 므립바알*을 받아 들이다(9:1-13)
5. 암몬인의 전쟁에 관한 설화(10:1-19; 12:26-31)
6. 다윗의 간음과 나단의 책망(11:1-12:25)
7. 암논의 범행, 압살롬의 복수와 도망(13:1-39)
8. 요압이 압살롬을 위하여 다윗에게 진정하다(14:1-33)
9. 압살롬의 반역과 다윗의 피신(15:1-37)
10. 친구와 원수(시바와 시므이)(16:1-14)
11. 두 사람의 모략가(16:15-17:14)
12. 다윗이 그의 아들로부터 도망(17:15-29)
13. 압살롬의 패배와 죽음(18:1-33)
14. 다윗의 근심과 불행이 다시 나타남(19:1-43)
15. 시바의 반역(20:1-26)
16. 솔로몬이 어떻게 왕이 되었나(왕상 1:1-2:46)

이 부분의 중심부에는 다윗이 암몬인과의 전쟁 중에 그의 군장 우리아와 우리아의 아내에게 범죄한 사실에 대한 기사가 있다(삼하 10-20장). 이 설화의 절정은 나단이 다윗에게 한 말 "당신이 그 사람이요"라는 말에서 발견할 수 있다. 이 기사 앞에는 위에서 언급한 법궤 설화(6장)와 나단의 약속(7장)에서부터 온 구절이 나온다.

그 다음에는 다윗의 전쟁과 그의 막료에 관한 짧은 기사가 따라 온다. 그것은 왕위계승에 관한 역사와는 근본적인 연결점이 없다. 오히려 거기에는 다윗의 등용에 관한 주제를 들려주는 하나의 설화가 나타나고 있음을 볼 수 있다. 사울 왕가에 속한 사람이 아직 한 사람 남아 있는데 요나단의 아들로 절름발이였다. 다윗은 그를 궁정으로 불러들였는데 그것은 그가 한 때 말한 약속을 준수하기 위함이었다(9장).

다음에 오는 중요 사건은(10-12장) 압살롬의 반역을 취급하는 장

* 므립바알=바알의 영웅, 또는 바알이 사랑하는 자. 그는 므비보셋의 원명=수치의 입으로부터(대상 8:34; 9:40 참조).

(13-19장)에 포함되어 있다. 그 이후의 다윗 통치기간에 있었던 반역 사건이 하나 더 나타난다(20장). 그 다음, 아직도 다윗이 살아 있는 동안에 있었던 왕위 쟁탈전이 수록되어 있다(왕하 1-2장). 그의 생의 후기에는 찬란했던 그의 등극 같은 것을 더 이상 볼 수 없다.

밧세바의 아들인 솔로몬이 이러한 쟁탈전에서 승리자로 나타났다. 솔로몬은 그 통치권을 확고하게 붙잡았다. 이 설화의 처음에 나타나는 물음, "누가 다윗의 위에 앉을 것인가?"라는 물음에 하나의 대답을 갖고 있기는 하지만 그 대답은 다윗 왕위 계승 설화가 실제로 말해야 하는 바를 지시해 주지는 않고 있다. 그것은 전혀 말로 대답되지 않고 충격적인 방법으로 표현되고 있는데, 즉 말하지 않고 있는 것이 얼마나 중요한가 하는 것을 극히 드문 기교로 지시해 주고 있다.

다윗은 그가 나단으로부터 하느님의 이름으로 그의 집이 영구하리라는 보증을 받을 때 그의 통치의 절정에 있었다(삼하 7장). 그러나 그 왕은 이 약속과 함께 주어진 그 안전을 유지할 수 없었다. 그리하여 그를 섬기던 자 중의 한 사람의 집을 멸하고 말았던 것이다. 그가 범죄했을 때 그를 책망했던 예언자 나단의 입을 통하여 들려 온 신의 말씀에 순종했다는 것은 이 왕이 진실로 하느님과 씨름하고 있는 자라는 것을 다윗에 관한 그 어떠한 설명보다 더 분명하게 말해 주고 있다.

이제 그는 자기 집안에서 무슨 일이 일어나든지 그것에 순응해야 했다. 한 아들이 또 한 아들의 뒤를 이어서 범죄함으로 그의 생을 뒤흔들어 놓는다. 암논은 그의 이복 누이에게 연정을 품는다. 그의 형 압살롬이 그에게 복수를 한다. 이리하여 이와 같은 충격적인 드라마가 배신, 증오, 미약한 애정 등으로 시작된다(13-19장). 마침내 압살롬은 죽고 다윗은 찢어지는 듯한 마음 아픔을 느낀다. 왕위를 위한 최후 투쟁은 또 하나의 형제인 아도니야를 죽이는 결과를 가져왔고 (왕상 2:13-25) 그리고 더 많은 피를 흘리는 결과를 가져왔다.

이러한 드라마의 마지막에서 독자에게 준 메시지는 다윗에게 주어진 높은 약속과(삼하 7장) 그리고 높임을 받은 그 왕이 그의 일생에 겪은 범죄와 고뇌 사이를 대조하게 해 준다. 그 메시지는 이 드라마로부터 역사의 주이신 주의 주권을 지적하고 있다. 다윗의 등극에 관한 설화가 밝고 아름다운 메시아적 희망을 마련해 주었다면 그의 왕위 계승에 관한 설화는 그러한 기대에 완전한 변화의 꿈을 덧붙여 주었다.

보충자료(삼하 8장; 21-24장)

다윗 왕위계승의 역사가 그의 통치역사를 완전하게 설명해 주지는 못할 것이다. 8장, 21장, 22장에 수록된 간단한 보고들은 이 기간에 관한 많은 사실들 더욱이 그가 북으로 다메섹에서, 남으로 애굽의 근역에까지, 지중해로부터 아라비아 사막까지에 이르는 왕국을 수립한 전쟁들이 있었음을 나타내 주고 있다. 이 전쟁들의 많은 부분에 관한 간략한 지시가 우리에게 보존되어 있다.

8장 1-15절에는 왕위계승의 전체 역사에서 보다는 정치적인 면에서 더 중요한 사건들이 들어 있다. 8장, 21장, 23장 들은 거기에 한때 다윗의 군사 정벌에 관한 풍부한 전승이 있었던 것을 지시해 준다. 사울의 그늘이 사울의 후손에 대한 기브온 사람들의 복수에 관한 무시무시한 설화 속에서 갑자기 나타난다(21:1-4).

24장은 우리가 이해하기 곤란한 또 하나의 예언자적 사건에 관해서 말하고 있다. 그 사건은 다윗이 금지 명령을 받았던 인구조사로 말미암아 일어났는데 그것 때문에 그가 이 형벌을 받게 되었다. 그러나 그 온역은 후일 성전이 세워졌던 아라우나의 타작마당에 제단을 세움으로 그쳤다.

3. 솔로몬의 왕권(왕상 3-11장)

솔로몬의 통치를 일관성 있게 설명해 주는 "솔로몬의 행장"(왕상

11:41)이라는 것이 한때 있었던 것 같다. 그러나 거기서 뽑아낸 지극히 제한된 자료가 성서에 보존되어 있다. 우리는 솔로몬에 관해서는 조금밖에 모른다.

1. 성전을 건축한 솔로몬(왕상 3:1-15; 5장; 6:1-9:9)
   1. 서론(3:1-15)
      1. 솔로몬이 바로의 딸과 결혼하다(3:1)
      2. 당시까지 계속된 높은 지대에서 드렸던 희생예배(3:2-3)
      3. 기브온에서 신이 현현, 왕의 요구(3:4-15)
   2. 성전건축을 위한 준비, 히람과 조약(5:1-18)
   3. 성전건축(6:1-38)
   4. 궁정 건물들(7:1-12)
   5. 성전 장비(7:13-51)
   6. 성전 헌당(8:1-66)
      1. 법궤를 성전으로 모심(8:1-9)
      2. 주의 영광이 성전을 채움, 솔로몬의 성전 연설(그가 캄캄한 곳에 계셨도다)(8:10-13)
      3. 솔로몬이 회중을 축복하고 성전건축의 이유를 말함(8:14-21)
      4. 솔로몬의 기도와 축복(8:22-53)
      5. 요약(8:54-61)
      6. 헌당 희생제(8:62-66)
   7. 두 번째 신 현현—약속과 경고(9:1-9)

2. 유명한 왕 솔로몬(왕상 3:16-4:34; 9:10-10:29)
   1. 솔로몬의 통치, 막료, 궁정, 왕국의 크기(4:1-28)
   2. 솔로몬의 지혜(잠언)(4:29-34)
   3. 솔로몬의 재판(3:16-28)

4. 솔로몬의 행정, 무역, 통상(9:10-28)
5. 시바의 여왕(10:1-13)
6. 솔로몬의 부(10:14-29)

3. 솔로몬에게 항거한 자들(왕상 11장)

1. 솔로몬의 외국 아내들과 그들의 예배(11:1-13)
2. 에돔의 하닷과 다메섹의 르손(11:14-25)
3. 여로보암(11:26-40)
4. 솔로몬의 통치의 길이와 그의 죽음(11:41-43)

6-8장은 솔로몬에 관한 항목 중에서 가장 중심되는 부분인데 성전건축을 취급하고 있다(왕상 3-11장). 그것이 저자에게 얼마나 중요하게 생각되었느냐 하는 것은 그가 궁전건축에 관한 기사들을 아주 간단하게만 취급하고 있다는 점에서 분명하게 볼 수 있다(7:1-12). 그러나 이것이 그 크기의 비례를 나타내는 것은 아니다. 왜냐하면 성전이란 궁전건물의 한 부분 즉 궁중예배소와 같은 것에 불과했기 때문이다. 단지 가지고 있는 의의 때문에 후대에 와서 성전이 그와 같이 강조되었다.

성전건축은 그 계획, 건립, 장식, 헌당과 함께 3-11장에서 계속 나타나는 유일한 주요 항목이다. 그 기사의 처음과 마지막에서는 하느님이 자신을 솔로몬에게 계시하시는 것이 특별히 강조되고 있다. 희생제를 드리는 날 밤에 하느님이 꿈에 솔로몬에게 나타나서 소원이 있으면 들어주겠다고 제의했다(3:4-15). 왕은 부와 권력을 요구하지 아니하고 "이해하는 마음"*을 요구하였다. 이와 함께 솔로몬의 지혜가 강조되기 시작한다. 그의 기도에 대한 응답에서 솔로몬은 경고와 약속으로 구성된 대답을 들었다(9:1-9). 하느님은 자기 이름을 이 집에 거하게 하시겠다고 약속했다.

* 지혜로운 마음

한 개의 개인 설화집이 솔로몬의 위대함과 지혜를 취급하고 있다는 이유로 성전건축에 관한 설화 앞 뒤에 총괄적으로 나타나 있다.

1. 4장에는 그의 막료의 목록이 나타난다. 5장 1-8절은 그의 왕국과 그의 왕통의 길이(수명)을 취급하고 있다. 9장 10-28절은 그의 건축계획과 아직도 남아 있는 가나안인들의 강제노동을 취급하고 있다. 이 구절은 무역과 항해술, 행정 그리고 상업에 관하여 취급하고 있다. 10장 14-29절은 그의 부에 관하여 말하고 있다.

2. 솔로몬의 지혜가 다른 왕에게서는 그 유례를 찾을 수 없을 정도로 높은 칭찬을 받고 있다. 그는 하느님에게 복종하는 마음과 이해력 있는 마음(지혜로운 마음)을 요구했다(3:4-15). 어떠한 어려운 경우에도 그는 지혜로운 판단을 내렸다(3:16-28). "하느님은 솔로몬에게 지혜와 총명을 많이 주셨다"(4:29). 그는 동양의 현자들보다 더 지혜로웠다(4:30-31). 그의 궁정에서 지혜문학이 양육되었다. 그는 식물과 동물에 관한 잠언들을 편집했다(4:32-33). 그리하여 사람들이 먼 곳에서부터 와서 그의 지혜를 배웠다(4:34). 10장 1-13절에는 시바의 여왕의 방문에 관한 기사가 나온다.

그러나 솔로몬에 관한 부분은 다가오는 재난에 대한 예고로 끝난다(11장). 즉 내부의 원수(여로보암)와 외부의 원수(에돔의 하닷, 다메섹의 르신)였다. 그 이유는 이교의 제단을 세웠다는 데 있다. 즉 솔로몬이 그의 아내들을 위하여 예루살렘 인근의 높은 지대에 이교제단을 건립하였다는 데 있다. 그러나 이것은 아마도 그 왕국이 솔로몬 치하에서 변형된 징후라 하겠다.

그 왕국은 이제 그 권세와 호화로움 때문에 외국인들로 들끓었고 이방 왕국들이 가진 위험한 길을 닮아가고 있었다. 평화는 단지 솔로몬의 생존 기간 동안에 유지되었고(5:4-5) 이미 검은 구름이 나타나고 있었다.

4. 분열왕국의 역사(왕상 12장-왕하 17장)

이 부분은 북쪽 지파들이 남쪽 지파들로부터 철수하여 북방 이스라엘의 왕국을 수립하는 데서 시작한다(왕상 12장). 그리고 북방 이스라엘의 멸망과 그리고 이 기간을 결론지어 주는 역사가의 메시지로 끝이 나고 있다(왕하 17장).

아마도 여기서는 열왕기서가 제시한 가장 중요한 문제 즉 왕들에게 속한 문제와 예언자들에게 속한 문제—즉 두 개의 방향을 따라—를 강조할 수 있다.

1. 제왕들

솔로몬 수하의 노역 감독관 여로보암(왕상 11:26-40)이 유다로부터의 분립을 주장하고 역모를 꾀하였다. 왜냐하면 르호보암은 나이 어린 자들의 충고를 따라 북쪽 지파들의 정당한 요구를 들어 주지 않았기 때문이다. 오히려 르호보암은 그 대신에 그들에게 더 무거운 짐을 지워버렸다(12:14). 마침내 여로보암은 북왕국의 통치자가 되고 그의 도읍지를 세겜으로 정하였다. 그리고는 금송아지를 벧엘과 단에 모셨다. 아마도 이것은 우상을 만들려고 하였던 것은 아니었다. 오히려 "보이지 않으시는 야웨"를 태우고 있는 짐승으로서 나타내려 하였던 것이다. 이리하여 여로보암은 이스라엘의 하느님, 야웨를 섬기려 하였던 것이다. 그러나 후대에 와서는 이스라엘에게 금지된 우상숭배로 보여지게 되었다. 이 역사를 기록한 사람은 그가 열왕기하 17장 7-23절의 결론부에서 선포하고 있는 대로 이 길은 마땅히 파멸되어야 할 것으로 보았다.

이제 남북 왕조의 왕들의 명단이 나타난다. 그 구성 방법은 한 왕의 주위를 다른 왕의 통치 햇수에 그 연대를 맞추어 가는 방법을 따라 피차 그 연대를 맞추려고 하였다. 그러나 이 연대는 실제와는 상당히 다르다(통치 기간은 어느 편에서 볼 때도 종합해 보면 맞지 않는다). 남북 왕조 모두 그 왕통 계승은 대체로 보존해 두었다. 동시에 그들 중 존경받은 왕들은 그들이 공중예배에 대하여 취한 태도 때문에만 높이 평가되었다. 단지 유다의 몇 왕들만 적극적인 평가를 받고 있다.

남북 왕조 사이의 가장 의의있는 차이점은 북왕국의 왕가가 급격히 교체되고 있다는 점을 들 수 있다. 결과적으로 북왕국 이스라엘은 계속적인 왕조의 조직을 수립하지 못하였다. 그러나 유다에서는 다윗 왕조가 많은 혁명적 소용돌이 속에서도 그 국가의 종말 때까지 손상을 입지 않고 계속 되었다.

여로보암 이후 북쪽에는 오므리라는 이름을 가진 중요한 왕이 나타났다. 그는 사마리아를 수도로 세웠다(왕상 16:15-28). 그는 그의 아들 아합에게 왕위를 물려 주었는데 아합은 주로 엘리야 설화를 통해서 우리에게 소개되었기 때문에 아주 부정적인 면으로 묘사되었다. 그러나 역사적인 면에서 볼 때 아합은 매우 중요한 왕이었다. 그는 우상숭배자는 아니었다. 오히려 그는 야웨숭배자가 되려고 했던 자였다. 두로의 여왕 이세벨은 그의 왕후가 되었다. 이 당시 이스라엘의 가장 경계한 적대국은 아람(수리아)이었다. 그 나라와의 심각한 투쟁이 자주 일어났었다(왕상 20장, 22장).

그 다음으로 지적할 만한 의의있는 사건은 예후의 구데타였다(왕하 9-10장). 그 구데타는 야웨의 이름을 내건 유혈혁명으로 아합의 전 가족이 진멸되었다. 그 다음 이 왕조기간 내에 또 하나의 번영기가 이스라엘을 찾아 왔다. 즉 여로보암 3세가 통치하던 시대다(왕하 14:23ff.). 그는 옛 국경을 회복할 수가 있었다. 그러나 이 번영은 단순히 외형적인 것이었다. 왜냐하면 그 왕조는 갑자기 쇠퇴하고 말았기 때문이다. 앗수르의 공격이 그 왕조를 약화시켜 갔고 마침내 그 왕조의 마지막 왕인 호세아 왕 때 북이스라엘이 멸망하게 되었다(왕하 17장).

이 기간 동안의 남왕국 유다와 그 왕들에 관해서 지극히 적게만 보도되었다. 처음엔 유다 왕들이 이스라엘을 쳐서 그들의 옛 권세를 다시 얻으려고 했다. 그러나 이러한 시도들은 실패하고 말았다. 그 다음 유다 왕 여호사밧은 이스라엘 왕 아합의 동맹자로 나타났고(왕하 22장), 그 다음 이스라엘의 여호람은 유다의 아하시야의 동맹자로 나타났다. 여호람과 아하시야는 예후혁명 때 암살당하였다(왕하 9장).

그러자 아하시야의 어머니가 왕위를 빼앗아 왕가를 제거해버렸다. 그러나 아하시야의 외동 아들 여호아스는 난을 면하였다. 그가 일곱 살이 되었을 때 그는 제사장 여호야다에 의하여 왕위에 올랐다(왕하 11장). 그의 개혁과 성전회복의 계획에 관한 보도가 나와 있다(왕하 12장). 그는 아람사람들에게 조공을 바쳤다. 앗수르인들이 팔레스틴을 위협했을 때 수리아와 이스라엘은 유다로 하여금 반앗수르 연맹에 가담하도록 하기 위하여 싸움을 걸었다(왕하 16장, 17장). 이것이 B.C. 735-34에 있었던 아람-이스라엘 전쟁이었다. 그때 이사야는 유다왕 아하스에게로 왔다(사 7장). 그리고 그에게 예루살렘이 뺏기지 않을 것이라고 일러 주었다.

2. 예언자들

1. 벧엘의 하느님의 사람 아히야, 그리고 예후(왕상 13:1-14:18)

12장 21-24절에는 이미 르호보암에게 이스라엘과 싸우지 말라고 한 하느님의 사람에 관한 설화가 나온다. 13장은 임박한 운명에 처한 벧엘 제단을 향하여 메시지를 전한 유다의 하느님의 사람에 관하여 말하고 있다. 14장 1-18절은 실로의 아히야가 여로보암에게 선언한 멸망의 운명에 관한 메시지를 말하고 있다. 16장 1-4절은 이스라엘 왕 바아사에게 말한 예후의 심판 메시지를 취급하고 있다.

2. 엘리야와 엘리사(왕상 17장-왕하 9장)

여기 나타난 예언자 설화들은 만일 그 예언자들이 당시의 정치사 및 왕정사와 긴밀한 관련을 갖고 있다는 사실만 아니라면 열왕기의 구조와는 맞지 않았을 것이다. 이 예언자 집단의 설화를 면밀히 검토한 자들은 아마도 처음부터 엘리야와 엘리사를 후기 문서 예언자들과 동등한 자리에 들 수 없음을 분명하게 알 수 있을 것이다.

이러한 예언자들이 역사적인 관점에서 볼 때 무엇과 같은지를 상상한다는 것은 불가능하다. 그들에 관한 많은 보고들은 언제나 이상하고 모호한 것으로 남아 있다. 두 개의 설화그룹들 즉 열왕기상 17-19장(21장도 함께)과 열왕기하 1-9장은 첫째 그룹이 예후와 하사엘에게 기름을 부어 왕을 삼으라 한 말로 끝나고(왕상 19:9-18), 둘째 그룹은 이러한 말의 성취로 끝이 난다(왕하 8:7-15; 9:1-15)는 점에서 서로 상응한다. 엘리사의 소명은 둘 사이를 연결하는 고리 역할을 한다(왕상 19:19-21; 왕하 2장).

(1) 엘리야 설화(왕상 17-19장, 21장)

1. 엘리야가 아합에게 심판을 선언하고 도망하다(17:1-6)
2. 사르밧의 과부(17:7-24)(떡 그릇과 기름 병-14절)
3. 엘리야가 아합을 만남(18:1-20)
4. 갈멜산 위의 신의 판단(18:21-40)
5. 비가 오다(18:41-46)
6. 이세벨로부터 도망(19:1-8)
7. 호렙산의 신 현현(19:9-14)
8. 새로운 위탁: 하사엘과 예후에게 기름을 부으라(19:15-18)(7천명-18절)
9. 엘리사의 소명(19:19-21)
10. 나봇의 포도원(21:1-29)

17장은 가뭄을 선포함으로 시작한다. 18장은 끝에는 다음과 같은 말이 있다: "큰 비가 내렸다"(18:45). 대체로 무위도식은 후기 문서 예언자들보다 엘리야-엘리사 설화에서 훨씬 더 큰 역할을 하고 있다.

사르밧의 과부들 도와 주어 그녀를 기아에서 건져내고(17:7-16) 그녀의 아들을 소생시켜 주는(17:17-24) 등의 엘리야의 활동은 하느님의 사람이 일반 민중의 생활에 얼마나 영향을 끼치고 있는가를 논증하고 있다. 그것은 또한 예수의 설화를 생각나게 한다.

다른 설화 그룹은 중요한 정치적 문제에 개입된 엘리사의 모습을 보여 준다. 전 국가의 운명을 건 갈멜산 대결(18:20-40), 이세벨로부터의 도망(19:1-8), 직접적인 정치적 행동을 요구한 신의 명령(19:9-18) 등을 이 설화 그룹에서 보여 준다.

엘리야가 후기 문서 예언자들과 닮은 점은 나봇의 포도밭 설화에서이다(21장). 아모스는 엘리야가 여기서 아합을 책망하는 것(21:19)과 꼭같은 방법으로 심판의 말씀을 선언할 수 있었을 것이다.

엘리야-엘리사 설화의 제2부 앞에 아람전쟁에 관한 설화가 소개되고 있다(왕상 20장; 22장). 여기에는 다른 예언자들이 나타난다. 그들 다른 예언자들은 20장 13-14, 28절에서 길한 예언을 한다. 22장은 특별히 재난을 예언한 심판의 예언자(이믈라의 아들 미가야)만이 어떻게 길한 것을 말하는 모든 예언자들에게 반대 의사를 나타내었는가 하는 것을 인상깊게 논증하고 있다. 그가 받은 계시는 이사야 6장의 하나를 생각나게 한다(왕상 22:19).

(2) 엘리야-엘리사 설화(왕하 1-9장)

1. 아하시야에 대한 엘리야의 심판 예언(1:1-17)
2. 엘리야의 승천(2:1-12)
3. 엘리야의 영이 엘리사에게 임함(2:13-18)
4. 엘리사의 기적행위(2:19-25)

5. 여호람과 모압과의 전쟁에서 엘리사가 길한 말을 예언하고 표적을 보여 줌(3:1-27)
6. 길갈 가까이에서 행한 엘리사의 기적(4:1-44)
7. 이방의 군대장관인 나아만을 고침(5:1-27)
8. 엘리사의 기적, 아람전쟁을 원조(6:1-33)
9. 엘리사가 사마리아의 해방을 선언(7:1-20)
10. 과부가 도움을 받다(8:1-6)
11. 하사엘에게 기름을 부음(8:7-15)
12. 엘리사의 제자가 예후에게 기름을 부음(9:1-15)

엘리야의 최후 메시지는 심판의 메시지였다(왕하 1:1-17). 그것은 아하시야에게 선언한 것이었다. 왜냐하면 이 왕은 외국신을 구하였기 때문이다. 그러나 엘리사의 경우 그 심판 언어는 완전히 사라진다. 그는 놀라운 이적과 기사를 행한 하느님의 사람이었다. 그 설화 가운데 나타난 이적 기사들은 가끔 기괴하고 환상적인 것이었다. 어떤 이는 여기서 이스라엘 초기 종교에 어떤 견해를 얻는다. 이러한 기적들은 그 특징적 모습을 일반 전승에게 끌어왔다. 그 표준과 주제는 반드시 생각해야 한다.

엘리사가 그 문둥병을 고쳐준 바 있는 수리아의 군대장관 나아만에 관한 설화는 특별히 주요한 설화이다. 그는 자기를 고쳐 주신 하느님과 연결을 맺기 위하여 그 땅의 흙을 자기 땅으로 지고 가자고 한 것은 그 시대의 신-신앙을 나타내는 탁월한 상징이다.

엘리사는 가끔 이 설화 속에서 예언자 집단의 모임에 나타난다. 어떤 경우에는 예언자 학교까지도 분명하게 기술되고 있다(6:1). 이리하여 엘리사는 제단이나 궁정에 모여 있는 예언자 계열에 속하는지도 모르겠다. 그들은 제의 예언자였고 새로운 좋은 소식을 전하는 예언자였다.

5. 함락까지의 유다 역사(왕하 18-25장)

열왕기의 마지막에는 역사가에게서 완전한 인정을 받고 있는 두 통치자에 관한 설화가 들어 있다. 그들은 히스기야(18-20장)와 요시아(22-23장)이다. 그들 사이에는 악한 왕으로서 두 사람이 통치하였다. 즉 므낫세와 아몬(21장)이다. 요시아가 죽은 후 왕조는 급격히 기울어져 여호야김, 여호야긴, 시드기야로 뻗어 내려가고(24-25장) 마침내 예루살렘의 제1차, 제2차 함락에까지 이른다.

1. 히스기야를 칭송, 그는 경건한 왕으로서 예배를 정화하고 높은 지대(산당)를 철거한다. 불레셋을 쳐 이김(18:1-8)
2. 살만에셀이 사마리아를 정복(18:9-12)
3. 산헤립이 예루살렘을 위협, 이사야(18:13-19:37)
4. 히스기야의 병(20:1-11)
5. 바벨론으로부터 온 사절(20:12-19)
6. 므낫세와 아몬(21:1-26)
7. 요시아(22:1-23:37)
   1. "계약의 책"발견(22:3-11)
   2. "여 예언자 훌다"의 배석(22:12-20)
   3. 공중예배의 개혁(23:1-27)
   4. 요시야가 므깃도에서 전사(23:28-30)
8. 여호아하스(23:31-35)
9. 여호야김(23:36-24:7)
10. 여호야긴, 포위와 제1차 포로(24:8-17)
11. 포위와 예루살렘 함락(24:18-25:21)
12. 그달리야(25:22-26)

13. 여호야긴이 용서받음(25:27-30)

이제는 이스라엘을 대표하는 유일한 국가인 유다 왕국이 두 번 더 번영기에 이르게 되는데, 그것은 히스기야와 요시야 통치 때이다. 히스기야는 높은 지대를 정화시켰고, 불레셋을 격파했고, 예루살렘이 산헤립에 포위되었을 때 놀라운 구원을 경험했다. 요시야는 성전에서 발견된 "율법 책"*을 기초하여 예배의 개혁을 이해했다. 그는 유다의 영토를 확장했고 새로운 고도 번영의 시기를 이끌어 갔다.

그러나 붕괴의 때가 왔다. 요시야는 새로운 원수(바벨론과 메데)의 출현을 막기 위하여 앗수르를 지지하러 가는 애굽 왕 느고를 막았다. 요시야는 패배하고 전쟁터에서 죽었다. 그의 아들 여호아하스는 애굽으로 잡혀 가서 거기서 죽었다.

유다의 마지막 세 왕인 여호야김, 여호야긴, 그리고 시드기야(예레미야의 활동시기) 아래에서는 급격한 변화가 왔다. 마침내는 완전히 멸망하게 되었다(렘 37-43장에서도 그 기사를 발견할 수 있다). 예루살렘은 함락되고 파괴되었다. 백성들의 일부가 추방을 당하였다.

독립된 국가로서의 유다 역사는 이스라엘의 경우와 같이 이제 끝장이 났다. 희망의 쇠퇴가 왕하의 마지막 말들 속에 뚜렷히 나타나 있다. 여기서는 여호야긴이 어떻게 감옥에서 나오게 되었으며 높임을 받고 바벨론 궁정으로 가게 되었는가 하는 것을 말하고 있다.

살아 남은 자들은 이제 다음과 같은 문제에 부딪치게 되었다: 하느님의 선민사(選民史)는 끝이 났는가? 하느님 앞에서 아직도 우리는 자비를 얻을 수 있을 것인가? 이 점에서 제2이사야의 메시지가 시작된다.

* 이 책은 신명기의 핵이 되는 부분이다.

제3부

예언서

10. 예언의 역사, 유형, 형태

예언의 역사는 왕국의 시작에서부터 포로 후기까지 확장된다. 사무엘 상-열왕기하까지는 문서 예언자들 이전의 초기 예언역 사에 관한 정보를 제공해 준다. 그 발전의 기본 영향은 다음과 같이 나타낼 수 있다.

	심판 예언	구원 예언(제의예언)
초기 역사	삼 상하와 왕 상하에 나타나는 예언자들	삼 상하와 왕 상하에 나타나는 예언자들
제 1 기 (약 B.C. 750-700년)	아모스 호세아 미가 이사야	
제 2 기 (약 B.C. 650-587)	스바냐 예레미야 에스겔	나훔 하박국
제 3 기 (포로기)	↑ - - - →	에스겔 제2이사야
제 4 기 (약 B.C. 520-470)	말라기	학개 스가랴
교리적 논쟁	← - - -	- - - → 묵시문학 (다니엘)

위의 도표는 두 개의 서로 다른 주요 예언형태를 보여 주고 있다. 즉 복지에 관한 예언과 재앙에 관한 예언이다. 덧붙여 말한다면 모든 예언을 지배하고 있는 특징은 연설이다. 예언자의 이러한 메시지는 이스라엘이나 열국들에게 전해진다. 그러나 국가에 관한 신탁은 외국

에 대해서는 거의 배타적으로 공격적인 심판의 말들로 구성되어 있는 반면에 이스라엘에 대해서는 복된 소식을 전하는 것으로 되어 있다.

예언자의 연설이라는 이러한 근본적인 특징과 함께 문학 형태상의 특징이라는 것이 또 하나 있다. 예언서들은 (1) 예언자의 설교 뿐만 아니라, (2) 보도(즉 이사야서와 예레미야서의 일부 및 요나서 전체) 그리고, (3) 하느님을 향하여 던지는 말들(시편에서처럼 즉 예레미야의 애가와 아모스이 송영도 포함하고 있다.

예언서들을 읽을 때면 12소예언서들은 한 때 한 권의 책으로 되었었다는 것, 즉 그 부피에 있어서 이사야서에 해당하는 한 권의 책으로 되었었다는 것을 관찰할 수 있다. 이사야는 또한 소예언서들과 같이 서로 다른 자료의 집합 즉 더 작은 책들과 수집물들로 형성된 것이다. 말하자면 적은 단위의 수집물들이 점점 더 큰 예언집으로 성장하였다는 것을 유의해 두어야 한다.

11. 이사야 1-39장

1-39장만이 기원전 8세기의 예언자인 이사야의 것이다. 40-55장(제2이사야)은 일반적으로 포로기 말엽의 예언으로 알려져 있다. 그리고 56-66장은 일반적으로 제3이사야라고 불리우는데 독립적으로 취급해야 한다.

우선 1-39장의 주요 내용을 개관해 보면 다음과 같다.

이스라엘을 향한 메시지	열국을 향한 메시지와 이스라엘을 향한 복음	보 도	
1-11(12)*장	13-23장	(6-8)**장	24-27장
28-32장	33,34-35장	36-39장	(묵시)

1. 이사야의 메시지(사 1-12장)

이 부분은 한 때 독립적으로 존재했었던 이사야의 기록이다. 그 중심부에는 이사야의 소명에 관한 기사가 있다. 그것은 특유한 방법으로 예언자의 인물됨을 나타내 보여 준다. 여기서는 하나님이 한 개인과 만

* 12장은 하나의 시이기 때문에 저자는 괄호 속에 집어 넣었다. 이 12장은 이 수집물의 결론 부분이다(영역자 主).

** 6-8장은 보도에 덧붙인 예언자의 메시지이므로 저자는 괄호 속에 집어 넣었다(영역자 主).

나실 때 세 가지 사실이 발생한다는 사실을 분명하게 보여 주고 있다.

1. 하느님은 "거룩하신 분"으로 나타난다(6:1-4)
2. 인간은 하느님과 부딪칠 때 자기 자신을 변화되어야 할 죄인으로 발견한다(6:5-7)
3. 하느님은 변화받은 그 사람을 자기의 사자로 보내신다(6:8-11)

이사야의 소명설화 다음에는 이사야가 아람-이스라엘 전쟁중의 아하스 왕과 만나는 기사(7-8장)와 이 만남의 결과에 관한 기사가 뒤따라 온다.

> "네가 믿지 아니하면 정녕 굳게 설 수 없으리라"(7:9).*
> "한 젊은 여인**이 잉태하여 아들을 낳을 것인데 그의 이름을 임마누엘이라 하리라"(7:14).

그 왕의 "믿지 않음" 때문에 예언자는 기다려야 하는 자가 되었다. 즉 그는 "그 가르침을 제자들 중에 봉함해 두어야 했었다"(8:16-18).

6-8장을 결론짓는 것은 9장 1-7절에 나타나는 복된 소식들이다. 즉 "흑암에 행했던 백성들이 한 큰 빛을 보았도다…우리에게 한 아들이 났으니…"

소명설화(6장) 앞에는 그 유형이 아주 비슷한 1-5장의 이사야의 언어집이 나타난다. 하늘과 땅의 재판정에서 하느님은 주인을 알지 못하는 그의 백성을 고발한다.

> "소는 그 임자를 알고 나귀는 주인의 구유를 알건마는 이스라엘은 알지 못하며 내 백성은 깨닫지 못하는도다"(1:2-3).

---

* 이 말의 히브리어 표현은 하나의 언어 유희이다. 'im lố' tā 'amînû kî lô' tē 'amā 'nû 그래서 Moffatt는 이 구절을 "만일 너의 신앙이 확고하지 아니한다면 너는 확고하지 못할 것이다"라고 번역했다(영역자 주).

** 우리말 성서에서는 "처녀"라고 번역되어 있다.

이사야 예언의 특성은 1장 10-17절에 나타나 있는데 그것은 불의는 크게 저지르면서 희생제사만 드리면 된다는 몰지각과 어리석음을 탄핵하는 말로 구성되어 있다. "너희의 손에 피가 가득함이니라"라고 1장 15절에서 그는 선언하고 있다.

더 전형적인 이사야의 심판 메시지는 분명히 시적 감흥을 일으키는데 5장 1-7절에 나타나는 "포도원의 노래"에서 읽을 수 있다. 그 예언자의 심판 선언은 하나의 비유로 나타난다. 하느님은 많은 노력을 들여 확장해 놓은 포도원이 허무한 결실을 거둠으로 다 파괴해버리겠다고 선언한다. "그가 공평을 바라셨거늘 모든 것이 포학뿐이요 의로움을 바랐거늘 모든 것은 억울한 자의 부르짖음만이 들리는도다"(5:7)*. 다음에 오는 노래는 주로 사회적 탄핵을 취급하는 한 줄의 애가로 되어 있다.

1-5장 또한 구속의 약속을 포함하고 있다. 즉 2장 2-5절은 마지막 날의 하느님의 산에 시온 산에 관해서 말하고 있으며(미가 4:1-4과 비교), 4장 2-6절은 마지막 날에 시온 산에서 하느님의 놀라운 현현이 있을 것임을 언급하고 있다. 이 약속들이 이사야의 것인지 아니면 후대의 첨가인지는 논란되고 있는 문제이다. 9장 7-20절(5:25-29과 함께)은 "그럴지라도 야웨의 노가 쉬지 아니하면 그 손이 여전히 펴지리라"(12, 17, 21)라는 후렴을 달고 있는 일련의 심판 선언들을 포함하고 있다. 10장은 앗수르에 대하여 화를 선언하고 있다. 그러나 그 결론은(11:1-9) 다시 복지 약속으로 구성되는데 이새의 줄기에서 나온 싹이 평화의 통치를 할 것이라고 말하고 있다.

12장은 1-11장 전체의 결론 부분이다. 12장은 예언의 말이라기 보

---

* 여기에도 히브리어의 언어의 유희가 있다. "그는 mishpat(공평)을 바랐으나 mishpah(포학)을 보았고 tsedā qā h(의로움)을 바랐으나 tsᵉ ā qā h(부르짖음)를 보았도다(역자 주).

다는 오히려 시로 되어 있다. 이 12장은 이사야의 말이 읽혀지고 보존되었던 회중에서 행해진 교독(交讀)의 응답송으로 나타나 있다. 그리하여 1-12장은 1-39장의 배열구성과 닮았다.

이스라엘에 관한 심판	열국에 관한 심판	이스라엘에 관한 복된 소식	보 도	신의 찬양
1,3,5장		2, 4장	6-8장	
9, 10장	10장	9, 11장		12장

2. 열국에 관한 심판 신탁(사 13-23장)

여기에 나타난 국가에 관한 신탁들은 이사야의 말씀 집으로 설명될 수 있는데 인근의 열국(列國)에게 주는 설교이다. 여기에는 무명의 예언자들에 의하여 신탁들이 첨가되었는데 그것들은 매우 후대의 역사적 상황에 비추어서 해석될 수 있다.

여기에 나타난 이사야의 말씀들은 다메섹(아람)과 이스라엘(7:1-17, 아람-이스라엘 전쟁의 시기와 관련된 기사), 앗수르(14:24-27, 17:12-14, 18:1-7), 블레셋(14:28-32), 애굽과 에디오피아(20:1-6)를 공격하는 것으로 되어 있고 뿐만 아니라 유다와 예루살렘(22:1-14) 그리고 그 관료 중의 한 사람(22:15-25)을 공격하고 있다.

외국 나라들에 대적하는 이 신탁들은 모두 간접적으로 유다를 취급하고 있다. 이사야는 그의 백성이 이러한 세력들을 두려워하기를 원하였거나 아니면 그들이 이들 세력들을 의지하는 것을 경고하려고 하였을 것이다. 20장에서 이사야는 애굽과 에디오피아를 대항하는 표적으로 벌거벗은 몸으로 그리고 맨 발로 걷기를 명령받았다. 애굽과 에디오피아는 반앗수르 동맹의 주축이었다. 에디오피아 사절에 대한 그의 비평들(18장)은 동일한 의미를 가진다. 그 비평들 속에는 이사야 메시지의 특색인 하느님의 감찰하심에 관한 설명이 포함되어 있다. "내가 나의 처소에 조용히 감찰함이 쬐이는 일광과 같고 가을 더위에 이슬 무더기 같도다"(4절). 이것은 군사력을 준비하는 데 광분하는 데서부터 역사를 이끄시는 분에게 향하게 하는 구절과 충분히 비교될 만하다. 즉 "그러나 너는 그것을 행하신 분을 바라지 아니하였고 그것을 옛적부터 계획하신 분을 존경하지 아니 하였도다"(22:11).

이사야의 말에 참가된 후기의 국가에 관한 신탁들

1. 바벨론에 대한 예언(13장, 14장, 21장)
   1. 바벨론의 함락(13:1-22)
   2. 바벨론 왕의 몰락을 노래하는 승리의 노래(14:1-23)
   3. 바벨론의 함락을 기다리는 파수꾼(21:1-16)

이 부분은 바벨론 포로기에 활동한 무명의 예언자의 말들이다. 즉 바벨론의 함락을 선언하고 있다. 바벨론 왕의 죽음을 조롱하는 노래는 당시의 국민이 겪은 경험을 놀라울 정도로 재생시키는 방대한 시작품이다. "온 땅이 평안하고 조용하니 그들이 소리질러 노래하도다"(14:7). "오! 새벽의 아들, 계명성이여, 네가 어찌해서 하늘에서 떨어졌느냐"(12절). 이 시는 인간의 힘이란 죽음으로 그 결말을 보게 되는 것임을 아주 감동적으로 표현하고 있다.

다른 나라들은 심판하는 말들이 첨부되어 있다:

2. 모압(15:1-16:14)
3. 애굽(19:1-25)
4. 두로(23:1-18)

애굽에 대한 심판예언(19:1-17) 다음에는 매우 뚜렷한 구원약속이 따라온다(18-25절). 여기에 구약에서는 전례가 없는 특유한 방법으로 열국들 중에 평화의 전조가 나타난다. "그 날에 애굽에서 앗수르로 통하는 대로(大路)가 있어 앗수로 사람은 애굽으로 가겠고 애굽 사람은 앗수르로 갈 것이며 애굽 사람이 앗수르 사람과 함께 예배를 드릴 것이다"(23절). 이러한 평화의 때에 이스라엘은 다른 나라들 가운데서 우위를 차지하지는 않을 것이다. "그 날에 이스라엘은 지상에서 복받은 나라로서 애굽과 앗수르와 함께 세 번째 나라가 될 것이다"(24절). 그 때에 애굽과 앗수르는 이스라엘처럼 축복을 받을 것이다.

3. 이사야의 묵시록(사 24-27장)

이 네 장은 성서 가운데서 하나의 독립된 책으로 볼 수 있다. 그것은 하나의 묵시로서 세상의 종말을 묘사하고 있다. 그리고 그것들은 다니엘의 묵시와 함께 구약의 가장 후대에 속하는 부분이다. 이 이사야의 묵시는 많은 점에 있어서 신약의 요한계시록과 상응한다. 즉 요한계시록에는 이사야 24-27장에서 발췌한 많은 개체 자료들이 들어 있다. 마찬가지로 종말에 관한 표현들이 찬양의 노래들 속에 띄엄띄엄 섞여 들어 있다.

세상의 종말을 표현하는 묘사는 힘이 있다. "땅이 슬퍼하고 쇠잔하며 세계가 쇠약하고 쇠잔하며 하늘들이 땅과 함께 쇠잔하며…"(24:4), "땅이 깨어지고 깨어지며 땅이 갈라지고 땅이 흔들리고 흔들리며 땅이 취한 자 같이 비틀비틀하며…"(19절 이하). 구약 어느 곳에도 우리 세계의 꺼져가는 그 종말을 여기서처럼 묘사한 곳은 없다. "그가 죽음을 영원히 삼켜버리실 것이다. 야웨 하느님이 모든 얼굴에서 눈물을 닦아낼 것이다"(25:8). "당신의 죽은 자들은 살아날 것이며 그 시체들이 일어날 것이다"(26:19).

4. 앗수르의 시대(사 28-32장)

이 부분은 주로 1-11장과 관련을 갖고 있다. 전번 설화와 같이 여기에는 주로 이스라엘과 유다에 대한 심판의 말들을 포함하고 있다. 여기서도 예언의 말들이 서로 관련없이 연속적으로 배열되어 있다.

1. 술에 취한 에브라임의 교만한 면류관이 화 있을진저(28:1-4)—구원에 관한 약속: 영광의 면류관(28:4-6)
2. "제사장과 예언자가 술에 취하여 비틀거리다"(28:7-13)
3. 조롱자들과 모퉁이 돌(28:14-22)
4. "파종하기 위하여 밭을 가는 자가 계속하여 갈기만 할 것인가?"(28:23-29)
5. "슬프다 아리엘*이여(29:1-8)
6. "깊은 잠의 영"(29:9-12)
7. 입술로만 드리는 예배와 하느님 앞에서의 위선(29:13-16)—구원에 관한 약속: "멀지 않아서"(29:17-24)
8. "반역한 자녀들에게 화 있을진저"(30:1-5)
9. 네겝 광야에서(애굽의 도움)(30:6-7)
10. "그들 앞에서 그것을 기록하라. …듣기 싫어하는 자식들…"(30:8-14)
11. "잠잠하고 신뢰하여야 힘을 얻을 것이라"(30:15-17)—구원에 관한 약속: "야웨께서 너희에게 은혜를 베푸시기 위하여 기다리신다"(30:18-26). 앗수르를 응징(30:27-33)
12. "도움을 청하러 애굽으로 내려가는 자에게 화 있을진저. …애굽인들은 사람이요 신이 아니라"(31:1-3)

---

* 아리엘은 예루살렘을 가리킴(역자 주)

13. "만군의 야웨께서 예루살렘을 지키시리라"(31:4-9)—구원에 관한 약속: 장래의 왕과 백성(32:1-8)
14. "너희 안일한 여자들"(32:9-14)—구원에 관한 약속: 마침내 성령을 우리에게 부어 주신다(32:15-20)
15. "너희 파괴하는 자들에게 화 있을진저"(33:1)
16. 예언의식(33:2-24)

위의 요약한 부분이 지시하는 바와 같이 32장을 제외한 모든 장들이 "화 있을진저"를 선언하는 말로서 시작한다. 그리고 매장 마지막에는 규칙적으로 구원에 관한 약속이 나타난다. 이것은 분명히 문서들을 수집한 한 사람의 배열이다. 따라서 그는 비록 각 장의 처음에 표현된 단조로운 재앙선언이 이사야의 교훈을 지배하고 있다하더라도 그 예언자가 자기 시대에 외치라고 명령받은 그 재앙선포는 하느님의 최종의 말씀은 아니라는 진리를 표현하려고 하였다.

이 부분에 나타난 어떤 말들은 특별한 주의를 기울여야 한다.

28장 14-22절—그들의 언약에 안주하고 있는 예루살렘의 통치자들에게 이사야는 선언한다. "하느님은 기이한 일을 행하실 것이다." 이 선언은 그 안정이 완전히 폐기될 것임을 암시한다. 그러나 멸망의 때에 하느님은 믿는 자에게만 보증을 줄 하나의 새롭고도 다른 기초를 시온에 놓으신다.

> "보라 내가 한 돌을 즉 시험한 돌을 시온에 두어 위로를 삼는다. 그 돌은 기이한 모퉁이 돌이요 견고한 기초석이다.〈믿는 자는 서두르는 일이 없을 것이다〉"(16절).

28장 23-29절—모퉁이 돌에 관한 언급 다음에는 이사야서의 특유한 또 하나의 설화가 따라온다. 여기서 예언자는 하느님의 사자로서 말하지 아니하고 오히려 사람들 중의 한 사람으로서 말한다. 그 언급은 논쟁의 성격을 띠고 있고 이사야가 공격받고 있는 것을 전제하고 있다. 그가 선언한 재앙은 일어나지 않았다. 이것을 그는 비유로 응답하는데 그것은 시대가 다를 때는 반드시 달라져야 하는 성격의 것으로 농부들의 농사를 소재로 한 비유이다. 그러나 이것은 때에 따라 필요한 것을 행하시는 주님으로부터 그들이 배운 것이다. "그의 묘략은 기묘하며 지혜는 광대하니라."

30장 15-17절—이것은 믿음의 권고이다. 전쟁 장비와 무기를 의지하고 있는 자들에게 그는 그들이 의지하고 있는 모든 것의 파괴를 선언했다. 그러나 동시에 그는 또 하나의 가능성을 말했다.

> "주, 야웨 이스라엘의 거룩하신 자가 말씀하시되 너희가 돌이켜 안연히 처하여야 구원을 얻을 것이요 잠잠하고 신뢰하여야 힘을 것이어늘 너희가 원치 아니하도다"(15절).

31장 1-3절의 말씀은 분명히 같은 컨텍스트를 갖고 있다.

> "그러나 그들은 이스라엘의 거룩한 자를 앙모하지 아니하도다…. 애굽인들은 사람이요 신이 아니라. 그들의 말들(horse)은 육이요 영이 아니라."

28-32장에 나타난 심판에 관한 말들은 이사야의 신앙이해를 나타내 준다. 그는 개념에 특수한 의미를 붙여 주었다.

5. 예언의식과 보충(사 33-35장)

궁켈*이 예언의식이라고 한 33장은 28장 1절-33장 1절의 수집물을 결론짓는다. 민족 탄식에서부터(2,7-9절) 최후를 내다 보는 구원의 약속이 생겨난다.

---

* H. Gunkel, *Einleitung in die Psalmen*(Göttingen, 1933), pp.137, 408(역자 주).

34장과 35장은 하나의 보충이다. 34장은 에돔의 멸망과 모든 이교의 국가들을 대담한 화법으로 묘사한다. 35장은 이와는 대조적으로 미래의 구원 즉 마지막 때의 고통없는 즐거움을 묘사한다. 그것은 고향으로 돌아옴을 선언함으로 결론을 맺는다.

"야웨의 속량함을 받은 자들이 돌아오되 노래하며 시온에 이르러 그들 머리 위에 영원한 즐거움을 쓰고 기쁨과 즐거움을 얻으리니 슬픔과 한숨이 달아나리로다"(10절).

6. 연대기: 예루살렘의 위협과 그 구원사(사 33-39장)

1. 산헤립이 예루살렘을 침. 랍사게가 항복을 권면함(36:1-22)
2. 이사야가 그 성의 구원을 선언하다(37:1-7)
3. 새로운 항복요구(37:8-13)
4. 히스기야의 기도(37:14-20)
5. 이사야가 히스기야에게 안녕에 관한 약속을 함(37:21-35)
6. 산헤립이 떠남(37:36-38)
7. 히스기야의 질병, 고침, 그리고 감사기도(38:1-22)
8. 바벨론으로부터 온 사절과 이사야의 신탁(39:1-8)

이 네 장은 열왕기하 18-20장과 상당히 일치한다. 만일 이사야서가 이스라엘 역사를 취급하고 있는 이 장으로 결론지어 질 수 있다면 이 사실은 이스라엘의 예언자들이란 이스라엘 역사에 있어서 없어서는 안될 요소들이었다는 것을 암시한다(그 경우는 예레미야의 경우에서도 마찬가지다). 그러나 하느님의 심판을 선언하기 위하여 보냄을 받은 예언자 이사야는 그의 백성과 그들의 역사를 동시에 가장 심각하게 의식한 자였다는 것을 동시에 지적해야 할 것이다. 비록 그가 왕에게 하느님의 심판을 계속 선언하지 않을 수 없었다 하더라도 그 때 그 왕은 성전에서 앗수르 장군의 항복 요구서를 하느님 앞에 펼쳐 놓고 예루살렘 성의 위급을 하느님 앞에 호소하였으며 그때 왕과 예언자는 그들 모두의 소망인 야웨 앞에 함께 나란히 섰던 것이다.

12. 이사야 40-55장(제2이사야)

심판예언의 시대는 포로로서 끝을 맺었다. 왜냐하면 주전 7-8세기의 예언자들이 선언했던 신의 심판은 성취되었기 때문이다. 포로기의 예언자들(제2이사야, 에스겔 그리고 알려지지 않은 기타 예언자들)은 패배하고 흩어진 그 백성의 남은 자들에게 그 모든 것에도 불구하고 하느님은 그들을 버리시지 않으셨다는 것을 선포하는 과제를 맡았던 것이다. 그들은 아직도 구원을 기대할 수 있었다.

1. 서언(사 40:1-11)

이 부분은 분명히 제2이사야의 서언에 해당하는 메시지이다(40:1-11). 여기에 그의 선교의 주요 주제들이 모두 집중되어 있다. 즉 그의 백성이 위로를 받을 것이라는 것과 복역의 때가 끝날 것이라는 것, 그러므로 고국으로 돌아갈 준비를 하라는 하느님의 명령이 들어 있다(1-5절). 희망을 잃은 백성의 탄식을 딛고 서서 파멸 중에서도 살아남아 있는 그 말씀을 그들에게 선포하라는 메신저의 사명을 하느님으로부터 그 예언자는 위탁받은 것이다. 6-8절은 제2이사야의 소명을 암시하고 있다. 하느님은 여전히 역사의 주인이시요 승리자이신 것이다. 그의 분깃은 그가 고국으로 이끌어가실 그의 국민이다(9-11).

2. 제2이사야의 사중(四重)의 메시지

서언에서 지적한 바와 같이 제2이사야의 메시지는 두 방향을 따라

움직이고 있다. 즉 그 메시지는 패배감과 좌절감에 사로잡혀 있는 백성들을 그들의 불평의 상황으로부터 하나의 새로운 희망으로 불러내고 있다. 그러나 동시에 그 메시지는 패배한 이스라엘 민족의 하느님은 아직도 그의 역사 활동을 계속하고 계신다는 것을 논증하려고도 하였다.

(1)

그 메시지의 첫 경향은 이스라엘을 향하여 직접 말씀을 던지는 것이다. 이 말씀들은 첫째로 정치적이며 공격적인 말들인데 그 말들 속에 예언자는 이스라엘의 불평과 반박과 고발에 응답한다(40:12-31; 43:22-28; 45:18-19; 49:14-23; 24-26; 50:1-3). 거기엔 하느님의 위로와 도우심으로 보장받는 구원에 관한 약속들이 들어 있다. 이러한 말씀들은 구원신탁들 41:8-13, 14-16; 43:1-4, 5-7; 44:1-5, 12-13; 49:7-12; 54:1-6)이고, 구원에 관한 선포들이다(41:17-20; 42:14-17, 18-25; 43:16-21; 45:14-16; 48:1-11, 17-19; 54:7-10). 구원에 관한 말들은 이 예언자의 전 메시지의 주요 특징이다.

(2)

두 번째의 경향은 이스라엘의 하느님 야웨와 다른 나라의 신들 사이의 법정 장면을 묘사하는 말들이다. 그 법정의 행위는 역사를 지배하시는 자에 대한 요구를 중심으로 하고 있다(41:1-5, 21-29; 43:8-15; 44:6-8, 21-22; 45:9-13, 20-25; 46:9-11; 48:12-16). 파사의 고레스에 관한 말도 여기에 속한다(44:24-45:7).

(3)

서언에 나오는 위로의 선포(40:1-2, 9-11)가 가진 세 번째의 경향을 첨가할 수 있는데 그것은 제2이사야의 전체 메시지를 통하여 메아리쳐 오는 찬양의 노래에서 취하여 낼 수 있다. 이 찬양은 이미 오고 있는 구원을 예견하고 있다. 그것은 구원주를 찬양하고 구원을 즐거워한다(42:10-13; 44:23; 45:8; 48:20-21; 49:13; 52:7-12). 이들은 대체로 "종말론적 찬양시"로 끝이 난다.

(4)

마지막으로 네 번째의 주요 방향을 말해 주는 구절들을 언급해야 하는데 그것들은 야웨의 종의 노래들이다(42:1-4, 5-9 49:1-6; 50:4-9, 10-11; 52:13-53:12).

물론 제2이사야의 모든 말씀들이 위의 네 그룹에 따라 분류될 수는 없다. 그러나 그것들은 주요 방향 제시로서 의미를 가진다.

3. 제2이사야의 메시지에 대한 분석

1. 격려의 말씀들

40장 12-31절에 있는 제2이사야의 연설의 방향은 27절의 말씀에 나타나 있다. "오 야곱아, 네가 어찌하여 말하기를 이스라엘아 네가 어찌하여 이르기를 '나의 길은 야웨에게서 숨기워졌고 나의 주장이 나의 하느님에게서 무시당한다'고 말하느냐? 너는 알지 못하였느냐?" 이 예언자는 네 개의 반박문을 통하여 측량할 수 없는 분(12-17절), 비교할 수 없는 분(18-24, 24-26절)을 환기시킴으로 체념 상태 속의 백성을 일깨운다. 그는 그들의 하느님을 창조주요 모든 열국을 포함한 역사의 주이심을(12-17절), 그리고 힘있는 자들과(23, 27절), 천체의 신들을(25, 26절) 포함한 우주의 주이심을 지적한다. 그러나 그는 그의 백성의 곤궁을 돌보시기 위하여 높은 곳에서 아래로 굽어보신 분에게로 주의를 환기시킨다. 그는 지쳐있는 자들에게로 고국으로 돌아갈 새로운 힘을 주실 분이시다(27-31절). 40장에는 분명히 시편의 언어와 제2이사야 사이의 유사성이 발견된다. 40장 12-31절에는 찬양시의 구조가 분명히 발견된다.

정치적 연설(49:14-23,24-26; 50:1-3)도 동일한 종류의 것이다. 그 연설들은 하느님이 그들을 버리셨거나(49:14), 즉 배척하셨거나(50:1) 아니면 이스라엘을 더 이상 도우실 수 없으시거나(49:24-26) 하다고 불평하고 있는 포로민들의 불평을 반박하는 것으로 되어 있다. 43장 22-28절의 쟁점은 그 백성의 또 하나의 다른 반론 즉 이스라엘은 실제 오랫동안 그의 하느님을 잘 섬겼다는 주장에 대해 반박하는 것으로 되어 있다. 즉 이스라엘은 실패함이 없이 하느님에게 희생을 잘 드렸다는 것이다. 이러한 주장에 대하여 제2이사야는 초기 예언자들의 전승을 따라 응답하고 있다. 즉 이스라엘이 그의 희생제물로 섬겼던 분은 하느님이 아니었다는 것이다. 이스라엘은 오히려 그 죄로 인하여 그를 괴롭혔다는 것이다. 그럼에도 지금 그는 그의 풍성한 은총으로 인하여 이스라엘의 죄를 용서하시고자 하신다는 것이다. 45장 9-13절은 이스라엘의 운명을 바꾸실 수 있겠는가 하는 반론에 반박하는 것으로 구성되어 있다. 제2이사야는 이 세상을 있게 하신 분의 넓은 영역을 암시함으로 대답하고 있다.

2. 이교(異教)의 신들을 쳐부순 야웨를 변호하는 구절들

41장에서는 한 법정의 진행과정이 야웨와 이방 나라의 신들 사이에서 진행되기 시작한다. 이 진행 과정에서 이미 오래 전에 패배를 당하고 역사에서 제거된 것으로 생각되었던 그 하느님이 열국의 신들을 포함하는 전 세계의 주이심을 선포한다. 두 개의 논의를 제기한다:

1. 그는 다가오는 역사의 전환점을 고레스를 일으키심으로 이룩하실 분이시다.
2. 그는 역사의 결과를 미리 선포하시는 분이시다.

그의 행위와 그 행위에 대한 선언은 모두 야웨는 모든 재난 뿐만 아니라 높음과 깊음을 정복하고 계시는 분임을 증명하는 것으로 되어 있다. 그는 "처음이요 나중"이시다(41:4). 즉 그는 이전의 것들과 장차있을 것들에 대비하시는 분이시다(41:22).

열국의 신들은 그와 같이 역사를 한 줄로 매듯 잴 수 없는 신들이다. 따라서 그들의 주장은 약하다(41:24-29). 그러나 이스라엘은 이러한 하느님의 신실성에 대한 하나의 증언자였다. 비록 이스라엘이 "눈이 멀고 귀머거리"같다 할지라도(43:8), 그리고 그들의 얕은 믿음에도 불구하고 이스라엘만이 하느님을 증명할 수는 있다. 그를 떠나서는 아무런 구원도 없다(43:8-15; 44:6-8). 그러나 지금 야웨께서 선포하시는 그것이 성취될 때, 즉 강대한 바벨론 제국이 무너질 때 구원의 나팔소리가 열국의 남은 자들에게 선포될 것이다. "나를 앙망하라. 그러면 구원을 얻을 것이다. 모든 땅 끝의 백성들아! 나는 하느님이라. 다른 이가 없느니라"(45:20-25). 어느날 모든 무릎이 그의 앞에서 꿇게 될 것이다.

고레스 신탁(44:24-45:7)도 이러한 사상 경향에 속한다. 하느님께서 자신을 창조주로서 그리고 역사의 주로서 나타내시는 엄숙한 서론이 있은 다음(44:24-27) 파사 왕이 문제에 오르게 된다: "야웨께서 그의 기름부음 받은 고레스의 오른 손을 잡고 이르시기를…내가 네 앞에서 가리라…"(45:1f.). 이것은 다른 신들을 섬기는 이방의 왕에게 "하느님의 기름부음 받을 자"라는 담대한 표현을 쓰고 있다. 45장 9-13절에서 뒤 따라오는 언급은 그것이 얼나마 직접적인 반대와 분노를 일으켰던가를 지시하고 있다. 그러나 하느님의 활동은 이와 같은 방법으로 표현될 수 있었다. 왜냐하면 그것은 "나의 종 야곱과 나의 택한 백성 이스라엘을 위하여"(45:4) 일어났기 때문이다.

3. 구원 신탁

제2이사야가 절망 중의 백성에게 전한 위로는 "복지신탁"이라는 특수 형태로 표현된다. 제1 신탁은 41장 1-5절 다음 곧 41장 8-13절에서 나타난다. 이러한 형태로 하느님 앞에 자기의 심정을 토로하는 그 탄원자는 그로부터 하나의 대답을 듣는다.* 이 약속의 중심부에는 다음과 같은 부름구(呼句)가 나타난다. "두려워 말라!" 이것은 하나의 의식상의 문장으로 보인다. "두려워 말라! 내가 너와 함께 한다"(41:10). 완료형의 동사로 된 문장으로는 "두려워 말라! 내가 너를 구원하였다" (43:1).

제2 이사야의 선포 속에서 이 신탁을 들은 포로민들은 그것을 거룩한 예배의식에서 오는 것임을 알았다. 그것이 이제 절망의 고난 중에 있는 하느님의 백성 중 남은 자에게 전해졌을 때 성취자들은 이 말씀과 함께 이방 나라에서의 하느님의 구원행위에 대한 보장을 받았다는 것을 의미하였다.

이러한 구원의 보장들은 상당히 비슷한 형태를 갖고 있다. 이것은 그것이 가지고 있는 의식상의 성격을 말해 준다. 그러나 그것들은 미래에 관한 더 솔직한 구원선언들간에 확장되어 있다. 이것들은 다가오는 구원에 대해서 말하고 있다.

그 다음으로는 고국으로 이끄시는 그 길에 관한 묘사가 나타난다 (41:17-20). 즉 사막은 초원으로 바뀌고 하느님은 그의 백성을 놀라운 모습으로 인도하실 것이다(42:14-17; 49:9-11; 43:2). 모든 먼 곳으로부터 그들이 돌아올 것이다(43:5-7; 49:12). 이 새로운 출애굽의 의의가 그 앞에서 무색해질 만한 놀라운 사건이 될 것이다(43:16-21; 48:1-11). 파멸의 잿더미 위에서 놀라운 새 것이 솟아날 것이다 (49:17-23).

51장 9절-52장 6절에서는 구원에 관한 제2이사야의 메시지가 한 번 다시 매력적인 시의 형태로 표현되고 있다. 즉 그것은 고난 중의 백성이 하느님을 향해 부르짖는 하나의 탄식으로 시작한다. "야웨의 팔이여

---

* 복지에 관한 제2이사야의 약속과 제사장의 신탁이 관계가 있다는 것을 처음으로 깨달은 사람은 Begrich 였다.

깨소서!" 하느님은 그들이 근심과 걱정으로부터 그 백성을 불러 일으키심으로 응답하신다. "깰지어다. 일어설지어다. 오, 예루살렘아!"(51:17-23) "깰지어다. 설지어다. 네 힘을 입을지어다. 오, 시온아!"(52:1-6) 그리고는 환희의 노래로 끝을 맺는다(52:7-12). "좋은 소식을 가져오며 구원을 공포하며 시온을 향하여 '네 하나님이 통치하신다'라고 말하는 자의 산을 넘는 발이 어찌 그리 아름다운가!" 54장 8절에 나타난 고독한 시온을 향한 구원의 소리는 그 절정에 다다른다. "내가 넘치는 분노로 인하여 잠시 너로부터 나의 얼굴을 가리웠으나 영원한 사랑으로 너를 긍휼히 여기리라. 야웨 너의 구원자가 말씀하신다."

55장은 다시 처음으로 돌아간다. 즉 서언으로 돌아간다. 거기서는 하느님의 말씀이 그 재난에서 살아남은 자인 그 백성의 탄원과 마주 대면하여 나타났었다. 그러나 지금 이 마지막에서는 하나의 직유를 써서 하느님의 말씀이란 그 말씀하신 바를 반드시 성취하실 것임을 선언했다. 그것은(내 입에서 나간 말은) 헛되이 내게로 돌아오지 않을 것이며 내가 의도하는 바를 반드시 완성시킬 것이다(11절). 그 다음 이 책 마지막 구절에서는 다시 귀국의 길을 선언하고 있는데(55:12-13) 그것은 서언에서와 같다(40:9-11).

4. 고난받는 종의 노래들

야웨의 종에 관한 노래들은 이사야 전체를 통하여 무질서하게 삽입되어 있다. 그러나 그것들은 피차 밀접한 연관을 갖고 있다. 42장 1-4절은 그 종에 대한 신의 말씀이다. 49장 1-6절에서와 50장 4-9절에서는 그 종 자신이 말하고 있다. 52장 13절-53장 12절은 그 종과 그 종의 고난을 회고하는 회중의 회고와 함께 그 종과 관계된 신의 약속을 포함하고 있다. 52장 13-19절과 53장 11-12절은 그 처음엔 신의 말로 시작하고 그 끝은 하나의 괄호 속의 삽입구처럼 회중의 회고로 끝 맺는다(53:1-10).

1. 이사야 42장 1-4절

한 왕이 임명받는 방법을 모방하고 있다. 하느님은 그 종을 그의 택하신 자로 뽑았고, 그리고 그에게 준비를 갖추게 하신 다음에 그의 선교적 사명을 맡기신다. "그가 열국에게 공의를 베풀 것이다." 2-3절은 그의 활동방식을 서술하고 있다. "상한 갈대를 꺽지 않을 것이다." 또한 그의 활동의 목표는 "세상에 공의를 수립하기까지"이다.

2. 이사야 49장 1-6절

여기서는 그 종 자신이 말한다. 1-3절에서 그는 그가 하느님에게 선택받은 것에 관해서 언급한다(42:1-4을 닮았다). 그 다음 그는 그의 주요사업이 이스라엘을 위한 것임을 반성한다. 그 일은 만일 그의 보응이 하느님 편에 있지 않았다면 실패했었을 일이었다. 그러나 이제 그는 하느님으로부터 훨씬 더 큰 사명을 위탁받았다. "내가 너를 이방의 빛으로 삼을 것이다!"(5-6절).

3. 이사야 50장 4-9절

그 종은 말(口述)의 성격을 가지고 있는 자신의 직무에 관해 말한다. 그것을 통해 그는 곤궁할 때 도움을 받는 것으로 되어 있다(4절). 그러나 이 직무는 고난을 받는 것으로서 그는 그것을 회피하려 아니한다(5-6절). 왜냐하면 그는 그를 위하여 중재하실(7-9절) 그 하느님의 분명한 도우심을 의지하고 있기 때문이다.

4. 이사야 52장13절-53장12절

이것은 42장 1-4절처럼 시작한다. 하느님은 그가 선택한 그 종을 승인하고 그리고 그의 겸허로 인하여 오히려 그가 성공하고 높임을 받을 것임을 보증해 주신다. 53장 1-10절에서는 한 민족의 집단이 말한다. 그 집단은 그 종의 사업을 통해 버림을 받은 사람으로 생각했다(53:1-3). 그러나 그 변모된 사람들은 다음과 같이 고백한다. "이 모든 것은 우리를 위하여 일어났도다!" 그들은 야웨의 종의 고난은 대속적 고난과 죽음을 보상해 주실 것이다.

여기서 그 고난의 종의 노래에 대한 논의를 더 확장시키는 것은 불가능하다. 여기 나타난 노래의 주인공이 한 개인이냐 아니면 이스라엘 민족이냐 하는 문제에 대해서는, 그 종이란 그의 운명과 직무를 이스라엘 전체 역사를 통하여 나타내는 한 개인이었다고 선언함으로 대답될 수 있다.

모세와 예언자 예레미야의 선교에 나타난 종의 직무는 고난받는 종의 노래와 가장 밀접한 것으로 나타난다. 그러나 이 노래들은 항상 구약의 어느 다른 본문보다도 분명하게 신약을 지시하고 있는 것으로 인정되어 왔다.

13. 이사야 56-66장(제3이사야)

56-66장은 제2이사야의 부록이거나 아니면 제3의 무명의 예언자의 메시지이다. 이 부분은 후대에 이사야서에 덧붙여진 것이다. 이 부분과 40-55장과의 대조는 너무나 명백해서 제2이사야와 동일한 예언자의 것으로 돌릴 수는 없다.

다음의 차이점은 가장 의의있다. 제2이사야는 "단지" 구원을 전하는 메신저였다는 점이다. 그러나 56-66장의 메시지는 구원과 심판이 피차 혼합되어 있다. 이것은 새로운 정황과 맞는 것이다. 이 부분은 포로기 후기에 속하며 다시 유다 땅에서 선포되었다. 이 예언들은 구원의 시기가 포로에서 귀환함으로 비로소 도래되지는 않았다는 것을 깊이 실망하고 있다. 대신에 그것은 옛 고국에서 자신을 수립하는 어렵고도 보람없는 그리고 위험스러운 과제를 가져왔다.

1. 갱신된 구원의 메시지(사 60-62장)

60-62장(57:14-21과 함께)은 이 부분의 핵심을 형성하고 있다. 그 속에서 제2이사야의 구원의 메시지는 환멸감을 가지고 돌아온 자들을 위하여 갱신되었다. 그 점에 있어서 그 예언자는 자신을 즐거운 소식을 다시 새롭게 하도록 신으로부터 위탁받은 자로 이해했다(61:1-3). 그는 시온을 불러냄으로 논점을 전개했다. "일어나라, 빛을 발하라. 왜냐하면 네 빛이 도래했고 야웨의 영광이 네 위에 임하였기 때문이다"(60:1).

그는 구원의 시대를 묘사하면서 현재의 어렴움을 반영하고 있다. 아직도 흩어져 있는 자들은 돌아오고(60:4), 그들은 풍요와 부를 동반하고 돌아올 것이다(6-9절). 이전에 이스라엘을 굴복시킨 민족들은 그의 구원을 위하여 봉사할 것이다(10-16절). 다시 그 파멸된 것들이 건축될 것이고(61:4) 기쁨이 회복될 것이다(61:3). 시온을 기다리는 자가 높이 기림을 받을 것이다. "너는 야웨의 손에 있는 아름다운 면류관이 될 것이다"(62:3).

제2이사야를 생각나게 하리만큼 그도 역시 구원의 도래를 선언한다(62:10-12; 57:14-20). 이와 밀접히 관련된 구원에 관한 약속들은 66장 6-14절이다.

2. 심판 예언(사 56-57장)

완전히 다른 강조점이 제3이사야의 서두에서 발견될 수 있다. 그것은 자기 이익만을 생각하는 백성의 파수꾼과 목자들에게 내린 거칠고도 돌발적인 심판의 말로 시작된다(56:9-12). 동일하게 날카로운 심판의 말이 우상숭배자들에게 선언되고 있다(57:1-13).

그 사자는 다음과 같이 그의 사명을 위임받는다. "네 목소리를 나팔같이 높여서 내 백성에게 그 허물을, 야곱의 집에 죄를 선언하라"(58:1). 이것은 능력있게 선포되어야 했었다. 왜냐하면 이스라엘 사람들은 금식을 한 후 곧 하느님 앞에서 우리가 금식하되 당신이 보지 아니하심은 어쩜입니까?"(58:3) 하고 주장하고 있기 때문이었다.

59장 1-2절은 비슷한 방법으로 하느님은 도우실 능력이 없다고 하는 비난을 반박하는 것으로 되어 있다. "…그러나 너희의 죄악이 너희와 너희의 하느님 사이를 분열시키게 만들었다." 그 다음 59장 4-8절에는 그 백성의 죄에 대한 음울한 묘사가 따라온다. 이 묘사는 9-20절에서 민족 탄식시로 바뀌어진다. 마치 그 백성이 "우리가 빛을 바라나 어두움 뿐이요"라고 외치는 것 같다. 이 표현 다음으로 12-15절에 있는 죄의 고백이 따라온다. 이러한 고백에 의거하여 하느님은 그의 자비로운 개입을 선언한다(15b-2절).

65장 1-7절과 66장 1-4절에는 아직도 그 백성의 죄에 대한 언급이 있다. 이 부분은 가식적인 공중예배에 관한 언급이다. 그와 같은 예배와 소박한 의의 생활이 대조되어 있다.

제3이사야의 전형적인 것은 의로운 자와 악한 자 사이에 명백한 구분을 짓는 말들이다(65:8-16; 66:5,17; 66:22-24). 구원은 의인에게, 심판은 악인에게 선포된다.

3. 민족의 탄식(사 59:9-20; 63:7-64:12)

60-62장에 나타나는 제3이사야의 중심부에 해당하는 구원선포에 관한 메시지 앞에는 민족적 탄식이 암시되어 있다(59:9-20). 60-62장 다음에는 63장 7절-64장 12절에 나타나는 광범위한 민족탄식이 따라온다. 이 부분은 역사시*에 의해서 소개되고 있다. 이 탄식은 63장 15절에서는 하나의 간구로 시작하고 64장 12절에서는 근심스런 질문으로 끝맺는다. "오 야웨, 이일에 대하여 당신은 스스로를 억제하시렵니까? 당신이 잠잠하셔서 우리로 괴로움을 겪게 하시렵니까?"(애가 5장은 이와 비슷한 형태로 끝이 난다).

4. 기타 문제들(사 56:1-8; 58:13-14; 65:16-25; 69:15-24; 63:1-9; 66:18-21)

56-58장과 65-66장은 그 처음과 끝에 완전히 다른 말들을 포함하

* 이 탄식시는 역사시의 특징인 하느님의 이전의 구원 행위에 대한 회고의 자리를 가지고 있다.

고 있다. 즉 이미 언급된 심판에 관한 경고들이 덧붙여져 있다.

1. 56장 1-8절과 58장 13-14절은 안식일을 지키는 문제를 취급하고 있다. 포로기 동안 안식일은 상당한 의의를 가졌고 하나의 상징적인 표가 되었다. 그러나 이제는 외국인들과 관관들도 안식일을 지킴으로 하느님의 백성 중에 한 자리를 차지하게 된다(신 28장과는 반대).

2. 65장 16b-25절에 나타난 새 하늘과 새 땅에 관한 약속들은(비교. 계 21:1) 분명히 묵시문학적이고 그것은 66장 15-24절에서도 마찬가지다.

3. 63장 1-6절은 제3이사야의 메시지에서는 이상하리만큼 불가사의한 인상을 준다. 그것은 포도즙 틀을 밟는 자를 묘사하고 열국을 심판하실 때의 하느님의 홍의(紅衣)를 말하는 일종의 승전가이다.

이와는 대조되게 이사야 66장 18-21절은 그 열국들 조차도(그 명단은 창세기 10장에 나오는 열국의 명단에 따라 만들어 진 것) 마침내는 하느님의 영광을 볼 것이며 야웨에게 예물을 드릴 것이라고 선언한다.

다음의 개요는 제3이사야의 일반적 배열을 도해해 준다.

56-58장	심판에 관한 예언들(그리고 다른 문제들)
59장	민족의 탄식(단순한 암시)
60-62장	갱신된 구원의 메시지
63-64장	민족의 탄식과 하느님의 응답
65-66장	심판과 묵시적 구원 약속에 관한 예언들

14. 예레미야

51장에 달하는 예레미야서 전체가 한 예언자 예레미야와 관련되어 있다(이 경우에 있어서는 이사야서의 경우와 대조가 된다). 이 예언자 만큼 그렇게 많은 것을 우리에게 전해 주고 있는 예언자는 없다. 그의 예언서에 나타나는 설화의 세 가지 기본형태는 아주 뚜렷하게 즉 예언적 메시지, 보도적 자료, 하느님께 향한 말씀으로 나타난다.

이와 동시에 예레미야서는 또한 세 개 재료로 결합되어 있다. 즉 세 개의 문학층에서 예레미야서는 형성되고 성장되었다.

첫 번째의 것은 단지 "예언의 말들"로만 구성되었는데 그 예언의 말들은 피차 결합되고 배열되었다. 두 번째의 것은 예언자가 그의 선교 때문에 겪었던 고난과 관련된 "사건들에 관한 기사"로 구성되어 있다. 아마도 이 부분은 예레미야의 친구요 또한 그의 필사자(書記)였던 바룩에게서 온 것이리라(45장). 세 번째 문학층은 무게 있는 설교체 즉 신명기 역사가의 문체로 기록된 "예레미야의 말들의 개정판"이다. 이 부분은 신명기와 같이 동일한 종류의 말과 어구들을 많이 포함하고 있다.

첫 번째 문학층은 본질상 1-25장을 포괄하고 있다. 그리고 바룩설화(제2 문학층)는 19장에서 시작하여 28-29장에서 계속되었고, 거침없이 36장으로부터 45장으로 확장된다. 제3의 문학층은 독립적인 단편을 구성하지 않는 정도까지는 두 개의 다른 문학층과 얽혀 있다.

현재의 형태대로 본다면 예레미야서는 단순하고도 분명하게 다음과 같이 배열되어 있다:

유다-이스라엘에 대한 심판의 말씀(렘1:1-25:14)
열국에 대한 심판의 말씀(렘 25:46-51)
유다에 대한 구원 약속(렘 30-35장)
예레미야의 수난 설화(렘 26-29; 36-45장)
역사적 부록(렘 52장=왕하 24:18-25:30)

다음의 도표는 여러 다른 단락들이 어떻게 함께 연결되었는지를 도해해 준다.

예언의 말씀	1-25장		30-35장		46-51장	
설 화		26-29장		36-45장		52장

1. 자기 백성을 향한 예레미야의 말씀(렘 1-25장)

1. 그의 소명과 심판에 관한 예언(1:1-10:25)

1. 예레미야의 소명(1:1-19; 참조. 사 6장; 겔 1-3장)

예레미야의 소명이 이사야의 소명과 다른 점은 주로 예레미야가 그 부르심에 항거했다는 점에서 찾는다. 즉 그는 말하기를 "…나는 단지 한 아이에 불과합니다!"(6절) 여기에 이미 그의 직무의 인간적 면이 그의 예언 속에 대담하게 나타나 있음이 분명하다. 그 경우는 다른 예언자들의 경우와 같다.

그의 소명기사는 두 개의 환상(1:11-16)과 결합되어 있는데, 그의 예언의 서론(1-10절)과 사명을 위촉받는 기사(17-19절) 사이에 끼어 들어 있다. 첫 번째 환상은 하나님께서 그의 말씀을 지켜보고 계신다는 것을 그에게 말해 준다. 따라서 심판에 관한 선포의 두 가지 구성요소는 곧 하나님의 간섭과 그 결과라는 것으로 되어 있음을 지적해 주고 있다. 이러한 간섭의 이유는 16-17절에 암시만 되어 있다.

예레미야가 내 보냄을 받을 때(17-19절) 그의 선교의 막중한 사명이 공개되고 있다. 즉 그는 "내가 오늘 너로 견고한 성, 쇠기둥, 놋성벽이 되게 하였다"라는 말을 듣는다(18절).

2. 심판에 관한 예언(2-10장)

2-10장의 중심부에는 예레미야의 성전 연설(7장)이 들어 있는데 그것은 다음 사건들에 관한 설명을 담고 있는 26장과 함께 읽어야 할 부분이다. 여기에서 그는 그의 청중에게 충격적인 어떤 것을 선언한다. 그것은 예루살렘의 성전은 실로와 같이 될 것이라고 한다. 즉 사사시대에 블레셋 사람들에게 파괴당한(참조. 삼상1-6장) 법궤의 성소와 같이 될 것이라고 한다. 이러한 선포의 기초가 되는 말을 다음과 같이 말한다. "너희가 이 성전을 강도들의 소굴로 만들었도다." 다른 말로 바꾸어 말한다면 그들은 마치 강도들이 약탈물을 그들의 굴 속에 은닉해 두듯이 그들의 성전 예배를 통해 악한 생활을 은닉하려 하였다는 것이다. 26장은 이러한 심판의 경고가 얼마나 예레미야에게 그의 생을 희생시키게 하고 있는가를 보고해 주고 있다.

성전연설(7:1-15) 다음에는 공중 예배를 취급하는 말들이 따라온다(7:16-20,21-28; 7:30-8:3).

2-6장에는 예레미야의 선교의 특성을 나타내 주는 구절 즉 2장 1-13절이 있다. 여기서 예레미야는 불신실한 민족을 비난하고 하느님께서 그의 백성에게 내려 주신 모든 축복의 배후를 고발한다(3-7절). 그는 다른 나라들을 지적하고 질문을 던진다. "어느 나라가 과연 자기 신들을 바꾼 일이 있느냐?"(11절) 그 때 그는 하늘과 땅을 청종치 않은 배신행위의 증언자로 불러들인다. 그는 이렇게 외친다.

> "오! 하늘아, 이로 인하여 놀랄지어다. 떨며 심히 낙담할지어다"라고 야웨께서 말씀하신다. 나의 백성들이 두 가지 악을 행하였음이로다. 즉 생명수

의 근원이 되는 나를 그들이 버렸다는 것과 스스로 자신을 위하여 물 없는 터진 웅덩이를 팠도다(12-13절).

4장 5-29절에서는 북에서 밀려 내려오는 원수(참조. 1:14b)가 거의 민요체로 된 하나의 시로 기술되어 있다. 그는 그 원수의 출진을 다음과 같이 기술한다. "한 마리의 사자가 수풀에서 나왔는데 열방을 멸하는 자였다"(7절). 그 다음 그는 견고한 성읍으로 곤두박질하며 도망함과 원수가 수도 예루살렘으로 올라오는 공포의 상태를 묘사했다. 5장 5-17절, 6장 1-8절, 22-26절은 또한 북쪽의 원수를 취급하고 있다.

예언자의 사명은 심판을 선언하는 것만이 아니었다. 그는 마음의 변화를 일으킬 수 있는 모든 것을 하라는 위임을 받았다. 그 나라에는 아직도 청종한 개인이나 단체들이 없었는가? 그러므로 하느님은 그 예언자로 하여금 검사관(살피는 자)으로 임명했다. 검사의 도구로서 불을 사용함으로 예레미야는 그 백성의 굳은 덩이를 해체시켜서 핵심되는 부분이 나타나도록 하려 하였다(6:27-30).

그는 그의 백성의 포도밭에서 포도 줍는 일을 위탁 받았다(6:9-15). 이와 같이 그는 소박한 민중으로부터 교육받은 자들과 지도자들에게로 옮겨갔고 그들 중에 선을 행하는 자가 있을 것인지를 보려 했다(5:1-6).

8장 4-7절에서 시작되는 탄식의 노래는 다시금 다시금 반복된다. 이것은 이스라엘의 배신을 깨닫지 못하는 것에 대한 탄식이다. 이 배신은 불신앙적인 것이요(4-5절), 자연 법칙에 반대되는 것(6-7절)이다. 그는 말하기를 "공중의 학은 그 정한 시기를 알지만 내 백성은 야웨의 규례를 알지 못하는도다"(사 1:3과 비교)라고 한다. 하느님은 그의 백성 중에서 수확얻기를 원하였으나 열매 맺지 못한 무화과를 발견하였었다(8:13). 8장 18-22절은 하나의 민족 탄식시이다. 절망 중에 있는 그 백성이 구원을 빈다. "길르앗에는 향유가 없는가?"(22절)

9장 17-22절은 여기서 예언자가 사용한 형식인 만가를 부르라는 초청장이다. 그와 같은 예고적인 만가는 매우 불길한 선언이다(참조. 암 5:1-2). 이 민요 속에 담긴 죽음이라는 것은 중세기의 조가(弔歌)와 죽음의 무도에서 나오는 한 인물이다. 예레미야는 노래한다. "죽음이 우리의 창문에 올라오며 우리의 궁실에 들어 왔도다"라고. 10절은 또한 황폐된 땅에 대한 애가이다. 이 단락의 결론은(10:19-20, 23-25) 다시 애처로운 말로 구성되어 있다. 23-25절은 탄식 기도에서 발췌한 것이다.

2. 애가와 심판예언(11:1-20:18)

1. 개인탄식시와 예레미야의 고백

예레미야의 애가와 고백은 이 부분에서만 발견된다(11, 15, 17, 18, 20장들). 어떤 다른 예언자들에게서도 이것과 비교할 만한 것은 없다. 단지 모세의 탄식기도와 제2이사야에 나오는 야웨의 종의 노래만이 이와 비슷하다. 이러한 말을 하는 자는 하느님의 사자가 아니라, 자기의 직무에 번뇌하는 한 인간이다. 그러므로 그것들은 깊은 감동의 증언으로 구성되어 있는데 그것은 미래를 지적하며 하느님이 임명하신 종의 생활 속에는 고난이 체험될 수밖에 없다는 주요 사실을 지적해 주고 있다.

(1) 아나돗의 백성(11:18-12:6): 그 예언자는 갑자기 그의 이웃들이 반역의 혐의가 없는 자신을 암살하려고 계획한 사실을 깨닫게 되었다. 하느님께서 그를 그토록 심각하게 한 자가 아무런 변호도 없이 그들에게 넘겨지는 것을 어떻게 허락할 수 있었겠는가? 예레미야는 그에게는 아직도 더 큰 위험이 있다는 것을 깨닫게 해주며, 그점에서도 하느님은 그의 편이시라는 것을 분명하게 해주는 답변을 받았다.

(2) 그의 손에 붙잡힘(15:10-20): 화(禍)를 선포하는 서론에서 예레미야는 그의 고독함을 인하여 하느님께 불평한다. "내가 홀로 앉았습니다. 왜냐하면 당신의 손이 내게 임하였기 때문입니다. 당신이 나를 분노로 채우셨기 때문입니다"(17절). 그는 즐거이 들떠 떠드는 사람들과 어울리고 싶었고 뜨거운 애정을 사모하기도 했다. 왜냐하면 그는 고독을 견딜 수 없었기 때문이다. "내 고통이 계속되며 내 상처가 고쳐지지 않음은 어찌인고?" 하면서 그는 외쳤다. 그러한 고난 중에서 그는 무시무시한 항변을 내 뱉는다. "당신은 내게 속이는 개울과 같았나이다." 하느님은 그의 말에 책망으로 응답하시고 다시 그를 불러서 그를 임명하실 때 주신 약속을 그 순간에 다시 새롭게 하신다. 즉 "내가 너와 함께하여 너를 구하여 건지리라"(20절; 참조. 1:19).

(3) 그의 원수를 징계하는 말들(17:14-18; 18:18-23): 여기서 예레미야는 시편에서처럼 저주의 노래를 말한다. 그의 원수와 부딪칠 때 그는 하느님과 그의 약속에 매달린다.

(4) 뼈 속에 사무친 불길(20:7-11): 예레미야는 그것을 더 이상 견딜 수가 없었다. "야웨의 말씀으로 인하여 나는 종일토록 치욕거리와 모욕거리가 됩니다"라고 그는 외친다(8절). 이제 그만 그는 자기의 짐을 벗어 던지고 싶은 생각이 났다. "내가 다시는 야웨를 선포하지 아니하며 그 이름으로 더 이상 말하지 아니하리라 하면 나의 마음이 불붙는 것 같아서…내가 답답하여 견딜 수가 없읍니다"(9절). 여기서 혹자는 모욕을 가져다 준 야웨의 말씀과 그리고 기쁨과 즐거움을 가져다 준 야웨의 말씀 사이의 갈등으로 몸부림치고 있는 예레미야의 인간적 면을 보기도 한다.

(5) "내가 왜 세상에 태어났던고?"(20:14-18): 예레미야의 이 마지

막 탄식의 노래는 가장 깊은 절망 중에서 내뱉은 하나의 신음과도 같다(참조. 욥 3장). 그는 그가 태어난 날을 저주한다. 이러한 탄식에 대하여 그는 하나의 대답을 듣는다. 하느님은 그가 이러한 절망에 삼키워 버리는 것을 허락지 아니하신다.

이러한 탄식들의 앞에는 그리고 특별히 이러한 것들과 비길 만한 것이 나타나는데, 그것은 그 예언자에게 주신 신의 위임이다.

2. 또 다른 탄식들과 심판예언

11장 1-14절은 이 단락(11:1-20:18)의 서론 역할을 하고 있으며 그 끝에는 예레미야가 중재에 나서지 못하도록 금지를 당한다(14:11에서도).

(1) 심각한 가뭄의 때에 읊은 민족 탄식시(14:1-15:4)

예레미야는 그의 민족의 고난에 연민을 가졌고 그들에게 좋은 소식을 전하고 싶었다. 그러나 그는 다음과 같은 하느님의 말씀에 의하여 거절을 전하고 싶었다. 그러나 그는 다음과 같은 하느님의 말씀에 의하여 거절을 당했다. "모세와 사물엘이 내 앞에 섰다 할지라도 나의 마음이 이 백성을 향할 수 없도다"(15:1). 이와 같이 예레미야는 그의 백성의 재난과 그의 하느님의 분노 사이에 홀로 서 있었다. 이러한 고독의식이 그의 탄식의 억양을 높인다.

(2) 가까이 오는 심판을 위한 표징(16:1-13)

예레미야 자신의 생은 가까이 오는 심판의 표징이 될 수밖에 없게 된다. 그는 결혼을 하거나 자녀를 가질 수가 없었다(1-4절). 그는 그의 이웃의 슬픔이나(5-7절) 즐거움(8-9절)에 동참할 수가 없었다. "나는 나를 누르시는 당신의 손으로 인해서 홀로 앉았나이다"(15:17)라고 그는 말한다.

(3) 토기장(土器匠)의 집에서의 예레미야(18:1-12)

그 예언자는 토기장의 점포로 가라는 명령을 받았다. 거기서 하느님의 말씀이 그에게 임했다. "오, 이스라엘의 집이여, 이 토기장이 한 것과 같이 내가 네게 할 수 없느냐?"(5절).

(4) 감옥에서의 예언자(19:1-20:6)*

예레미야는 "질그릇 조각의 문"(하시드 문) 앞에서 그 질그릇을 깨뜨리라는 명령을 받았다. 그가 이 행동이 의미하는 바의 심판의 경고를 반복하였을 때 그는 제사장 바스훌에게 매를 맞고 착고에 채워졌다. 다음날 아침 놓임을 받았을 때 그는 바스훌에게 하느님의 심판을 알려 주었다. 이 기사에 뒤따라오는 탄식 속에서 우리는 다음과 같은 말을 듣게 된다. "야웨의 말씀이 나를 치욕과 모욕거리로 만들었다"(20:8).

11-20장에서는 일련의 탄핵의 말들이 들어 있다. 이 설화에는 베로 만든 띠의 매장에 관한 행동적 비유(13:1-11)와 포도주 병에 관한 비유적 이야기(13:12-14)가 들어 있다. 이 단락 가운데는 약간의 설화집이 들어 있는데(17:5-11) 거기에는 다음과 같은 말이 들어 있다. "마음이란 만물보다 거짓되고 심히 부패한 것이다. 누가 이것을 이해할 수 있겠는가?"(9절).

3. 지도자들에 대한 말씀(21:1-24:10)

1. 왕들을 비판하는 말씀(21:1-22:30)
    1. 시드기야에게 대답함(21:1-10)
    2. 그 왕가에 대하여(21:11-22:9)

* 이 설화(19:1-2a, 10-11, 14-15; 20:1-6)를 평가함에 있어서 그것이 "힌놈"의 골짜기에서 말한 심판의 경고인 또 하나의 기사(19:2b-9, 11b-13)와 결합되었다는 사실을 깨닫는 것이 중요하다.

3. 각 왕들에 대하여(22:10-30)
   1. 살룸:(여호아하스) "그가 돌아오지 못하리라"(22:10-12)
   2. 여호야김: "나귀처럼 매장당하리라!"(22:13-19)
   3. 여호야긴: "인장 반지가 빼앗기리라"(22:20-30)

2. "목자들에게 화 있을진저!"(23:1-8)

3. 예언자들을 치는 말씀(23:9-40)
   1. "예언자와 제사장이 불경되다"(22:9-12)
   2. "사마리아의 예언자들—예루살렘의 예언자들"(23:13-15)
   3. "그들 자신의 마음에서 나온 묵시들"(23:16-24)
   4. "겨와 밀을 어찌 비교하겠는가?"(13:25-32)
   5. "너희와 곧 벗어버릴 짐이다!"(너희가 곧 엄중한 야웨의 말씀이다!)(23:33-40)

4. 무화과 두 광주리 비유(24:1-10)

이 장들 속에서는 예레미야의 말씀들이 그 주제의 관점 아래 피차 모방 배열되었다. 왕과 예언자들에 관한 말씀들은 한 덩어리가 되었고 지도자에 대한 일반적인 통칭으로 사용된 목자들에 관한 관찰을 띄엄띄엄 배열되어 들어갔다.

왕들에 관한 신탁들 가운데에는 왕정사의 마지막 시대가 아주 명백하게 반영되어 있다. 여기서 예레미야는 여호아하스(살룸)가 즉 애굽에 포로로 잡혀간 요시아의 아들이요 왕위 계승자인 그가 결코 돌아오지 않을 것임을 선언한다.

예레미야는 여호야김에게 잔혹한 심판의 말을 전한다. 즉 그가 잔혹한 죽음을 죽어서 그의 시체는 더럽힘을 당할 것이라고 말한다. 이러한 선언은 그 왕이 그의 백성을 착취하는 데 그의 권위를 이용하였다는 비난을 근거한 것이다. 동시에 예레미야는 여호야김의 아버지 요시아가 통치하던 시대에는 의(義)와 공의(公儀)가 시행되었음을 언급한다.

여호야긴에 관한 말들은(22:20-30) 더욱 더 탄식의 성격을 갖고 있다. 예루살렘은 그의 운명 때문에 충격을 받는다. 그는 3개월만 통치한 후에 바벨론으로 끌려가서 오지병처럼 깨어졌었던 것이다.

23장 9-40절은 심판의 예언자 예레미야와 복지 예언자들 사이의 반립관계를 밝히 보여 준다. 즉 복지 예언자들은 "평화가 없는 때도 평화로다 평화로다라고 외친다"(8:11). 그들은 꿈을 통하여 보았다고 말하며 "하느님이 가까이 있음"을 선포함으로 청중들과의 관계를 간교히 농락한다. 그러나 하느님은 그들을 보내시지 않았다고 예레미야는 선포한다. "야웨께서 말씀하신다. 나는 가까운데 있는 하나님이요 멀리 있는 하나님은 아니냐?…"(23절) "나의 말이 불같지 아니하냐? 반석을 부스러뜨리는 방망이 같지 아니하냐?"(29절).

두 개의 무화과 나무의 비유는 지도자들에게 주신 말씀들의 결론이다. 그것은 심판받을 자들이란 포로로 잡혀간 자들이 아니고 오히려 시드기야의 통치를 받으며 예루살렘에 남았던 국민의 대표자들이었음을 말하려는 의도가 있다.

4. 예레미야의 심판예언집의 결론(25:1-14)

이 부분은 제3의 문학층에 속한다. 그리고 이것은 예레미야의 말들이 포로기간 동안에 개정된 대표적인 예이다. 그의 활동을 여기서는 회고의 형식으로 요약하고 있는데 이것은 그러한 방법을 취한 하나의 대표적 모형이다. "요시아 제13년으로부터… 이날까지 23년 동안"은 그의 활동이 초기 예언자들의 활동 가운데 포함되어 있음을 말해 준다. "야웨께서 너희에게 그의 모든 종들과 예언자들을 끊임없이 보내 주셨지만 너희는 그를 듣지 아니하였다"(4, 7절).

모든 것을 비슷한 모형으로 요약하는 구절은 11장 1-8절인데 그것도 포로기에 개정된 것에 속한다.

2. 열국에 대한 심판 예언(렘 25:15-38; 46:1-51:64)

25장 15-38절에는 홍분케 하는 잔에 대한 묘사로서 "열국에 대한 신탁"을 이끌어 들인다. "너는 내 손에서 거품이 이는* 잔을 취하여 내가 네게 보내는 모든 열국을 취하게 만들라. 그들이 마시고 비틀거리며 미치리니 이는 내가 그들 중에 칼을 보냄을 인함이니라"(25:15f.).

예레미야의 초기의 형태에서는, 70인역에서는 아직도 나타나 있는, 이방 나라들에 대한 신탁들이 여기에 덧붙여졌던 것이다. 이사야 13-23장에 관하여 이미 논술한 바는 여기 예레미야 46-51장에도 적용된다. 이 부분은 모두 예레미야에게서 온 것은 아니다. 그 기원에 관해서 말한다면, 민족의 신탁들은 익명으로 된 것이다. 그 문제에 관한 모든 편집물들 가운데에는 여러 무명의 예언자들의 설화들이 들어 있다. 서로를 포함한 민족에 관한 신탁들은 다음과 같다.

1. 열국에게 줄 취하게 할 잔(25:15-38)
2. 애굽(46:1-28)
3. 불레셋(47:1-7)
4. 모압(48:1-47)
5. 암몬(49:1-6)
6. 에돔(49:7-22)
7. 다메섹(49:23-27)
8. 아랍 부족(49:28-33)
9. 엘람(49:34-39)
10. 바벨론(50:1-51:64)

애굽에 관한 두 개의 선언(46:3-12; 46:13-26) 가운데는 애굽 왕 느고가 유프라테스에서 패전할 것이 가정되어 있다. 요시아 왕을 전사케 한 느부갓네살의 정벌 때에 이루어졌다. 한 때 이스라엘의 강적

* 영역자 주: RSV는 히브리어 ḥē mā h를 기초하여 "분노의 잔"으로(한국어 성서도!)번역하였다. 그러나 저자의 번역은 ḥemer을 "거품이 이는 술"로 읽는 독일어 성서를 따라가고 있다. Septuaginta는 이것을 따라가며 시편 75:8도 이러한 수정을 취한다.

이었던 불레셋은 그 공격에 의해서 넘어졌다(47장).

이스라엘 인근 국들이 차례차례로 넘어질 때 그들의 붕괴는 웅대하게 극적으로 묘사되었다.

하느님은 역사의 주라는 것이 이방 나라들에 대하여 받은 예레미야의 신탁 속에 이상하리 만큼 강조되어 표현되었다. 그러나 열방의 역사 속에 나타내신 하느님의 활동은 그들에게 임한 재난 안에서만 볼 수 있는 것은 아니다. 이 사실은 에돔에 관한 신탁의 끝에 나타나는 문장에서 지적되어 있다. "'그러나 후일 나는 엘람의 포로를 돌리리라' 라고 야웨께서 말씀하시다"(49:39). 이 약속은 46장 26절, 48장 47절, 49장 6절에서 비슷한 언어로 반복된다. 이것은 모두 후대의 첨가 부분으로서 이스라엘은 야웨의 역사활동에 대한 편파적인 견해로 만족할 수 없음을 지적하고 있다.

바벨론에 관한 신탁들*(51:59-64은 제외)은 50-51장에서 포로기간 동안에 모은 민족적 신탁을 편집한 것이다.

3. 구원에 관한 약속(렘 30-33장)

여기 나타나는 네 장들은 독립된 하나의 조그만 편집물로서 다른 시대에서 온 구원에 관한 상이한 약속들을 많이 포함하고 있으며, 그 시대는 예레미야 시대로부터 포로 후기까지 확장된다.

(1)

예레미야 자신은 밭을 사들이는 것과 관련해서 32장에서는 좋은 소식을 전하고 있음이 매우 분명하다. 예루살렘이 포위되어 있고 예레미야는 궁중 시위대 뜰에 감금되어 있었을 때 그는 그의 숙부로부터 밭을 사라는 명령을 받았다. 그는 하나의 친족으로서 밭을 살 권

* 약 15개가 들어 있다.

리를 갖고 있었다. 그 밭은 원수가 점령한 지역 안에 있는 아나돗 근방에 있었다. 그 구매행위가 자세히 기술되어 있다. 그 다음 이러한 비유적 행위에 대한 해석이 따라 오는데 그것은 다음과 같다. “사람이 이 땅에서 집과 밭과 포도원을 다시 사게 되리라”(15절).

미래의 복지에 관한 예레미야의 조용하고도 겸손한 말은 그 선포된 상황에서 볼 때 의의와 중요성을 가진다 하겠다. 최후 포위의 때에 지치고 당황한 백성은 다음과 같은 말을 듣는다. “모든 것은 잃지 않는다. 이 곳에서 다시 독립적으로 그리고 평화스럽게 살게될 것이다.”

(2)

30장과 31장에 나타난 좋은 소식들은 처음엔 예레미야 선교 초기의 북이스라엘을 위하여서만 선포되었다. 예컨대 31장 5-6절에서는 북방 이스라엘이 분명히 언급되고 있다. “다시 너희가 사마리아의 산들 위에서 포도밭을 경작하게 될 것이다.” 이것은 3장 12-13절에 있는 북방 이스라엘에게 선포된 돌아오라는 선포에 비길 만하다. 후에 이 복지에 관한 약속들은 전 이스라엘 즉 이스라엘과 유다에게로 확장된다.

(3)

30-31장이 본질적으로 조국 귀환과 조국에서의 새로운 복된 생활을 취급하고 있는 반면에 31장 31-34절은 다른 종류의 약속을 포함하고 있다. 처음부터 그것은 아마도 전체 이스라엘에게 주신 약속이었을 것이다. 즉 새 계약의 선언이었을 것이다. 여기서 말하는 “새로움”이란 것은 하느님과 그의 백성과의 관계가 근본적으로 수정될 것이라는 의미에서만 보는 점이다. 시내 산에서 수립된 계약의 시대는 끝이 날 것이다. 이 새 계약은 어느 땐가 하느님의 뜻이 그의 백성의 마음속에 특수한 형태로 새겨질 것이다. “주의 성만찬”의 제도는 이러한

약속과 결합되어 왔었다(누가 22:20; 고전 11:25).

4. 예레미야의 수난설화

1. 성전 설교의 결과, 예언자 우리아의 죽음(26:1-24)
2. 하느님과 바벨론 왕의 멍에(27:1-28:17)
3. 포로민들에게 보내는 예레미야의 편지(29:1-32)
4. 두루마리 책의 운명(36:1-32)
5. 예루살렘의 포위와 정복 기간 동안의 예레미야(37:1-40:6)
    1. 아무도 예레미야의 말에 귀 기울이지 아니함(37:1-2)
    2. 예레미야 앞에서 시드기야의 요구(37:3-10)
    3. 예레미야의 감금과 석방(37:11-21)
    4. 예레미야가 웅덩이에 던져짐, 에벳멜렉에 의해서 건짐 받음(38:1-13)
    5. 시드기야에게 대한 최후의 경고(38:14-28)
    6. 예루살렘의 함락(39:1-10)
    7. 예레미야의 해방(39:11-14)
    8. 에벳멜렉의 축복 약속(39:15-18)
    9. 다시 석방된 예레미야가 그다랴에게 가다(40:1-6)
6. 그다랴가 미스방에서 통치
    1. 그다랴가 미스바의 통치자가 됨(40:7-12)
    2. 그다랴가 이스마엘에게 암살(40:13-41:10)
    3. 이스마엘이 쫓겨나다(41:11-18)
7. 애굽으로 도주함(42:1-43:13)
    1. 예레미야에게 물음과 그의 대답(42:1-21)
    2. 예레미야의 충고를 어기고 애굽으로 피신(43:1-7)
    3. 예레미야가 느부갓네살의 애굽 정벌을 선언함(48:8-13)

8. 애굽에서 우상을 숭배하는 유대인들에 대한 심판의 말씀(44:1-30)
9. 바룩에 대한 예레미야의 충고(45:1-5)

이것은 성전 설교가 야기한 예레미야의 수난 설화의 배경을 형성하고 있는 이스라엘사의 결론장에 해당한다(26장). 군중은 그를 죽이려고 한다. 그러나 그는 마치 기적처럼 석방된다. 이러한 석방에 공헌한 것은 100년 전의 예언자 미가의 예언이었다(미가 3:12). 그러나 또 다른 예언자 한 사람, 우리아가 왕에게 살해된다.

하느님의 명령에 따라 그의 모든 말씀을 받아 쓰게 한 그 두루마리 성경을 읽으므로 그 예언자의 가르침이 다시 백성과 제후, 그리고 왕에게 전달된다(36장). 그 왕은 그 두루마리를 찢어서 불에 태운다. 따라서 결정적 사건이 일어난다. 예레미야와 바룩은 동시에 겨우 죽음을 면한다. 이 두 사건이 일어난 것은 여호야김 왕 때이다. 그 후 첫 번째의 일격을 받고 예루살렘은 정복당한다. 그리고 첫 포로민들이 B.C. 597에 끌려 나갔다.

시드기야의 시대에 예레미야는 복지 예언자들과의 가장 최악의 투쟁을 하게 된다(37:1-2). 28장에서는 그와 하나냐가 부딪치는 장면이 인상깊게 묘사되어 있다. 예레미야는 하나냐가 그를 붙들고 그가 상징으로 어깨에 매고 다녔던 멍에를 꺾어 부수는 것을 참아야 했었다. 하느님은 그 때 간섭치 아니 하셨거나 아니면 말씀을 주시지 않으셨거나 했다. 복지 예언자들이 승리를 거두는 동안 그는 침묵을 지킬 수밖에 없었다. 얼마 후에 비로소 그는 그가 받은 말씀으로 응답할 수가 있었다.

바벨론 포로민들에게 보낸 그의 편지는 복지 예언자들과는 반대되는 성격의 것이었다(29장). 그는 그 포로민들에게 그가 함께 살고 있는 그 백성을 위하여 일하고 기도하라고 말한다. 이라하여 성서에서는 처음으로 하느님의 백성이 아닌 자들을 위한 중재를 명령받는다.

이제 마지막 사건, 즉 예루살렘의 포위와 정복 사건이 나타난다(37-40장). 예레미야는 마지막까지 그의 위임 사명을 성실하게 이행한다. 그는 그의 백성에 대한 하느님의 심판이 외국 정복자에 의해서 집행될 것임을 장담한다. 그는 그의 일행을 통하여 오치기는 하였지만 끝까지 그들의 고난을, 미움을 받으면서, 투옥이 되면서, 불신을 받으면서 함께 겪는다.

예루살렘 함락 이후 그에게 한 가지 선택의 가능성이 주어졌을 때 그는 여기서도 그 땅의 남은 자들과 함께 불복종과 완고함과 그리고 배교하는 자들과 대결하는 데만 자신의 운명을 내 맡긴다. 결국 그는 "당신의 말씀이 내게는 기쁨이 되고 내 마음의 즐거움이 된다"(15:16)고 말한 바, 그 하느님의 구원의 말씀 이외에는 아무 것도 가진 바가 없게 된다.

예레미야가 그의 동료 바룩에게 준 충고는 자기 자신에게도 적용된다.

> "보라, 나는 나의 세운 것을 헐기도 하고 내가 심은 것을 뽑아버리기도 하며 너는 너를 위하여 큰 일을 찾고 있느냐?"(45:4f.).

이와 같은 말로 바룩은 그의 설화를 끝맺는다.

15. 에스겔

에스겔서는 다음의 도표*가 말하고 있듯이 대체로 예레미야를 닮는다.

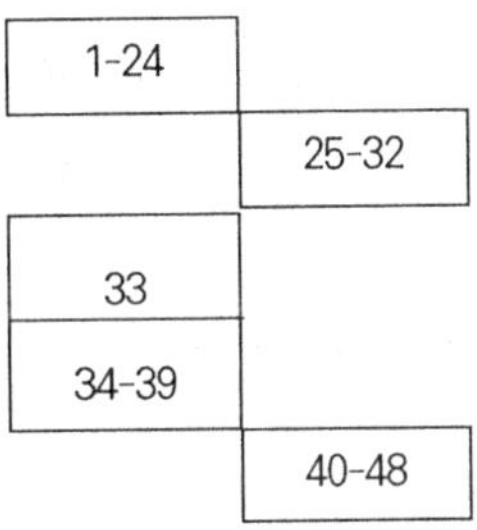

1. 유다와 예루살렘에 관한 심판예언(1-24)
2. 이웃 나라에 관한 심판예언(25-32)
3. 파수군(33) (참조. 3, 18장)
4. 구원에 관한 약속(34-39)
5. 새로운 성전(40-48)

에스겔의 예언을 요약하기란 쉬운 일이다. 왜냐하면 그 주요 부분이 정리되고 세분되고 서로 연결되고 있기 때문이다. 주요 연결점을 관찰할 수 있다. 예컨대 에스겔이 자기의 직무를 파숫꾼으로 위탁받은 점을 들 수 있다. 그는 이러한 위임을 심판에 관한 경고 전에, 즉 예언자로서의 소명을 받은 그 끝에 받았다(3:16-21). 그리고 구원약속의 서두에서는(33:1-9) 그는 다시 그 위임을 받는다. 이와 같이 하여 그 책의 두 부분이 서로 연결되고 있는 점을 분명하게 지적할 수 있다.

이와 비슷한 관계는 1-24장의 끝, 즉 24장 15-27절에서 구원 약속

---

* 저자가 1-24장 아래에 33-39장을 둔 것은 이 장들은 같은 연설이기 때문이라는 것이다. 반대로 25-32장은 다른 그룹이라고 보고 있다. 그리고 40-48장은 이상의 것들과는 독립된다고 보고 있다. 왜냐하면 그것은 그 자체로서 하나의 단위를 구성하기 때문이다. 이러한 저자의 주석과 일치시키기 위하여 도표를 약간 수정했다.

에 관한 직접적인 암시가 나타날 때 더욱 분명해진다. 그것은 이와 같이 결론지어진다. 즉 "그날에 도피한 자가 네게 와서 그 소식을 네게 알려 줄 것이다"(26절). 에스겔을 예루살렘의 멸망에 관한 소식을 듣기까지는 결코 슬퍼할 수 없었던 그의 아내의 죽음을 이미 전해 주었다(24:15-27). 분명히 이것은 33장 21-22절에서 보도되고 그 다음 구원에 관한 에스겔의 메시지가 전해지기 시작한다.

에스겔의 예언에 관한 연대는 부분적으로 결정된다. 기원전 593-571에서부터 그는 바벨론의 그발강가에서 활동했다(1:1,3; 3:15). 거기에 그는 B.C. 597에 끌려온 포로민들과 함께 왔었다. 더욱 그가 예루살렘에서 활동을 하였는지는 의심스럽다(참조. 8:1-4에 나타난 그의 이끌림).

1. 유다와 예루살렘에 관한 심판예언(겔 1-24장)

1. 에스겔의 소명(1-3장)

에스겔의 소명은 이상할 만큼 자세하다. 보좌의 수레에 관한 환상(1:4-2:7)은 말씀이 임한 후에 보여지고 상징적인 형태로 나타난다. 에스겔은 고발장이 적혀 있는 두루마리를 삼키는 것으로 가정되었다. 그 후 그는 자신의 과제에 대한 준비를 갖추었다. "하느님이 말씀하신다. 내가 너의 이마로 화석보다 굳은 금강석 같이 하였다"(3:9).

이 장들 안에서 어떤 이는 이사야(사 6장)와 예레미야(렘 1장)의 소명에서 발견할 수 있는 특징들을 보게 된다. 반대로 그것들은 하느님의 수레를 묘사하는 세밀한 방법에 있어서 이미 묵시문학적인 성격을 띠고 있다.* 결론부에서 에스겔은 하나의 파수꾼의 직임을 위임받았다. 초기 예언과 관련해 볼 때 여기서는 다소 고상한 점이 분명

* 네 마리의 짐승(1:5-14)은 복음 전도자들의 상징들이 되었다.

히 나타나 있다. 즉, 한 개인으로서의 사람이 각 개인들 앞으로 들어오고 있다. 그러나 이제는 그 말씀에 직명해서 의로운 사람과 악한 사람 사이에 구별이 생겨난다. 그리고 그 예언자는 그의 메시지를 거부하는 악인에 대해서는 더 이상 책임을 질 수가 없게 된다.

2. 상징적 행동들(4:1-5:17)

이 곳에서는 이상하고도 괴상한 상징적 행위들이 나타나는데 이 모두는 예루살렘의 멸망을 암시하고 있다. 예컨대 벽돌과 철판을 가지고 에스겔은 예루살렘의 포위를 묘사하고 있다(4:1-3). 또 하나의 상징은 포위된 기간 동안에 있었던 부족하고도 부당한 배급량을 상징한다(4:9-17). 이러한 비유적 행동들의 마지막에는 예루살렘에 내릴 자세한 심판의 경고가 나타난다(5:5-17). 하느님은 선언한다. "내가 열국들이 보는 가운데서 너희 가운데 심판을 행할 것이다."

3. 유다와 예루살렘에 관한 심판예언(6:1-7:27)

엄밀한 의미에서 볼 때 이 예언들은 4-5장과 같이 분류될 수 있다. 왜냐하면 그것들은 심판에 관한 경고로 볼 수 있기 때문이다(5:5-17). 산들을 향해 외친 재앙의 말들은(6:1-10) 의의 있다. "인자야,* 너는 이스라엘 산들을 향하여 그들을 쳐서 예언하라"(6:2).

7장의 주제는 "끝이 왔다"는 것이다. 아모스**는 이미 이것을 비슷한 모양으로 말했다(8:1-3). 이 말들 사이의 비교는 아모스로부터 에스겔에 이르는 예언의 항구적이고도 변천하는 요소를 논증해 줄 것이다.

4. 예루살렘에 있는 가증한 것들(8:1-11:25)

그 예언자는 환상 중에 예루살렘으로 옮겨갔다(8:1-4). 예루살렘에

---

* 이것은 에스겔 전체를 통하여 그 예언자를 부르는 전형적인 모습이다.

** 아모스는 B.C. 6세기의 예언자이다(영역자 주).

서 나타난 계시가 끝나자 그는 바벨론의 그발강으로 옮겨졌다. 이때 이 사실은 환상 중에 일어났음이 분명하다. "그때 내가 전에 보았던 이상이 내게 임했다. 그래서 나는 야웨께서 내게 보이신 모든 것을 포로민들에게 말했다"(11:24-25).

그 예언자는 예루살렘 성전에서 우상의 가증한 것들을 보았다. 여기 에스겔 8장에서처럼 그렇게 구체적으로 우상을 묘사한 곳이 다른 곳에는 없다. 모든 종류의 우상숭배, 즉 탐무즈 제의(Tammuz cult)와 태양신 예배가 취급되어 있다(8:5-18). 이 다음에는 에스겔이 그 성의 파멸과 그 거주민들을 본 압도해 오는 듯한 환상이 따라 왔다(9장, 10장). 그들을 위한 그의 중재는 거부되었다(9:8-10). 그가 그 성 주민들에 대한 심판과의 관계에서 의인들과 악한 자들 사이에 구별을 짓는 것은 에스겔의 특징이다. 그 성 자체는 완전히 파괴되고 더럽혀질 것이다. 하느님의 영광이 그 성을 떠나는 것으로 표현되어 있다(10:18-19; 11:22-23). 새 성전을 묘사하고 있는 43장 1절에서는 하느님의 영광이 다시 그 성전으로 들어가신다.

5. 유다와 예루살렘에 대한 심판예언(12:1-24:27)

심판에 관한 이 거대한 경고집은 예루살렘의 멸망이 다가오고 있음을 묘사하는 에스겔의 상징적 행동으로 시작되고 있다. 그는 명령을 받은 후 밤중에 자기 집을 뚫어 놓은 성벽을 통해 밖에 내놓은 행구(이삿짐)를 짊어지고 어두움 속으로 사라진다. 그는 그의 동료들의 질문에 대한 답변에서 이러한 행동들에 대하여 설명한다(12:1-16). 그 다음에는 음울한 상징적 행동이 뒤따라 온다. 거기서 에스겔은 두려움으로 빵을 먹고 떨면서 물을 마시는 행동을 취하는데 이것은 다가오는 예루살렘의 멸망이 모든 개인의 평화를 위협하리라는 것을 보여 주려는 것이다. 심판에 관한 경고는 하나의 긴 연속선을 이루며 소개된다.

1. 돌이킬 수 없는 심판(12:1-15:8)
   1. 상징적 행동: 예루살렘으로부터 도망함(12:1-16)
   2. 상징적 행동: 두려워하고 떨며 음식을 먹음(12:17-20)
   3. 더 이상 지연되지 않을 것이다(12:21-28)
   4. 성벽을 건축하지 아니한 거짓 예언자들에게 말함(13:1-16)
   5. 악한 자들을 돕는 거짓 예언을 하는 부녀들을 쳐서 예언함(13:17-23)
   6. 하느님은 우상숭배자들에게는 응답지 아니할 것이다(14:1-11)
   7. 노아, 다니엘, 욥만이 구원받을 수 있을 것이다(14:12-23)
   8. 무가치한 포도나무(15:1-8)

에스겔이 이러한 비난을 받을 대상으로 뽑아낸 자들이 있다. 그들은 예언자들 즉 벽에 회칠을 하는 복지 예언자들이다(13:11). 왜냐하면 그들은 평화가 없는 데도 평화를 외치기 때문에(13:10)* 그들은 에스겔의 결정적 선교를 좌절시킨다. "너희는 무너진 곳으로 올라가지도 않았고 또 이스라엘의 집을 위하여 성벽을 수축하지도 않았다"(13:5)고 그는 말한다.

장로들은 그 예언자를 통하여 하느님의 가르침을 받기를 원하였다. 에스겔은 그 나라의 우상숭배를 언급함으로 그것을 거절하였다(14:1-11). 이제 신의 심판은 더 이상 회피할 수가 없었다. 노아와 다니엘 그리고 욥이 나선다 하더라도 유다를 구출할 수 없었다. 그 나라는 태워버릴 수밖에 없는 포도나무처럼 무가치한 것이 되었다. 전체의 첫 부분(12-15장)은 심판이 취소될 수 없음을 특별한 모양으로 강조하고 있다.

* 이러한 비난의 말은 예레미야 6장 14절에서 문자 그대로 물려받은 것이다.

2. 역사적 개요(16:1-24:17)

1. 음녀, 예루살렘(이스라엘의 한 역사)(16:1-63)
2. 큰 독수리(역사적 우의) 시드기야의 배반(17:1-24)
3. "내가 너를 심판하리라…그의 길을 따르는 모든 자들을…" (18:1-36)
4. 왕가에 대한 애가(19:1-14)
5. 이스라엘 역사, 과오의 역사(20:1-49)
6. 암몬과 유다에 내릴 칼(21:1-32)
7. "이스라엘은 찌꺼기가 되었다"(22:1-31)
8. 간음한 처녀들, 오홀라와 오홀리바(23:1-49)
9. 녹슨 가마(24:1-14)
10. 애도받지 못한 예루살렘의 죽음(24:15-27)

심판이 과거의 회상이 되었을 때 예언자는 그에게 보여진 이전의 이스라엘 역사 전체를 보았다. 그는 세 장(16:1-63; 20:1-44; 23:1-49) 속에서 수세기를 포함하는 역사적 반성을 시도한다. 죄와 불신실로 구성된 이 역사 개요 안에서 사람들은 우리의 관점에서 기괴하고도 일방적인 풍자와 과장, 즉 피상적인 것들 만을 보기 쉽다. 그러나 관념의 역사에서 뿐만 아니라 신학적으로 볼 때도 의의있는 것이 이러한 표현방법 속에 즉 그와 같은 일방적인 방법으로 하느님 활동과 대면하여서만 볼 수 있는 의의있는 역사적 관계를 표현하는 방법 속에 감추어져 있었다. 이런 것들은 방대한 스케일의 역사를 포섭한다. 더욱이 에스겔은 그러한 역사 자료를 아주 자유롭게 즉 중복된 문맥을 조정하기까지 하면서 다루고 있다. 이것이 바로 현대적 의미에서 최초로 역사적 반성을 가능하게 하는 것이다.

16-24장의 나머지 구절 가운데에는 역사적 사실과 관계에 대한 이러한 이해가 분명하게 나타나 있다. 17장은 에스겔이 그 시대에 미치

는 역사적 운동을 묘사해 주는 두 독수리에 관한 역사적 우화이다. 예루살렘의 제2 정복이 신하의 서약을 깨뜨린 시드기야의 통치 때 시작되었다. 에스겔은 그러므로 이 유다 역사의 마지막 시기를 예레미야 예언자가 행한 것과 꼭 같은 방법으로 정확히 관찰하였다. 마지막 왕들의 운명에 관한 그의 애가조차도(19장) 그들에 관한 예레미야의 예언신탁에 상응한다(렘 21:22).

에스겔은 21장에서 놀라울 만큼 넓고도 심오한 역사적 견해를 나타내 보여 준다. 그는 예루살렘의 멸망이란 바벨론 정복자의 관점에서는 다른 여러 행동들 중의 하나의 행동에 불과했다는 것을 시사한다.

22장은 하느님의 백성에 대한 넓은 윤곽을 그려서 요약하고 다음과 같은 결론을 내린다. "이스라엘의 집은 나에게는 찌꺼기가 되었다"(17절). 녹슨 가마에 대한 묘사는(24:1-14) 같은 것을 말한다.

심판에 관한 경고의 중심에는(12-24장) 유명한 18장이 들어 있는데 그것은 특별히 에스겔의 신학적 관점에서 볼 때 의의가 있다. 그것은 백성의 남은 자들 가운데 떠돌아 다니는 하나의 잠언으로 시작한다. "아버지가 신 포도를 먹었더니 아들의 이가 시다"(렘 31:29과 비교). 16, 20, 23장에 나타난 넓은 역사적 관점의 배경과는 반대 입장에서 이 잠언과 그 의의는 잘 이해할 수 있다. 18장은 분명히 이러한 이유로 이 부분의 중심부에 지리잡고 있다. 그러나 에스겔은 "이 잠언은 더 이상 효력을 낼 수 없다"고 선언한다. 예루살렘의 멸망과 더불어 한 시기는 끝이 났다. 남은 자들은 전체 이스라엘에 내릴 심판선언의 영향을 더 이상 받지 말아야 했다. 그들에게는 개인적 결단의 기회가 주어질 것이다. "그 아들은 결코 그 아버지의 죄를 결코 담당치 않을 것이며, 그 아버지는 그 아들의 죄를 담당치 않을 것이다. 의인의 그 의는 그 자신에게로 돌아가고 악인의 악도 그 자신에게로 돌아갈 것이다"(20절).

12-24장은 상징적 의미의 행위로 시작했듯이 그 결론도 이러한 종

류의 것으로 결론지어진다(24:15-27). 그의 아내의 죽음에 관한 소식을 들었을 때 그 예언자는 애도받지 못한 예루살렘의 죽음을 가리키는 하나의 상징으로서 애도하는 것이 금지되었다.

2. 외국 나라들을 치는 신탁(겔 25:1-32:32)

이전 예언자들에게서는 민족 신탁들은 아무런 명백한 질서도 없이 일괄적으로 묶여졌지만(아모스는 예외) 에스겔서에서는 아주 분명한 질서가 갖추어져 있다. 이것은 다시 그의 넓은 역사 지식으로 조정된다. 그 신탁들은 지리적인 관점에서 정리되었다. 즉 첫째로 동쪽과 서쪽에 인접하고 있는 조그만 인근 국가들—암몬, 모압, 에돔 그리고 불레셋(25장)을 취급하고 그 다음으로는 당시에 새로운 의의를 가진 북쪽의 두로, 시돈을 취급한다(26-28장). 마지막으로는 남쪽의 애굽을 취급한다(29-32장). 두로를 화려한 배로 표현하는 장대한 시적 우화는 특별한 주의를 끈다. "주 야웨 말씀하신다. 오 두로야, 너는 말하기를 '나는 온전히 아름답다' 하였구나. … 바다 중심에서 풍부하여 영화가 극에 달했구나. 네 사공이 너를 인도하여 큰 바다에 이름이여…동풍이 바다 중심에서 너를 파하였도다. … 섬의 거민들이 너를 인하여 놀라고 그 왕들이 심히 두려워하도다"(27:3,25-26).

견고한 성 두로의 멸망에 관한 선언은 실현되지 못했다—어쨌든 당장 이루어지지는 않았다. 느브갓네살은 오랫동안 두로를 포위했으나 굴복시키지는 못하였다. 이 점에 있어서 에스겔 자신은 그의 초기 선언을 수정한다(29:17-21). 느부갓네살은 끈덕지지만 성공하지는 못한 그의 두로 포위에 대한 보상으로 애굽을 얻으리라는 것(여기서 말하는 바에 의하면)을 가정한다.* 이 예언은 예언자의 선포란 그것이 후에 정정되는 것을 막지 않는다는 사실에 대한 중요한 설명이다.

* 이 예언은 29-32장에 나오는 애굽에 대해 받은 신탁과 결합되었다.

3. 파수군(겔 33장)

3, 18, 33장들은 에스겔서에서 주요한 위치를 차지하고 있다. 3장과 33장에서 예언자의 직무는 구원의 메시지 뿐만 아니라(33장에서 시작됨) 심판의 메시지도(3장에서 시작됨) 살피는 직무로 새롭게 정의되고 있다. 한 메시지의 책임성과 맞붙어 있는 파수꾼의 책임은 이 점에 있어서 망대 위에 있는 파수꾼처럼(33:1-9) 모든 사람이 경보의 소리를 들을 수 있도록 해야 한다는 것으로 확장된다. 그러나 그의 책임은 어느 땐가 끝이 난다. 왜냐하면 어느 한 사람이 그 경고를 듣는 그때는 듣는 자 자신의 책임이 시작되기 때문이다.

이와 같이 파수꾼의 외침은 그 소리를 듣는 자와 그것을 듣지 않는 자 사이를 분리해 놓는다. 이것이 심판 예언의 중심부에 있는 18장이 말하고 있는 바다. 그러므로 33장 1-9절에 나타난 파수꾼의 직무에 관한 선언은 회개의 요청이 뒤 따르면 회개한 자에 대한 약속이 뒤따른다(참조. 10-20절; 18:23). 그 다음 구원에 관한 신탁들(34-39, 40-48장)이 소개된다.

이제 심판 예언 끝에 이미 선포되었던 바, 예루살렘으로부터 도망한 그 사람이(24:26-27) 와서 그 성이 무너졌다는 것을 보고해 준다. 이것이 심판에 관한 에스겔의 선포가 구원에 관한 선포로 바뀌는 그 순간이다.

4. 다가오는 구원(겔 34:1-31)

1. 나쁜 목자와 선한 목자(34:1-31)
2. 에돔에 관한 심판의 말씀(35:1-15)
3. 이스라엘의 산들에 관한 좋은 소식(36:1-15; cf. 6장)

4. 이스라엘의 정화(36:16-38)
5. 마른 뼈들의 부활(37:1-14)
6. 흩어졌던 것들의 재 결합(37:15-28)
7. 곡과 마곡; 세속적 권력의 비난과 몰락(38:1-39:29)

이 부분의 중심부에는 죽은 자의 마른 뼈들이 일어나는 것에 관한 에스겔의 환상이다(37:1-14). 그 예언자는 하느님의 손에 사로 잡혀서 마른 뼈로 가득 찬 골짜기를 본다. 하느님의 명령에 따라 그는 인간의 형태로 다시 일으키시게 하는 신의 명령을 외친다. 그때 그 말씀은 날쌘 영을 내보낸다. "그래서 그들은 살아 일어나서 거대한 군대가 되었다"(10절).

이 환상에 관한 설명을 들은 예언자는 그 나라가 새 생명을 불러 일으킬 수 있다는 것을 선포하는 사명을 받는다. 이것은 그 백성의 탄식 즉 "우리의 뼈는 말랐다. 우리는 희망을 잃었다"는 탄식을 막기 위한 것이다.

37장 1-14절과 밀접한 관련을 가진 말들이 그 앞 뒤에 나타난다. 즉 과거에 입은 두 개의 깊은 상처를 치료하리라는 약속이 연결되어 있다.

1. 많은 죄로 더럽혀진 이스라엘이 다시 깨끗하게 된다(36:16-38). "맑은 물로 너희에게 뿌려서 너희를 정결케 할 것이다…. 내가 새로운 마음을 너휘에게 줄 것이며 새로운 영을 너희에게 넣어 주리라"(25절 이하)(참조. 렘 31:31-34).
2. 찢겨진 이스라엘이 재 결합될 것이다(37:15-28). "…내가 그들로 그 땅에서 한 민족이 되게 할 것이다…그들이 한 목자를 가질 것이다"(22, 24절).

34장은 이러한 한 목자에 대해서 자세하게 말한다. 그것은 악한 목자들에게 화를 선포함으로(참조. 렘 23장) 그리고 새롭고 좋은 목자를 선포함으로 시작된다. "내가 그들 위에 한 목자, 곧 나의 종 다윗을 세울 것이다. 그리고 그가 그들을 먹일 것이며… 그리고 나, 야웨는 그들의 하느님이 되고 나의 종 다윗은 그들이 왕이 될 것이다"(23-24절).

아직도 두 개의 단락이 남아 있다. 그것들은 구원에 관한 약속을 외국 나라들에 대한 신탁과 연결시킨다. 즉 35-36장과 38-39장을 연결시킨다. 에스겔은 35-36장에서 에돔의 산들 위에 재난을 선포하라는 명령을 받는다. 그리고 이스라엘의 산들 위에는 구원을 선포하라는 명령을 받는다.

에돔과 관련된 심판예언(35장)은 이 부분 안에 있다. 왜냐하면 예언자는 예루살렘 멸망 기간 동안과 그 이후에 취한 에돔의 괘씸한 태도에 대한 고발을 꾀하고 있었기 때문이다. 반대로 그가 한때 이스라엘의 산들 위에 선포했던 불운이(6:1-10) 이제는 복지에 대한 선포로 바뀌진다(36장).

38-39장은 본문상 매우 복잡한 부분이지만 새로운 이스라엘 국가를 위협하는 북쪽의 세력에 대한 비난을 묘사하고 있다. 그 세력을 비난하는 이유는 오직 이스라엘의 산들 위에 내린 완전한 붕괴를 견디어 내려는 데 있다. 이 부분은 분명히 이미 묵시문학을 지시하고 있다.

5. 새 성전과 새 예배(겔 40:1-48:45)

1. 하느님의 영광이 다시 나타나는 성전(40:1-43:27)
2. 새 성전에서 수종드는 사람들(44:1-31)
3. 땅의 분배, 제후의 의무(45:1-25)
4. 제후와 백성을 위한 공중예배의 장소(46:1-24)
5. 성전의 기적의 샘(47:1-12)

6. 땅의 경계와 분할(47:13-48:35)

미래의 성전과 예배에 대한 관점을 가지고 한 예언서를 끝내는 이 놀라운 결론은 에스겔의 설화에는 제사적면이 현저히 나타나 있음을 보여 준다. 그러나 동시에 그것으로 포로 후기의 예언자로서 성전과 성전 예배의 밀접한 관련을 맺은 학개와 스가랴를 능가하고 있음을 보여준다. 47장에서 기이한 성전의 샘에 관해서 말하고 있는 것은 에스겔은 마지막 때에 관해서 말하고 있음을 논증해 준다.

16. 12소예언서들

12소예언서들은 한 때 한 권으로 되었던 적이 있었다. 이들 예언자들 중에서 북왕국의 아모스와 호세아, 그리고 남왕국의 미가는 이사야 시대에 속한다(예언서 첫 도표를 보라). 그리고 나훔, 하박국 그리고 스바냐는 예레미야의 시대에 속하며 학개, 스가랴는 포로기 직후에 속한다. 말라기는 약 50년 후의 것이다. 요엘, 오바댜, 요나는 포로기 이후의 것이지만 정확하게 연대결정을 할 수 없다.

호세아

호세아서는 거의 전적으로 예언신탁으로 구성되어 있는데 그 신탁들은 대체로 체계없이 연결되어 있다. 그 내용은 파악하기가 상당히 어렵다.

1. 호세아에 관한 개인 기사(호 1-3장)

첫 부분(1:1-3:25)은 두 개의 기사를 가지고 있는데, 그 하나는 (1:2-9) 3인칭으로 기록되어 있고 다른 하나는(3:1-5) 일인칭으로 기록되어 있다. 거기서 그 예언자는 음난한 여인과의 결혼이라는 상징적 행동을 하라는 명령을 받는다. 1장은 그 여자가 세 아이를 낳았는데 그들에게는 이스르엘, 긍휼함을 받지 못한 자,* 내 백성이 아님**

이라는 이름을 각각 지어 주었으며 그 모든 이름들은 다가오는 심판과 관련되었음을 언급하고 있다. 후에 그 이름들은 구속적인 의미를 가진 이름으로 바뀌어졌다(1:10-2:1).. 비록 그것이 호세아 자신이 고친 것은 아니라 할지라도.

이 두 기사 사이에는 그 상징적 행동에 대한 해석으로 심판에 관한 경고(2:2-13)가 들어 있다. 이것은 가나안인들에 더럽혀진 공중예배를 공격하는 하나의 고발이다. 그것은 이스라엘이 그 땅에서 가나안 신들을 섬겼었다는 것을 말하고 있다. 왜냐하면 이스라엘은 그 신들이 그들의 생활 필수품을 얻을 수 있는 본질적인 것이라고 생각했기 때문이다. 그러나 이렇게 함으로써 이스라엘은 정작 이러한 선물을 진정으로 주었었던 분에게는 불충성하였고 따라서 불신실한 아내로서 징벌을 받아야 하게 되었다.

2장 14-23절에서 하느님은 하나의 큰 변화를 선언한다. 즉 이스라엘은 다시 한 번 더 광야로 들어가야 하고 그 다음 모든 것이 새로워질 것이라는 것이다. "내가 네게 의와 공평으로 은총과 긍휼로 장가들리라"라고 하느님이 말씀하신다(2:19). 이러한 변화와 함께 그 자녀들의 이름 또한 고쳐졌을 것이다.

2. 이스라엘에 대한 심판 예언들(호 4:1-14:9)

여기에는 서로 나란히 배열된 하나의 개인설화집이 따라 온다. 별 예외 없이 그 설화들은 이스라엘을 치는 심판 예언으로 되어 있다.

1. 법정 서언(4:1-5:7)

이 부분은 거의 법정 서언의 형태를 가진 설화들로 구성되어 있다

* 히브리말로 "로루하마".

** 히브리말로 "로암미"(역자 주).

(즉, 4:1; "들으라…. 야웨께서 이 땅 거민과 쟁변하시나니…"). 대체로 이 부분은 불신에 대한 비난들이다.

1. "이 땅에는 진실도 없고 인애도 없고 하느님을 아는 지시도 없도다"(4:1-3)
2. 제사장들이 "나의 백성의 속죄 제물을 먹는다"(4:4-11)
3. "나의 백성이 나무를 향하여 묻는다"(4:12-14)
4. "길갈로 가지 말라"(4:15-19).
5. 지도자들을 고발함(5:1-2)
6. "음난한 정신이 그 속에 있다"(5:3-7).

2. 심판에 관한 경고, 백성의 탄식, 하느님의 응답(5:8-6:6)

5장 8-14절은 심판에 관한 특별히 포괄적이고도 호된 선언이다. 이것은 경고의 외침으로 시작한다. "기브아에서 나팔을 불라"(5:8). 그리고 그것은 경고의 형태로 자기 백성을 치시는 하느님의 경우를 묘사한다. 그는 말하기를 "나는 에브라임에는 좀 같으며 유다의 족속에게는 썩이는 것 같도다…. 나는 에브라임에게는 사자 같고 유다의 족속에게는 젊은 사자 같을 것이다"(5;12, 14).

여기서 백성의 탄식이 시작되고(6:1-3), 몇 개의 문장 가운데 암시되어 있다. 하느님의 분노에 충동을 받은 그 백성이 그에게로 돌아가기를 원한다. 회개의 준비를 갖추고 하느님이 이제 그들에게 호의를 보여주기를 기대한다. 그러나 하느님의 응답(6:4-6)은 자비를 예시하면서 그 백성에게 다음과 같이 말한다. "내가 네게 어떻게 하랴? 너의 사랑이 아침 구름 같고 쉬 사라지는 이슬 같도다"(4절). 그 예언자의 심판의 메시지는(5절) 그러므로 필요하였다. "나는 인애를 원하고 제사를 원치 아니하며 번제보다는 하느님을 아는 것을 원하노라"(6절).

3. 심판 예언(6:7-9:9)

4-9장의 중심부에 나타나는 이 언급 다음에는 심판에 관한 말들이

나타난다.

1. 이스라엘의 도시들—난폭의 장소(6:7-11)
2. "그들의 악으로 왕들을 기쁘게 한다"(7:1-7)
3. "화 있을진저, 저들이 나를 떠나 그릇 갔음이니라"(7:8-16)
4. "그들이 나의 언약을 깨뜨렸음이니라"(8:1-3)
5. 왕권과 우상숭배(8:4-10)
6. 희생예배를 많이 드림(8:11-14)
7. 불신실에 대한 보상으로서 추방(9:1-6)
8. 예언자들에 대한 조롱과 박해(9:7-9)

호세아처럼 그렇게 엄격하게 왕권을 심판한 예언자는 없다. "저희가 그 악으로 왕들에게 기름을 붓는도다"*라고 말한다(7:1-7). "그들은 왕들을 세웠으나 내가 모르는 바며"(8:4-10). 왕권과 우상숭배가 여기서 매우 밀접하게 연결되어 있다.

호세아서에서는 상징적 행동(1장, 3장)과 하느님의 대변자라는 것 때문에 어떠한 조롱과 박해를 받게 되었는가를 몇 개의 날카로운 문장안에서 암시하고 있는 것들을(9:7-9) 제외하고는 예언자 호세아 자신에 대해서 거의 아무것도 알지 못한다. 이러한 호세아의 말은 예레미야(11-20장)와 야웨의 고난받는 종에 해당된다 하겠다.

4. 역사적 반성(9:10-13:16)

이 부분에 들어 있는 대부분의 설화들은 하나의 역사적 반성으로 연결되어 있다 이러한 관점에서 볼 때 그것들도 그룹을 형성한 것으로 생각된다.

1. "내가 이스라엘을 만나기를 광야에서 포도를 만남같이 하였다"

---

* 영역자 주: 이 구절은 히브리어 본문을 다르게 번역한 독일어 번역을 기초한 것이다 (즉 yesammeḥû가 들어갈 자리에 yimsheḥû가 들어가 있다). R.S.V. 에서는 "그들의 악으로 그들이 왕을 즐겁게 하도다"로 되어 있는데 후자가 더 낫다.

(9;10-17)

2. "이스라엘은 무성한 포도나무 같다"(10:1-2)
3. "그들은 벧아웬(=벧엘)의 송아지를 인하여 두려워 할 것이다" (10:3-8)
4. "네가 기브아의 시대로부터 범죄하였다"(10:9-10)
5. "에브라임은 길들인 암소였다"(10:11-13a)
6. "너희는 너희의 병거를 의지하였도다"(10:13b-15)
7. "이스라엘이 아이였을 대 내가 그를 사랑하였다"(11:1-9)
8. "이스라엘이 돌아옴"(11:10-11)
9. "이스라엘은 처음부터 거짓말장이였다"(11:12-12:10)
10. "길르앗에는 불의함이 있도다"(13:5-8)
11. "사람들이 송아지들에게 키스하다"(13:1-4)
12. "광야에서 너희를 안 자가 나였다"(13:5-8)
13. "너를 구원할 너의 왕이 어디 있느냐?"(13:9-11)
14. "사망아, 네 재앙이 어디 있느냐?"(13:12-16)

11장 1-9절은 이 부분의 중심 부분으로서 특별한 의의를 갖는다. 그것은 이러한 결과로 이끌어 온 역사의 배경에 대한 심판을 선언한다. 그 역사는 출애굽의 때에 이스라엘을 선택함으로 시작되었다. "내가 그들을 부르면 부를수록 그들이 내게서 떠나갔다"(2절). 이스라엘에 대한 하느님의 사랑은 쉽게 배신하는 바알의 배신과는 철저히 반대된다. 하느님의 관심은 "내가 사랑의 줄로 이끌었다"(4절)는 말로 표현되었다. 그러므로 이스라엘이 내린 심판은 이제 피할 수 없게 되었다(5-6절). 그러나 이스라엘에 대한 하느님의 사랑은 식어지지 않는다. "오, 에브라임아, 내가 어찌 너를 단념할 수 있느냐? 내 마음이 내 속에서 돌아서 나의 긍휼이 온전히 불붙듯 하도다…. 나는 사람이 아니요 하느님이라. 네 가운데 거하는 거룩한 자니라"(8절 이하).

이러한 말들 속에는 이스라엘의 행복한 초창기에 대한 언급이 흔히 나타난다. 그러나 가나안에 정착한 후 하느님과의 계약은 자주 위험에 직면하였다. 그 땅의 부요, 가나안 예배형식의 채용(13:1-4), 왕권(12:9-11), 개인의 힘 또는 북방이나 남방의 강대국과의 연합, 이 모든 것이 위험에 직면케 하는 요소였다. 주의할 만한 점은 12장 4-7, 13절에 나타난 야곱에 대해 완전히 부정적 평가이다.

이 부분의 결론은 13장 12-16절이다. 이 점에 있어서 그 본문은 특별한 곤란점들을 야기시킨다. 바울이 고전 15장 54-55절에서 인용하고 있는 말은 약속에 대한 의미를 가지고 있는 아니라 다음과 같이 번역될 수 있다. "내가 너희를 스올의 세력에서 구속할 것인가? 오, 사망아! 재앙을 가지고 오너라, 오, 스올아! 쏘는 것을 가지고 오너라."*

5. 구원에 관한 약속(14:1-8)

회개 요구는 하느님이 구원에 관한 약속에 의하여 응답하시는 하나의 신앙고백 다음에 따라온다. 즉 "그들의 불신실을 고쳐주리라. 나는 그들을 자유로이 사랑할 것이다. 왜냐하면 나의 분노를 그들에게서 돌이켰기 때문이다(4절). 이러한 약속이 호세아 자신에게서 유래되었는지 아니면 후대에 그의 예언집에 첨부되었는지 확실하지 않다.

6. 지혜의 말(14:9)

호세아서를 결론짓는 지혜의 말은 유의할 만하다. 이것은 경건한 지혜의 문학이 성서 속에 들어온 그 시대에서 온 하나의 증거이다.

* 영역자 주 : 여기서 취하고 있는 독일어는 히브리어의 모호한 부분을 묘사하기 위하여 감탄사를 사용하고 있으며 예언자가 자기를 위하여 죽음의 스올이 준비되었는지를 기다리는 불안의 결핍을 강조하고 있다. cf. Moffatt의 번역, "오, 오너라, 죽음아, 너희 재앙과 함께 오너라, 죽음의 땅아! 너의 쓰는 것과 함께."

요엘

짧은 내용의 이 요엘서에서 제의적 성격의 예언을 찾기도 한다. 이것은 대체로 복지에 관한 예언이다. 이 책을 평가하기 위해서는 1장 1절-2장 27절을 한 단위로 취하고 2장 28절-3장 21절을 보충자료로 취하는 것이 중요하다.

1. 예언의 의식: 민족 탄식(욜 1:1-2:27)

민족 탄식은 1장과 2장 전체에 걸쳐서 나타난다. 그것은 이 책의 골격을 형성하는데 다음과 같다.

탄식: 무서운 가뭄(1:15-20)
회개의 요청(2:12b-14)
기원(2:17b)
하느님의 응답(2:18-20)
목적 :하느님의 찬양과 고백(2:26-27)

1. 탄식 또는 금식

1장 15-20절의 탄식과 2장 17b절의 기원은 모두 탄식이나 금식의 요청에 따라 나타난다. 1장 5-14절은 사회적 계층에 따라 요청한 탄식의 선언들로 구성되어 있다. 즉 술취한 자들(5-7절), 농부들이나 포도원을 다스리는 자들(11-12), 제사장들(13-14), 메뚜기 재앙의 선언은 탄식요청이나 금식요청을 도입한다. 1장 2-4절에서는 메뚜기를 묘사하는 네 개의 다른 말들이 있다. 그리고 2장 1-11절에서는 메뚜기 환상에 대한 자세한 서술이 있다. 2장 12b-14절에는 회개의 요청이 삽입되어 있다.

2. 신의 응답

"야웨여, 당신의 백성을 긍휼히 여기소서"(17절)라는 기도 다음에 18-20절에서 신의 응답이 따라온다. 즉 다음의 말들에 의해서 신의 응답이 소개된다. "그때 야웨께서 자기 땅을 위하여 중심이 뜨거우시며 자기 백성을 긍휼히 여기셨도다. 야웨께서 그의 백성에게 응답하여 이르셨도다."

이러한 방법으로* 소개된 신의 응답은 왜 이 요엘서가 예언서의 편집 속에 포함되었는지를 설명해 준다. 제의 예언자들은 중재기도의 선교를 맡았으며, 이러한 선교의 역할은 민족 탄식의 때에 그 백성에게 신의 응답을 전달하는 의무였다.

3. 하느님 찬양과 고백

복지에 관한 약속과 연결되고 있는 것은 2장 26-27절인데 그것은 하느님의 찬양과 고백을 목적으로 하고 있다.

이 점에 이르기까지 요엘의 계획은 다음과 같은 민족탄식 시의 근거 위에서 이해될 수 있다.

1. 재앙의 선언(1:2-4) (2:1-11)
2. 탄식의 요청(1:5-14) 회개요청 (2:12b-14)(2:15-17a)
3. 탄식과 기원(1:15-20) (2:17b)
4. 하느님의 응답 (2:18-20, 25)
   1. 복지의 보증(2:19b, 21-23)
   2. 결과들(2:24-25)
5. 목적: 하느님의 찬양과 고백(2:26-27)

---

* 2:19b-20은 구원에 관한 신화이다. 그 다음에는 구원의 약속(21-23절)이 제2이사야의 문체로서 따라오며 하느님의 간섭의 결과들에 관한 기사가(24-25절) 따라온다.

2. 선포(욜 2:28-3:21)

예언의식에는 다음과 같은 일련의 "선포"가 첨부되어 있다.

1. 성령을 부어줌(2:28-29; 참조. 행 2장)
2. 크고 무서운 야웨의 날(2:30-32)
3. 여호사밧의 골짜기에서의 열국의 파멸(3:1-3,9-17,4-8)
4. 유다에는 구원: 다른 열국에는 재난(3:18-21)

이러한 말들은 좋은 소식의 예언들이며 부분적으로는 외국 나라들에 대한 재난의 경고라는 형태로 표현되었다. 그러나 그들은 묵시문학적 문체와 근사하다.

마지막 때가 선포되고, 하나님의 최종심판을 여호사밧(=야웨가 심판하신다)의 골짜기에서 열국에게 내린다. (이것은 신약에 나타난 심판의 날과 상응한다) 이것은 이스라엘에 대한 구원의 때와 결합된다. 이때는 하나님의 백성에게는 고요한 행복의 시대요 영을 부여받는 시대다.

아모스

아모스의 구조는 파악하기가 간편하고 쉽다. 자료들은 다음과 같이 배열할 수 있을 것이다.

1-2장	이웃 국가들과 이스라엘에 대한 심판의 신탁(1:3-2:6)
3-6장	이스라엘에 대한 심판 설화(3:1-6:14; 8:4-14; 9:7-10)
7-9장	보도들: (1) 환상(7:1-9; 8:1-3; 9:14) (2) 아모스와 이마샤(7:10-17)
9:11-15	복지의 약속(9:11-15)

표제(1:1)는 유다 왕 웃시야와 이스라엘 왕 여로보암 2세 시대가 아모스의 활동시기라고 언급한다. "지진있기 전 2년"이라는 더 정확한 연대 제시는 그의 활동시기가 짧았다는 것을 지시한다.

아모스는 유다 사람으로서 북방 이스라엘에서 활동하였다. 그러나 짧은 기간이 지난 후 그는 그 지역에서 추방되었다(7:10-17). 그는 직업 예언자가 아니라(즉 제의예언자) 하나의 목자였다고 분명하게 기술되어 있다(7:10-17).

1. 열국에 대한 심판신탁(암 1-2장)

1. 다메섹(1:3-5)
2. 가자(1:6-8)
3. 두로(1:9-10)
4. 에돔(1:11-12)
5. 암몬(1:13-15)
6. 모압(2:1-3)
7. 유다(2:4-5)

이 모두는 같은 형태의 구조를 갖고 있으며 다음과 같은 심판예언의 구조를 가지고 있다.

1. 기초—고발과 그 설명

2. 선언—하느님의 개입과 그 결과. 심판의 기초가 국제법의 위반에 두고 있다는 것은 더욱 유의할 만하다. 예컨대 모압에 대한 심판신탁(2:1-3)은 에돔에 대한 반역을 취급하고 있다. 이것이 우리가 국제법의 위반이라고 부를 수 있는 것이다. 이스라엘의 하나님, 야웨는 여기서 역사의 주로서 이스라엘 밖에서도 정의를 보존하시는 분으로 기술되어 있다.

유다에 관한 신탁(2:4-5)은 아모스가 이스라엘에서 추방된 후 후일 유다 전승 속에 아모스의 말들이 전승되었을 때 부가되었다. 이것이 바로 예언자의 말들이 후대의 백성들에게 직접 연설한 것이 되었는가

하는 것을 말해주는 한 가지 예이다. 두로와 에돔에 관한 신탁(1:9-12)도 아마 후대에 부가되었다.

이스라엘에 대해서는 한 때 좋은 소식이었던 이러한 국가에 대한 신탁들에 아모스는 이스라엘에 대한 심판의 선언을 첨부하였고 따라서 이 말들은 새로운 전환 즉 이스라엘은 하느님이 다른 열국의 죄를 심판하셨다는 단지 그 이유 때문에 결코 구원의 보증을 받지 못할 것이라는 전환을 가져왔던 것이다. 반대로 선택받았다는 것은 안전을 의미하는 것이 아니라 오히려 책임을 증가시켜 주는 것을 뜻한다. "내가 땅의 모든 족속 중에서 너희만 알았나니 그러므로 나는 너희 모든 죄악을 너희에게 보응하리라"(3:2).

1-2장의 신탁들을 결론짓는 이스라엘에 대한 신탁에는(2:6-16) 사회적 고발, 즉 아모스의 전형적인 예언이 나타난다.

> "그들이 은을 받고 의인을 팔며 신 한 켤레를 받고 궁핍한 자를 팔며 가난한 자의 머리에 있는 티끌을 탐내며 겸손한 자의 길을 굽게하며 부자가 한 젊은 여인에게 다녀서 나의 거룩한 이름을 더럽히며 모든 단 옆에서 전당 잡은 옷 위에 누우며 저희 신의 전에서 벌금으로 얻은 포도주를 마심이니라"(6-8절).

그 다음 아모스는 택한 백성의 특수 책임의 이유 즉 그러한 선언이 격렬한 그 이유를 지적하기 위하여(13-16절) 하느님께서 이스라엘에게 행한 모든 선을(9-12절) 이 고발장과 대조시킨다.

2. 이스라엘에 대한 심판설화(암 3:1-6:14; 8:4-14; 9:7-10)

아모스서의 주요 부분의 서론과 결론은 선택받았다는 의식 속에 안주하고 있는 저들의 신념을 통박한다. 왜냐하면 1장 3절-2장 16절을 돌이켜 보게 하는 3장 1-2절의 진술은 9장 7-10절의 결론부에 결부되기 때문이다. 여기서 이스라엘은 하나의 범죄한 민족으로서든, 선택된 민족으로서든 다른 나라보다 유리하지 않다는 것을 심각하게 충고받고 있다. "내가 이스라엘을 애굽에서 이끌어 올리지 않았느냐?"(9:7).

3장 1-2절이 아직도 1-2장을 반영하고 있는 한 아모스 3장 3-8절은 그 책의 주요 부분의 진정한 서론이다. 이 구절은 다른 예언자들에게서 볼 수 있는 소명설화에 해당한다. 그러나 그것은 아모스의 소명을 단지 희미하게만 암시하고 있을 뿐이다. 왜냐하면 불가피한 결과를 초래한 직업을 선택하도록 인간을 부른다는 것은 곧 하느님의 불가피한 소명에로 이르는 것이기 때문이다. "사자가 부르짖으니 누가 무서워하지 않으리요? 야웨 하느님이 말씀하셨으니 누가 예언하지 않으리요?"(8절). 심판에 관한 선언들은 이러한 관점에서 온 것이다.

1. "그들은 포학과 겁탈을 쌓았다"(3:9-11)
2. "내가 겨울 궁을 여름 궁과 함께 부술 것이다"(3:12-15)
3. 너희 바산의 암소들아!"(4:1-3)
4. "벧엘로 가서 범죄하라"(4:4-12)
5. "처녀 이스라엘이 엎드러졌음이여"(5:1-3)
6. "나를 찾으라—벧엘을 찾지 말라"(5:4-6)
7. "선을 구하고 악을 구하지 말라"(5:14-15)
8. "공의를 인진으로 변하게 하는 자들에게 화 있을진저!"(5:7, 10-13)
9. "야웨의 날을 사모하는 자에게 복 있을진저!"(5:18-20)
10. "나는 너희의 절기를 미워한다"(5:21-25)
11. "안일한 자들에게 화 있을진저!"(6:1-7)
12. "나는 야곱의 교만을 싫어한다"(6:8-11)

13. "그들이 이들보다 나으냐?"(6:2, 13-14)
14. "너희는 궁핍한 자를 짓밟는도다"(8:4-7)
15. "그 날에…"(8:9-10)
16. 말씀의 기갈(8:11-13)

각 진술들은 각각 따로따로 존재하고 있으며 그리고 그것들은 개별적으로 관찰되고 설명되어야 한다는 것이 3-6장의 부분을 연속적으로 읽으려는 어떠한 사람에 대해서도 꼭같이 적용되어야 할 것이다. 즉 그 각 진술들은 각자 영향을 주고 있는 그대로 써 내려가고 기억해야 할 것이다. 그리고 그것들이 처음 이야기 되었을 때처럼 각 말씀 사이에 넓은 간격을 두고 읽어야 할 것이다.

1. 사회적 고발, 특히 아모스의 전형적인 것(2:6-8; 3:9-11; 3:12-15; 4:1-3; 5:7-11; 8:4-7)
2. 거짓 예배를 비난(2:8; 9:14; 4:4-12; 5:4-6; 5:21-25)
3. 거짓된 안일감을 비난(5:18-20; 6:1-7; 6:8-11; 6:13-14)

3. 보도적 기사(암 7:1-8:3; 9:1-4)

1. 환상(7:1-3, 4-6, 7-9; 8:1-3; 9:1-4)

다섯 개의 환상들은 모두 "보라 야웨께서 내게 보이신 것이 이러하니라"라는 말로 시작된다. 그 환상들 중에서 아모스 메뚜기 떼(7:1-3), 삼키는 불(7:4-6), 하느님의 손에 들리운 다림줄(7:7-9), 여름 실과의 광주리(8:1-3), 재단이 있는 도시들을 진멸하시는 분으로서의 야웨(9:1-4)를 본다. 첫 번째 두 개의 환상은 국가적 탄식을 일으키는 재난들 즉 가뭄과 메뚜기 떼의 재난을 취급한다. 그들의 탄식에 은혜의 응답을 해주시기를 비는 기도, 그 백성의 중재자로서의 그 예언자가 비는 중재기도 속에는 하나의 민족 탄식시가 암시되어 있다(7:2,

5). 두 경우 모두 하느님의 진노를 면하게 되는데 즉 그 재난을 중재를 통하여 피하게 되었다는 것을 암시하고 있다. 여기에는 그 예언자의 초기의 관심이 암시되어 있다.

그러나 이제 근본적인 전환이 일어난다. 그 예언자가 다음 두 개의 환상에서 증거한 바는 다음과 같이 해석되었다. 즉 "내가 결코 그들을 용서치 아니하리라"(8절). 이 선언과 함께 그 예언자는 심판의 사자가 되었다.

셋째와 넷째의 환상들은 분명히 심판 선언의 두 요소를 언급하고 있다. 즉 신의 개입, 이것은 하느님이 들고 계신 다림줄이 말하고 있는 것이며 그 다음 이러한 개입의 결과인데 그것은 "끝이 왔다!"*로 해석된 여름실과의 광주리가 말하고 있는 것이다.

마지막 환상은 그 앞에 제시된 두 개의 환상 가운데 선언된 심판을 더 이상 도피할 수 없는 것임을 논증하고 있다.

멋진 형태로 나타낸 이 다섯 개의 환상들은 그 예언자의 심판선언의 과제를 포함하고 있으며 그것은 그 예언자의 중재 임무의 배경 가운데 들어 있었다.

2. 아모스와 아마샤(7:10-17)

이 한 장면 가운데 아모스의 활동이 그 중요한 모든 요소들을 나타내면서 표현되고 있다. 그의 심판의 경고가(7:8a) 벧엘에 있는 궁정성소와 반대됨으로 추방당하는 결과를 가져왔다. 이러한 추방령은 왕의 명령을 집행하였던 제사장 아마샤에 의해서 선포되었다. 아모스는 자기의 메시지가 진리라는 것을 주장하였으나 직업적 예언자들과 함께 분류되는 것을 거절하였다. 그에게 예언자로서의 신임장을 준 것은 단순히 야웨의 명령이었다. 그는 이렇게 말하고 있다. "야웨께서 양떼를 따르는 나를 취하시고 말씀하시기를 '가서 내 백성 이스라엘에게 예언

---

* 히브리말 "여름 실과"(카이츠)는 "끝"(케츠)이라는 말과 닮았다.

하라' 고 하셨다"(15절). 마침내 아모스는 아마샤에게 다음과 같이 말했다. 즉 아마샤와 그의 온 가족이 다가오는 심판에 참여하게 될 것이다. 이것이 아마도 이스라엘에서 외친 아모스의 최종의 말씀이었다.

4. 복지에 관한 약속(암 9:11-15)

"그 날에 내가 무너진 다윗의 집을 일으키리라…." 이와 같이 복지의 약속이 시작되고 있다. 그 다음 그것은 마지막 날에 있을 구원의 때를 언급하고 있다. 그 다음 그것은 마지막 날에 있을 구원의 때를 언급하고 있다. 이것은 아모스 자신에게서 온 말인지는 의심스럽다. 아마도 그것은 심판에 관한 예언자의 경고에 복지의 약속을 첨부하여 전승시킨 공동체의 한 관습에서 나온 것으로 보인다.

그러나 비록 이 말들이 아모스에게서 온 것이 아니라 하더라도 그의 메시지에는 심판이 그의 백성 이스라엘에 대한 하느님의 마지막 말은 아니라는 암시가 여기저기 포함되어 있다. 그와 같은 예는 5장 14-15절에서 발견할 수 있다. "아마도 야웨께서는 요셉의 남은 자들에게 은혜를 베푸실 것이다."

5. 송영(암 4:13; 5:8; 9:5-6)

결론적으로 아모스서의 특수한 설화군을 언급해야겠다. 그것은 4장 13절, 5장 8-9절, 9장 5-6절에 나타나는 송영들이다. 그것들은 하느님을 찬양하는 말들인데 더욱 특별히 창조주의 찬양으로 이 세 개의 구절 안에서 갑자기 나타나고 있다. 그것들은 찬양시 또는 그것의 일부분으로서 읽어야 할 것 같다.

여기에는 아모스의 말들이 후대의 공통체에서 계속 정당한 것으로 읽혀지고 있음을 증거하는 인상적인 증거가 있다. 즉 아모스의 심판의 말들을 읽고 그 성취를 깨달은 자들의 깊은 감정이 신의 찬양을 첨가함으로 표현되고 있다. 그 속에서 하나님은 그의 우주통치로 인하여 영광을 받고 있다.

오바댜

이것은 본래는 익명으로 된 신탁들을 모은 적은 수집물인데 에돔을 취급하고 있으며 그 시대는 여러 다른 시대에서 온 것이다. 이 부분은 외국에 대한 신탁을 모은 더 큰 수집서, 즉 예레미야 46-51장에 속할 수 있었다. 오바댜 1-14절에서 온 여러 구절들은 예레미야 49장에서 발견되고 있다. 에돔에 대한 신탁들은 이제 독립적인 적은 책이 되었다. 왜냐하면 이 부분은 이 수집서에도 속하지 않고 또 다른 수집서에도 속하지 않은—그 예언자에 대해서는 아무것도 알 수 없는—한 예언자 오바댜에 돌릴 수밖에 없었기 때문이었다.

다른 여러 구원에서처럼 에돔은 예루살렘 멸망 때의 그의 태도 때문에 비난을 받았다(특히 9-10절을 주의하라). 에돔은 자기 땅에서 진멸당하고 추방될 것이라는 선언이 거기에 들어 있다. 많은 구절에서처럼 에돔 신탁들은 "야웨의 날 선포"와 결합되어 있었다. 즉 야웨의 날에는 열국에는 최종적인 심판이 내려질 것이고 하나님의 백성을 위한 최종적인 구원이 도래될 것이다.

1. 에돔의 멸망에 관한 선언(1-9절)
   1. 야웨에게서 오는 소식들(1절)
   2. 에돔의 미약함(2절)
   3. 안전한 바위 틈에 거함에도 불구하고(3-4절)
   4. 완전한 파멸(5-7, 9절)

5. 에돔의 지혜는 과거에 속한다(8절).

2. 이스라엘에 대한 에돔의 난폭함이 보복당할 것이다(10-15a절)

3. 야웨의 날—이방 나라들에게 내릴 심판과 시온에 내릴 구원 (15b-21절).

요나

요나서는 한 예언자의 "이야기"이다. 이것은 예언자적 신탁을 지니고 있지 않다. 이 설화는 완고한 민족적 배타주의에 대하여 도전적인 성격의 설화이다. 그러나 그것은 또한 하느님의 자비를 찬양한다. 그 하느님의 자비는 모든 피조물 전부에게 미치는 성격의 것이며 인간들이 쳐놓은 울타리를 깨뜨리시는 성격의 것이다. 이것은 어떻게 하느님이 이방인들에게도 행복과 번영을 주실 수 있는가 하는 배타적 생각과 반대된다.

1. 요나가 니느웨 선교의 의무를 버리고 도망함(1:1-3)
2. 폭풍과 그리고 하느님의 심판에 대한 요나의 복종(1:4-12)
3. 요나가 바다에 빠지고, 폭풍이 진압됨(1:13-16)
4. 경이스러운 요나의 구출과 그의 감사기도(2:1-10)
5. 새로운 임명, 회개를 촉구하는 설교, 회개, 심판을 면함(3:1-10)
6. 요나가 거역하다가 책망을 들음. 하느님의 자비가 온 피조물에 임함(4:1-11)

요나서는 포로시대 훨씬 이후의 것이며 배타주의가 후기 유대교

신앙의 큰 위험으로 등장했을 때의 것이다. 이러한 배타주의적 정신은 이스라엘만이 건짐을 받을 수 있고 이방인들은 재난만을 겪게 되기를 기대하였다.

니느웨는 오랫동안 존재하지 않았던 도시였고 그 도시는 오랜 옛날에 있었던 전설적인 큰 도시로 묘사되었다. 요나가 큰 고기에게 삼키웠다는 것은 하나의 상징으로 취급되었다. 즉 하느님은 한 인간이 절망의 심연에 빠졌을 때 그를 대신하여 그의 구원사업을 시작하신다는 것을 상징한다. 그런고로 찬양의 노래는 비록 고기의 몸 속에 들어 있었지만 요나의 입을 통해서 불리워졌던 것이다(이것은 시편에 나타나 있는 대로 명확한 감사의 시이다).

미가

이사야와 동시대의 인물인 미가는 요담, 아하스 그리고 히스기야 시대에 유다에서 예언했다(1:1). 그의 책에서는 그의 인물에 대하여 어떤 것도 알아낼 수 없다. 그의 책은 보도적인 기사나 민족신탁들은 가지고 있지 않고 단지 이스라엘과 유다에 대한 심판의 경고(1-3장, 6:1-7:6)와 구원에 관한 약속들과(4-5장) 그리고 민족탄식의 일부분(7:7-20)만을 가지고 있을 뿐이다. 3장은 지도자에게 외친 심판의 경고들을 가지고 있다.

1. 심판에 관한 경고들(미 1:3; 6:1-7:6)

1. 이스라엘과 유다에 대한 경고(1:1-2:13)

1. 야웨께서 나오신다(1:2-7)
2. 예루살렘의 성문들에게까지(1:8-16)

3. 침상에서 악을 꾀하고 악을 행하는 자들(2:1-5)
4. 이 백성을 위하여 선포하는 자(2:6-11)
   보충: "내가 야곱을 모으리라"(2:12-13)

2. 지도자들에게 주는 말(3:1-12)

1. "내 백성의 육체를 먹는 자들"(3:1-4)
2. "내 백성을 그릇 인도하는 예언자들에 관하여"(3:5-8)
   ("오직 나는…" 8절)
3. "시온을 피로 건축하는 너희 두령들과 통치자들"(3:9-11)
4. "시온은 밭 같이 갈아 엎어질 것이다"(3:12)

3. 유다에 대한 경고(6:1-7:6)

1. "야웨께서 그의 백성과 쟁변하였다"(6:1-5)
2. "오, 사람아! 무엇이 선한지를 그가 너희에게 보이셨도다" (6:6-8)
3. "악인의 집에 있는 악인의 제물들"(6:9-16)
4. "이웃을 믿지 말라!"(7:1-6)

이 수집물은 미가서 전체 메시지를 포괄하는 논평으로 시작한다(1:2-7). 지상의 열국들이 증인으로 부름을 받는다. 하느님은 예루살렘과 사마리아로부터 흘러나오는 죄 때문에 그의 백성에게 시련을 주시기 위하여 나타난다. 이 수집물을 여는 그 첫 부분(1-3장)에는 사마리아의 함락이 선포된다(1:6-7). 그 끝맺는 부분에서는 예루살렘의 함락이 선포된다(3:9-12). 그러나 그 첫 부분을 바로 뒤따라 오는 부분에는 그 상처가 "예루살렘의 분들까지" 미칠 것이라는 선포가 들어 있다(1:8-16).

미가가 고발한 것은 주로 사회적인 것이었다. 이와 같이 2장 1-5절은 "밭을 탐하여 빼앗고 집을 탐하여 취하는"(2절) 부자들의 지나친

탐심을 정죄한다. 2장 8-10절은 빚진 자들을 노예로 만드는 것을 비판한다. 6장 9-16절은 상업상의 협잡과 재산을 축적하는 것을 비판한다. 이러한 비난의 격렬함은 대조적인 표현을 하고 있다—"악인의 집에 있는 악한 재물을 내가 잊을 수 있느냐, 저주받을 만한 속이는 저울을 내가 잊을 수 있느냐?"(6:10). 7장 1-6절에서 미가는 신뢰가 상실된 공동생활의 붕괴를 비판한다. 두령과 통치자에 대한 고발도 역시 사회적인 것이다. 그는 그들을 가리켜서 백성을 착취하고(3:1-4) 국가를 메마르게 만들며(3:9-12) 뿐만 아니라 그러면서도 시온을 피로 건설하고 악으로 예루살렘을 건축하기까지 하는 자들이라고 말한다(10절).

그들은 미가의 가르침을 싫어하였고 그에게 침묵을 종용하였던 것이 분명하다(2:6, 11). 그러나 미가는 그의 선교에 확신을 가지고 있었다. 왜냐하면 그는 "오직 나는 야웨의 영으로 말미암아 권능과 공의와 능력으로 채움을 얻고 야곱에게는 그 허물을 이스라엘에게는 그 죄를 능히 선포할 수 있을 것이다"(3:8)라고 선언하고 있기 때문이다. 그래서 그는 그 예언자들을 쳐서 "먹을 것이 있으면 평화를 말하는 자들"이라고 말해야 했던 것이다(3:5).

2. 구원에 관한 약속들(미 4:1-5:15)

미가 4장 1-4절은 이사야 2장 1-4절과 같다. 단지 4장 4a절만은 미가의 예언 가운데서 발견할 수 있는 사회적 성격을 가진 기록인데 첨가되었던 것이다. 4장 6-13절에서는 추방이 선언되어 있다.

> "딸 시온이여, 해산하는 여인처럼 애써 구로하여 낳을찌어다. 이제 네가 성읍에서 나가서 들에 거하며 또 바벨론까지 나아가리라"(10a절).

그러나 동시에 추방으로부터의 구원과 흩어진 자들의 모임이 언급된다.

> "거기서 너희가 구원을 얻을 것이다. 야웨께서 너희를 너희 원수의 손에서 석방할 것이다"(10b절).

5장 1-5절에서는 베들레헴에 관한 예언이 나타나는데 메시아의 오심을 선언한다. 6-8, 9-14절에서는 구원에 관한 약속들이 뒤따라 온다.

3. 민족 탄식(미 7:7-20)

미가의 결론은 신뢰의 고백으로 시작하는 민족 탄식이다(7:7; 참조.. 합 2:1).

> "오직 나는 야웨를 우러러보며 나를 구원하시는 하느님을 바라보나니 나의 하느님이 나를 들으시리로다."

여기서 말하고 있는 "나"는 시온이고(11절) 이 시온은 강한 확신을 가지고 고난의 때를 참으며 하느님이 언젠가는 그를 도와 주실 것임을 알고 있다. "그는 우리의 죄악을 발로 밟으시고 우리의 모든 죄를 깊은 바다에 던지시리이다"(19절).

나훔

이 책은 B.C. 612년의 니느웨 멸망을 취급하고 있다. 나훔은 예레미야와 동시대 사람이었다. 그의 책은 니느웨 멸망의 선언으로 또는 앗수르의 멍에로부터의 해방을 축하하는 축제적 의식의 일종으로 이해될 수 있다. 아마도 이것은 이전에 니느웨의 함락에 관해서 논의된

바의 선언이었던 것이 그 성이 함락된 후 그 내용이 이미 전승되어온 바와 같은 형태를 제의 전승을 위하여 모아지게 되었다.

어쨌든 나훔은 민족신탁의 형태를 갖춘 좋은 소식의 예언에 속한다. 이것들은 그 형태상 앗수르를 치는 신탁이(1:11; 2:1; 2:3-3:19) 이스라엘을 위한 복지 약속(1:15; 2:2; 1:12-13)과 결합된 그런 방법으로 공중예배를 위한 형태를 갖추게 되었다. 구절의 순서는 이와 같이 뒤집혔다. 그 책 전체는 단편적인 찬양의 노래에 의하여 소개된다.

1. 아크로스틱 찬양시(1:2-10)

이 찬양시는(1:2-10) 알파벳시이며* 1장 3b-6절에서는 신의 현현을 포함하고 있다(삿 5장; 시 18장; 합 3장 그리고 기타의 시에서처럼). 땅이 진동하는 하느님의 출현은 니느웨를 대적하는 원수의 비난과 상응한다(2:1-13).

2. 이스라엘을 위한 좋은 소식(1:15-2:2; 1:12-13)

이스라엘을 위한 좋은 소식들(1:15-2:2; 1:12-13)은 이사야 52장 7절 이하를 회상하게 한다. 그것은 권유의 형태로 소개된 복지에 관한 서약이다. 이 서약 다음에는 새로운 소식의 선언이 뒤따라온다. 그것은 다음의 말들을 포함하고 있다. "이제 나는 너에게서 이 멍에를 벗겨서 부숴뜨리고 너의 굴레를 둘로 쪼갤 것이다." 이와 함께 기본 항목이 나타난다.

---

* 히브리어 글자 lamed(ל) 또는 samek(ס) 참조.

3. 니느웨의 멸망에 관한 선언

1. 성의 파괴(1:11, 14)

이스라엘의 진멸을 위한 계획은 니느웨로부터 왔었다. 이제 야웨는 그 성 자체를 파멸시키기로 결정하였다.

2. 니느웨에 대한 공격적 비난(2:1-13)

다가오는 니느웨의 함락은 시적인 표현에 의해서 인상적으로 묘사되어 있다.* 결론에는 역사의 주의 말씀이 나타난다. "내가 너의 노략물을 땅에서 끊을 것이며, 너의 사자의 소리를 더 이상 듣지 못하게 하리라"(13절).

3. 피로 건축된 성읍에 화 있을진저(3:1-17)

그 성읍은 매음행위로 열국을 배신하고 이제는 수치와 파멸을 보이게 된다. 니느웨는 그 번영을 자랑하다가 멸망당한 애굽의 테베스보다 더 낫지 못하였다. 피정복지를 삼켰던 무수한 관리들, 서기관들, 그리고 무역상들이 이제는 더 이상 있지 않을 것이다(3;8-17). 니느웨에 관한 신탁들은 탄식으로 끝 맺는다. "너희 상처가 중하도다!"

하박국

하박국은 나훔과 같은 시기에 속한다. 여기서는 그 주제가 이스라엘을 압박하는 권력잡은 폭군의 횡포 주위를 맴돌고 있다. 비록 명확하지는 않다 하더라도 여기에 나타나는 압박자도 역시 앗수르였을 것이다. 그러나 나훔은 이미 그 폭군으로부터의 해방을 예견하고 있는

* 3장 2-3절도 이러한 표현의 한 부분이다.

반면에 하박국은 압박의 고통에서 말하고 있다. 나훔은 찬양의 시로 시작하고 있지만 하박국은 탄식의 시라는 특수 모습을 갖고 있다. 이 탄식시는 개인 탄식시인데도 불구하고 백성의 곤궁이 암시되어 있다. 그 시들이 그 책 전체를 통하여 나타나 있다.

항거형의 탄식(1:2-4)	복자의 등장(1:5-11, 14-17)
탄식과 의지고백(1:12-13)	
신의 응답(2:1-4)	원수에 대한 다섯 가지의 선화(宣禍) (2:5-19)
하느님의 강림(3:3-15)	예언자의 응답(3:16)
	찬양의 맹세와 송영(3:17, 18, 19)

1. 탄식(합 1:2-4, 12-13)과 선언(1:5-11, 14-17)

그 탄식은 처음에는 1장 14-17절에 그 묘사가 계속되고 있는 힘이 있는 정복자를 하느님이 일으키신다는 1장 5-11절의 선언에 의하여 제지를 당한다. 이것은 대담하고도 놀라운 묘사이다. 그는 말하기를, "그들은 자신의 힘을 신으로 삼는다. 그러므로 그는 덫에게 제사를 드리며 그물에게 분향한다"(11절, 16절)라고 말한다. "당신은 심판을 위하여 그들을 위하여 그들을 두셨나이다. 오, 반석이여, 당신은 징계하기 위하여 그들을 세우셨나이다"(12절)라는 하박국의 고백은 탄식과 선언을 함께 연결시킨다.

2. 신의 응답(합 2:1-4)

2장 1-4절에서 하느님은 다시 대답하신다. 그 예언자는* 하나의 중재자로 행동하고 탄식하고 있었던 그 백성에 대한 하느님의 대답을

* 하박국에서는 제의(祭儀) 예언자의 직무가 다시 명백하게 나타난다.

묘사하며 그들의 깊은 절망에 서서 하느님에게 애원한다. 그는 좋은 소식을 하나의 현재의 사실로서 선언하지 못하고 그것을 참고 기다리기를 격려할 수밖에 없다는 의미에서 볼 때 하나의 "파숫꾼"(2:1)이 된다. 왜냐하면 약속된 구원은 "반드시 올 것이고 지체하지 않을 것이기"(3b) 때문이다. 그러나 그 도달점은 독립적인 형태로 나타난다. 의인은 오직 그의 신의(또는 믿음)로 살 것이다(참조. 롬 1:17).

3. 장수에 대한 다섯가지 선화(宣禍)(합 2:5-19)

2장 5-19절에는 권세잡은, 잔악한 정복자를 치는 다섯 가지의 선화가 따라온다. 이것은 그의 멸망에 관한 이유를 제시한다. 그 선화는 약한 나를 집어 삼키고(5절), 권력과 부를 축적한 강대국의 정치가들을 공격하는 독설적인 고발을 포함하고 있으며, 따라서 어느 날에는 보복받을(6-8절) 악을 언급한다. 이 국가는 그 권력을 위하여 인간과 동물과 그리고 물질을 무차별 이용한 국가이다(9-18절). "대저 돌이 담에서부터 부르짖고 들보가 집에서 응답할 것이다"(11절).

4. 하느님의 강림(합 3:1-15)

하느님의 약속된 간섭(2:1-4)에 신의 현현에 관한 힘있는 묘사에 의해서 예견되고 있다(3:3-15). 하느님은 오시고 그리고 이 강림은 전 피조물을 진동시킨다. 그러나 그 강림의 목적은 건전한 것이다. "당신이 백성을 구원하시기 위하여, 당신의 기름부음 받은 자를 구원하시기 위하여 나오셨도다"(13절).

5. 예언자의 응답(합 3:16-19)

그 예언자는 이 환상을 통하여 깊은 떨림을 받았으나(3:16) 하느님의 나오심을 기다리면서 찬양의 맹세와 신의 찬미(3:18-19)로 그의 탄식을 끝맺는다.

스바냐

스바냐는 예레미야와 동시대의 인물로서 아마도 B.C. 630년경*에 활동을 하였으며 특히 하나의 심판의 예언자에 속한 것으로 나타나 있다.

그의 어록은 예레미야, 에스겔, 그리고 기타 다른 예언자들과 같은 방식으로 배열되었다.

유다에 관한 심판의 말들(1:2-2:3; 3:1-8)

외국을 공격하는 신탁들(2:4-15)

유다에 대한 복지 약속들(3:9-20)

1. 유다에 관한 심판이 말들(습 1:2-2:3; 3:1-8)

자기의 신을 섬기지 않고 다른 신들을 우상숭배하듯 섬긴 악한 민족에게 심판이 선언되었다. 아마도 므낫세와 아몬이 통치하의 악한 시대의 여파를 이러한 말들 속에서 더듬어 볼 수 있다. 1장 10-13절에서는 "찌끼같이 가라앉은 자들"에 관한 비난이 극적으로 묘사되어 있다. 그들은 더 이상 하느님을 심각하게 생각지 않고 말하기를 "야웨께서 복도 내리지 아니하시고 화도 내리지 않으실 것이라"고 말하였다(12절). 전적으로 부패해버린 세대를 향해 "야웨의 날"이 선언되었다. 그날은 "어두움과 흑암의 날"(14-18절)이 될 것이다. "분노의 날은 곧 애곡의 날"(Dies irae dies ille)이라는 노래는 이러한 말들의 말바꾸기 놀이이다.

---

* 그는 아마도 히스기야의 현손이였던 것으로 보인다. cf. 1:1.

2장 1-3절에는 경고와 회개의 요청이 한번 다시 논의된다. "야웨의 분노의 날이 네게 이르기 전에!" 아모스 5장 15절*에서와 꼭 같은 가능성이 그 문을 연다.— "아마도 너희는 야웨의 분노의 날에 숨김을 받으리라."

3장 1-8절은 반역하는 도시가 받을 재난이다. 특별히 고소받고 있는 자들은 지도자들이다— 즉 제후들, 사사들, 예언자들 그리고 제사장들. "그의 제사장들이 거룩한 곳을 더럽히고 그들이 율법을 범하였도다"(4절). 하느님은 슬픈 운명으로 그 도시를 경고하였으나(6-7절) 그 도시는 바로 서지 않았다. 심판은 불가피한 것이 되어 버렸다(8절).

2. 다른 나라들에 대한 심판신탁(습 2:4-15)

이것은 불레셋(4-7절), 모압과 암몬(8-11절), 애굽(단편적)(12절), 앗수르(13-15절)를 포함하고 있다.

3. 유다의 복지에 관한 약속들(습 3:9-20)

9절과 10절은 다음과 같다. "그 때에 내가 열방의 입술을 깨끗하게 하여 그들로 다 나 야웨의 이름을 부르며 일심으로 섬기게 하리라." 이 구절은 8절에 나오는 심판의 경고에 덧붙인 것이다. 이것은 마지막 때에 모든 열국이 가질 순수하고도 연합적인 예배를 예견하고 있다.

3장 11-15절에는 성결함을 받은 시온의 남은 자들에 대한 묘사와 구원받은 자들의 찬양노래가 들어 있다. 시온을 향한 복지에 관한 약속은 결론을 형성한다. "오, 시온아, 두려워 말라, …야웨, 너희 하느님이 너희 가운데 있도다"(16절).

---

* 역자 주: 만군의 야웨께서 이스라엘의 남은 자를 긍휼히 여기실 것이다. 독일에서는 vielleicht (아마도)가 양 구절에서 모두 사용되었다.

다음에서 다룰 세 예언자는 포로기 후대에 속한다

학개, 스가랴, 말라기는 포로시대 이후의 시대가 시작되는 무렵에 활동하였다. 즉 학개는 B.C.520년에, 스가랴는 B.C.520-518년에 활동하였고 아마도 말라기는 B.C.470 경에 활동하였다. 학개와 스가랴는 제의 예언자들의 계열에 속한다. 두 제의 예언자의 설화는 모두 본질적으로 성전 재건과 공중 예배를 취급하고 있다.

학개

1. 성정 재건을 호소함(학 1:1-14,15; 2:15-19; 2:1-5)

학개는 자기의 주택을 세우노라고 성전에 대한 관심을 잊지 않도록 하라고 그 백성을 경고하는 것을 논점으로 삼고 있다. 어느 땐가는 그 성전은 재건되고 모든 것은 개선되었을 것이다. 학개의 말은 먹혀 들어 갔고 건축은 시작되었다.

2. 성전에 관한 특별한 약속(학 2:6-9)과 수룹바벨에 관한 약속(2:20-23)

두 약속들은 이방 나라들에 대한 심판의 경고로 결합되었다. 하느님은 하늘과 땅을 뒤흔들 것이고 이교의 제국들을 멸망시키실 것이다. 그러나 그는 "내가 이 집을 영광으로 충만케 하리라"(2:7)라고 말한다. 하느님은 스룹바벨을 그의 종으로 선택하였다. 그는 이렇게 선언한다. "내가…너로 인장을 삼으리라(2:23).

3. 제사 율법(학 2:10-14)

제사법전(율법)과 일치되게 학개는 "이 백성"(그 백성의 사마리아적 요소?)을 불결하다고 선언한다.

스가랴

스가랴는 학개와 동시대 인물이었다. 그의 신탁의 연대는 B.C. 520-518로 잡을 수 있다. 그러나 1-8장만이 이 시기를 기초로 해서 해석될 수 있다. 9-14장의 말씀은 후대의 무명의 예언자의 것인데 제2이사야의 경우처럼 후대에 이 책에 첨부된 것이다. 이 무명의 예언자를 제2스가랴라고 부른다. 9-14장의 모든 말씀들이 한 예언자에게서 온 것인지는 토론의 여지가 있다. 그들은 성서에서 이해하기 어려운 부분으로 알려진 부분이다. 더 이상 묘사해 낼 수 없는 많은 것이 여기서 단지 암시만 되고 있거나 아니면 일부러 모호하게 만들어져 있다.

제1스가랴(1-8장)

1. 회개하라는 공포(슥 1:2-6)

이 부분은 회개의 호소로 시작되고 있는데 초기(포로 전기) 예언을 회상하게 해 주며 그것을 기초하였던 것으로 보인다. 그 지루한 문체(즉 "야웨의 말씀에…"라는 문체가 자주 반복됨)는 초기 예언에서 빌려 온 아주 후대의 것임을 지시해 준다.

2. 스가랴의 7개의 밤의 환상(슥 1:7-6:8)

1. 환상들

1. 말들(horses 1:7-15)
2. 네 뿔과 네 공장(工匠)(1:18-21)
3. 척량줄을 잡은 사람(2:1-5)
4. 등대와 두 감람나무(4:1-5, 11-14)
5. 날아가는 두루마리(5:1-4)
6. 에바를 가진 여인(5:5-11)
7. 네 병기(6:1-8)

어떤 모습들은 모든 환상이 갖고 있는 공통된 것도 있다. 그리하여 그 서론 다음에는 선견자(先見者)가 관찰한 것에 대한 묘사가 따라온다. 그 다음 그는 그가 보았던 것이 가지는 의의에 대해서 물음을 제기하고 그리고 사자(使者, angelus interpres)가 그에게 설명해 준다. 모든 환상은 좋은 소식을 선포함으로 끝을 맺는다.

"오, 만군의 야웨여, 얼마나 오랫동안 당신은 예루살렘과 유대의 성읍들을 긍휼히 여기지 않으시렵니까"라는 탄식 속에서 그 첫 환상은(1:7-15) 그 환상이 주어진 상황을 지시해 주고 있다. 그 상황은 자주 자주 바뀌지는 장면의 변화를 보여 준다. "우리가 그 땅을 두루 다녀보니 모든 땅이 평온하더이다"라고 화석류 나무 사이에 서 있는 홍마를 탄 사람에게 말한다.

둘째 환상(1:18-21)은 네 공장(工匠)을 언급하면서 이스라엘의 압박자들(네 뿔)을 치기 위하여 일어날 세력들을 암시하고 있다.

셋째 환상(2:1-5)에서는 척량줄을 잡은 그 사람이 해방된 예루살렘의 크기를 언급하고 있다.

네 번째 환상(4:1-5, 11-14)에 나타난 두 그루의 감람나무는 기름부움 받은 관리들, 즉 스룹바벨과 대제사장 여호수아를 가리키는데, 그들과 더불어 예루살렘의 구원의 때가 시작될 것이다.

다섯째와 여섯째의 환상(5:1-4, 5-11)은 새 예루살렘으로부터 악을 추방하는 것을 지시한다(날아가는 두루마리에 숨어 있는 악인을 치는 저주들이 실려 있고 에바를 들고 있는 여인은 예루살렘에서 제거된 악을 의인화한 것이다).

마지막 환상은 서로 다른 색깔을 가진 네 병거의 환상인데(6:1-8) 그 땅의 국가들에게 다가오는 하느님의 심판을 지시한다.

이러한 예언자 스가랴의 환상들과 더불어 묵시적 문서가 나타나기 시작한다. 가장 변화성이 있는 상징, 관념, 그리고 신비한 사건들이 여기서는 그 예언자의 백성을 위한 놀라운 미래의 신비를 벗기기 위하여 채용되고 있다. 그들은 하느님에게는 구원을 일으킬 무한한 가능성이 있음을 나타내기 위하여 시도되었다. 스가랴에서부터 다니엘에 이르기까지의 묵시문학의 경향은 그 후 다음 세대에 와서 많은 묵시자들에게서 일어나기는 했지만 더 이상 정경 속에 들어오지 못하였다.

2. 예언의 말들

이러한 일련의 밤의 환상들은 독립적인 예언의 말씀에 의해서 중단된다.

1. 예루살렘과 성전에 대한 구원약속(1:16-17)
2. "북쪽의 땅"에서 떠나라는 호출들. 심판이 이스라엘을 압박하는 자들에게 떨어짐. 그러나 하느님은 시온에서 한 거주를 발견할 것이다(2:6-13)
3. 여호수아와 스룹바벨의 임명(3:1-8, 10; 4:6-10)
4. "순"(Branch)을 위한 면류관(6:9-15)

이 부분은 하나의 컨텍스트를 가진다. 밤의 환상과 사실과 유사한 상상을 통한 암시에 의해서 계시된 것은 좋은 소식을 전하는 이 예언자의 말들 안에서 포로 후기 유다의 실제상황에 적용되었다. 스가랴는 구원의 때가 성전 건축이 완성될 때 유다를 위하여 시작될 것이라고 선포한다. 야웨께서는 이와 같이 말씀하신다. "내가 긍휼을 가지고 예루살렘에 돌아 왔도다"(1:16,17). 이것이 전환점이 될 것이다. 예루살렘은 성전과 함께 다시 중흥될 것이고 유다의 성읍들은 번영하게 될 것이다. 모든 포로민들이 돌아 올 것이다. 심판은 그들의 원수들에게 내려질 것이고 하느님은 다시 시온에 그 거처를 정하실 것이다(2:6-13).

그러나 새로운 질서는 사면(赦免)받은 대제사장 여호수아에 의하여 시온에서 시작될 것이다(대제사장으로서의 그는 전체 국가의 죄를 대신하는 자가 될 것이다. 여기서 사탄은 하느님 앞에 고발자로 나타난다. 3:1-8). 하나의 관이 여호수아의 머리에 씌워졌는데 그것은 하느님 앞에 자유로이 출입하는 것을 허락하는 존엄을 상징한다. 그것은 또한 구원의 때의 한 징표였다. 4장 6-10절*은 직접 이 구절과 연결된다. 그것은 스룹바벨에 준 복지에 관한 약속이다. 그는 모든 장애물을(4:7에 나오는 "큰 산"은 이것을 의미한다) 이겨낼 것이며, 성전을 완성할 것이다. "그가 머릿돌을 내어 놓을 때 무리가 '은총, 은총이 그에게 있을지어다' 라고 외칠 것이다." 이것은 약속이다.

그러나, 그는 하나의 관을 만들려고 하였고(예언자 스가랴가 명령받은 대로) 그것을 "순"(Branch)의 머리 위에 씌울 것이다. 왜냐하면 이 "순"은 왕이 될 것이며 구원의 때에는 메시아도 될 것이기 때문이다. "순"**은 단지 스룹바벨을 의미한다. 더욱이 그는 이 길로 가도록 임명되었다. 그러나 우리의 본문에 의하면 면류관을 받고 "순"이라고

---

* 현재의 위치로 보아 그것은 네 번째 환상에 의해서 끊겨졌다.

** 이사야 11장 1절에 의하면 메시아를 가리킬 때 자주 쓰여졌다.

불리운 자는 여호수아다(6:11). 여기서 그 본문의 역사는 그 사건의 실제적 결과를 반영시켜 준다. 그 날에(아직은 스가랴의 활동 기간 동안) 스룹바벨은 통치자로 다시 부름을 받기는 받았으나, 결코 다시는 언급되지 않고 있다. 성전이 완성된 후에 그가 메시아가 될 것이라는 기대는 실현되지 않았다.

3. 금식에 관한 문제(슥 7:1-14)

예루살렘의 함락과 유다의 종말을 기념하기 위하여 오월에 시행된 금식을 이행하라는 요구가 스가랴에게 주어졌다. "다시 계속하리이까?"라고 그 백성은 물었다. 예언자의 대답은 두 가지였다. 첫째로, 그는 외식적인 축제와 하느님을 즐겁게 하는 축제 사이를 대조시킨다. 그는 초기의 예언자들을 언급하면서 대조하고 있다. 그러나 그의 실제적 답변은 8장에 있는 복지에 관한 약속들 안에서 제시되었다. "사월의 금식과 오월의 금식과 칠월의 금식과 시월의 금식이 유다 족속에게 기쁨과 즐거움과 희락의 절기가 되리니…"(19절).

4. 복지에 관한 약속(슥 8:1-23)

8장에는 격식에 맞춘 비교적 긴 복지에 관한 약속이 들어 있는데 그 모두는 이미 "야웨께서 이와 같이 말씀하시기를"이라는 형식을 갖춘 표현으로 소개되었다. 하느님은 다시 시온에 거하실 것이다. 새로운 속량받은 이름이 붙여질 것이고 어린아이로부터 어른에 이르기까지 모든 사람들이 풍성해질 것이다. 아직도 멀리 떨어져 있는 자들은 다시 돌아 올 것이다. 그리고 하느님은 "복지를 씨뿌릴 것이다"(12절).*

* 영역자 주: 이것은 독일어 번역에 준한 것이다. 즉 이것은 히브리어 본문을 다소 수정한 것이다. RSV에서는 "평안의 씨가 있을 것이다"라고 되어 있는데 히브리어를 축자적으로 번역한 것이다.

예루살렘은 인기의 거리가 될 것이다. "많은 민족과 많은 국가가 예루살렘에 계시는 만군의 야웨를 만나기 위하여 올것이다"라고 말한다(22절).

제2스가랴(9:1-14:21)

수집가는 스가랴서의 보충자료를 9장 1절과 12장 1절에 모았는데 각 서두는 모두 "신탁, 야웨의 말씀"*이라는 표제가 붙어 있다. 이 표제에 관한 이전의 그 어떠한 연구도 이 말들이 가진 의미에 빛을 던져 줄 수 없었다. 단지 두 부분 전체에 걸쳐 나타난 근본적인 모습만은(9-12장과 12-14장) 분명하다. 이것은 심판에 관한 말과 결합된 시온의 구원의 때에 대한 선언이다. 이러한 특징은 스가랴의 예언(1-8장)과 보충자료(9-14장)를 연결시켜 준다.

여기에는 예컨대 도살할 운명에 처한 "양떼"에 대한 괴이한 역사적 알레고리와 같이 당시의 사건들을 암시하는 구절들이 있다(11:4-17). 그러나 그 의미는 다른 구절과 마찬가지로 우리에게는 모호하다.

시온을 향하여 왕이 오고 있음으로 기뻐하라고 요청하는 것은 제2이사야를 생각나게 한다. 마태복음 21장은 이것을 예수의 영광스런 예루살렘 입성에 관한 기사로 채용했다. 유다의 은 30량 기사는 스가랴 11장 13절에서 온 것이다.

남은 자에 관한 관념은 그 백성의 2/3를 진멸하겠다는 선언을 통하여 표현되었다. 1/3은 불로 단련될 것이다. 하느님과 기본관계는 그 다음에 회복될 것이다. "나는 '그들이 내 백성이다' 라고 말할 것이다"라고 만군의 야웨가 선언하고 그 백성들은 "야웨가 나의 하나님"(13:9)이라고 말할 것이다.

영역자 주: 이것은 독일어의 번역이다. 본래의 히브리어는 RSV보다는 오히려 이 번역에 따라 이해될 수 있다. 즉, "신탁, 야웨의 말씀…"

말라기

이 수집물은 본래 스가랴서의 두 개의 부록에서와 같은 표제를 갖고 있었다. 즉 "신탁, 야웨의 말씀"이라는 표제를 갖고 있었다. "말라기"라는 이름(나의 사자)은 3장 1절에서 온 이름이다. 후에 그 이름이 표제의 한 부분이 되었다. 그러나, 자신을 표현하는 뚜렷한 방법을 가지고 있는 한 예언자의 소리가 네 장 속에 뚜렷하게 구분되어 나타나 있다.

스가랴가 이미 묵시적 문서의 경향을 띄고 있는 것과 같이 말라기도 교리적 논쟁의 경향을 띠고 있다. 여섯 개의 말씀군은 같은 특징을 나타낸다. 이와 같이 이 예언자는 자기 자신의 의견과는 반대되는 하나의 의견을 끌어내어 그것을 변증적인 논쟁의 기초로 삼는다.

1. 야웨 말씀하신다. "내가 너를 사랑했다." 그러나 너희는 말한다. "당신이 어떻게 우리를 사랑하셨나이까?"(1:2-5)
2. "만일 내가 아버지라면 나를 공경함이 어디 있느냐?" 너희는 말하기를 "어떻게 우리가 당신의 이름을 멸시 하였나이까?"(1:6-2:9)
3. "우리가 불신실함은 어찜이뇨?", "너희는 너희의 아내, 너희의 짝에게 불신실하였도다"(2:10-16)
4. "너희는 너희의 말로 야웨를 괴롭게 하였다." 그럼에도 너희는 "우리가 어떻게 야웨를 괴롭게 하였는가"하고 말하도다(2:17-3:5)
5. "우리가 어떻게 하여야 돌아가리이까?"라고 너희가 말한다. "사람이 어떻게 하느님의 것을 도적질 할 것인가? 그럼에도 너희는 나의 것을 도적질하고 있도다"(3:6-12)

6. 너희는 말하기를, "우리가 어떻게 당신을 대적하여 말하였나이까?" 한다. 너희는 이렇게 말하였다. "하느님을 섬기는 것이 헛되도다"(3:13-4:3).
7. 율법을 지키라는 권면(4:4)
8. 야웨의 날 전에 나타날 엘리야의 선언(4:5-8)

말라기는 고대 예언자들이 가졌던 권위를 더 이상 가지지 않았다. 그럼에도 그가 가진 정력을 가지고 그는 자라나고 있는 불신을 배척하고 그 불신이 곧 하느님으로부터 소외되는 발단임을 지적한다(특히 3:14-15를 비교). 포로 전기의 심판 예언자들이 가진 진지성과 명료성을 발견 할 수 있는 포로후기 예언으로는 말라기 뿐이다. 그는 3:1-5에서 심판의 날을 지적하고 "그의 임하는 날을 누가 능히 견딜 수 있으리요?"라고 외친다(3:2).

제4부

성문서

17. 성문서의 본질과 목적

구약 경전의 제3부인 성문서는 처음 두 부분인 "율법" 및 "예언서"와 동등한 수준에 있지 않다. 그렇기 때문에서 인지, 신약성서는 구약을 말할 때 단순히 "율법과 예언"이라고만 정의한다(마 7:12; 22:40; 눅 16:1; 행 13:15; 24:14; 롬 3:21).

이 제3부는 그 본질면에서나 그 목적에서나 하나의 "응답"(Response)이다. 그것은 본질상 하느님의 행위와 말씀에 대한 응답인 시편의 주변에서 자라나고 형성되었다.

탄식과 찬양이 그 주요 구성요소가 되어 있는 애가와 욥기는 시편과 밀접한 관련을 갖고 있다. 두 번째의 책인 욥기는 지혜의 교실들을 가지고 있는데 그러므로 잠언과 전도서와 같은 지혜서들과 밀접히 연결되어 있다. 지혜의 말들은 또한 시편에도 나타난다. 후기 이스라엘은 지혜의 언어를 하느님의 말씀에 대한 하나의 응답으로 이해했다. 즉 애원적이고도 찬양적인 응답에 가까운 경건의 응답으로 이해하였다. 이러한 방법으로 이해할 때 시편과 지혜문학은 성문서(Hagisgrapha)의 중심부를 이루고 있다.

역대기 저자의 책들(역대기 상하, 에스라 그리고 느헤미야)은 역사서의 보충으로 첨가되었다. 묵시문학인 다니엘은 예언서의 보충으로 포함되었다.

마지막으로는 다섯 개의 두루마리들을 수집해 놓은 "Megilloth"가 있는데 이들은 후기 유대사회에서 지켜졌던 일련의 축제 때에 읽혀졌다는 것 때문에 경전에 들어오게 되었던 것들이다. 이들은 아가, 룻기, 애가, 전도서 그리고 에스더이다. 아가, 에스더, 그리고 전도서는 오랫동안 논란된 책들이었다.

18. 시편

시편 전체를 개관한다는 것은 매우 어렵다. 이러한 일반적인 관찰을 할 수 있는 하나의 가능성은 시의 유형에 의해서 얻을 수 있다. 그러나, 또 하나의 방법은 시편이 적은 수집물들로부터 성장한 그 과정에 의해서 살펴보는 것이다. 아주 초기에는 여러 개의 다른 시들이 기계적으로 나란히 배열된 것이 아니라 주제에 따라 배열되었다. 아직도 이 점에 관해서 더 살펴볼 점이 있다면 그것은 무엇인가?

1. 시편에 있는 시집들

우리가 현재 가지고 있는 시편 가운데는 "maʿălôth시"*(순례자의 노래)로 알려진 적은 "시집"이 시편 속에 들어와 있다. 이 "시집"은 120-134편이다.

이 "시집" 앞에는 119편이 있는데 그것은 "율법"에 대한 하나의 찬사이다. 그것은 시편에서 독특한 성격의 것이다(이와 비슷한 유일한 또 하나의 시는 19편이다). 119편은 한때 한 개의 "시집"으로 단락지어졌던 것임이 분명하다. 그러나 이제는 형식상으로나 내용상으로나 시편 1편과 상응하는데, 시편 1편은 율법에 대해서는 간접적인 찬사이지만

---

* 영역자 주: maʿălôth은 히브리말인데 AV에서는 "Degrees"라고 번역했고 RSV에서는 "Ascents"라고 번역했다. 그 정확한 뜻은 결코 분명히 설명될 수 없다. 아마도 그것은 예루살렘으로 "올라가는" 순례자들이 부른 노래와 관계가 있을 것이다.

그러나 하느님의 율법을 그의 생활 속에 받아들여서 그의 생활을 율법에 따라 이끌어 가는 사람을 복 있는 사람으로 설명하는 방법을 취하고 있다. 두 시(詩)는 모두 경건한 지혜 또는 율법과 관련된 경건을 표현한 대표적 예이다. 그것은 엄격한 의미에서 볼 때는 더 이상 하나의 시라기보다는 하나의 종교적 명상이라 하겠다. 따라서 시편 1편으로 시작해서 119편으로 끝나는 하나의 시집이 있었다고 가정할 수 있을 것이다. 지금까지 나타난 외적 증명으로는 시편 1편, 119편 모두가 표제가 없다는 점을 들 수 있다. 현재의 시편 속에 들어 있는 다섯 개의 시집을 다음과 같이 구분해 낼 수 있다.

1. 제1권(1-41편)

1. 다윗 시집(3-41편)

만일 우리가 1-119편에 부가된 시집들을 찾아내려면 그 표제에 따라 우선 다윗 시집(3-41편)을 들 수 있다. 그 마지막 시는 41편 끝에 나오는 송영이 말하듯이 제1권(1-41편)의 끝과 부합한다. 히브리말 l[e]Dawid이라는 표제를 떠나서라도 3-41편은 매우 중요한 공통점을 갖고 있다. 그것들은 모두 개인시의 형태를 갖고 있다(19편과 24편만은 제외).

2. 제2, 3권(42-89편)

2. 엘로힘 시집(42-83편)

42편으로부터 소위 "엘로힘" 시가 시작된다. 말하자면 "엘로힘" 이라는 신명(神名)이 42-83편에서는 "야웨"라는 신명이 들어갈 자리에 대신 들어가 있는 시들이 있다.

1. 고라의 시집(42-49편)

42편으로부터는 회중의 노래(44-48편)라는 유형의 시들을 많이 가지고 있는 고라의 시집(42-49편)이 나타난다. 이 시집은 분명히 한 때 독립된 시집이었다. 이 시집은 그 처음과 끝에 42편과 49편으로 애워 싸여 있다.

2. 아삽의 시집(73-83편)

마찬가지로 아삽의 시들(73-83편)은 그 처음과 끝에 (73편과 83편) 개인 탄식시들을 가지고 있다. 이렇게 묶어 논 시집 안에는 회중의 시*, 민족 탄식시, 그리고 시온의 노래들이 들어 있다. 사실, 대부분의 민족시들은 위의 두 시집, 즉 42-49편과 73-83편 속에 포함되어 있다.

3. 다윗 시집(51-72편)

위의 두 시집 사이에는 엘로힘이라는 신명을 쓰고 있는 다윗 시집(51-72편)이 들어 있다. 여기에는 거의 전적으로 개인시들이 들어 있는데 3-41편조차도 그렇다. 시편 제2권(43-72편)은 다윗시집—이 경우에는 엘로힘시집—으로 결론짓는다.

3. 보충(84-89편)

추가된 보충시 그룹이 하나 있다. 그것은 제왕시로 알려진 89편을 더한 고라의 시집이라는 것이다(86편을 제외한 84-88편). 89편은 시편 제3권(73-89편)을 끝내는 시이다. 위에서 적용한 관찰방법이 이 보충시 그룹에도 적용된다. 즉 이 시들은 그 유형상으로는 회중시이며 민족탄식시(85편, 89편)와 시온노래(84편, 87편)를 가지고 있다.

두 개의 대 시집, 즉 다윗 시집(3-41편)과 엘로힘시집(42-83편)은 84-88편과 함께 처음과 끝에 제왕시를 가지고 있다.

---

* 단지 77편의 뒷 부분만이 회중詩(시)의 형태를 갖고 있다.

3. 제4권과 제5권(90-150편)

1. "야웨는 왕이다"가 주제인 시집(93-99편)

93-99편의 시그룹은 "야웨는 왕이다"라는 표현으로 시작하는 시들이다(90-92편은 이와 분명한 관계를 가지고 있지 않다). 이 그룹에는 송영으로서 100편이 첨가되었다.

2. 찬양시 그룹(103-107편, 111-118편)

찬양을 표현하는 두 개의 시 그룹은 103-107편과 111-118편이다(135편과 136편은 아마도 이 그룹에 속하는데 119편과 올라가는 노래들에 의하여 분리되었다).* 시 117편은 아마도 시 111-118편을 마감하는 송영이다. 118편은 의식시로서 후에 보충되었다.

3. 올라가는 노래집(120-134편)

1편으로 시작해서 119편으로 끝나는 시집에는 적은 시집(120-134편)이 첨가되었는데 그것은 완전한 한 개의 단위를 형성한다. 이 단위 속에는 오직 하나 명백한 순례자의 노래, 즉 122편이 들어 있다. 그러나 시온 노래들은(125편, 126편, 132편) 이것과 밀접한 관련을 갖고 있다. 시 134편은 끝맺음하는 송영이다.

4. 다윗시집

다음에 나타나는 뚜렷한 시집은 140-143편인데 네개의 다윗 시로 구성되어 있다. 이 시들은 네개의 개인 탄식시인데 138편과 139편은

---

* 영역자 주: 이 두 그룹 사이에는 다음과 같은 고립된 시들이 있다.
(1) 시 108편: 이것은 다른 두개의 詩 그룹 즉 57-7-11편과 60-6-12편에 기초한 편집물이다.
(2) 시 109편: 저주시
(3) 시 110편: 제왕시. cf. Westermann, "Zur Sammlung des Psaters," in; *Forschung am A.T.*, München 1964. p.336.

이 시집의 처음에, 145편은 이 시집의 끝에 첨가되었다.

5. 잡동사니 시집

위에서 관찰한 바와 같이 135-136편은 찬양의 시, 즉 할렐루야시(111-118편)에 속한다. 137편과 144편이 남는다. 137편은 하나의 시라기 보다는 오히려 하나의 애국가라 할만 하다. 144편은 여러 개의 단편들로 꾸며진 혼합시이다.

6. 찬양 시집(146-150편)

이 일련의 찬양시들은 격렬한 찬양의 요청으로 구성된 시들로서 시편 전체를 결론짓는다. 150편은 마지막 권, 즉 제5권을 끝맺는 송영의 위치에 있다. 이와 같이 해서 우리는 시편에 들어 있는 뚜렷하다 할 시집들을 뽑아낸 셈이다.

이러한 관찰을 통해서 끌어낼 수 있는 결론

(1) 시편에서 가장 많이 나타나고 있는 유형인 개인탄식시는 거의 전적으로 시편 전반부에 한정되어 있다는 것이 명백하다. 특히 두 개의 대시집(大詩集)에 한정된다(3-41편과 51-72편). 또 적은 시집으로서는 140-143편이 있다. 이러한 세개의 자료집 이외에도 산발적으로 다른 시집들 속에 나타난다(즉, 77, 94, 102, 109편).

(2) 찬양을 표현하는 큰 그룹의 시들은 시편의 후반부에 나타난다. 90편 이후의 모든 시집들은 140-143편(개인 탄식시들)과 "올라가는 노래집"(120-134편)을 제외하고는 찬양시들이다. 그러므로 시편 전반부는 탄식시가 지배적이고 후반부는 찬양시가 지배적임이 분명하다.

(3) 시편 표제들은 여러 시 그룹이 있음을 말해 주는 증거를 제공한다. 다윗 시집들은 모두 개인시(주로 탄식시)가 지배적이고 민족시 또는 회중시들은 거의가 고라와 아삽의 시그룹에서만 발견된다. 예외

로는 주로 회중시로 구성된 "올라가는 노래들"이 있다.

(4) 마치 송영들이 시편 각 권의 끝에 나타나듯이(1권의 41:14; 2권의 72:18f.; 3권은 89:52; 4권은 106:48; 5권은 150편) 찬양시들은 자주 개인 시집의 결론 역할을 한다. 예컨대, 시편 134편은 120-133편의 결론이고, 117편은 111-118편의, 100편은 93-99편의, 145편은 아마도 140-143편*의 결론일 것이다. 90편 이전의 모든 찬양시들은 이러한 기능을 형성한다(18편과 19편, 33편과 34편, 40편, 65편, 그리고 66편).

(5) 독립된 시집으로 보이는 제왕시들은 시편 전체를 통해서 볼 때 독립된 첨가부분으로 보인다. 시편 2편과 89편은 위에서 지적한 바와 같이 두 개의 큰 시집(3-41편과 42-88편)을 하나로 묶는 역할을 한다. 20, 21, 72, 101, 110편 등은 비슷한 기능을 한다.** 이 시들은 각각 다른 통치자에게 속한 그들 본래의 제의적(祭儀的) 의의를 기초한 것이기 때문이라기보다는 오히려 그 시들이 가진 메시아적 해석 때문에 현재의 시편 속에 첨가되었던 것이 분명하다.

(6) 시편은 아주 뚜렷하게 구분할 수 있는 의식시집(儀式詩集)을 갖고 있지는 않다. 의식이 있는 곳에서는 어디서나 이 시들은 현존하는 시집들 속에 삽입되었다.

(7) 시편이 수집되는 그 표준은 두개의 기본적인 특징이 있음을 보여준다. 즉 첫째는 개인시들이 회중시 유형으로부터 구별되었고 그 다음은 탄식시들이 찬양시들로부터 구별되었다. 이러한 두 개의 기본적인 모습은 매우 분명하다. 그러므로 시를 수집하고 전승하는 척도로서 중요한 역할을 하였음이 분명하다. 이러한 표준은 시 유형을 결정하는 기본 특징과 아주 잘 부합된다.

---

* 영역자 주: cf. Westermann, "Zur Sammlung des Psalters", in; *op. cit.*, p.342.

** 영역자 주: 저자는 특수한 방법으로 이 시들이 더 적은 시집속에 삽입 또는 첨부된 것임을 암시하고 있다.

위에서 지적한 여러 시집들의 배열은 전페이지와 같이 도해될 수 있다.

시 1

시	3-41	다윗의 시	
시	42-49	고라의 시	42-83편은 엘로힘 시
시	51-72	다윗의 시	
시	73-83	아삽의 시	
시	84-88	고라의 시	
시	93-99	야웨는 왕이시다	
시	100	찬양시	
시	103-107	찬양시	
시	111-118	찬양시	

시 119

시	120-134	순례자의 시
시	135-136	찬양시
시	138-139	개인 찬양시
시	140-143	개인 탄식시
시	145	찬양시
시	3-41	다윗의 시

2. 예배에 따른 시 유형 분류

이러한 관찰에는 우선 개인시의 유형분류가 첨가되어야 한다. 왜냐하면 시들은 이스라엘의 공중 예배로부터 발전하였기 때문이다. 각 시는 각각 하나의 예배적 사건 안에 포함되어 있다. 즉 그것은 예배적 삶의 한 부분이다. 비록 시들 배후에 깔려 있는 사건들이 더 이상 파악될 수 없다 하더라도 항상 그것을 염두에 두고 전제되어야 한다. 한 편의 시를 읽을 때면 "이 시는 어떤 관념을 가지고 있느냐?"라고 물을 것이 아니라 "이 시의 말들 안에서는 무엇이 성취되고 있느냐?" 라고 물어야 할 것이다.

1. 개인 탄식시

우리가 이미 보아 온 대로 다윗의 시들은 대부분 개인 탄식시들이다. 이 유형이 시편에서 가장 흔하게 나타나는 것이다.

1. 이 유형의 대표적 예로서의 13편

시편 13편은 개인탄식시 유형의 분명한 의의와 구조를 보여 준다. 이 시는 "언제 까지입니까?"라는 네 개의 물음으로 시작한다. 이 표현은 오랫동안 고통을 겪고 더 이상 침묵할 수 없었던 자의 깊고도 침통한 탄식이다. 처음 두 개의 물음, "어느 때까지입니까?…나를 잊으시기를…내게서 숨으시기를…"은 하느님께 항변하는 탄식, 즉 신을 고발하는 불평(여기는 형식적인 의미에서 고발을 사용한다)이다.

다음에 나오는 두 개의 물음, "어느 때까지 고통을 참아야 합니까?"와 "어느 때까지 내 원수가 내게 잘난 척 하리이까?"는 시인 개인의 탄식과 원수에 관한 탄식을 나타낸다. 그 탄식 다음에는 하나의 기원이 나타난다. 그 기원자는 처음에는 하느님이 자기에게 돌아오기를 간구한다. 그는 이렇게 외친다. "나를 생각하시고 내게 응답하소서." 그 다음 그는 하느님의 간섭을 요청한다. "나의 눈을 밝히소서" (즉 나를 격려하소서!). 이러한 기원은 하느님에게 영향을 주려는 의도적 이유와 연결되어 있다.

그 다음에는 곧 "그러나"라는 말이 연결된다. 이 "그러나"는 탄식시 가운데 자주 나타나는데 그것은 언제나 하나의 전환점—탄식에서부터 전진해 가는 하나의 과정을 지시한다. 이러한 "그러나"는 이러한 시들이 가진 격렬한 진동을 나타내 보여 준다. 이 점에서부터 하나의 신앙 고백이 소개된다. “그러나 나는 당신의 사랑을 의지하였나이다.” 결론부에 가서 이 시에는 하나의 약속이 제시된다. 이 약속은 탄식이 기쁨으로 바뀔 것을 지시하고 있다.

2. 탄식시의 성격

(1) 구조의 다양성

단순한 구조는 모든 개인 탄식시의 기초에 깔려 있다. 그러나 동시에 서로간에 일치점을 보는 시는 하나도 없다. 한 시의 구성요소들은 거의 70개나 되는 각 개인 탄식시들이 각각 다른 개인의 작품으로 보일 만큼 다르다. 배열의 순서가 다르다. 그리하여 예컨대 신앙고백은 가끔 탄식과 기원 사이에 나타난다. 어떤 요소들은 빠져버리기도 한다. 즉 하나의 기원이 두세 번 나타나기도 한다. 강조점은 전혀 한 가지 요소 즉 원수에 관한 탄식이나 또는 신앙고백이라는 요소에 강조점을 두기도 한다. 또는 다른 유형의 시들에서 온 주제들이 나타나기도 한다.

(2) 내용의 일반적 성격

이런 유형의 시들을 이해하는 데는 어려움이 따른다. 왜냐하면 그 시인이 불평하고 있는 특수한 고난이 무엇인지 거의 결정내릴 수가 없기 때문이다. 그러나 이것이 이러한 유형의 시들이 가진 본질적인 면이다. 그들은 모두 기록되기 전 오랫동안 말로 유통되어 왔었다. 오랜 기간 동안에 그것들은 그 개인적인 요소와 단일한 요소가 전적으로 전형적인 형태로 바뀌어지리 만큼 다듬어졌다.

이러한 시들은 여러 종류의 사람들이 겪은 여러 가지 고난을 표현한 것으로 생각되었다. 그러므로 우리는 이러한 시들 중의 어떤 한

편의 시가 가진 개인적인 요소만을 생각할 것이 아니라 기도의 회중 또는 민족의 오랜 전승을 항상 생각해야 한다. 이 점이 바로, 13편과 같은 시가 가진 분명하고도 직접적인 호소 속에서도 특수한 환경이 밝혀지지 않는 이유이다. 이것이 또한 아주 다른 고난들이, 즉 질병과 박해(22편) 등이 왜 많은 시들 속에 묘사되어 있는 지를 설명해 준다.

그러므로 그 고난의 사정이 단체 탄식시와 개인 탄식시 사이를 구분 짖는 근거가 되지 못한다. 비록 질병(시 22, 38, 102편)과 무고(시 7, 35, 37, 69편)가 자주 언급된다 하더라도 그 시들을 지배하고 있는 것은 원수로 인한 압박과 박해로 나타나는 것도 그 이유이다(아마도 36편). 오직 전형적인 것은 언제나 원수에 대해서 언급하고 있다는 점이다. 그들은 기도하는 자를 위협한다. 즉 그들은 기도자를 모함한다. 즉 그들은 그가 넘어지기를 기도한다. 이러한 것에 대한 상상적인 표현들은 다음 세 개의 영역에서 오는 것으로 보인다.

1. 그들은 시인을 빠뜨릴 덫과 함정을 만든다(140:5-6).
2. 그들은 야생동물들처럼 시인을 위협한다(17:11-12).
3. 그들은 군인들처럼(11:2) 시인을 공격하고 조롱하며 그의 불운을 보고 손벽을 치며 좋아한다.

그 원수들은 악한 자들이며 반역하는 자들이고, 신을 모독하는 자들이고, 어리석은 자들이며 하느님을 경멸하는 자들이다(10:3; 28:5; 36:1). 그러나 시인의 원수들에 관한 이 모든 언급은 너무나 일반적인 것이어서 특수 인간이나, 그 백성의 특수 계층과 일치시키는 것은 불가능하다. 그러나 심각한 대립관계를 나타내는 한 공동체, 즉 피지배 계층과 대립되어 있는 지배 계층의 한 공동체가 여기에 묘사되고 있다는 것만은 말할 수 있다. 기도하는 무리들은 자기 자신들을 이러한 상황과 일치되게 가난한 자, 궁핍한 자로 기술되고 있다.

탄식시들을 이러한 관점에서 관찰할 때 하나님에 대한 의지심(依支心)의 중요성과 그리고 시인을 괴롭히는 대적자들로부터의 피난처를 하나님 안에 찾는 것의 중요성을 대변하는 명백한 증거가 되었다. 그러나 이러한 시들의 어느 하나도 하나의 탄식으로서만 계속되지 않는다(88편은 예외). 모든 탄식시인은 대적을 극복하는 일종의 예견을 보여 주고 있다.

3. 탄식시의 종류

(1) 의지의 표현은 "의지시들"(시 23; 27:1-6; 63편; 71편; 131편)의 경우에 있어서는 그 시 자체와 결합되어 있다. 그러나 22편과 같은 다른 시들의 경우에 있어서는 찬양시 형태로 직접 넘어 갔다.

(2) 어떤 그룹에서는 죄의 고백이 더욱 지배적이다. 소위 말하는 "참회시"(시 6, 32, 38, 51, 102, 130, 143편)들은 일반적으로 기독교 전통에서 뚜렷한 자리를 차지하였다. 그러나 이 시들 속에는 죄의 용서가 들어 있는데 그것은 어떤 특수한 곤궁으로부터 구원하는 것을 용서로 본 것이 아니라 소박한 용서의 개념으로 이해되어 있다.

(3) 더욱이 "개인의 결백"을 표현하는 또 하나의 시그룹* (시 5, 7, 17, 26편)이 있다. 이 시들은 특히 무고를 받은 기도자의 시에 속한다.

(4) 어떤 시들은 악인의 번영을 보면서 기도자들이 느낀 갈등의 괴로움이 반영되어 있다(시 37, 49, 73편). 여기서는 명상이 기도와 결합되어 있다. 73편은 분명히 욥의 시가 가는 방향으로 가고 있음을 지적하고 있다.

2. 개인 감사 시*1)

개인 탄식시와 비길만한 것은 개인 감사시이다. 보도적 찬양시 또

* 역자 주: 이들은 흔히 "변호의 시"라고 불리운다.

는 개인 찬양의 시의 양식에 속한 것들은 9, 18, 30, 31b, 32, 34, 40:1-12; 66:13-20; 92, (107)[*2], 116 (118)[*2], 138편이다. 고난에서 건짐받은 그 사람은 성소로 들어가서 예물을 드리고(66:13-14), 다른 이들에게 하느님이 그에게 행하신 바를 말한다(66:16). 이 기사는 명백한 구조를 갖고 있는데 죽음, 무덤 또는 스올에까지 내려갔던 상태로 가끔 묘사된 고통을 회상함으로 시작한다. 탄원자는 이러한 말을 계속한다. "내가 당신께 부르짖나이다—당신은 내게 응답하셨나이다—당신이 나를 건지셨나이다." 그 다음 이 시는 자주 하느님에 대한 찬사로 바뀐다. 즉 이 시의 중심부에는 놀라운 구원의 기사가 나타난다. "그의 분노는 잠깐이요, 그의 은총은 평생이로다"(30:5)라고 그는 외친다. 보도적인 찬송 또는 고백적인 찬송의 주제들은 시편 이외의 다른 많은 구절들 가운데서 발견 된다(눅 1과 2장을 예로 들 수 있다).

3. 민족 탄식시

개인 탄식시 이외에 민족 탄식시도 있는데 그러나 그리 많지 않다. 여기에 속한 시들로는 시 44(60)[*3], 74, 79, 80, 83, 85, 90, 106, 115편(완전한 민족 탄식시는 모두 고라와 아삽의 시집에 들어 있다)이 있다. 그러한 탄식시들은 애가서와 예언서들 안에도 있다(렘 14; 사 63-64장; 합 1장; 욜 1-2장). 그리고 제2이사야에도 자주 암시되어 있다. 민족 탄식사들의 삶의 자리는 가끔 구약에 나타난다. "그 때 이스라엘의 자손들이 야웨에게 부르짖었다"라고 말할 때마다 거기에는 그러한 탄식이 암시되어있다. 요엘 1-2장은 그와 같은 정황 속에서 일어난 것을 자세하게 기술하고 있다.

---

*1) 역자 주: Westermann은 이 부분을 그냥 "개인 찬양의 시"로 이름 붙이고 있으나 찬양시와 구별하기 위하여 이 표제가 더 나으리라 본다.

*2) 영역자 주: 107, 118편도 전자에 의하면 의식시(儀式詩)에 속한다고 본다.

*3) 영역자 주: 시 60편은 108편의 편집자가 사용하였다. 즉 6-12절은 108:7-13과 같다.

민족 탄식시의 구조는 개인 탄식시의 구조와 비슷하다. 민족 탄식시도 역시 도입문, 탄식(세 부분으로 나눌 수 있음), 이유있는 기원, 그리고 확신의 고백 등으로 되어 있다. 고백의 자리에는 자주 하느님의 이전의 구원활동에 대한 회상이 나타난다. 거기에 다른 점이 있다면 민족 탄식과 기원 다음에 신의 응답, 즉 하느님의 사람에 의해서 선포될 복지(福祉)에 관한 약속을 기다린다는 점이다.

이러한 것은 시 85편에서 특별히 분명하게 표현되고 있다. 기원(4-7절) 다음에 단조로운 한 음성이 들려온다. "하느님이 무엇이라 말씀하실지 내가 들으리라. 왜냐하면 그가 …화평을 말씀하실 것이기에"(8절; 참조. 렘 14:11; 대하 20:3-17).

시편 80편은 민족 탄식시의 대표적 예이다. 서론적인 기원(1-2절) 다음에 탄식(4-7절)이 따라오는데 대조되게도 그 다음에는 한 포도원 농부에 대한 묘사에서 하느님의 이전의 구원행위에 대한 회상이 나타난다. 이러한 묘사는 하느님에 대한 항변 가운데서 계속되며 다시 12절 이하에서 나타난다. 12절 이하에서는 하느님 자신이 그가 삼으신 것을 파괴하시고 있다고 선언한다. 하느님을 향한 탄식 속에는 두 개의 전형적인 질문이 들어있다. 즉 "어찌하여?"(12절)라는 말과 "어느 때까지니이까?"(4절)이다. 두 개의 기원(14-15절)은 두 개의 탄식적 질문에 따른 소원 가운데 계속되었다. 이 시는 성실을 맹세함으로 결론짓는다(18f.). 거기에는 민족 의지시(依支詩)들도 있는데 특별히 123편, 125편, 그리고 90편도 여기에 속한다.

4. 민족 감사시

민족탄식시와 상응하는 민족 감사시들이 있다. 이 시들은 위험이 제거된 후에 하느님의 도움을 경하하는 시들이다. 124편과 129편은 모두 올라가는 노래들에 속하는데 보도적 민족 감사시들이다. 구출함을 받았던 한 사람이 느꼈던 구원의 의식(意識)은 여기서 놀랄 만큼 솔직하게 표현되어 있다.

"우리를 저희 이빨에 내어 주어 씹히지 않게 하신 야웨를 송축하리로다. 우리가 사냥군의 올무에서 벗어난 새처럼 벗어났도다. 올무가 끊어지고 우리는 도망하였도다!"(124:6,7).

민족의 감사 찬양을 담은 가장 오래된 시는 미리암의 노래(출 15:1-21절)이다. 이 노래는 후기 역사시인 106편이 다음과 같이 노래함으로 언급하고 있는 노래이다. "그 때 저희가 그의 말씀을 들었고, 그들은 찬송을 불렀다"(12절). 그러나 그의 백성을 위한 하나님의 행동에 관한 이 칭송들은 다른 전승의 계열에서 발전한 것이다. 그것은 승전의 노래(삿 5장)와 그의 백성을 도우러 나오시는 야웨의 현현(epiphany)(시 18:7-15; 합 3:3-15)을 노래하는 찬양에서 특수형태를 갖추었다. 그리고 그것은 그의 백성을 위한 하나님의 전능한 행동을 선포함으로 역사적 시가 되었다. 이런 또는 저런 이유로 인해서 시편에는 그것에 대한 아무런 예가 나타나 있지 않다.

5. 찬양시

서술적인 감사찬양의 시들 또는 찬양시들은 시편의 처음 부분에서 발견된다(시 8, 19a, 29, 33, 57:7-11; 65; 66:1-7). 그 다음은 90편으로부터 나타나는데 처음 관찰 때 지적한 시집 속에서 계속 나타난다. 시편 이외에도 많이 나타나는데 이사야 6장 3절, 12장, 예레미야 10장 6-16절, 아모스의 송영들 그리고 특히 제2이사야와 욥이다. 신약에서는 특히 누가 1-2장에서와 계시록에서 발견할 수 있다.

서술적인 칭송의 시는 하나님을 찬양하는 진정한 이스라엘의 예배송(頌)이다. 113편은 그러한 구조를 가진 명백한 하나의 예이다. 대개의 찬양시들의 서론은 경배의 초청인데 명령형으로 표현되었다(113:1-3). 하나님을 기리자는 초청은 시간(2절)과 공간(3절)을 통하여 확정된다. 이러한 초청의 이유는 그 시의 주요 구절(4-9절)에서 제시된다. 이 시의 중심에는 몇 개의 구절들이 들어 있다.

> "높은 곳에 앉으사 멀리 아래로 굽어 보시는 우리의 하느님 야웨와 같은 자가 천지간에 누구인가?"(5-6절).

이 3절은, 신의 칭송은 최종적이고도 소박하며 그리고 매우 인상적인 표현에 따라 하느님에 대하여 말해야 할 것을 표현하고 있다.

그는 모든 것 위에 높이 계시는 전능하시고 숭고하신 분이시다. 그럼에도 동시에 그는 깊은 고난에 처한 자들을 도우시기 위하여 높은 곳에서 아래로 내려 오시는 분이시다. 113편에 나타난 이 주장은 4절이 하느님의 웅대함을 기술하고 7-9절이 그의 겸허함을 묘사하는 방식에 따라 발전한다. 멀리 아래로 굽어 보시는 하느님은 깊은 고난의 절박한 요청을 살펴보시고 놀라운 모습으로 응답하신다. "그는 가난한 자를 진토에서 일으키시고 궁핍한 자를 거름 무더기에서 들어 세우도다"(7절). 그가 고무하시는 방법도 9절 이하에서 두 개의 예를 통하여 묘사되고 있다.

이러한 배열 모습은 33편에서도 나타난다. 그러나 주(主)-문장(文章)이 확대되어 있다. 이와 같이 신의 주권에 대한 찬송은 하느님이 창조주로(6-9절) 높임을 받고 역사의 주로 (10-12절) 높임 받는 방법으로 자세하게 작성되어있다. 이 부분은 구원자이시며, 구원하시고(13-19a절) 보존하시는 분의 찬송(19b절)으로 넘어간다. 이와 같은 배열은 136편과 이와 같은 종류의 다른 시들에서 발견될 수 있다.

찬송의 시들 가운데는 수많은 특수 시그룹들이 들어 있다.

1. 창조주 찬송으로부터 온 창조의 시(8, 19a, 104, 139, 148편. 참조. 암 4:13; 5:8-9: 9:5-6; 제2이사야의 여러 부분들과 특히 욥 38ff.).

2. 역사의 주를 찬송하는 데서 전개되는 역사시들, 예컨대, 시 33편 10-12절로부터 시 136편 10-22절, 시 78편과 105편에로의 발전을 지적한다.
   출애굽기 15장과 신명기 32장도 여기에 속한다.
3. 어떤 시그룹은 급박한 찬송의 초대를 강조한 점에서 구별된다(95a, 100, 145, 148, 150편). 여기에는 악기가 동원된다는 특징이 현저하게 나타난다.
4. 하느님을 찬송하는 축제의 노래들과 의식시(儀式詩)들. 이 시들은 법궤를 메고 행진할 때(시 24, 132?편) 축제의 노래에서(118편), 감사의 의식을 드릴 때에(107편), 야웨의 왕권(王權)을 노래하는 시들에서(47, 93, 96-99편) 그리고 그의 권능의 현시(顯示) 때에(29, 50편)사용되었다.

6. 순례자의 시와 시온을 찬양하는 시들

시편은 순례시로서는 단지 한 편만 가지고 있다(122편). 분명히 한 때는 상당히 많은 순례의 시들이 있었다. 왜냐하면 그러한 암시가 상당히 있기 때문이다(사 2장; 렘 31:6). 그 대신에 시편은 많은 시온의 노래들(46, 76, 84, 87편)을 가지고 있다. 이 시들은 순례자의 노래와 밀접히 관련되어있다. 시온을 야웨의 산으로 선택한 것에 대한 전승은 이 시들 배후에 자리잡고 있다. 성문 앞에는 열국의 대전쟁이 발생하는데 거기서 하느님은 승리하시고 그의 성으로 개선 입성하신다. 이러한 신의 승전은 그 성이 하느님에 의하여 지켜지고 구출되었다는 확신에 대한 절묘한 시적 표현으로서의 한 행진에 의하여 경축되었다.

7. 축복의 시

성소를 찾아 오는 순례자들은 그들이 떠날 때 축복을 받았다. 이 축복은 모든 일상생활을 위하여 본질적인 것이라고 생각되었다. 축복은 118편의 의식에서 언급되었다(25-26절). 이와 거의 일치되는 축복은 시편 129편의 끝에 나타난다. 134편 3절에도 역시 나타난다. 법궤가 행열을 따라 옮겨질 때(24편)결정적인 축복이 선포되었다(5절). 시편 67편에서는 회중이 그들 기도의 응답에서 축복을 받는다. 115편 9-15절에서도 그렇다.

91편과 122편은 한 개인이 받은 특수한 종류의 축복을 증거한다. 두 시에서 모두 한 인간은 그의 의지신앙(依支信仰)의 고백을 표현한 후 그 다음에 제사장으로부터 축복의 보증을 받는다. 시편 128편 4-5절도 이것을 언급한다.

8. 제왕시

이 시 양식에 속한 시들은 2, 18, 20, 21, 45, 71(89), 101, 110, 132편이다. 2편과 110편은 제왕의 즉위식과 관련되어 있으며 거기서 왕은 승전, 성공, 그리고 신의 협력해 주심을 약속받는다. 시편 132편은 다윗왕조를 대신하는 한 사람에게 주는 시온을 위한 약속과 연결된다. 그 두 사람은 모두 신이 선택한 분이다. 그것은 아마도 이러한 선택을 축하하는 축제의식 때 부르기 위한 노래이다. 45편은 왕의 결혼 노래인데 여기 왕을 메시아로 보는 후대의 해석 때문에 시편 속에 들어 온 순수한 세속적 자료이다. 72편은 왕을 위한 중재기도이다. 20편과 21편은 61, 63, 132편처럼 그를 위한 기원과 감사를 포함하고 있다. 89편은 하나의 제왕 탄식시이다.

제왕시의 경우에 있어서는 한 때 이스라엘과 유다의 실제 왕을 언급한 그 본래적 의미와 그리고 그 메시아적 해석 때문에 후대에 시편 속에 채용되었던 것들 사이를 조심스럽게 구분해야 한다.

9. 지혜시

후대의 기도하는 경건과 지혜는 이스라엘에서 또 하나의 경건과 지혜와 일치되었다. 올라가는 노래들 가운데서는 여러 개의 지혜의 잠언들이 발견된다(127:1-2, 3-5; 133편). 그들은 아무런 변경도 없이 잠언서 가운데서 나타날 수 있었다. 그것들은 시편과는 실제적으로 아무런 관계를 갖지 않고 일상생활을 취급하는 격언들이다.

시편 37편은 지혜자가 악인을 부러워 하는 것을 경고하고 그 대신에 하느님에 대한 의지를 권면하는 지혜시이다. 시편 49편과 73편은 악인의 번영에 관한 문제로 고민하고 있다. 그들 속에는 개인 탄식과 지혜가 결합되어 있다.

감사시들 가운데에는(31:23; 32:6-7; 40:4-8) 지혜 언어의 특징들이 나타난다. 순수한 지혜시(1, 112, 128)편들은 경건한 사람과 악인을 구분한다. 이 그룹에 속한 시들은 율법을 찬양하는 시들이다(119, 19b편).

시편의 체계있는 연구에 관한 결론적 소견

시편을 진정으로 알기 위하여서는 여기서 지시한 각 유형들로부터 전형적인 예들을 베끼는 일을 해야 한다. 이런 작업은 우리가 직접 그 시들의 문학구조를 깨달을 수 있는 방향으로 진행될 수 있어야 한다. 이와 같이 우리들의 개개의 새로운 시를 계속적으로 읽어가면 명시의 특징을 알게 될 것이다. 그리고 개개 새로운 시들을 비교하기 위하여 각 주요 시그룹에서 한 편씩 대표적인 예를 택하여 기억해 둔다면 더 좋을 것이다.

19. 욥기

욥기는 구분하기 쉽도록 계획된 뚜렷한 구조를 가지고 있다. 그 구조는 욥이라고 불리우는 "고난받는 한 의인"에 관한 고대 설화의 구조를 가지고 있다(1:1-2:10; 42:7-17).

욥에 관해서 말하는 시는 고난 중에 있는 그를 위로하기 위하여 찾아온 세 친구들의 내방(來訪)에서부터 싹트기 시작한다(2:11-13). 그 대화는 욥의 탄식으로 시작해서(3장) 끝이 난다(29-31장). 이 탄식 속에는 세 개의 설화집(4-14, 15-21, 22-23장)이 들어 있는데 그 속에서 욥의 대답이 간헐적으로 친구의 대답을 뒤따라 나타난다. 세 번째

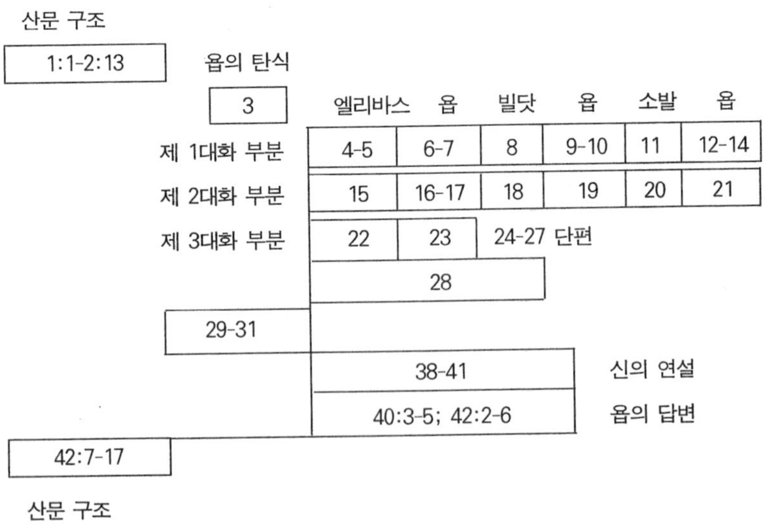

그룹은 단지 친구들의 설화들 중의 하나와 욥의 답변(22-23장)으로 구성되어 있다. 다음 장들(24-27)의 본래의 배열은 더 이상 알 수 없다. 왜냐하면 그것들은 단편들로만 구성되었기 때문이다.

친구들이 떠나갈 때 포괄적인 지혜시로 끝맺는 하나의 해설이 나타난다(28장). 이것은 29-31장에 나오는 욥의 최종 탄식 전에 나타난다. 29-31장은 하느님이 나타나시기를 촉구하는 하나의 요구로 결론을 맺는다. 이 다음에는 직접 하느님의 현현이 따라온다(38:1).

많은 주석가들의 의견에 의하면 이 부분에 끼어든 엘리후의 연설(32-37장)은 후대의 삽입이라고 본다. 38장 1절-42장 6절은 욥과 그의 친구들 사이의 처음 대화에 욥과 하느님 사이의 두 번째 대화를 첨가한다. 하느님은 "회오리 바람으로부터" 욥에게 두 개의 연설에 의해서 대답하신다. 이 후에 욥이 두 번 이야기한다(40:3-5; 42:2-6). 이와 함께 그 시는 다시 산문의 구조와 결합된다(42:7-17).

이 책의 구성은 앞 페이지의 도표와 같이 표현될 수 있다.

1. 산문설화

이 설화는 참으로 소박하고 솔직해서 어떠한 특별한 주석도 요구되지 않는다.

2. 욥과 그의 친구들 사이의 대화(3-31장)

1. 욥의 담화

1. 탄식

시편에서 알려진 개인 탄식시의 전통적인 형태는 욥기 3장과 29-31장, 그 다음에 계속되는 연설 가운데 나타나는 욥의 탄식시들의 구성요소들을 제공해 준다. 그 탄식은 욥의 생일 저주로 시작된다. 이것은 탄식의 가장 거친 형태다. 그리고 그의 친구들은 한때 움찔해서 뒤로 물러서서 그를 위로하기보다는 차라리 견책하는 입장에 선다. 그의 탄식은 시편에서 알려진 바와 같은 세 가지 모습으로 계속된다. 즉 개인의 탄식, 원수에 관한 탄식, 그리고 하느님을 향한 항소.

(1) 원수에 관한 탄식

원수에 관한 탄식은 욥의 대화 속에 명백하게 나타나지는 않는다. 그곳에는 그의 담화의 첫 부분에 때때로 나타나는 그의 친구들과의 논쟁이 들어 있다. 그의 첫 이야기 속에는(6:13-27) 그의 친구들이 그를 실망시켰다는 것을 자세히 설명한다. 그는 속이는 시내의 비유를 사용한다(즉 말라버린 강바닥). 19장 13-19절에서 이 탄식은 그의 모든 동료를 포함하는 데가지 확장된다. 그들은 모두 그에게서 떠나가 버렸다. 마지막 탄식에서(30:1-15) 욥은 마침내 자신이 완전히 버림을 받고 경멸을 받고 있다고 생각한다. 그는 하느님께 마저도 적의를 가진다. 16장 9-14절과 19장 7-12절에 나타난 그의 탄식의 절정에서 욥은 적의에 찬 항변의 형식과 언어로 하느님께 항소를 제기한다.

(2) 개인의 탄식

질병에 관한 탄식이 욥의 담화에서 부차적인 역할을 한다는 것은 놀랍다. 그것은 단지 7장 3-5절과 마지막 탄식(30:17-30)에서만 분명하게 언급되고 있다(아마도 19:20,27c가 첨가되어야 한다). 6장을 시작하는 곳(1-12절)에서 욥은 오히려 그의 고통의 무거움(2-3a절), 고통의 현실(5-7절), 그것을 견디기 어려움(11-12절)을 묘사하고 있다. 7장 1-10절에 나타난 그의 고난(3-5절)은 그의 삶이 희망이 없는 데까지 이르고 특히 죽음에까지 이른 것임을 표현한다. 3장에도 이러한 확장이 명백하게 나타난다. 그리고 그 주제는 다음 담화 가운데서 지적된다. 이와 같이 9장 25-31절은 삶의 짧음에 관한 또 하나의 탄식이다. 이와 함께 욥의 제2의 담화가 결론 지어진다(10:18-22). 제3의 담화(14:1-15)에서는 이 탄식이 지배적이다. 1-5절은 외부적 면, 즉 삶의 무상함을 취급하고 7-12절은 내적인 면 즉 희망이 없음을 취급한다. 이 부분(14:1ff.)은 특별히 시적인 입장에서 볼 때 특히 인상적이다.

(3) 하느님을 향한 항변

욥이 자기의 생일을 저주할 그 때 이미 이러한 성격의 도전이 개재되어있다. 이것은 3장의 끝 부분에서 다음과 같이 말하고 있다. "하느님이 나를 둘러쌌다"(23절). 첫 담화에서 욥은 자신의 절망의 말을 다음의 말로서 정당화한다. "전능자의 화살이 내 몸에 박혔구나. 나의 영이 그 독을 마시도다"(6:4). 7장 11-21절에서 이 주제가 발전된다. 즉 12-16절은 본질적으로 선포적 진술이고 17-21절은 질문들이다. 시편에 나타난 하느님을 향한 탄식의 기본적인 두 형태도 또한 선포와 질문이다("어찌하여? 어느 때 까지니이까?").

욥의 두 번째 담화에서는(9-10장), 하느님을 향한 항변이 지배적이다. 9장 17-23절에서는 빈정거림의 표현이 나타나는데 그러한 표현은 인간이 하느님 앞에서는 의로울 수 없다는 빌닷에 대한 욥의 찬성 표현같이 보인다(2-3절, 그리고 14-16절에서 다시 암시되었다). 그는, 하느님이 인간을 사로잡아 부숴뜨리는 거친 폭풍과 같다고 선언한다. 욥이 하느님 앞에서 무죄함을 주장한 것은 무익한 일이었다(21-22절). 17절의 표현은 23절에서 괴롭히는 악마에 대한 풍자로 확장되었다. 10장에서는 그 항변이 "어찌하여"라는 물음으로 끝이 난다. "하느님이여, 당신은 어찌하여 나를 짓누르시나이까? 무엇 때문에 당신은 당신의 손으로 하신 일을 비웃으시나이까?" 이러한 물음 속에 나타난 반박은 8-12절에서 광범위하게 발전된다. 이런 점에 있어서 창조주의 찬양은 항변과 매우 비슷하다. 결론부에서 항변은 하느님을 대적자로 묘사하는 상황에 의해서 강조된다. "어찌하여"(18-19절)에 관한 물음 가운데서 그의 탄식은 다시 한번 출발점으로 돌아간다. "어찌하여 나는 세상에 태어났나이까?" 여기에 3장으로부터 10장 끝으로 뻗어가는 하나의 확장이 나타난다.

제3 강화(12-14장) 다음에는 그 항변이 더 이상 다시 기술될 수 없는 9장에서 절정에 이른다. 그것은 하느님과의 법적 논쟁에 의해서 대치된다. 13장 23-27절에서 욥은 하느님에게 자기를 치시는 그의 행위의 법적 근거에 대하여 질문한다. 앞 이야기에서 욥이 일으킨 항변의 다른 관점들은 고발장의 형식으로 집중되고 요약된다. 이로서 하느님을 향한 도전은 끝이 난다(제1 설화군의 끝에서).

욥의 제4, 제5 담화에서는 이것 대신에 하느님을 원수처럼 육박하는 탄식이 들어 있다(16:9-14; 19:7-12). 하느님은 13장 23-27절에 있는 욥의 질문에 응답하지 않음으로 욥은 그가 그의 원수였음을 가정할 수밖에 없게 된다(19:6,11,21-22). 여기 그 끝부분에서도 꼭 같은 온유가 시작 부분에서처럼 나타난다(3:23). 하느님은 항변하는 그 사람의 길을 차단하였다(19:8).

2. 소원과 간구

욥의 담화 가운데 나타난 여러 가지 다른 모습들은 그의 탄식 즉 소원과 간구에 포함되어 있다. 모든 탄식들이 기원으로 향하는 경향을 보여 주듯이 욥의 탄식은 기도 또는 소원으로 유도된다. 이러한 것은 그 나타나는 순서에서 볼 때 아주 분명하게 욥의 이야기의 진행을 밝혀 준다. 그러한 소원과 소망들은 담화부분의 세 부분과 그 구조가 상응한다.

(1) 욥의 죽음에 대한 열망(3:11-13,21-22; 6:8-10; 7:15과 10:18-18의 분위기)은 당장 손이 닿을 수 없는 태초를 논쟁점으로 삼는다. 그것은 더 이상 견딜 수 없는 자의 욕망이다. 3장의 부르짖음 속에

암시된 갈망으로부터 10장 18-19절에 나타난 단순한 하나의 음향에 이르는 점차적인 퇴조가 동시에 분명하게 나타난다. 이 후에는 그것이 결코 다시 나타나지 않는다.

(2) 소원(또는 소원): "나를 놓아 주소서"(7:16b; 10:20-21; 14:6; 13-15; 9:34-35; 13:21-22)라는 기원은 제1부분의 세 이야기 모두에 확장된다. 이것은 아직도 아주 기초적인 소원으로서 가장 극렬한 고통에서부터 일어난다. 이러한 소원은 생(生)의 무상성에 관한 탄식과 함께 나타난다. 9장 34-35절과 13장 21-22절에서 이 소원은 제3의 욕망 즉 하느님을 만나려는 욕망으로 뻗어나간다.

(3) 제2대화 부분에 나타난 제3, 제4 담화 가운데 표현된 욥의 욕망은 같은 것이다. 욥은 그의 입장이 그가 죽은 후에라도 응답되기를 소원한다(16:18-22; 17:3; 19:23-24). 이 두 경우에서 모두 이 욕망은 의지고백(依支告白)과 결합된다. 욥의 제7번째의 담화와 마지막 담화에서는 하느님을 만나려는 한 가지 욕망만은 아직도 남는다(23:3-12). 그 화체(話體)는 곧 다음과 같은 말로 시작한다. "내가 어떻게 하면 그를 만날 곳을 알 것인가?"(3절). 이 부분은 엘리바스의 전체 탄핵 앞에 나온다(22장). 욥은 더 이상 거기에 응답지 않는다. 그는 이제 자기의 주장을 내 세우기 위하여 단지 하느님에게만 향할 수 있다. 이러한 욕망은 단지 끝에서 탄식을 종결짓는 최후의 말씀 가운데 다시 나타난다(31:35-37).

죄를 고백하라는 그의 친구들의 요구에 대항하여 욥은 그의 무죄를 변호한다. 우선 무엇보다도 그는 그의 무죄를 그의 친구들 앞에서 주장한다(6:28-30; 참조. 19:6). 그러나 이미 제2 담화에서 욥은 높은 보좌로 얼굴을 돌려서 "나는 무죄합니다"라고 말한다(9:21; 참조. 9:29-31; 10:6). 제3의 담화 안에서는 절망적인 외침으로부터 하나의 해결이 나타난다. "그의 얼굴 앞에서 나의 행위를 변호하리라"(13:15-16,18,23). 욥의 최후의 말 가운데 들어 있는 23장 7, 10, 12절에는 비슷한 언급이 첨가되어 나타난다. 그것은 하느님 앞에 서려는 욥망과 연결되어 있다. 그 둘은 모두 31장에 나타나는 욥의 탄식의 결론을 형성한다. 하느님 앞에 나타나려는 그의 욕망과 함께 그의 무죄에 관한 장엄한 서약은 끝에 나타난다.

3. 의지의 의지

의지의 고백은 단지 두 문구 속에서만 나타나는데 그러나 그 두 예는 모두 하느님에 대한 항변이 원수에 관한 탄식의 형태를 가정하는 때 절정에 다다르고 있는 것을 볼 수 있다. 이것은 제2부분의 처음 두 담화속에 나타난다(16:19-21과 19:25-27). 16장 19절 이하에서는 다음과 같은 절망적 외침과 결합된다. “오, 땅이요, 내 피를 가리우지 말라.” 그에게 아직도 남아 있는 유일한 것은 죽음 저편에 의의 법정이다. 이리하여 그는 하느님을 항거하여 하느님께 호소해야 한다. 즉 사람과 하느님 사이를 바르게 하기 위함이었다(16:21). 그리고 그는 “이제도 나의 증인은 하늘에 계시고 나를 보증하시는 이가 높은 데 계시다”(16:19)는 것을 안다.

19장에서도 의지의 고백은 동일한 문맥을 따라 나타난다. 16장 19절에 상응하는 것은 19장 25-27절이다. 즉 “그러나 내가 알기에는 나의 변호자가 살아 계시며 그 변호자가 나를 위하여 땅 저편에서 일어나실 것이라… 나는 하느님을 볼 것이며 내 눈이 그를 외인처럼 보지 않을 것이다.”* 욥은 죽음의 심판에도 “불구하고” 즉 그의 죽음과 “맞서서” 의인의 구원을 기대한다. 여기서는 죽음 후의 삶에 관한 관념을 의미하지는 않는다. 오히려 욥은 비록 그가 죽어야 한다 하더라도

---

* 영역자 주: 이 구절들의 의미는 히브리어에서 모호하게 나타나 있다. 위의 번역은 독일어 번역에 의한 것이다. R.S.V.에 의하면 다음과 같다(한국어 역이 여기에 상응한다). “내가 알기에는 나의 구속자가 살아계시니, 후일에 그가 땅 위에 서실 것이다. 내 육체 밖에서 내가 하느님을 보리라. 내가 친히 그를 보리니 내 눈이 그를 외인처럼 보지 않을 것이다.”

하느님으로부터 판단 받을 것이라는 확신을 표현하고 있을 뿐이다.

2. 친구들의 변박

욥의 탄식에 대립해서 그의 친구들이 변박들이 나타난다. 그들은 계속해서 한 가지 쟁점을 밀고 나간다. 즉 "범죄한 자들은 망할 것이라"는 것이다. 처음 두 대화 부분에서는 이것이 그 친구들의 여섯 개의 담화 모두에서 발견된다. 그들 각자는 이러한 방법을 따라 그의 연설 배후에 깔려 있는 권위를 강조한다. 이와 같이 엘리바스는 그의 경험에 호소한다. 빌닷은 부조(父祖)들의 전승에 호소하고 소발은 하느님 자신이 욥에게 말하기를 원한다.

두 번째 부분에 나타난 세 담화 모두에서 악인의 운명은 단지 두 가지 경향성을 띠고 있었다. 즉 범법자의 모든 삶은 작정되어 있고(즉 15:20), 그리고 범법자의 운명의 원인은 준비되어 있다는 것이다. 그러므로 엘리바스는 욥이 하느님을 대적했다고 주장한다(15:25-28). 빌닷은 그가 의인을 얽어맬 올무를 놓았다고 선포하고(18:7-8), 소발도 비슷한 도전을 하고 있다(20:19-21). 두 번째 부분에 나타난 세 개의 각 담화 속에는 오래 살게 하는 세 가지 축복들 중의 하나가 각각 지적되었다. 즉 자손(15:29-33), 거주(18:5-6,14-15,21), 그리고 재물(20:12-18)의 축복이 그것이다.

범죄자의 운명이라는 주제와 비교될 만한 것은 경건한 자의 번영에 관한 것이다. 제1 담화 부분에서는 세 친구들이 각각 그것을 암시하고 있다. 둘째 부분에서는, 비록 엘리스바스의 마지막 담화에서 한 번 더 나타나기는 해도 그것이 전적으로 빠져 있다. 세 번째의 논의점으로서 인간은 어느 누구도 하느님 앞에서는 의롭지 못하다는 주장이 덧붙여진다(4:12-21; 15:14-16; 25:4-6). 욥은 분명히 이 주장에는 동의한다(9:2).

그러나 욥은 그의 친구들처럼 변론하지는 않는다. 그의 최종 담화에서 단지 한 번 반론을 제기한다(21장). 이와 같이 그는 그의 친구들이 악인의 운명에 관해서 말한 것을 지적해 내고 그것을 좀 더 끌고 나가서 범죄자의 종말은 반드시 언제나 몸서리나는 것이 될 것이라는 견해를 문제삼는다. 그는 이러한 주장이 단지 경험적인 것임을 발견하고 그의 친구들에게 "너의 이론은 실제 사실과는 맞지 않는다"라고 말한다. 욥은 그의 논평이 얼마나 위험한 것인가 하는 것을 깨닫는다(5-6절). 그리고 그러한 논평들이 그의 친구들에 의하여 욥에 대한 철저한 정죄를 가져온 것임을 안다(22장).

3. 욥과 그의 친구들과의 담화 속에 나타난 신의 찬양

욥기의 모든 부분들은 하느님 찬양의 말들을 포함하고 있다. 그리고 신의 찬양을 포함하고 있는 부분들은 예외 없이 거의가 욥의 경우나 그의 친구들의 경우에서나 간에 제1 대화 부분의 것은 고의적으로 고안된 것이다. 두 번째 부분에서는 그것이 전적으로 빠져 있다.

첫 번째의 담화 부분에서는 욥과 그의 친구들 모두가 하느님을 기리고 있다는 점에서 공통점을 갖고 있다. 그들간의 대화가 점점 심각해지고 있음은 신을 칭송하는 일이 제2 담화 부분에서 사라지고 있다는 점에서 지적할 수 있다.

신의 칭송을 전개해 가는 방법은 시편의 경우와 같다. 하느님의 주권에 관한 찬양은 창조주(9-10장)와 역사의 주인(12장)에 대한 찬사로 나타난다. 꼭같은 주제가 욥의 친구들의 담화 속에서도 발견된다. 시인의 문학적 기교는 같은 주제가 욥의 담화와 그의 친구들의 담화에서 다른 방법으로 나타나고 있음을 통하여 발견할 수 있다.

3. 하느님의 변론(38-41장)

욥은 그의 최후 탄식을 응답해 달라는 요구로 끝 맺는다(31:35-

37). 이러한 요구의 배후에는 하나님께서 그에게 실제로 응답해 주기를 바라는 욕망이 들어 있다. 욥은 이러한 소원을 이루었다. 하나님은 그에게 응답하신다(38:1; 40:1,6). 그 응답 속에는 형벌을 요구하는 고발 형식이나(31:35), 또는 욥이 열렬히 갈망했던 무죄선언의 형식(16:19-21; 19:25)도 포함되어 있지 않다. 그러나 하나님은 비록 그 응답 배후의 의미는 감추어져 있다 하더라도 그에게 응답하신다. 욥에게 도전 받았던 그 분은 도전자로서 말한다. 그리고 욥 자신에게 묻는다. "너는 누구냐? 네가 창조주냐?"라고. 이러한 질문들은 창조주에 대한 간접 찬양 속에서 확대된다.

1. 하나님이 세계를 창조하셨다(38:4-15)
2. 하나님만이 그가 지으신 것을 아시며 지켜 보신다(38:16-24)
3. 하나님은 그의 창조하신 것을 인도하시고 통치하신다(38:25-41:34)
   1. 하늘에서—별들의 자리를 보살피고 비를 조절하신다(38:25-38)
   2. 땅에서—동물들과의 관계(38:39-41:34). 이 구절 속에는 역사의 주로서의 하나님 묘사를 포함하고 있다 :
      (1) 욥의 도전의 회복(40:6-7)
      (2) 세계의 심판(40:8-10)
      (3) 그는 권세자를 파멸케 하신다(40:11-14)
      (4) 베헤모트(40:15-24)
      (5) 리워야단(41:1-34)*

* 영역자 주: 욥의 문학구조에 관한 논문에서(Westermann, C., *Der Aufbau des Buches Hiob*, Tübingen, 1956) 저자는 베헤모트와 리워야단에 관하여 자세한 묘사를 하고 현재의 부분에 관하여 다음과 같은 논평을 하고 있다. "여기서 시인 자신이 베헤모트와 리워야단에 관한 묘사를, '하나님이 역사의 주인이시다'는 주제를 확대시켜 이곳에 의도적으로 삽입했다는 것은 가능하다. 여기서는 이 두 동물은 역사의 권세들을 의인화한 것을 의미한다. 그것들은 욥기의 저자가 그렇게 깨닫고 이해하였던 것처럼 큰세력들을 상징한다"(p.87). 욥은 신비한 언어를 구사하여 하나님은 이런 세력들을 다스리는 주님이시기도 하다는 것을 암시한다.

하느님의 창조활동이 여기서는 성서 다른 곳에서는 볼 수 없을 정도로 참으로 잘 이해할 수 있도록 묘사되었다. 하느님의 창조 활동은 분명히 두 면을 가지고 있다. 즉 그의 통치주권(38:8-11)과 그의 돌보시는 사랑(특히 동물에 관한 그의 행위, 38:39-39:30)의 행동이다. 이러한 묘사에 의해서 하느님의 존엄성과 사랑이라는 두 개의 대조적 성격이 창조주의 찬양 가운데 나타나 있다. 하느님이 칭송받을 때는 대체로 이 두 면이 나란히 나타난다. 여기서도 욥에 대한 하느님의 응답의 의의가 나타난다.

하느님의 이야기의 본래의 결론은 아마도 41장 10-11절이었을 것이다. 이 부분은 그 처음에 욥의 질문을 언급하고 있다. 즉 "누가 스스로 강퍅케 되어 그를 거역하고도 성공한 자가 있느냐?"(9:4). 이러한 요구에 대한 응답으로(31:35-37) 하느님은, 욥이 상상하였던 것과 같이, 그를 분쇄해야 했었다. 그러나 신의 말씀은 욥을 치지 않으신다. 신의 말씀은 그를 그의 고유의 자리, 즉 창조자에게 경배해야 하는 피조물의 자리를 지키게 한다(42:6). 그리고 그 말씀은 동시에 피조물에게 은혜를 주시는 창조주의 은혜를 넌지시 지시하고 있다. 욥의 답변들은(40:3-5과 42:1-6), 그 하느님의 말씀을 그가 이렇게 이해하였다는 것을 지시하고 있다.

4. 엘리후의 연설(32-37장)

이 부분은 욥기의 후대 확장이다. 분명히 이 부분은 욥기의 해결에 관하여 한 견해를 제시하고 있는 하나의 삽입구이다. 여기서는 욥이 전혀 자신을 표현하고 있지 않다. 오히려 그는 단지 그 연설의 주제로 등장될 뿐이다. 이 사실은 그의 입장을 지혜자의 무리들이 토의해 본 후 그를 죄인으로 정죄하고 있는(34:7-8, 34-37) 34장을 통하여 분명히 입증된다. 그러나 그 친구들도 역시 여기서는 비난을 받고 있는

데 "그 이유는 그들 자신이 능히 대답지는 못하면서 하느님을 정죄하였기 때문이다"(32:3).* 그러나 욥의 친구들의 마지막 말들 속에 욥에 대한 고발이 분명하게 들어있는 한 이것은 옳지 않다(22장).

엘리후의 연설은 고닌을 하나의 훈련이라는 의미로 이해한다. 욥은 이러한 신의 연단을 연단으로 받지 않았기 때문에 정죄받았다는 것이다. 엘리후의 연설은 욥의 절망과 고뇌를 무관심하게 무시해버린다. 그러나 그 연설은 바로 이러한 방법으로 하느님에 대한 열렬한 변증을 시도하였다.

* 영역자 주: RSV는 "비록 그들이 욥을 정죄하였다 할지라도"(한국어도 이를 따른다)라고 번역되었다. 히브리 원문은 "그들이 하느님을 정죄하였다"라고 되어 있다. 저자는 이 히브리 원문을 채용하였다. cf. *The OT, An American translation*, by J. P. Smith. 그리고 다른 번역들: "그의 세 친구들에게도 그가 분노하였다. 왜냐하면 그들이 대답은 못하면서 하느님을 정죄하였기 때문이다."

20. 잠언

잠언서의 내용을 알알이 들여다 볼 수 있도록 안내한다는 것은 불가능하다. 그런 것이 또 반드시 필요한 것도 아니다. 왜냐하면 방대한 양과 여러 가지의 개개의 잠언들을 알아 낸다거나 찾아 본다는 것은 필요치 않기 때문이다. 여기서는 잠언서가 가진 지혜의 주요 양식과 주요 주제를 살펴보는 것으로 충분하다.

1. 잠언서의 배열

잠언서가 배열된 형태를 보면 분명히 두 가지의 형식을 갖고 있다. 즉 시(1-9장)와 속담(10-31장)으로 되어 있다.

1. 지혜시(1-9장)

1-9장은 시로 되어 있는데 일반적으로 지혜를 변호하거나 지혜를 권면하거나, 또는 지혜를 찾도록 우리를 초청하고 있다.

1. 지혜서의 의의(1:1-6)
2. 하느님을 두려워함으로 생기는 지혜(1:7)
3. 악인의 유혹을 물리치라는 경고(1:8-19)
4. 회개에 관한 지혜의 설교(1:20-33)
5. 아들에 대한 아버지의 훈계(2:1-22)
6. 지혜와 경건에 관한 추천(3:1-35)

7. 지혜의 결별 축복(4:1-27)
8. 지혜가 성문에서 외침(8:1-36)
9. 지혜로운 여인과 어리석은 여인이 그들의 저녁식사에 초대된 자들에게 말함(9:1-18)
10. 행실 나쁜 여인*과 음녀를 경고함(5:1-7:27)

2. 지혜의 잠언들(10-31장)

10장에서 시작되는 잠언집은 두 개의 기초 잠언집을 가지고 있다.

1. 솔로몬의 잠언(10:1-22:16)
2. 히스기야의 사람들의 잠언(25:1-29:27)

덧붙여서 다음과 같이 위의 두 기본 잠언집에 붙은 부록들이 있다.

3. 지혜자의 말들(22:17-24:22)	10-22에 첨가
4. 지혜자의 말들(24:23-34)	
5. 아굴의 말들(30:1-14)	25-29에 첨가
6. 숫자로 나타내는 잠언들(30:15-33)	
7. 르무엘의 말들(31:1-9)	
8. 현숙한 여인의 찬양(31:10-31)	

2. 잠언의 형식과 성격

잠언의 형식상의 구조는 매우 간단하다. 그것은 대구를 이루는 평행 시행들로 되어 있는데 때때로 2연 또는 드물게는 3연을 이룬다.

* 영역자 주: 히브리 원문이 말하는 zā rā h는 "이상한 여인"(cf. A.V.). 이것을 R.S.V.는 "행실 나쁜 여인"으로 번역. 여기서 말하는 여인은 분명히 외국의 창녀를 가리키지 않고, 그들의 남편이 행실 나쁜 여인이라고 본 여인을 가리킨다(cf. 잠 2:17ff.).

여기서 그것은 계속 지혜시로 발전하였다.

거기에는 세 개의 기본형태가 있다.

1. 평범한 주장
2. 반의적(反意的) 진술
3. 명령형의 격언

때때로 거기에는 대답을 포함하는 질문도 있고 수수께끼를 제시하기도 한다.

지혜의 잠언은 실제로는 가장 오래되고 가장 소박한 문학양식이다. 오늘날 우리에게는 끝없이 많은 종류를 만들어낼 수 있는 지식 또는 관찰이 여기서는 첫째로 제시되었다. 이것은 공동체의 생활 안에서 아직도 발전하고 있는 지혜이며 평범한 잠언의 형태로 제시되었다. 그것은 세속적이라기보다는 실천적인 지혜이고 모든 존재 영역을 포함하고 있으며 그리고 지혜 안에서 성숙해진 여러 가지 경험들을 쌓게 한다.

3. 잠언의 지혜가 가진 기본 주제

위에서 언급한 잠언집에 들어 있는 잠언들은 주제에 따라 배열되었다는 뚜렷한 증거가 없다(몇 개만은 예외). 그러므로 그 잠언들은 다음과 같이 취급된 영역에 따라 분류되어야 한다.

1. 인간 존재

1. 관찰과 비교

가장 소박한 잠언의 형태는 선언의 형태이다. 그 속에는 인간 자신이나 또는 인간의 환경 즉 동물, 식물, 이웃 등에 대하여 관찰한 바를 묘사한 하나의 소박한 관찰이다. 그러한 관찰을 통하여 상사점과 상이점이 어떻게 서로 제휴되었는지를 분간할 수 있게 된다. 예컨대 그러한 관찰들은 30장에 있는 수(數)를 사용한 격언들 가운데 모여 있다. 24-28절은 오랫동안 동물들을 주의 깊게 관찰한 결과이다. 18-19절에서는 여러 가지 처신의 형태를 관찰함으로 움직임의 개념을 표현하기에 이른다.

그와 같은 풍부한 비교의 자료들(특히 25-26장) 속에서 우리는 예수의 교훈에서 중요한 역할을 담당했던 비유의 원형을 볼 수 있다.

2. 인류에 관한 관찰

인간 존재에 관한 깊은 생각과 기이히 여김이 다음과 같은 말들 가운데 반영되어 있다.

> "사람의 영혼은 야웨의 등불이라. 사람의 깊은 속을 살피느니라"(20:27).
> "한 얼굴은 다른 또 한 얼굴과 다르게 나타나듯이 사람의 마음도 서로 다르게 나타나느니라"(27:19).*
> "자기의 마음을 제어하지 아니하는 자는 성읍이 무너져서 성벽이 없는 것과 같다"(25:28).

3. 말과 행실

잠언들은 인간의 말들을 상고해 본다. 그 말들은 파괴하는 데도 영향을 끼치고 동시에 고치는 데도 영향을 준다. 잠언들은 건전하고 치료하는 말임과 동시에 병적이고도 해를 주는 말일 수도 있음을 알고 있다. 인간 언어의 힘이 선과 악에 미치는 힘은 놀랍다.

---

* 영역자 주: 위의 번역은 70인 역을 기초한 것이다. RSV에서는(한글 성서도)히브리 성서를 문자적으로 따라간 것이다. "얼굴이 물에 비추이듯이 사람의 마음도 서로 비추느니라."

"경우에 합당한 말은 아로새긴 은 쟁반에 담긴 금사과와 같다"(25:11).
"함부로 말하는 자는 찌르는 칼과 같다"(12:18).

잠언들은 착한 몸가짐, 선행, 돕는 일, 그리고 평화를 장려한다. 그러나 그것들은 이미 폭로, 경고, 책망을 하고 있듯이 악을 행하는 많은 가능성들에 자주 관심한다.

"죄의 길은 구부러졌고, 깨끗한 자의 길은 곧으니라"(21:8). *
"다투는 시작은 물이 새는 것과 같다"(17:14).

2. 공동체에서의 인간

이러한 잠언들은 친구와 원수, 여러 계층의 사람들, 젊은이와 늙은이, 여자, 노예, 심지어는 식탁에서의 예절까지도 취급하고 있다.

"친구는 사랑이 끊이지 아니하고, 형제는 위급한 때를 위하여 났느니라"(17:17).
"네 원수가 배고파하거든 식물을 먹이고 목말라하거든 물을 마시우라"(25:21).

다투는 부녀와 방종한 여인은 탄핵을 받고 있다(27:15; 11:22). 동시에 31장에서는 현숙한 여인에 대한 칭송이 나타나는데 다른 어떠한 고대의 문서들 속에서도 그 유를 찾기 어려운 시의 형태로 나타난다.

젊은 이들은 흔히 노인을 존경하라는 훈계를 받는다(13:1; 19:26; 20:20). 그러나 아이들도 그들의 양육에 관한 언급 속에 그들의 정당한 요구를 받고 있다.

22장 17절-23장 11절은 식탁 예절의 규칙을 포함하고 있는데 『아멘모프Amenemope의 교훈』이라는 표제가 붙어 있는 애굽인의 지혜서와

---

* 영역자 주: 저자는 독일어 본문에서 그 말을 대신하는 다음과 같은 말을 암시했다. "보라, 형제가 연합하여 동거하는 것이 얼마나 선하고 즐거운 일인가!"(시 133:1).

아주 비슷하다. 이 책은 1888년에 발견되었다.

이스라엘인들은 상당히 많은 것들을 다른 민족에게서 배웠다. 특별히 "맛사의 아굴의 잠언"(The words of Agur of Massa)이라는 표제가 암시하듯이(30:1), 무화의 문제들에 관한 의문들은 특히 많이 배웠다.

노예를 취급하고 있는 많은 잠언들로부터 그들에 대하여 나타낸 인간적 태도 등을 명백하게 볼 수 있다.

3. 노동과 재산

어떤 잠언집은 노동과 소유에 관한, 즉 농부, 가축, 그리고 토지에 관한 말들을 가지고 있다. 이 잠언들은 부지런한 사람들은 칭송하고 게으른 사람들은 조소한다. 즉 가난한 자와 부자를 대조하고 있다. 소박한 삶을 부정한 이득을 위하여 노력하는 것과 대립시켜서 추천하고 있다. 자발적이고도 순수한 관용, 부족함과 궁핍함을 도와주는 것 등이 이러한 소박하고도 올바른 삶의 일부분이다.

> "노력하는 자는 식욕을 인하여 애쓰나니 그 입이 자기를 독촉함이니라"(16:26).
> "문짝이 돌쩌귀를 따라 도는 것같이 게으른 자는 침상에서 빈둥거리느니라"(26:14).
> "가산이 적어도 야웨를 경외하는 것이 크게 부하고 번뇌하는 것보다 나으니라. 분노를 쉽게 나타내는 자는 싸움을 일으키지만 노하기를 더디하는 자는 싸움을 그치게 하느니라"(15:16-17).
> "빈곤한 자에게 친절한 자는 복이 있다"(14:21b).

4. 사회생활

이 부분은 잠언의 지혜가 가진 더 저변의 영역이다. 법의 관리는 아직도 일반적인 삶의 많은 부분을 형성하고 있기 때문에 잠언에도 자주 반영되어 있음을 볼 수 있다. 즉 불의는 편파적 재판과 뇌물을 받는 행위와 함께 날카롭게 정죄받고 있다. 근거 없는 고발과 성급한 고소를 경고하는 부분도 있다(24:28; 25:7-8). 왜냐하면 거짓 증거와 속이는 증언은 공동체를 위협하는 가장 심각한 위협이다(12:27; 14:5; 19:28).

잠언이 관여하고 있는 그 국가는 아직도 완전한 왕조의 형태를 갖고 있었다. 그러므로 왕들에게 속한 잠언의 그룹이 있다. 그러나 민주적 요소가 결여되어 있지는 않다. 일반적인 충고는 공동의 복지를 위하여 내려지고 있다(11:14).

"악인을 의롭다 하며 의인을 악하다 하는 자들은 모두 야웨의 미워하심을 입으리라"(17:15).
"가난한 백성을 압제하는 악한 관원은 부르짖는 사자와 주린 곰 같으니라"(28:15).

5. 지혜와 어리석음, 지혜로 이끄는 교육

지혜의 찬송은 잠언서 전체를 통하여 확장된다. 즉 "지혜를 찾는 자는 행복하다…"(3:13-15). 지혜는 하나님으로부터 온 것이며 그 창조의 첫 열매들이다(8:22-31). 지혜는 인간들로 하여금 그를 지혜롭다 말할 수 있게 하고 들을 수 있게 한다(16:21; 18:15). 지혜는 인간을 깨닫게 해 준다. "지혜로운 사람의 길은 그의 길을 분간 할 수 있게 한다"(14:8). 그것은 생명과 좋은 운명의 자원이다(13:14; 19:8). 그리고 그것은 그의 이웃에게 효과를 준다. "지혜자의 입술은 많은 사람을 양육한다"(10:21).

사리, 분별력은 지혜의 한 부분이다. 지혜자의 처신은 이렇다. 그는 중용을 취하며 자기를 제어할 수 있다(14:17; 16:32).

어리석음은 단순히 우둔하다는 것 뿐만 아니라 삶에 대한 하나의 태도이기도 하다. 어리석음의 주요 특징은 무사려함이다(25:28). 어리석은 자는 자기를 제어할 수 없는 공기 주머니 같다. 그는 맹목적인 분노를 나타내고(19:2), 어떻게 중용을 취할지를 알지 못한다(17:24).

"미련한 것이 곧 미련한 자의 징계가 된다"(16:22).
"마음이 교만한 자는 야웨가 싫어하시는 자다"(16:5).

거기에는 어리석은 자에 대한 경고와 교만한 자가 넘어질 것이라는 선언이 들어 있다.

지혜자와 어리석은 자가 가는 길을 대조하는 것이 특히 자주 나타난다. 그러한 대조를 시도한 잠언이 52개가 있고 10-15장에는 39개가 들어 있다. 지혜와 어리석음의 성격은 구별되고(15:14), 칭송은 지혜에게, 책망은 어리석음에 내려진다(14:27). 그 두 사람의 결과도 묘사되어 있다(12:19).

상당히 많은 지면이 지혜에 대한 칭송으로 제공되고 있는데 특히 1-9장의 시 속에 많이 나타난다. 어떤 부분은 지혜를 장려한다. 얼마나 많은 잠언들이 훈육문제를 다루고 있는가 하는 것은 놀라울 지경이다. 지혜를 육성하는 일은 전체 삶에 있어서 매우 의의있는 것으로 보인다. 육성하는 일은 여기서는 응징과 책망을 암시한다(29:15). 비록 여기서는 말로서 채찍질 하는 경향을 나타낸다 할지라도.

"한 마디로 총명한 자를 경계하는 것이 매 백 개로 미련한 자를 때리는 것보다 더욱 깊이 박히느니라"(17:10).

또는 어린 아이에 대한 자세한 연구, 즉 그의 성격과 그의 요구사항을 살피는 것을 지적하는 잠언들도 있다(20:11; 22:6). 교육의 목적은 지혜로운 아들, 즉 부모가 기뻐할 만한 아들을 길러내는 것이다(10:1; 13:1; 15:20).

6. 의인과 악인

잠언의 가장 많은 양(85개의 잠언)이 의인과 악인을 취급한다. 그들 사이의 대조는 자주 지혜자와 어리석은 자 사이의 대조와 관련된다. 그러나 그것은 중점적으로 하나님과의 관계를 언급한다(시 1편에서처럼).

경건한 자는 선한 것이 무엇인지를 늘 생각한다(11:27). 그는 악을 멀리하고(13:5), 의를 즐거워한다(21:15). 그의 말은 순수한 은(銀)(10:20)과 같다. 그는 공의를 행하며 하나님을 두려워 한다(14:2). 그는 불쌍한 자의 권익에 관심한다(29:7). 그는 건전한 충고를 하며(12:20), 짐승을 학대하지 않는다(12:10). 악인은 이 모든 점에 있어서 경건한 자와 대립된다. 그러므로 더 이상의 보충이 필요하지 않다.

이와 비교될 만한 것은 경건한 자와 범죄자의 운명에 관한 묘사이다. 이것이 많은 잠언들이 가진 하나의 주제이기도 하다. 의인은 푸른 잎과 같다(11:28; 14:11). 의인의 빛은 환하게 빛나고 악인의 등불은 꺼진다(13:9). 악인들은 넘어지고 멸망할 것이다(10:9; 11:5).

7. 인간과 하나님

잠언서의 첫 부분은 하나님을 두려워하라는 권면으로 시작하고(1:7), 또 끝이 난다(9:10). 이러한 것은 계속 반복된다(1:29; 2:5; 3:7; 8:13; 16:6). 의지하라는 호소도 아주 비슷하게 나타난다(3:5; 18:10; 16:20; 3:323-26). 하나님을 두려워 하는 것과 의지하는 것은 여기서는 같은 태도의 두 가지 모습이다.

드물기는 하지만 예배나, 제사나 또는 기도에 대한 언급이 잠언 속에 들어 있기도 하다. 그러나 하나님과 그의 행동이 분명하게 언급되어 있다. 하나님 찬양의 말씀들도 나타난다(15:3,11; 17:3; 21:30). 이해력을 찬양하는 동안 창조자를 잊고 있는 것은 아니다.

"듣는 귀와 보는 눈은 다 야웨의 것이니라"(20:12).

모든 인간의 계획과 활동의 경계는 하나님의 활동범위 안에 있다(19:21; 20:24; 10:22; 16:33).

잠언서는 대조법으로 가득 차 있다. 그러나 하느님은 그러한 영역 밖에 있어서 파악이 힘든 분으로 되어 있다(22:2; 29:13). 그것은 산상 설교의 본문과 상응하기도 한다.

"대저 그는 그의 해를 악인과 선인에게 비추게 하시고 의인과 불의한 자에게 비를 보내시도다"(마 5:45).

잠언서의 끝에는 지혜조차도 대체로 해결하는 데 실패하고 있는 문제를 희미하게나마 암시하는 언급이 있다.

"그 사람이 말하기를, '나는 하느님을 살피는 데 지쳤다. 나는 하느님을 살피는데 지쳐서 끝장이 났도다' "(30:1). *

마지막으로는 이렇게 말한다. "그의 이름이 무엇이냐? 그의 아들의 이름이 무엇이냐?"(30:4).

---

* 영역자 주: 이 번역은 Zürich판 독일어 성경을 기초한 것인데 저자는 여기서 그 번역을 취하였다. Moffatt의 번역도 비슷하다. "그 사람의 외침은 하느님을 찾는 일에 지쳐서 이렇게 말한다. '나는 지쳐 있습니다.' 오 하느님이여, 나는 지쳐서 허무하게 되어 버렸습니다." RSV는 그 불분명한 히브리말을 문자적으로 번역했다. "그 사람이 이디엘, 즉 이디엘과 우갈에게 말한다"(한국어는 RSV를 따름).

21. 다섯 두루마리

다섯 두루마리(The Megilloth)는 오히려 짧은 다섯 개의 문서들인데 내용이 각각 매우 다르다. 그러나 그것들은 공통점을 가지고 있는데 그것은 그들 각 문서들이 각각 매년 열리는 유대인의 대 절기들 가운데 한 절기에서 공적으로 읽혀졌다는 것이다. 즉 룻기는 칠칠절(오순절)에 읽혀졌고, 아가는 유월절에, 전도서는 장막절에, 애가는 B.C. 587의 예루살렘 멸망을 기념하는 의식(아브월 9일)에서, 에스더는 부림절에 읽혀졌던 것이다. Megilloth는 "두루마리들"이라는 말을 표시하는 히브리말이다.

룻기

룻기는 사사시대의 정황에서 나온 짧은 이야기다. 이 책은 어떻게 하여 한 모압 여인이 다윗 왕의 선조가 될 수 있었는가를 설명하려고 노력한다. 전체의 기사는 모압 여인 룻으로 하여금 그의 고향을 버리고 죽은 남편의 어머니를 따라 유다 땅으로 오게 한 분은 하느님이었다는 확신을 불어넣어 주고 있다. 하느님은 그녀로 하여금 다윗의 조상인 보아스의 아내가 되게 하였던 것이다.

창세기 24장과 같이 이것도 하나의 인도설화(引導說話)인데 그것은 하느님의 선민사(選民史)로부터 주요 흐름을 취하여 그것을 하나의 소박한 일상적 사건 속에 얽어 넣은 것이다. 그러므로 룻기에 보도된 평범한 일반적 사건들을 통하여 하느님은 기름부음 받은 자, 다윗 왕에게 그의 백성을 맡기시려는 그 일을 준비하셨다. 이 책의 계획은 다음과 같다.

1. 서론: 기근과 외국 여행(1:1-5)
2. 룻과 함께 고향으로 돌아옴(1:6-22)
3. 보아스의 밭에서 이삭 줍기와 만남(2:1-22)
4. 보아스의 타작 마당에서(3:1-18)
5. 결론, 결혼과 아이의 출생(4:1-22)

솔로몬의 노래*(아가)

이 사랑의 노래집은 그것이 단지 재해석되었다는 것 때문에 경전 속에 들어오게 되었다. 즉 그것은 그의 백성에 대한 하느님의 사랑으로서 알레고리칼하게 이해되었다. 말하자면 그리스도와 그의 교회 사이의 사랑으로서 또는 심지어는 그리스도와 한 개인 인간과의 사랑으로서 기독교 교회가 이해하였던 것이다. 성서의 그 어떠한 책도 이 책과 같이 그렇게 자세하게 우의적(寓意的)으로 해석된 책은 없다. 어떤 주석가는 이렇게 말한다. "아가서의 주석사는 의미심장한 역사라기보다는 오히려 신학적인 호기심들을 모아 놓은 수집서에 훨씬 더 가깝다"라고 하였다.

더 최근의 해석에 의하면 이 책은 하나의 연속적인 드라마 또는 제의적(祭儀的) 사건들의 반영으로 보았다. 본문 자체와 가장 가까운 해

---

* 영역자 주: 히브리 성경에 의한 이 책의 표제는 "솔로몬의 노래들 중의 노래"이다. 독일어 번역에서는 "숭고한 노래"이다. 루터에 의해서 처음으로 시도된, 이와 같은 히브리어의 자유로운 번역은 그 표현의 참된 의미를 알려 준다(한국어 성서는 아가로 번역).

석은 그것을 25-30개의 개인의 노래들을 모은 하나의 수집물로 보는 것이다. 그리고 특별히 매력을 끌며 또한 독창적인 것이라고 볼 수 있는 부분은 2장 8-14절인데 그것은 사랑하는 자와 사랑받는 자 사이의 만남에 관해서 말하고 있는 부분이다.

> "나의 사랑하는 자의 목소리로다! 보라, 그가 산에서 달리고 작은 산을 빨리 넘어 오는구나. 나의 사랑하는 자는 노루와도 같고 어린 사슴과도 같아서 우리 벽 뒤에 서서 창으로 들여다 보며 창살 틈으로 엿보는구나. 나의 사랑하는 자가 내게 말하여 이르기를 '나의 사랑, 나의 어여쁜자야, 일어나서 함께 가자, 겨울도 지나고 비도 그쳤고 지면에는 꽃이 피고 새가 노래할 때가 이르렀는데 반구(비둘기)의 소리가 우리 땅에 들리는구나. 무화과 나무에는 푸른 열매가 익었고, 포도나무는 꽃이 피어 향기를 토하는구나. 나의 사랑, 나의 어여쁜 자야, 일어나서 함께 가자…"

이 노래는 또한 오늘의 우리에게도 많은 것을 말해 줄 수 있다. 성서연구를 위하여 이 시들을 낱낱이 열거하고 분류할 필요는 없다.

전도서

이 책은 분명히 성서의 말단에 해당하는 책이다. 이 책의 정경상의 위치는 오랫동안 논란된 것이다. 신약성서는 결코 이 책을 인용하지 않는다.

성서의 어느 책도 이 책의 주제와 같은 주제를 가진 책은 없다. 전도자는 말하기를, "헛되고 헛되도다! 모든 것이 헛되도다!"(1:2)라고 말한다. "헛되도다"(*hebel*)라는 히브리 말은 전도서 안에서 22회나 나타나며, 그것은 실제로 "호흡"을 의미하거나, "호흡"과 같이 지나가는 그 무엇을 의미한다. 예컨대 시편 39편 5, 11절은 꼭 같은 관념을 의미한다. 이 용어는 한 때 고유명사 즉 "아벨"로 사용되었다. 구약성서는 그 첫 머리에서 아벨이라는 이름을 통하여 인간의 무상한 성격을 암시하고 그리고 그 마지막에서는 전도서의 주제를 통하여 암시하고 있다.

이 책은 구약의 가장 최후의 문서에 속한다. 즉 이 책은 B.C. 2세기에 된 것이다. 이 책을 솔로몬에게 돌리는 것은 그가 이 책의 저자라고 보기보다는 지혜의 아버지라고 생각되었다는 것을 암시한다(이것은 잠언서와 아가서의 경우에도 마찬가지다). 결론에서(12:9-10)는 이 책의 저자란 지혜 교사였다는 것이 언급되어 있다.

이 책에서 지혜는 갑자기 회의적인 세계관으로 바뀐다. 지혜교사의 이와 같은 회의주의(懷疑主義)는 세상의 길 뿐만 아니라 하느님의 뜻이 모두 잘 되어 가는 것으로 아는 낙관적인 지혜와는 반대되는 대립적인 것으로서 바르게 이해될 수 있다.

이 책이 체계있게 배열되었다는 증거는 없다. 그 첫 부분(1-6장)은 현저하게 긴 시로 되어 있고 둘째 부분(7-12장)은 주로 소박한 잠언과 작은 경구로 되어 있다.

1. 시(1-6장)

1. 생활의 궤도(1:12-11)

궤도를 따라 흐르는 별들에 둘러싸인 바람과 물은 또한 인간 존재를 둘러싸고 있다. 즉, "모든 만물이 피곤함으로 가득 차 있다"(8절). 이 말은 곧 지식을 찾고 그것을 얻으려는 인간을 포함하고 있다. 그러나 한계점은 어디에 있는 것인가? "해 아래에는 새 것이란 없다"(9절). 그리고 마지막에는 모든 것은 잊혀지고 만다.

2. 탐구 정신(1:12-18)

이 모든 것 중심에서 인간 정신은 관찰하고 이해하려고 몸부림친다. 그러나 이 모든 것도 “바람을 잡으려는 것”이다. 그러므로 지혜가 많을수록 번민도 많다(18절).

3. 생의 즐거움을 맛 보는 것(2:1-12)과 은퇴 후에 만족을 찾는 것(2:13-26)

시인은 세련된 지적인 즐거움(4-10절)과 동시에 천한 것도(3절) 맛보았다. 그러나 그 모든 것은 쓸데 없는 짓이었다(11-12절). 이것은 또한 지혜와 어리석음에 대한 깨달음에 대해서도 마찬가지다. 그는 모든 것에 대한 신앙을 잃어 버린다. 그러나 그 다음 거기에는 일용할 양식에 감사할 줄 아는 소박한 삶을 위한 유한한 기회가 아직도 남아 있다.

4. 모든 것에는 때가 있다(3:1-22)

맨 처음에 아주 뚜렷한 매력을 가진 성숙한 시가 하나 나온다. 구약의 지혜자는 여기서 모든 존재하는 것에는 때가 있다는 것을 폭로한다. 그 다음 그의 관찰은 심오하게 이러한 점에서부터 하느님에게로 옮겨 확장된다. 즉 “하느님은 그것에 질서를 주셨기 때문에 인간들은 그 이 앞에서 마땅히 두려워 하여야 한다”(14절). 역사의 큰 수수께끼들, 즉 무엇보다도 세상에 있는 불의의 수수께끼들(16-21절)은 이러한 존재들이 가진 “때”의 본질의 한 부분이다.

5. 억압받는 자와 고독한 자(4:1-12)

한 가지 예로서 인간 존재가 가진 두 개의 큰 불행한 운명이 이와 같이 기술되어 있다. 즉 압박받는 자의 운명과(1-6절), 고독한 자의 운명(7-12절). 전도서에서와 같이 이러한 표현은 우리 시대의 문제와 매우 가깝다. 7-12절은 고독한 사람의 불행을 묘사하는 성경 구절들이다. 즉 그 불행이란 안전이 없는(9, 10, 12절), 또는 온정이 없는(11

절) 삶이다.

6. 한 젊은 이와 한 왕(4:13-16)

7. 공중예배에 관한 충고(5:1-7)

단순한 활동과 판에 박힌 습관으로 떨어지는 예배에 대하여 전도자는 필요한 한 가지를 특별히 환기시킨다. 즉 "하느님을 두려워하라"고 말한다(7절). 다른 관점에서 볼 때 그는 조직화된 종교에 속하는 문제를 보류하라고 충고한다. 그는 너무 말이 많은 것을 경고한다(2절; 참조. 마 6:7). 그는 경솔한 맹세와 무가치한 잡담을 경고한다(4-7절).

8. 가난한 자와 그의 왕(5:8-9)

9. 부자와 그의 재산(5:10-6:12)

부자는 그가 부러먹고 그리고 그가 부러워하는 것을 찾으려는 데 실패한다. 그는 진정한 만족을 얻지 못하며 그의 재산이 그의 죽음을 막지 못한다.

2. 잠언과 경고(7-12장)

죽어가는 존재의 상태, 이러한 상태를 극복하려는 인간적 열망의 무익함, 인간이 가진 가능성들의 덧없음, 이 모든 것들이 여기서 가장 건전한 색깔로 묘사되어 있다. "슬픔이 웃음보다 나음은 얼굴에 근심함으로 마음에 좋게 됨이니라"(7:3). 가치를 평가하는 잠언들(7:1-8)이 "… 은 … 보다 낫다"는 식의 말로 시작된다. 이런 표현들에 의해서 비관주의의 전형적인 예를 곧 깨달을 수 있다.

9장 1-2절에서는 중세의 죽음의 춤들을 생각나게 한다. 여기서는 생의 짧음을 탄식하는 탄식의 노래가 건전하게 강조된다. 시편의 탄식시에서 이미 예시한 바 있는 신(神)의 응답은 더 이상 들려지지 않는다. 그리고 그 지혜 교사는 더 이상 이해할 수 없는 슬픔의 세계를 쓸쓸히 기다린다.

> "무릇 존재하는 것은 멀고, 깊고 깊도다. 누가 능히 통달하랴?"(7:24)

그리고 그는 하느님도 더 이상 이해할 수가 없다.

> "하느님의 업적을 생각하라. 하느님이 굽게 하신 것을 능히 곧게 하겠느냐?"(7:13)

하느님을 향한 요구와 호소의 시대는 여기서 끝이난다. 그리고 그 대신 지혜교사의 회의주의로 그 자리를 대신하고 해결과 변화를 요구하고 있다. 그러나 그는 아직도 하느님을 탄핵하지는 못한다. 그는 힘써 이와 같은 말로 밀고 나간다.

> "보라, 나의 깨달은 것이 이것 뿐이니 곧 하느님이 사람을 정직하게 지으셨으나 사람이 많은 꾀를 낸 것이리라"(7:29).

이 말씀은 마태우스 클라우디우스(Matthaeus Claudius)의 저녁 찬송에까지 확장된다.

> "우리의 공중 거미줄들이 허물과 죄의 줄을 치고 있나니 목표로부터 멀리 떨어져 허우적 거리고 있도다."

예레미야 애가

다섯 개의 애가들이 예루살렘 멸망(B.C. 587) 후에 나타났고 그리고 유다에 남았던 남은 자들에 의하여 보존되었던 애가의 의식에서 불리워졌다. 히브리 성경에서는 "화 있을찐저!"('ekā h)*라는 표제를 단 "성문서"(Hagiographa)에서 발견된다. 그러나 70인역에서는 그 노래들이 "예레미야의 애가"라는 표제 아래 예레미야서에 붙어 있다.

만가(挽歌)의 문체가 놀라운 방법으로 이 노래들 안에서 탄식의 문체와 결합되었다. 예루살렘의 죽음이 애도되고 있다. 그러나 이 모든 것에도 불구하고 백성들은 희망을 가지고 하느님에게로 향한다. 그리고 그의 분노가 사라질 때 생길 새로운 어떤 것을 예기한다.

노래 제1과 2, 그리고 4는 장송곡의 "애가"로 시작하는데 지나간 과거의 불행을 가까운 불행과 대조하여 묘사한다.

1. 제1 노래

이 노래는 슬퍼하는 과부에 대한 묘사로 시작한다.

1. 시온은 과부가 되었다. 모든 사람으로부터 버림을 받고서 시온은 울고 있다(1:1-2)
2. 시온은 황폐되었다. 유다는 포로 중에 있다. 원수들은 시온을 약탈하고 도적질했다. 하느님은 그의 적에 넘겨 주었다(1:3-19)
3. 하느님의 긍휼을 간구(1:20-22)

2. 제2 노래

1. 하느님은 그의 분노를 시온의 위에 터뜨렸고 그를 파멸시켰다(2:1-8)
2. 그 성은 파괴되었고 가치있는 모든 것을 잃어 버렸다(2:9-13)

* 영역자 주: "화 있을진저"라는 말은 히브리말의, 'ekā h의 더 문자적인 번역이 될 것이다. 그것은 애가역에서 가끔 사용된 하나의 감탄사이다(예. 사 1:21; 렘 48:18; 애 1:1; 2:1; 4:1,2).

3. 그의 예언자들은 거짓 예언을 한다(2:14)
4. 그의 원수들이 승리한다(2:15-17)
5. 애가를 요청하고 하나님에게 기도함(2:18-22)

3. 제3 노래

1. 하느님께서 나를 잔혹하게 괴롭혔다(3:1-20)
2. 확신의 고백, 의지하는 자들에게 주는 약속(3:21-33)
3. 돌아 오라는 충고(3:34-41)
4. 민족 탄식시의 단편(3:42-48, 51, 49-50)*
5. 구제 받은 자의 찬양의 노래(3:52-58)
6. 개인 탄식시의 단편(3:59-66)

4. 제4 노래

1. 시온 노래들에 관한 탄식(4:1-12)
2. 제사장들과 예언자들의 죄악과 운명(4:13-16)
3. 멸망과 왕의 운명(4:17-20)
4. 마지막 소원. 에돔과 시온(4:21-22)

5. 제5의 노래

1. 서론적 간구(5:1)
2. 폐배한 자의 탄식(5:2-18)
3. 야웨를 잠간 살펴 봄(5:19)
4. 간구와 요구(5:20-22)

* 영역자 주: 저자에 의하면, 51절은 위에서 지적된 대로 48절 다음에 와야 한다.

애가는 그 나라와 그 도성의 멸망을 통하여 이행된 신의 심판에 그 백성이 어떻게 굴복하였나 하는 것을 증거한다. 그것은 심판의 예언자들이 하느님의 말씀을 전했고, 거짓 예언자들이 이스라엘을 잘못된 길로 인도했다는 사실을 증명한다(4:13-16). 이 노래 전체에 나타나고 있는 지배적 주제는 죄의 고백(1:5,8-914,18,20-21; 2:14; 3:42; 4:6,13-15; 5:7,16)과, 그리고 하느님의 심판의 승인(1:14,18; 2:17; 3:42; 4:11-16; 5:19)이다. 이러한 괴로운 탄식 속에는 참화로부터 하느님의 긍휼, 즉 그의 백성에게로 돌이키시는 하느님의 긍휼로 인도되는 한 길이 나타나 있다.

에스더

다섯 두루마리의 마지막 책으로서의 에스더서는 부림*절에 읽었던 본문이었다. 이 책이 그 기원을 입증해 주고 있다. 이 책은 페르샤 제국 때에 있었던 심각한 유대인 박해들 중의 하나에 관하여 보도해 주고 있다. 그 박해는 마지막 순간에 그 지혜롭고도 어여쁜 여왕 에스더에 의하여 사전에 미리 방지되었는데 그 에스더는 아하수에로(크세르크세스) 왕이 그의 아내로서 간택한 여인이었다. 왕의 총애를 받던 신하, 하만은 이러한 학살을 서안하였던 자였는데, 그는 처형을 당하고 에스더의 부양자였던 모르드개가 그의 자리를 차지하였다. 그 왕의 명령에 따라 유대인들은 그들의 원수들에게 복수하는 것을 허락하였다. 그리하여 유대인의 원수들 중 800여 명이 수사(Susa)에서 살해당하고 75,000명이 왕도에서 죽음을 당했다.** 이러한 구원사건을 기념하기 위하여 부림절이 생겼다.

---

* 아카드 말 "pur"는 "제비"를 의미한다.

** 70인역에 의하면 15,000명이었다.

이 책은 다음과 같이 요약될 수 있다.

1. 여왕 와스디가 이혼을 당하다. 에스더가 여왕이 되다(1:1-2:33)
2. 하만이 유대인 학살을 음모하다(3:1-14)
3. 모르드개의 구출계획(4:1-17)
4. 에스더는 구원을 위한 준비를 한다(5:1-14)
5. 모르드개가 높임을 받고, 하만이 실각함(6:1-7:10)
6. 에스더가 유대인 박해를 막는 데 성공한다(8:1-17)
7. 그들의 대적자들에 대한 유대인들의 복수. 축제의 날(9:1-19)
8. 부림절의 수립에 관한 보충(9:20-10:3)

에스더서는 부림절과 관련을 맺은 축제 건설 때문에 경전 속에 들어오게 되었다. 그 정경상의 위치는 오랫동안 논란되었다. 루터조차도 열렬하게 배척하였다. 이 책은 역사적 기사로서도 정당성을 갖고 있지 못할 뿐 아니라* 기독교 교회에서 무비판적으로 보유할 수도 없었다. 그 책 전체를 통하여 하느님에 관한 아무런 언급이 나타나지 않는다.

이 책은 심한 억압을 받던 시대의 빛에 비추어서 이해되어야 할 것이다(페르시아 시대가 아니라 알렉산더 대왕(大王)의 후계자들인 Diadochi의 시대). 원수에 대한 복수의 열망은 시편에서 자주 들을 수 있다. 그러나 그 복수는 하느님의 손에 의해서 기대되었다. 그러나 이 경우에는 인간들 자신이 고안하였다.

* 와스디 또는 에스더라는 이름을 가진 페르시아 여왕에 관한 역사적 기록은 없다.

22. 역대기 역사가의 저작

본래 역대기 역사가의 저작은 두 부분으로 구성된 한 권의 책이었다. 즉 다윗(아담)으로부터 포로기까지의 역대기(역대기 상 · 하)와 포로 후기시대 즉 첫 포로귀환으로부터 에스라의 개혁에 이르기까지의 역대기(에스라, 느헤미야)이다. 우선 첫째로 둘째 부분(에스라와 느헤미야)만이 정경으로 채택되었고 그리고 제1 부분인 역대기 상하는 그 다음에 첨가되었다. 그래서 히브리 성서에는 에스라, 느헤미야가 역대기보다 앞에 나온다.

역대기 역사가의 저작은 성문서라고 불리우는 히브리 경전의 셋째 부분에 속한다.* 왜냐하면 이 저작은 아주 명백하게 경건주의적인 관점에서 역사를 표현한다. 이것은 하나의 역사 기록이라기보다는 오히려 역사에 관한 경건한 반성이다. 역대기 역사가의 해석이 옛 역사에 대한 해석과 달리하는 점들을 세밀하게 관련시켜서 이 책을 생각하는 것이 중요하다. 이러한 차이점의 가장 중요한 점은 다음의 구조가 보여 주고 있다.

아담으로부터 사울까지(대상 1-9장)
다윗(대상 10-29장)
솔로몬(대하 1-9장)
솔로몬의 죽음으로부터 포로기까지(대하 10-36장)

---

* 그것은 현재의 우리 성서에서 처럼(독일어 성서 뿐만 아니라 한국어 성서에서도) 후대에 역사서에 첨부되었다.

Ⅰ. 다윗으로부터 포로기까지의 역대기(대상 · 하)

1. 아담으로부터 사울까지(대상 1:1-9:44)

1. 아담으로부터 야곱의 아들까지(1:1-2:2)
2. 유다(3장은 다윗의 가족)와 시므온(2:3-4:43)
3. 르우벤, 갓, 동쪽의 므낫세(5:1-26)
4. 레위(6:1-81)
5. 나머지 지파(7:1-8:40)
6. 예루살렘 가문의 명단(9:1-44)

2. 다윗(대하 10:1-29:30)

1. 사울의 죽음(10:1-14)
2. 다윗의 왕권(11:1-21:30)
3. 성전건축을 위한 준비(22:1-29:30)
   (1) 진척준비와 솔로몬에게 주어진 책임(22:1-19)
   (2) 제사장단과 레위단(23:1-26:32)
   (3) 관리들과 군대 지휘관(27:1-34)
   (4) 솔로몬이 계승자로 나타난다. 그리고 성전 건축을 위임받음(28:1-29:30)

3. 솔로몬(대하 1:1-9:31)

1. 기브온에서의 제사와 하느님의 나타나심(1:1-17)
2. 성전건축과 법궤를 옮김(2:1-5:14)
3. 성전 헌당(6:1-7:22)
4. 솔로몬의 통치(8:1-9:31)

4. 솔로몬의 죽음으로부터 포로기까지(대하 10:1-36:23)

1. 왕국의 분열, 르호보암, 아비야, 아사, 여호사밧(10:1-

20:37)

2. 여호람, 아하시야, 아달리아, 여호아스, 아마시아(21:1-25:28)
3. 웃시아, 요담, 아하스, 히스기야(26:1-32:25)
4. 므낫세, 아몬, 요시야(33:1-35:27)
5. 여호아하스, 여호야김, 여호야긴, 시드기야(36:1-21)
6. 고레스의 칙령(36:22-23)

네 부분 중 첫 부분은 단지 계보로만 구성되어 있는데 아담으로부터 야곱의 아들들에게 이른다. 그 다음 각 지파들에게 계속된다. 실제의 역사적 기록은 사울이 죽기 전까지는 시작되지 않는다. 거기에는 국가 형성의 기초적인 출애굽에 관한 기사가 없다. 그리고 광야 유랑에 관한 기사도, 팔레스틴 점령기사도 없다.

다른 한편, 다윗과 솔로몬의 왕정은 이 저작의 중심부에 두 세 부분으로 나뉘어 명료하게 나타난다. 그리고 이 부분의 중앙에는 성전 건축과 성전예배 수립에 관한 기사가 다시 나타난다. 따라서 이스라엘 역사의 초점은 출애굽 때의 구원행위로부터 성전 예배의 시작으로 옮겨진 셈이다.

솔로몬이 죽은 후에 역대기 역사기는 단지 남왕국의 역사만을 보여 준다. 그는 북왕국을 더 이상 하느님의 백성에 속하지 않은 것으로 생각한다. 즉 북왕국은 유일한 합법적인 왕국인 다윗 왕국으로부터 분리되어 나간 후 더 이상 하느님의 백성으로 간주하질 않았다. 그는 북왕국의 멸망에 관해서도 언급하지 않고 있다. 이와 같은 북왕국에 대한 과격한 평가절하는 아마도 역대기 역사가의 저작이 가진 명백한 선입견과 결부되어있다. 그의 책은 다윗 왕정의 합법성을 증명하려는 의도를 갖고 있으며 그리고 역대기 역사가 시대의 공중 예배와 유다를 떠나서 그들 스스로가 섬겼던 사마리아인들과 대립되는 예루살렘의 성전 제의가 가진 합법성을 증명하려는 의도를 갖고 있다.

열왕기상에는 다윗이 성전 건축과 그 예배의식을 위하여 준비한 그 방법에 대한 기사를 가지고 있는 역대기상 22-29장과 평행될 만한 기사가 없다. 이 부분은 그가 어떻게 하여 솔로몬을 그의 계승자로 삼았는가 하는 것을 자세히 말하고 있다. 그 다음, 그가 죽기 전에 솔로몬을 그의 계승자로 제시했고 엄숙히 성전 건립을 위탁하였다. 이 부분에서 다윗은 실제로 성전 건축을 시작한 원 장본인으로 선포되었다. 성전 예배는 그 근원을 더듬어 가보면 마침내 그에게 이른다.

역대기 역사가의 작품에 나타난 다윗이란 인물은 단순히 그 기사의 중심부에 와 있을 뿐만 아니라 또한 더 고대의 기사와 비교함으로 매우 이상화되고 있다. 그 왕의 인품에 드리운 어떠한 어두운 그림자도 빠져 있고 밧세바, 우리아 설화를 포함하는 상속의 역사 뿐만 아니라 다윗의 왕위 계승사와 같은 것도 빠져 있다. 그와 같은 이상화는 솔로몬의 왕권에까지 미치고 있다. 그가 초기에 왕위를 얻기 위하여 취한 가혹한 행위에 관해서는 아무런 언급이 없다. 즉 열왕기상 11장이 보도해 주고 있는 내외의 어려움들을 전혀 말하지 않고 있다. 단지 한 가지, 역대기 역사가가 자세히 언급하고 있는 것은 20개의 성을 솔로몬이 히람에게 준 것이 아니라(왕상 9:11-12), 오히려 히람이 솔로몬에게 주었다는 것이다(대하 8:2).

이러한 이상화의 경향은 유다의 후기 왕들과 관련해 볼 때는 명백하지 않다. 그 대신에 그 기사는 각 왕들의 운명이 그들의 종교적 또는 비종교적 행적 때문에 결정된 것이라고 보려는(가능한 한) 응보관념에 의하여 깊은 영향을 받고 있다. 그러므로 므깃도 전투에서 요시아의 때 맞지 않은 전사는 그의 편의 실수에서 그 원인을 찾으려 했다. 그러나 악한 왕 므낫세의 통치기간이 길었던 이유는 앗수르인들에게 포로로 있었을 때 그의 마음에 일어난 변화 때문으로 보았다(대하 33:10-12). 웃시야의 문둥병은 신의 심판 때문이었다. 그러므로 왕실 묘소 가까운 곳에* 묻혔다고 보도되고 있다.

전체 기사를 통하여 이스라엘에서 일어난 모든 것의 진정한 초점은 제의라는 것을 강조하고 있다. 성전 예배를 수립한 이이는 헌헌을 크게 강조하였다는 점이다. 솔로몬의 헌당 기도 후에 불이 하늘에서 내려 와서 제물을 불살랐던 것이다. 그리고 하느님의 영광이 성전을 채웠던 것이다.

기회가 닿는 대로 축제들과 예배의식들이 기술되어 있다. 더욱이 거기에 참여하려는 백성들의 뜻과 준비를 중요하게 다루었다. 가장 권위있는 고대의 축제인 유월절을 재 수립한 후 백성들은 그들이 이처럼 그 축제를 다시 지킬 수 있게 된 것을 기뻐하는 즐거움으로 가득 차 있었다(대하 30:23).

역대기 역사가는 예배에 종사한 자들, 즉 제사장들과 레위인들에게 특별한 관심을 보여 준다. 그들의 중요성의 자주 강조된다. 그들 조차도 전쟁에 참여한다. 역대기 역사가는 레위인의 제의적 의의를 앙양하는 것이 무엇보다 중요하다고 느꼈다. 그는 조심스럽게 제사장들과 레위인들을 평신도로부터 구별하고 평신도가 종교적 기능에 참여하고 거룩한 장소에 들어가는 구절들을 수정한다. 그러므로 그의 기사에 의하면 사무엘은 하나의 레위인이었다(대상 6:28). 다윗의 아들들은 제사장들이 아니라 관료들이었다(대상 18:17). 아달리야를 왕위에서 물러나게 하는 데 있어서(대하 23장) 제사장들만이 역할을 할 수 있었다. 왜냐하면 그 일은 성전에서 일어났기 때문이다.

---

* 왕들이 묻힌 묘지에는 "그는 문둥이다"라고 표시 되어 있다. 왕상 15:7에는 다르게 되어 있다. "아사리아(=웃시아)가 열조와 함께 잠들었다. 그리고 그들은 그를 그의 조부와 함께 다윗 성에 매장하였다."

2. 포로시대 후기의 역대기(에스라, 느헤미야)

1. 세스바살의 인도로 귀환함과 성전 재건(스 1:1-6:22)

1. 고레스의 칙령(1:1-4; 그리고 5:12-15; 6:3-5에서 반복)
2. 자발적으로 성전기물들을 돌려 줌과 세스바살 지휘 아래 돌아옴(1:5-11)
3. 귀환된 포로들의 명단(2:1-70)
4. 제단의 재건과 초막절(3:1-6)
5. 성전파괴의 시작(3:7-13)
6. 사마리아인들이 성전건축을 방해함(4:1-5)
7. 크세르크세스*와 아닥사스다에게 올린 고소의 편지들(4:6-16)
8. 건축 금지령과 노역의 중단(4:17-24)
9. 건축사업의 회복(학개와 스가랴)(5:1-2)
10. 다리오에게 요청한 새로운 중재와 요구(5:3-17)
11. 다리오(Darius)의 답변: 고레스의 칙령에 준하여 성전을 재건하라는 명령(6:1-12)
12. 건축의 완성: 성전 헌당(6:13-18)
13. 유월절의 축하의식(6:19-22)

2. 에스라 인도하의 귀환(스 7-10장: 느 8-10장)

1. 에스라가 포로민의 일단을 거느리고 예루살렘으로 돌아옴(7:1-10)
2. 아닥사스다가 에스라에게 전권을 주다(이 부분은 아람어로 되어 있음)(7:11-26)
3. 송영에 의한 결론(히브리어)(7:27-28)

---

* 역자 주: 우리말 성서에서는 아하수에로스로 되어 있다.

4. 에스라와 함께 귀환한 자들의 명단(8:1-20). 레위인들(15-20절)
5. 에스라의 예루살렘 토벌(8:21-36). 성전의 보물들(24-30절)
 (느헤미야 8-10장은 다음의 연속물들 속에 삽입됨. 스 7-8장; 느 8장; 스 9-10장; 느 9-10장)
6. 에스라가 가져 온 율법을 소리내어 읽음. 초막절을 지킴(느 8:1-18)
7. 에스라의 관심은 잡혼을 금지하는데 있었다(스 9:1-5)
8. 에스라의 참회기도(9:6-15)
9. 잡혼을 방지하는 방지책(10:1-44)
10. 금식의 날, 방지책의 채용(느 9:1-3, 38)
11. 레위인들에 의하여 드려진 기도(9:4-37)
 (1) 하나님 찬양을 호소(9:4-5)
 (2) 역사시(9:6-31)
 (3) 구원을 비는 기도와 죄의 고백(9:32-37)
12. 책임이 있는 자들을 공포(명단 포함)(10:1-39)

3. 느헤미야와 성벽 건축(느 1-7장; 11-13장)

1. 느헤미야의 활동 제1기(1:1-12:47)
 (1) 느헤미야가 수사에서 예루살렘의 곤경을 들음(1:1-4)
 (2) 아닥시스다의 술잔을 따라 주는 느헤미야의 기도(1:5-11)
 (3) 느헤미야가 휴가를 얻고 전권을 받음(2:1-10)
 (4) 느헤미야의 조사 여행과 공포 후에 성벽 건축을 시작함. 산발랏과 도비야의 조소(2:11-20)
 (5) 건축에 참여한 자들의 명단—대 제사장으로부터 동문지기에 이르기까지(3:1-32)
 (6) 산발랏과 도비야의 조소. 복수를 비는 기도(4:1-5)

(7) 미워하는 이웃들의 공격이 좌절됨(4:6-15)
(8) 공격을 위한 장비와 준비하는 동안의 성벽 건축(4:16-23)
(9) 고난중에 있는 가난한 자의 일어남. 빚을 청산함(5:1-13)
(10) 느헤미야는 지배자로서 받는 수입을 거절함(5:14-19)
(11) 산발랏과 도비야의 비난과 공격(6:1-9)
(12) 고용된 예언자들에 의하여 공격(6:10-14, 17-19)
(13) 성벽 건축을 완성함(6:15-16)
(14) 성 방어를 위한 방책(7:1-3)
(15) 인구 증가(7:4-5)
(16) 돌아 온 포로민들의 명단(7:6-69)
(17) 봉헌(7:70-73)
(18) 예루살렘과 유다에 살았던 자들의 명단(11:1-36)
(19) 제사장들과 레위인들의 명단(12:1-26)
(20) 성벽의 헌납(12:27-43)
(21) 제사장과 레위인들에게 주는 분깃에 관한 규칙(12:44-47)

2. 느헤미야 활동 제2기(13:1-30)
(1) 도비아를 성전의 방으로부터 쫓아냄(13:1-9)
(2) 세금을 남용(13:10-14)
(3) 안식일을 모독함(13:15-22)
(4) 잡혼의 악습(13:23-29)
(5) 결론(13:30-31)

이러한 개요에 더 자세한 것을 덧붙이는 것은 불필요한 일이다. 거의 정확히 100년의 기간이—538~432 B.C.—에스라, 느헤미야서 안에 기술되어 있다. 즉 바벨론으로부터의 첫 귀환으로부터 느헤미야의 활동말기에 이르기까지다. 이러한 100년의 기간 동안을 말해 주는 우리의 유일한 역사 자료는 역대기 역사가의 저작 제2부이다. 그러나 이 책은 유다의 역사를 일관성있게 이해하기 좋도록 보여 주는 것이 아니라, 두 인물 즉 에스라와 느헤미야의 활동을 기록하고 있다. 느헤미야는 개인의 자서전적 문체로 되어 있다.

이러한 포로 후기의 역사적 기록이 가진 근본적으로 특이한 성격은 에스라, 느헤미야의 다음과 같은 세 단락과 비슷한 계획을 보여 준다.

1. 성전건축을 허락—성전 헌납(스 1-6장)
2. 율법조인—참회 예배와 서약(스 7-10장; 느 8-10장)
3. 성벽 건축을 허락—성벽 헌납(느 1-7장; 11-13장)

이 세 개의 단락의 서두에는 파사 왕의 공인이 나타난다. 그리고 끝에는 정치적으로 승인받은 것을 엄숙히 이행하는 종교적 관례가 나타난다. 이 종교적 관계는 포로 후기 유다에서 일어나고 있는 사건들을 결정해 주는 두 요소들을 포함하고 있다.

(1) 파사 왕의 칙령이 유대인의 종교 공동체의 환경에 영향을 주었다.
(2) 유다 나라의 삶의 중심으로서의 공중예배, 그 주위로 그들의 역사가 맴돌아 왔다.

에스라와 느헤미야에 들어 있는 모든 것은 이러한 두 요소 주변을 맴돌고 있다. 이러한 두 요소는 그 기사를 지배하고 있는 두 개의 기본 경향에 대한 하나의 해석을 마련해 준다.

(1) 한편으로는 파사의 통치에 대한 완전하고도 열렬한 충절이 있다.
(2) 다른 한편으로는 사마리아인들(1부), 잡혼의 문제(2부), 원수의 나라들(3부)과 관련해서 그들에게 부여한 한계 안에서 독립을 주장하려는 날로 새로운 노력들이 있다.

이러한 두 개의 주요 요소에 덧 붙여서 세 번째의 요소가 에스라, 느헤미야서의 중심부에 나타나고 있다(2부). 이것은 에스라가 가져온 율법을 낭독하고 백성들을 그 율법에 얽어 매는 것이다(느 8장). 에스라는 이에 대한 보증을 파사 왕으로부터 받았다(스 7장).

첫 단락에서는 성전이 많은 차질이 있은 후에 완성되었다(6:13-18). 이와 함께 유대인의 종교 공동체 생활을 유지하는 중심점이 주어진 것으로 가정되었다.

그러나 둘째 단락에서는 예루살렘의 음울한 상황을 지적함으로 시작된다. 에스라는 반드시 필요한 개혁을 자극하기 시작하였다. 그는 그가 가져온 율법을 기초로 하여 개혁을 단행하였다. 그리고 그 율법을 예루살렘에 얽어 매는 것으로 소개했다. 이 율법은 동시에 그 시행 영역으로 보아서 사회적 또는 시민적(市民的)인 것일 수는 없었다. 그것은 단지 하나의 종교적 율법이었다.* 만일 구약성서가 에스라의 율법을 포함하고 있다고 가정한다면 그것은 단지 제사적 자료(priestly document)뿐이었을 것이다(또는 제사법전, 오경의 p자료). 그것이 아직도 독립된 책으로 있는 것인지 아니면 이미 5경 속에 들어가 버린 것인지는 확실하지 않다.

공중예배와 동시에 하느님과의 관계 전체는 이제 그 전체 국가에 맞는 이 율법에 의하여 결정되어야 했다. 단지 이 길만이 유대인들을 한 곳에 모아서 종교적 결속을 지켜 나가게 할 수 있었다. 비록 수많은 내외적 위협이 있었음에도 불구하고. 이리하여, 율법 종교가 탄생되었으며 그것은 후대에 와서 더욱 완고해졌다. 그러나 역대기 역사가의 이 저작이 아직도 활력있는 경건을 지니고 있는 것은 그 속에 계속적으로 삽입해 들어간 많은 기도에 의한 것임을 알 수 있다.

---

* "하늘의 하느님의 율법"(스 7:12)이라는 표현을 참조하라.

23. 다니엘

다니엘서는 두개의 아주 다른 부분으로 구성되어 있다. 즉 설화(1-6장)와 환상(7-12장)으로 구성되어 있다. 이 두 부분은 다니엘이라는 이름 때문에 같은 시대라는 것 때문에, 그리고 심각한 고난의 때에 가질 신앙의 모범을 주제로 삼고 있다는 것 때문에 서로 연결되고 결합되게 되었다.

1. 설화(단 1:1-6:28)

1. 다니엘과 그의 세 친구들은 그들의 하나님에 대한 충성을 지키는 자들이나 그러나 그들은 바벨론 왕궁에서 하나님을 섬기고 있었다(1:1-21)
   1. 왕을 받들고 있는 왕궁에 있는 포로민들(1:3-7)
   2. 그들은 불결한 음식을 먹기를 주저한다(1:8-17)
   3. 그들의 복종이 보상을 받는다(1:18-21)

2. 느브갓네살의 꿈. 진흙 발을 가진 우상(2:1-49)
   1. 왕의 꿈과 지혜자들의 거절(2:1-11)
   2. 중대 심판의 위협. 그 해결은 다니엘에게 계시되다. 신의 칭송(2:12-33)
   3. 다니엘이 왕에게 그의 꿈과 그 해석을 말하다(2:24-45)
   4. 왕은 다니엘을 승진시키고 그의 하나님을 찬양함(2:46-49)

3. 뜨거운 풀무불 속의 세 사람(3:1-43)
   1. 형상을 세움과 그것을 예배하라는 명령(3:1-7)
   2. 세 사람의 반대와 그들의 신앙고백(3:8-18)
   3. 느브갓네살이 세 사람을 풀무불에 던져 넣다(3:19-25)
   4. 느브갓네살이 그들을 승진시키고 그들의 하느님을 찬양한다(3:26-30; 4:1-3)

4. 나무에 관한 꿈과 다니엘의 해석(4:4-34)
   1. 느브갓네살이 그의 꿈을 다니엘에게 말함(4:4-15)
   2. 다니엘의 해석: 왕이 잠시 이상하게 될 것이다(4:16-24).
   3. 그 꿈이 사실이 되다. 느브갓네살의 깨달음과 하느님 찬양(4:25-34)

5. 손가락이 벽에 글을 씀(5:1-31)
   1. 성전 기물들을 사용한 연회. 벽에 손가락이 글을 씀(5:1-9)
   2. 다니엘이 질문을 받음. 그리고 그는 그 손이 쓴 글을 설명함(5:10-28)
   3. 다니엘이 높임을 받음. 그 왕은 죽임을 당함(5:29-31)

6. 사자 굴에서의 다니엘(6:1-28)
   1. 다니엘이 총리가 되다. 그를 반대하는 공격, 즉 한 달 동안 모든 외국 제의의 금지(6:1-9)
   2. 다니엘이 기도하고 사자 굴 속에 던져지다(6:10-18)
   3. 다니엘이 보호함을 받다(6:19-24)
   4. 왕의 칙령, 다니엘의 하느님이 하느님으로 인정을 받아야 한다고 선언하다(6:25-28).

이 설화들은 한때 따로따로 존재했고 모든 것은 포로기 동안의 바벨론 궁정을 그들의 삶의 자리로 하고 있다. 다니엘과 그의 세 친구들은 포로들과 함께 바벨론으로 갔고 뽑힘을 받았으며, 거기 궁정에서 시중드는 자의 직무를 훈련받고 있었다. 그들이 바벨론 궁정에서 경험한 투쟁을 통하여 그들은 그들의 하느님께 충성을 다하였고 그들의 생을 걸고 그들 조부(祖父)들의 신앙을 지켰다(1, 3, 6장). 더욱이 선견자로서의 다니엘의 은사는 외국의 환경 속에서 좋은 효과를 보았다. 자주 그는 홀로 왕과 제국의 운명에 관계된 꿈과 환상을 해석할 수 있었다(2, 4, 5장). 그는 이 때문에 비록 그가 완고한 신앙을 가지고 버티어 나갔다 하더라도 높은 지위를 얻을 수 있었다.

이 책의 첫 부분의 주요 대목은 아람어로 기록되었다(2:4b-6:28).

2. 다니엘의 환상들(단 7:1-12:13)

1. 네 마리의 짐승들과 인자의 환상(7:1-28)
   1. 바다의 네 마리 짐승, 열 개의 뿔, 그리고 적은 뿔(7:1-8)
   2. 보좌에 앉은 상제(上帝)와 인자(7:9-14)
   3. 네 왕국에 관해 해석하는 천사가 설명함(7:15-25)
   4. 영원한 왕국(7:26-28)

2. 뿔 달린 양(8:1-27)
   1. 짐승들, 그들이 전쟁, 그들이 뿔들(8:1-14)
   2. 천사 가브리엘이 왕국들을 해설함(8:15-27)

3. 예레미야가 말한 70년에 대한 해석(9:1-27)

4. 마지막 시대의 사건과 구원의 시작(10:1-12:13)
   1. 천사의 환상. 수호신들의 투쟁(10:1-21;11:1)
   2. 파사 왕으로부터 Diadochi의 왕국들에 이르기 까지(11:2-20)
   3. 안티오쿠스 에피파네스, 그의 몰락(11:21-45)

4. 미가엘의 일어남, 즉 최후 전쟁과 구원 시대. 봉한 책(12:1-4)
5. 언제 끝이 올 것인가?(12:5-13)

환상들(7-12장)은 일인칭으로 쓰인 다니엘의 기사들이다. 그들은 묵시문학이라고 불리우는 문학계층에 속하는데 이사야의 적은 분량의 묵시(24-27장), 스가랴의 환상(1-6장), 그리고 다니엘(7-12장)이 구약의 다른 개인적 언어들과 함께 묵시문학의 계층에 속한다. 신약성서에서는 요한계시록이 대표적인 것이다.

묵시들은 근본적으로 예언과는 다르다. 묵시적 문학가들은 예언자들보다는 오히려 선견자의 계열에 속하였다. 그들 사이의 가장 중요한 차이점은, 예언자들이 그들의 선포 속에 "하나의 오고 있는 사건"을 지적하고 있는 반면에 묵시문학가들은 미래의 "영상"을 그리고 있다는 점에서 찾을 수 있다. 묵시문학은 그들에게 주어진 이름을 설명하고 있다. 즉 그들은 다른 이들에게는 가리워져 있는 미래를 열어 보였던 것이다.*

환상들의 특징은 묵시 문학가들 자신에 의해서 해석될 수 없다는 특징을 갖고 있다. 즉 하늘의 중재자가 그것들을 설명해야 하였다(스가랴서에는 이미 "해석하는 사자"(angelus interpres)가 있었다).

환상들의 연대는 다음과 같다: 7장은 벨사살의 첫 해였고, 8장은 제3년이고, 9장은 다리오의 첫 해였고, 10-12장은 고레스의 제3년이었다. 모든 환상들은(2장에 나오는 느브갓네살의 시대를 포함하여) 명백한 한 시대로 끌고 가는데, 즉 하느님의 백성에 대한 마지막 박해에로 끌고 간다. 이 시대는 하느님의 왕궁의 시작을 곧 뒤따르는 것으로 가정되었다. 즉 그것이 곧 이 환상의 연대를 정확하게 결정짓게 할 수 있는 하나의 사실로 가정되었다. 이와 같이 그들 모두는 안티

---

* 영역자 주: "묵시"라는 것은 "드러낸다 또는 열어 보인다"는 희랍어 *apocalyptein*에서 온 말이다.

오쿠스 에피파네스가 B.C. 167년에 종교 박해를 시작한 후의 시대, 그러나 B.C. 164년 성전 재건에서 나타나듯이 이런 박해가 끝이 나기 전의 시대와 관련된다.

그러나, 이와 같이 시간을 헤아린다는 것은 바벨론 포로의 첫 해에서부터 오는 것으로 보려는 그 책의 주장과는 일치하지 않는다. 환상을 보았던 다니엘 자신은 포로들 중의 한 사람으로 표현된다. 그러나 이 책은 그 시대와는 얼마나 멀리 떨어진 것이냐 하는 것을 아주 자세하게 나타내 보여 준다. 그 진술 전체는 역사적 관점에서 볼 때 증명할 수 없는 것이다. 즉 우리가 아는 한 바벨론의 마지막 왕은 나보니두스인데 그를 벨사살로* 말하는 것 등이다. 다른 한편, 안티오쿠스 4세(에피파네스)의 시대와 관련하여 만들어진 진술들은 아주 정확하다.

다니엘서에 나타난 이러한 환상들의 참 의의를 미래적 사건들에 대한 그들의 예언 속에 나타나 있지 않고 하느님의 선민사라는 더 오래된 관념이 세계사의 한 부분 속에 확장되어 들어갔다는 점에 나타나 있다. 이러한 환상들 속에는 처음으로 세계사를 이스라엘의 하나님 야웨를 역사의 주로 믿는 신앙을 근거한 세계사의 이해가 나타난다. 하느님의 약속을 소중히 생각하는 하나의 종교 공동체로서의 이스라엘, 즉 역사적으로 말해서 오랫동안 낮게 평가되어온 적은 이스라엘이 이러한 세계사적 관점을 틀어 놓았던 것이다. 전체의 관념은 조상(2장), 뿔달린 동물(7, 8장), 숫자를 체계화함(9장), 열국을 지키는 천사들(10장) 등에 의해서 표현되었다. 이러한 환상들 속에 표현된 역사관은, 하느님은 그의 목적을 향하여 움직이고 계신다는 신앙, 그리고 이러한 하느님의 목적은 곧 모든 역사가 그리로 흘러 들어가는 하느님의 왕국이라는 신앙에 의해서 확증된다.

---

* 영역자 주: 설형문학의 기록에 의하면 벨사살은 황태자였다.

신약성서입문

목차

도표

신약시대의 주요 연대표

정 치 사	교 회 사	신약 문헌들
아우구스도 황제 (B.C. 30—A.D. 14) 헤롯 대왕 (B.C. 40—A.D. 4) 총독을 치하의 유다 (A.D. 6 이후) 디베		
본디오 빌라도(26-36)	세례요한(28-29) 예수의 죽음(30) (닛산월 14일 = 4월 7일) 바울의 회심(35년 경) 아라비아 여행	
갈리굴라(34-41)	(시리아와 길리기아에서 14년 = 제1차전도 여행)	
글리우디우스(41-54)		
	예루살렘에서의 박해 (43-44)	

	야고보의 죽음 사도회의(49) 2차 전도여행	
	고린도(갈리오)에서의 바울의 활동	데살로니가 후서(52년 이후)
네로(54-68)	에베소와 마게도니아에서의 바울의 활동(54-56)	고린도 전서(54년 봄)
		고린도 후서 일부(54-55)
	고린도에서의 바울의 활동(54-58)	
		갈라디아서(56) 발립보서(55년 봄?)
	예루살렘과 가이사랴에서의 바울의 옥중 생활(58-61)	
		로마서(58년)
	로마에서의 바울(61-63)	빌레몬서, 골로새서 (에베소서?)(62-63)
	야고보가 돌에 맞아 죽음 (예수의 형제)(63?) 로마의 화재(64) 네로의 박해(베드로의 죽음?) 유대인들의 반란(66년 이후)	

베스파시안(69-79)		
	예루살렘 멸망(70년)	마가복음(70년 이후)
디도(79-81)		마태복음(75-95년)
도미티안(81-96)		누가복음(75-95년)
	로마에서의 박해(95년)	계시록(90년 이후)
트라쟌(98-117)		히브리서(90-100년)
		사도행전(1세기 말)
		요한복음(100년경)
		베드로 전서(100년경)
		요한 1서, 야고보서(100년경)
	안디옥에서의 박해	목회서신들(2세기 초)
	로마의 순교자	
	이그나티우스(110년경)	
	그리스도인들을 비난해서	
	플리니누스에서 보낸	베드로 후서(2세기 중엽)
	트라쟌의 서신	신약성서의 정경(2세기 말)

서론

전체로서의 성서

성서를 전체적으로 일괄해서 보면 구약성서가 신약성서에 비해 많은 분량을 차지한다. 신·구약성서는 많은 작은 지역들로 구성되는데, 이 지역들은 지도에서 보는대로 때로 독립된 지역을 나타내고 또 더 큰 통일체로 통합한다. 신약성서와 구약성서를 형성하는 모든 책들은 현재 우리가 사용하는 성서와 같이 결합 집성되기 전에는 서로 독립된 책들이었다.

우리는 지도를 볼 때 평평한 평면위에 전시된 역사적 표현으로서 지도를 볼 수 있듯이 성서입문은 성서의 각 문서를 피상적으로만 취급할 수 있으며, 따라서 계속적으로 역사에 관심을 기울이게 한다. 왜냐하면 성서는 전체로 보아서 본질적으로 위대한 역사이기 때문이다. 우리가 성서의 문서와 책들 그리고 성서의 부분을 그것들이 담겨있는 실제의 콘텍스트 안에서 읽을 수 있다는 것은 이 역사를 참고함으로써 가능하다. 이와 같이 함으로써만 우리는 그것들의 깊은 의미를 파악할 수 있다.

루터(Luther)의 성서 번역은 최초의 분류, 즉 역사서, 교훈서, 예언서의 분류를 신, 구약 성서의 내용 목차에 적용한다. 그러나 이 분류는 피상적인 줄거리(synopsis)일 뿐이다. 왜냐하면 이러한 표제(表題)들에 속하는 책들은 보다 다양한 성격을 많이 갖기 때문이다.

신·구약성서에는 집성(集成)된 전 성서의 온상과 근원이 되는 일군(一群)의 설화책 또는 보도의 성격을 띤 책들이 있다. 모세 오경과 복음서가 바로 그 책들이다. 성서의 독자는 신·구약성서 안에 있는 이 근본적인 자료에 주의를 기울여야 하며, 그것이 성서의 정당한 담화의 방식(manner of speech)이라는 것을 잊어서는 안 된다. 이 사실에 신, 구약성서가 일치한다는 것은 결코 우연이 아니라 본질적인 요소다. 그러나 이것 외에도 두 성서에는 많은 공통성이 있다. 즉 두 성서는 옛 계약과 새 계약에서 하느님이 그의 백성과 더불어 어떻게 그의 역사를 진행시켰는가를 말해주며, 계약을 성립시킨 하느님의 구속행위에 관한 이야기가 두 성서의 중심을 이룬다.

그 이야기는 현대적인 의미에서 말하는 역사적 이야기는 아니다. 오히려 성서에서 말하는 자들의 신앙과 고백에 대한 증언 또는 증거다. 이것과 밀착되는 사실은 거의 모든 모세 오경과 복음서에서 역사를 구성하는 개개의 사건들을 말하는 얼마의 증언이 있다는 그것이다. 더군다나 이러한 이야기들 즉 둘, 셋 또는 네 개의 이야기들이 문자적으로 불일치한다. 말하자면 직접적인 보도의 특성 같은 것이 있다.

모세 오경과 복음서의 유일한 차이는 복음서의 직접적인 보도가 개개의 책에 병존하는 한편 모세 오경의 직접적인 보도는 일반적인 하나의 이야기로 엉켜버렸다는 사실에 있다. 신명기만이 다른 책들과 나란히 분리된 이야기로서 남아 있었다. 여기서 신약성서와의 유사성 때문에 신명기는 공관복음서와의 관계에서의 제4복음서와 같이 특별한 위치를 차지한다. 신명기는 특히 보다 긴 연설로 구성된다.

여기서부터 계속해서 유사성보다 차이가 크게 벌어진다. 신약성서에서 복음서 다음에 사도행전이 나온다. 사도행전은 중요한 사건 이후의 역사 즉, 예수 그리스도의 사도들이 어떻게 세상에서 활동했는가를 말한다. 구약성서에서 모세 오경 다음에는 여호수아에서 열왕기하에 이르는 이스라엘 역사 이야기가 나온다. 이 부분에 대한 옛 칭호는 "전기 예언서"(Former Prophets)인데, 이 역사의 진행 중에 나타난 예언자나 혹은 그들을 통해서 제시된 하느님의 말씀에 결정적인 의미를 부여한 칭호다. 전기 예언서 다음에 나오는 연대기 편자의 작품(역대기 상 · 하, 에스라, 느헤미야)은 고대의 배열에 따라 역사서에 속하지 않고 성문서(Writings) 즉 경건의 제3부에 속했다. 이것은 근본적으로 다른 역사적 표현의 성격 때문이다. 구약성서의 실제의 역사서는 바벨론 포로생활로 끝난다.

신약성서에서 사도행전에 이어 서신들이 나오고, 구약성서에서는 "전기 예언서" 다음에 예언문서들이 나타난다. 이 점에서, 즉, 사도들과 예언자들은 한 사신(message)과 한 사자(messenger)의 직무에 관심한다는 점에서 서로 일치한다. 그의 백성을 대신한 하느님의 일이 예언자와 마찬가지로 사도들의 선교에서 성립되었다는 것은 저들이 선포한 말씀에 의해서 가능했다. 이 선교는 반대와 어려움 속에서 수행되었으며 작은 집단만이 받아들였다. 그러나 저들의 메시지 사이의 차이는 곧 눈에 띈다. 즉 사도들은 좋은 소식-복음-을 전하는 사자(使者)들이었다면, 예언자들은 대체로 심판을 전한 사자들이었다. 그런데 예언자가 가져다 줄 좋은 소식이 있었을 때는 미래를 가리켰던 반면, 사도들은 그들의 사신을 통해서 과거에 발생한 사건을 거슬러 지적했다.

루터의 성서 배열에 의하면 요한계시록은 신약성서의 제3부에 속하는 유일한 예언서이며, 그렇기 때문에 구약성서의 예언서로 분류되었다. 이것은 현재의 예언 이해와 더 이상 일치하지 못한다. 계시록은 하나의 묵시문학이며, 따라서 "마지막 것"(last things)을 취급하기 때문이다. 이 점에서 요한계시록은 예언서와는 일치하지 못하고 다니엘서와 일치한다. 다니엘서의 둘째 부분 역시 묵시문학이다.

신약성서

신약성서에는 구약성서에 비하여 그 내용을 표현하는 방법에 있어서까지도 전혀 새롭게 시작하는 것(somethings)이 있다. 신약성서는 모든 인류를 위한 하나의 구속의 메시지, 즉 한 개인 예수 그리스도를 선포하는 메시지에 관한 증언이다.

구약성서가 거의 천여 년 간에 발생한 것을 설명하는 반면, 신약성서의 이야기는 불과 수십년에 한정된다. 구약성서가 저 오랜 기간을 통해서 하느님의 그의 백성 취급을 전개함으로 개인과 민족의 삶의 모든 영역을 포함하는가 하면 신약성서는 시종 개인과 민족의 삶의 모든 영역 내에서 설교되어야 할 하나의 주제에 집중하고 있다. 그 주제는 다음과 같다.

> "이 분을 힘입지 않고는 어느 누구도 구원받을 수 없습니다. 사람에게 주신 이름 가운데 우리를 구원할 수 있는 이름은 이 이름밖에는 없습니다" (행 4:12).

하나의 주제에 집중한다는 면에서 신약성서의 계획이 이해되어야 한다. 요한계시록을 제외하면 신약성서는 오직 두 개의 복잡한 부분 즉 복음과 서신으로만 구성된다. 사도행전은 여전히 복음과 서신을 함께 연결하는 중심부에 있다. 사도행전은 예수의 승천기사(1장)를 포함함으로 직접 복음서와 연결된다. 오순절 사건(2장)으로 시작된 메시지의 진로(進路)는 사도행전 3장 이하에서 서술된다. 신약성서의 두 번째의 크고 복잡한 부분인 서신들은 저 진로에 따라 여는 곳에서 쓰여졌다.

사도행전이 시작하는 승천과 오순절의 이야기는 처음부터 네 복음서가 모두 지향한 사건들, 말하자면 예수의 고난, 죽음, 부활과 직접적으로 연결된다. 이러한 사건들의 연속은 신약성서의 주제만이 아니라 그 구조의 입장에서 보면 분명히 신약성서의 핵심을 이룬다. 복음서는 이 일련의 사건들을 지향하고 사도행전과 서신들은 그 사건으로부터 유래한다. 무엇보다도 최초의 서신의 삽입이 이 사실을 암시한다. 로마서 1장 16절 이하에 나타난 로마서 주제가 이 메시지를 정확히 표현한다.

예수의 고난과 죽음 그리고 부활의 메시지가 그처럼 분명하게 핵심을 이루고 있는 신약성서의 두 복잡한 부분 다음에는 요한계시록의 역사 종국에 대한 언급이 있다. 이것은 신약성서의 메시지의 실질적인 한 부분이며 복음서와 서신의 마지막 것들에 관한 분명하고 상세한 언급에서 이미 암시된 것이다. 이렇게 해서 신약성서의 한 메시지는 예수 그리스도의 강림과 그의 재림 사이의 역사적 신기원과 관련을 맺게 된다.

이것은 신약성서의 핵심을 이루는 이 사건들이 전 역사와 결합되는 방식과 어울린다. 그러나 전 신약성서를 통해서 예수 그리스도의 강림, 고난, 죽음 그리고 그의 부활이 하느님이 예수가 그 일원으로 태어난 이스라엘 민족을 취급하시는 것과 관련된다는 것은 구조상으로는 명확히 표현되지 않는다. 그리스도의 오심은 이스라엘 역사의 완성이며, 그러기에 구약성서에서 약속된 것의 성취다. 네 복음서의 서론 부분이 이 사실을 언급하지만 구약성서가 복음서들과 서신들, 또한 요한계시록에서 계속 인용되는 과정에서도 같은 사실이 표현된다. 이 사실은 히브리서의 실제적인 주제이기도 하다.

전 신약성서 내의 모든 것이 집중적으로 언급하는 하나의 메시지가 시간의 중심에 위치하게 된다. 그 메시지는 한편으로는 구약성서의 역사의 완성으로서 또 한편으로는 마지막 때에 그리스도의 재림의 통고로서 의미있다.

제1부

복음서와 사도행전

1. 공관복음서

네 복음서는 그리스도가 나사렛 예수의 이름으로 오셨다는 기쁜 소식을 전한다. 모든 복음서는 그리스도의 강림과 그의 고난, 죽음, 부활에서 일어난 하느님의 구속행위를 증거한다. 동시에 각 복음서는 독특한 문체를 쓰고, 독특한 입장에서 증언한다. 예수의 죽음과 부활을 취급하는 마지막 부분에서 네 복음서의 증거가 거의 비슷하게 된다. 여기서 신약성서의 핵심이 다시 한 번 나타난다.

이 마지막 부분을 제외하면, 요한복음이 주로 길게 이어진 연결문을 포함한다는 사실 때문에 공관복음과는 근본적으로 차이가 있다. 요한복음은 공관복음서보다 훨씬 더 신학적인 성격이 뚜렷하기 때문에 공관복음서와 구별이 된다.

공관복음서는 전체적으로 보면 동일한 구조로 되어 있다. 따라서 공관복음서의 마지막 3장(마 26-28장; 막 14-16장; 눅 22-24장)은 예수의 수난과 죽음과 부활을 취급한다. 여기에서 일반적으로 또 자세하게 일치하고 있다는 것이 가장 잘 표명된다. 공관복음서의 이 부분은 예루살렘에로의 여행과 예루살렘에서의 예수의 마지막 활동이라는 두 부분으로 나누어진다.

예수의 갈릴리 활동을 취급하는 중심 부분에서는 이야기의 순서와 자료의 표현 방법에 엄청난 차이들이 있음이 나타난다. 그러나 예수의 활동개시에 관련되는 이 중심 부분의 시작은 다시 분명하게 일치하고 있다. 마태와 누가만이 예수의 유년기의 이야기를 전한다.

	마태	마가	누가
예수의 유년기	1-2		1-2
예수의 갈릴리 활동	3-18	1-9	3-18
예루살렘을 향하여	19-20	10	18-19
예루살렘에서	21-25	11-13	19-21
예수의 수난, 죽음, 부활	26-28	14-16	22-24

예수의 유년기

마태와 누가만이 예수의 탄생설화를 전한다. 마태복음에서 예수의 족보*는 동방박사들의 방문과 이집트에로의 피신 이야기에 앞서 있다. 누가복음에서는 예수의 유년기의 이야기가 아주 포괄적이다. 요한과 예수의 탄생에 관한 고지(告知)와 마찬가지로 그들의 탄생을 아주 상세하게 말하고 있다. 이 사건들과 관련되어 인용되는 시편들은 의미심장하다.

예수의 갈릴리 활동

공관복음서가 처음에는 똑같이 세례 요한과 예수의 수세(受洗)와 시험사화 그리고 그의 갈릴리 출현과 첫 제자들의 소명을 언급한다. 그 다음부터 상당한 차이가 벌어지기 시작한다. 이 차이는 마태복음과 누가복음이 마가복음 외에도 예수의 어록으로 구성된 Q**자료를 사용한 사실에서 기인한다. 그러나 마태와 누가는 Q자료를 전혀 상이한 방법으

---

* 누가 복음의 족보는 3장 23절 이하에 있다.

** 역자 주: Q는 마태와 누가의 비마가자료에 사용한 약자로서 예수의 설화적 자료와 말씀으로 구성된다. Q는 독일어 Quelle(자료)의 첫 자에서 따온 것이다. Q의 순서는 비록 Q의 내용을 재구성하려는 시도가 시험적 실험인데 불과할지라도 마태에서보다 누가에 보다 더 잘 보존되어 있다.

로 각자의 이야기 속에 삽입했다. 더욱이 두 복음서는 각각 특수한 전통적 자료를 많이 포함하고 마가는 소수의 독특한 구절 뿐이다.

마태복음의 경우는 산상설교(5-7장) 사도파송에 관한 메시지(10장) 비유수집(13장) 등 담화수집이 특별히 지배적이다. 누가복음 소위 "누가의 여행기사"(9:51-18:14) 안에 담화의 중심부를 포함하고 있다.

공관복음서는 끝 부분에 이르러서야 베드로의 고백, 처음 두 번의 수난예고와 변화산상의 사건과 연결되면서 다시 일치점에 이른다.

예루살렘을 향하여

이 점에서 공관복음서의 공통성은 결혼과 부(富)에 관한 말씀을 수집하는 것이다. 이 둘 사이에 있는 이야기가 예수의 어린이 축복기사다. 이어서 세 번째의 수난이 고지된다.

예루살렘에서

수난사화에 앞서는 마지막 부분에서 공관복음서는 똑같이 예수의 예루살렘 입성 이야기로 시작해서 세계의 종말과 최후 심판을 언급하는 "공관복음서의 묵시 문학"은 끝난다. 이 둘 사이에 바리새인과 사두개인들의 논쟁 이야기가 있다. 이 마지막 부분은 현저히 그 자체로서 통일되어 있고, 모든 단화(pericope)는 직접 간접으로 심판의 선언, 즉, 구원의 메시지의 어두운 배경을 취급한다. 수난사화는 이 심판으로 끝난다.

예수의 고난, 죽음, 부활

수난사화에 얽힌 사건과 말씀들은 세 단원으로 나누어 볼 수 있다. 첫 단원의 중심은 성만찬인데, 이 주의 만찬은 예수를 죽일 음모와 베다니에서의 기름부름(anointing)으로 시작하고 이어 주의 만찬과 연결되고 배신자 지명과 결합된 사건들과 말씀들이 나온다.

둘째 단원으로 바뀌는 것은 겟세마네 동산에 가서 기도하는 장면이다. 이 둘째 단원에서는 예수의 체포로부터 그의 죽음에 이르는 이야기나 연속되어 있다.

셋째 단원에는 마태와 누가의 다양한 부활사화 외에 빈무덤 사화가 포함된다.

예수의 유년기

	마태		누가
예수의 족보	1:1-17	서언	1:1-14
예수의 탄생	1:18-25	예수와 요한에 관한 약속	1:5-38
동방박사	2:1-12	요한의 탄생	1:39-80
		예수의 탄생	2:1-40
이집트 피난과 귀환	2:13-23	12세에	2:41-52

예수의 갈릴리 활동

	마태	마가	누가
세례 요한과 예수의 수세	3	1	3
예수의 시험	4	1	4
예수의 갈릴 출현:			
그의 첫 제자들	4	1	4f.
산상설교(평지설교)	5-7	—	6
병고침과 다른 이적들	8-9	1-3	5
제자들	10	3	10
비유들	13	4	8
베드로의 고백과 수난의 예고	16	8	9
예수의 변모	17	9	9

누가의 여행기			10—18
예루살렘 여행			
결혼, 아이들, 부자들	19	10	19
세 번째의 수난 예고	20	10	18
예루살렘에서			
예수의 예루살렘 입성	21	11	19
성전 숙청	21	11	19
바리새인과 서기관과 맞섬	22f.	12	20
성전 파괴를 알림	24	13	21
공관서를 묵시록	21f.	13	21
예수의 고난과 죽음, 부활			
살해 음모로부터 겟세마네까지	26	14	22
예수의 체포로부터 그의 죽음까지	26-27	14-15	22-23
빈 무덤과 부활	28	16	24

이상의 개요를 다음과 같이 그림으로 표현할 수 있다.

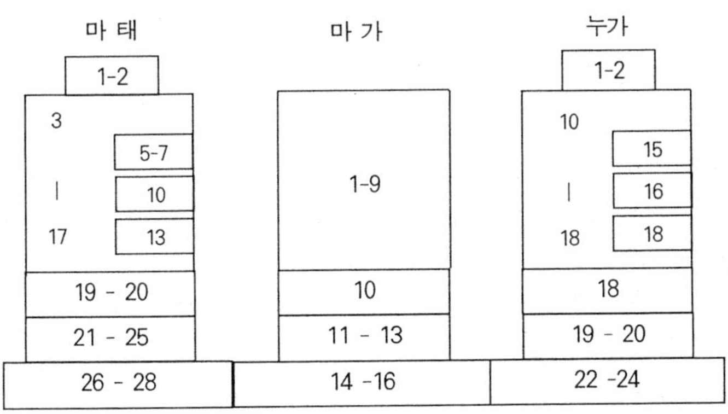

2. 마태복음

마태복음은 서기 75년에서 90년 사이에 유대인 그리스도인 공동체에서 유래했고 유대 그리스도인 회중을 상대로 씌어졌다. 비록 저자의 이름을 마태복음서 자체에서 볼 수 없지만 파피아스(Papias) 시대 이래로 사도 마태가 저자로 알려졌다.* 이 복음서는 특히 그리스도 신앙이 구약과 하느님의 옛 백성과 관련된다는 데 특별한 관심이 있다. 이 사실은 모든 점에서 암시된다. 예를 들면 많은 구약 인용문에서 유대적 학문을 대표하는 사람들과의 논쟁을 강조하고, 메시아로서의 예수에 관한 칭호를 여러 번 반복하며, 예수의 권위있는 가르침을 강조하고 있다. 인자(Son of Man)로서의 예수의 활동에서와 같이 그의 교훈에서 구약의 율법이 성취된다(참고. 산상설교). 영광중에 그가 재림하면 세계사와 함께 교회의 진행은 심판과 구원으로 성취될 것으로 그때까지 주님은 그의 교회에서 그의 현존을 약속하고 선교활동을 수행할 것을 명령하며 교회생활의 질서확립을 인정한다.

1. 예수의 유년기(1-2장)

예수의 족보(1:1-17)는 그가 하느님의 옛 계약의 백성의 역사 내에 오셨다는 것을 확실하게 한다. 그가 다윗의 후예로서 왕족 계열에서

---

* 역자 주: Papias는 서기 2세기 초엽 소아시아에 있는 Hieropolis의 감독이었다. 주의 신탁해설(*Interpretation of the Lord's Oracles*)이란 표제의 다섯 권의 책 중 그 단편만이 현재 남아 있다. 그러나 이 단편들은 마태복음과 마가복음의 기원에 관한 전설적인 이야기를 포함하고 있다.

태어났지만 기생 라합(수 2장), 모압 여인 룻도 이 족보에 속한다.

이사야서 7장 14절은 이미 예수의 처녀탄생(1:18-25)을 예언했다. 그의 탄생이 이스라엘만이 아니라 전 세계에 큰 변화를 가져올 것이라는 암시는 새로운 왕을 경배하려고 멀리서 온 동방박사들의 이야기에서 나타난다. 그러나 동시에 다른 근본적인 주제가 예수의 유년기 이야기에서 시작되고 있다. 말하자면 새 왕이 걸어야 할 길은 수난의 길이라는 것이다(참고. 이집트에로의 피신과 귀환, 2:13-23).

2. 예수의 갈릴리 활동(3-18장)

1. 예수의 공생애 시작(3:1-4:25)

1. 예수의 수세(3:1-4:25)

하느님의 옛 백성의 예언자적 직무를 다시 한 번 소생시킨 세례 요한은 예수의 공생애 시작에 앞서 활동한다. 요한의 과업은 예언을 성취시킨 분을 지적하고 회개를 요구하는 설교(3:1-12)를 함으로 그의 길을 예비하는 것이었다. 그러나 그것 외에도 요한은 예수에게 세례를 줌으로써 그가 많은 예언자들이 하느님의 기름부은 왕을 지시하는 사명을 가졌던 것처럼 예수는 하느님이 정하신 구원자라는 것을 보여 주어야 했다.

예수의 수세 때 들린 하늘의 음성은(3:17) 예수의 왕족칭호를 회상시키고(시 2:7) 주의 종임을 확인한다(사 42:1). 하느님의 아들의 겸비는 예수가 세례를 받음으로 죄인들의 입장에 스스로 서는 것으로 시작한다.

2. 예수의 시험(4:1-11)

시험 사화는 동일한 줄거리다. 여기서 예수는 아버지에게 복종함으로 권세와 영광 가운데 군림한 메시아 되기를 거부한다.

3. 갈릴리에서(4:12-25)

이렇게 예수의 갈릴리 출현을 위한 기초를 닦은 다음 갈릴리 활동 개시된다. 예수는 갈릴리의 여러 동리에서 하느님 나라의 도래를 선포하고 많은 병자를 고치며, 또 처음 제자들 즉 베드로, 야고보, 요한을 부른다. 이렇게 옛 예언들이 성취된다. "흑암 가운데 살았던 백성이 큰 빛을 보았다"(사 9:1).

2. 산상설교(5:1-7:29)

산상설교는 우리가 아는 식의 설교가 아니라 상이한 관점에서 배열된 예수의 설교 요약이다. 개개의 말씀들은 각각 그 자체를 거점으로 해서 이해되어야 한다.

산상설교 서두에 나오는 축복(5:3-12)은 가난한 자, 비참한 자 그리고 고통당하고 박해를 당하는 자들에게 향해진 믿음직하고 힘찬 구원의 약속이다. 이 축복들은 11장 28절의 "수고하고 무거운 짐진 자들아 다 내게 오라"는 구속자의 외침에 상응한다. 그러나 예수는 초대에 응한 사람들에게 세상의 소금과 빛 그리고 언덕 위에 세운 도성이 되는 영예를 부여한다(5:13-16). 이에 대한 근거는 여섯 개의 반제(反題, 5:21-48)가 제공하는데, 이 반제의 서두는 새로운 의의 고지(告知)를 한다(5:17-20). 여섯 개의 반제는 모두 "너희는 옛 사람에게 말해진 것을 들었으나 … 나는 너희에게 말한다 … "는 말로 시작한다. 여기서 예수는 "하느님의 나라가 여전히 죄와 죽음과 악의 지배하에 있는 세상으로 침입하는 때 하느님의 나라가 의미하는 바의 한 실례"로서 새롭고 완벽한 복종을 선포한다.*

구제(6:1-4), 기도(6:5-13; 9-13, 주기도문), 용서(6:14-15), 금식(6:16-18)을 통해서 매일의 삶 속에 이 새로운 의를 실천하는 것이 6장 1절-7장 12절의 주제다 가난한 자들에게 축복이 고지하는 구원에

---

* J. Jeremias, *The Sermon on the Mount*(Philadelphia: Fortress Press, 1963), p.31.

상응하는 메시지는 염려로부터의 자유(6:19-34, "새들과 백합들")와 기도의 응답에 대한 확언(7:7-11)에 관한 것이다. 하느님 나라에 들어가는 처방이 될 수 있는 여러 가지 권유와 경고(7:1-6, 12-23)가 산상설교를 결론짓고, 마지막에 두 건축자 비유가 있다.

3. 활동하는 메시아(8:1-9:38)

1. 병고침과 구조(救助) 사화

1. 문둥병자(8:1-4)
2. 백부장의 종(8:5-13)
3. 베드로의 장모와 다른 병자들(8:14-17)
4. 폭풍 진압(8:23-27)
5. 마귀들린 두 사람(8:28-34)
6. 중풍병자: 병고침과 용서(9:1-8)
7. 하혈병 앓는 여인과 야이로의 딸(9:18-26)
8. 맹인 두 사람과 마귀들린 벙어리(9:27-34)

2. 제자직에 관한 상세한 사화들

1. 그리스도를 따르는 자가 되려면(8:18-22)
2. 마태의 소명(9:9-13)
3. 금식의 거부(9:14-17)
4. 예수의 활동 요약(9:35-36)
5. 추수를 위한 기도(9:37-38)

병을 고치심으로 예수는 자신을 주의 종으로서 계시한다. 제2이사야는 주의 종에 관하여 "실로 그는 우리의 질고를 담당하셨다"(사 53:3)*고 선언한다. 예수의 치병(治病) 메시지는 9장 1-18절에서 진술

* 역자 주: "질고"란 번역은 여기서 난외의 독법을 따른다. 이 낱말의 본래 히브리어는 ḥōlâyēnû로서 문자적인 뜻은 "우리의 질고"란 의미다.

된 대로 죄의 용서도 포함한 전인(全人)을 위한 것이다. 이 메시지는 단순하고 겸손한 신앙과 마주친다. 예수는 두 맹인에게 "너희는 내가 이 일을 할 수 있다고 믿느냐?"고 묻는다. 그들이 믿기 때문에 예수가 병을 고칠 수 있다(8:5-13; 9:18-26에서도 마찬가지다). 폭풍우 진압사화(8:23-27) 역시 극심한 위험으로부터의 구조와 관련되어 있다.

이러한 기적 사화 외에도 세리 마태의 소명(9:9-13) 기사와 예수를 따르기를 원한 다른 사람들의 이야기(8:18-22), 그리고 예수가 제자들의 단식을 거부한 기사(9:14-17)가 있는데, 모두가 제자직과 관련된다. 끝으로 추수할 주인을 향한 기도와 함께 예수의 활동요약이 언급된다(9:35-38).

4. 전도자의 파송(10:1-42)
   1. 12사도 지명(10:1-4)
   2. 전도자들을 위한 선교지침(10:5-16)
   3. 박해시에 대비한 경고(10:17-25)
   4. 두려워 말라!(10:26-39)
   5. 전도자가 받을 보상(10:40-42)

예수는 땅 위에서 그의 일을 할 전도자를 요구했다. 그는 12명을 택하여 최상의 권위와 약속을 위임하여 파송했다. 그들은 단순히 메시지의 전달자만이 아니라(10:7) 예수의 치병 능력(10:82)과 축복(10:11-15,40-42)을 위임맡은 자들이었다. 그들의 선교는 우선 이스라엘에 국한되었다.(10:5-6). 그들은 자신들의 생활문제 대해 관심할 필요가 없었다(10:9-10). 또한 그들이 무엇을 말해야 할지에 관해서도 그랬었다(10:19). 그들은 그들이 담당한 과제가 가져올 어려움들에 관해 충분히 가르침을 받는다. 말하자면 박해와 마지막 때의 진통이 그들을 기다리고 있다는 것이다(10:17-25). "그러나 끝까지 견디는 사람은 구원을 받을 것이다"(10:22). 예언자들이 두려워 말라는 격려를 받았듯이(렘 1:17-19) 예수의 제자들도 그들이 가야 할 냉혹한 길에 대해 재차 격려를 받는다. 그들은 하느님 아버지의 선하심 안에서 안전할 것이다(10:26-31). 그들의 주가 그들과 함께 계실 것이다(10:32-33). 마지막 때는 분쟁의 때가 될 것이며(10:34-36) 또 그리스도 편에 서느냐 아니면 그를 반대하느냐를 최후로 결정할 때가 될 것이다(10:37-39).

5. 요한의 질문(11:1-30)

1. 요한의 질문과 예수의 대답(11:1-6)
2. 세례 요한에 대한 예수의 평가(11:7-19)
3. 고라신, 벳세다, 가버나움에 선언된 화(11:20-24)
4. 구속자의 소명(11:25-30)

그리스도의 활동이 말(5-7장)과 행위(8-9장)로 기술되고 전도자들이 파송된 다음 처음에 "이 사람이 그 분이다"고 선언한 사람이 "당신이 참으로 그분이냐?"고 묻는다. 이에 대한 답변으로서 예수는 그 자신의 언행을 지적하고, "내게 의심을 품지 않는 자는 복이 있다"(11:6)고 덧붙인다. 질문자 요한에 관해서 예수가 적극적으로 말하게 되는 예수의 세례 요한에 대한 평가 다음에 하느님의 아들인 예수에 대한 찬, 반의 결단이 심판(11:20-24)과 구원(11:25-30)에 관한 발언과 대조적으로 나타난다.

6. 바리새파의 적대(12:1-50)

1. 안식일에 밀 이삭을 자름(12:1-8)
2. 안식일에 병고침(12:9-21)
3. 귀머거리의 병고침과 바리새파를 향한 발언(12:22-37)
4. 바리새파의 표적 요구(12:38-42)

5. 불결한 영(12:43-45)
6. "나의 어머니와 나의 형제들(12:46-50)

예수의 언행은 종교적 율법주의자들의 적개심을 야기시켰다. 예수는 안식일의 엄격한 준수에 하느님의 은혜(12:1-8)와 이웃사랑(12:9-21)을 대립시키며, 그가 사탄과 짝하고 있다는 고소에 대립해서 하느님의 나라가 지금 동트고 있는(12:28) 그의 최상의 권위를 내세운다. 이 힘은 성서에서 확인된다. 예수는 이사야(42:1-4)에서 고지된 주의 종(12:18-21)이다.

7. 비유적 강화(13:1-58)
   1. 씨뿌리는 비유(13:1-9)와 그 해석(13:18-23)
   2. 비유의 의미(13:10-17, 34-35)
   3. 가라지 비유(13:24-30)와 그 해석(13:36-43)
   4. 겨자씨와 누룩의 비유(13:31-33)
   5. 들의 보물과 값진 진주 비유(13:44-46)
   6. 그물 비유, 낡은 것과 새 것(13:47-52)
   7. 고향에서의 예언자(13:53-58)

모든 비유는 하느님의 지배의 돌연한 출현으로 인한 놀라움(기적)과 관련된다. 이 지배는 사람들 중의 한 사람의 출현 속에 감추어지고 또 처음에는 현 세상의 견고성에 관해서 아무 것도 변경시킬 수 없는 듯한 그래서 분명히 무기력한 메시지 안에 숨겨져 있다. 이처럼 비유들은 하느님의 주권의 시작을 말한다. 비유들 자체가 여러 모로 이해될 수 있는 것처럼 하느님의 주권행사가 다방면으로 시작된다. 하느님의 주권은 분명히 현 세계 안에서 발효되기 때문에 실제적인 일상생활에서 일어나는 가장 단순한 발생 사건들(happenings)로 증명될 수 있다. 이 비유들의 놀랄 만한 특색은 결코 신학적이거나 거룩하지 않는 언어로서 우리의 세계 안에서 활동하시는 하나님의 결정적 행동을 말한다는 그 사실에 있다.

8. 세례 요한의 처형과 수난 예고(14:1-18:35)

1. 잡다한 기사
   (1) 예수가 그의 고향에서 배척받음(13:53-58)
   (2) 세례요한의 처형(14:1-12)
   (3) 베드로의 고백과 첫 수난 예고(16:13-23)
   (4) 변모(17:1-13)
   (5) 두 번째의 수난 예고(17:22-23)

2. 기적과 병고침
   (1) 5천 명(14:13-21)과 4천 명의 급식(15:32-39)
   (2) 물 위의 베드로(14:22-33)
   (3) 많은 병자를 고침(14:34-36; 15:29-31)
   (4) 간질병 환자(소년)를 고침 (제자들의 실패)(17:14-19)

3. 논쟁적인 이야기들
   (1) 큰 범죄(15:1-9)
   (2) 정결론(15:10-20)
   (3) 요나의 표적(16:1-4)
   (4) 바리새파의 누룩(16:5-12)

4. 교회의 생활
   (1) 제자직에 관해서(16:24-28)
   (2) 성전세(17:24-27)
   (3) 제자들 간의 신분 논쟁(18:1-5)
   (4) 유혹(18:6-10)
   (5) 회중의 훈련(18:15-20)

5. 비유

(1) 잃은 양(18:12-14)

(2) 불신실한 종(18:21-35)

객관적인 배열이 불가능한 이 장들(14-18장) 중간에 첫 수난 예고와 함께 베드로의 고백이 있다. 이 점에서 수난에 관한 직접적인 예고가 소개되고, 그 전에는 복음서 도처에 그리스도의 권위가 화려하고 힘차게 나타나지 않는다. 이와 같이 그의 고향이 예수를 거절하고(13:53-58), 세례 요한이 죽게 되는데, 예수는 그 상황을 전혀 변경할 수 없다(14:1-12). 예수에게 충실한 사람은 그들이 믿음을 고백할 때만 그렇게 할 수 있다(16:23-33). 두 개의 수난 예고 사이에 변모 사회가 있다. 그의 수세에서와 같이 이제 하느님은 예수가 걸어가야 할 수난의 길을 확인하신다.

예수의 언행들이 형성한 다른 단원들은 전부 변모사화 이전에 서술되었다. 기적과 병고침에 관해서는 장절을 골라내야 한다. 여기서 비록 "나는 이스라엘집의 잃어 버린 양에게만 보냄을 받았다"고 말하지만, 예수는 가나안 여인의 위대한 신앙을 인정하여 그 여인의 딸의 병을 고친다. 예수의 활동의 결과는 그의 민족 즉 하느님의 옛 백성을 넘어서지 않으면 안되었다. 17장 14-19절 역시 새로운 것을 포함한다. 즉 예수는 그의 제자들이 고칠 수 없는 간질병 소년을 고친다. 제자들은 비록 예수에게서 병고치는 권위를 받았으나 주님 자신과는 같지 아니하다.

바리새파와의 논쟁기사에서 15장 10-20절은 예수가 어떻게 순결에 관한 제사적 시효를 무효화했으며, 마찬가지로 하느님의 옛 계약백성의 경계를 밟고 넘어갔는가를 암시하여 준다.

가까운 종말기대에도 불구하고(16:27-28) 새 질서와의 새로운 협력이 시작된다. 이 점에서 제자들이 성전세를 계속 바쳐야 하는가의 문제가 야기된다(17:24-27). 서열에 관한 제자들의 논쟁을 예수는 아예 거부한다(18:1-5). 18장 15-20절은 교회 내에서 범죄가 일어날 때 어떤 단계를 밟아야 하는가를 암시하여 준다. 이것과 관련해서 매고 푸는(18:18) 권세와 주의 현존(18:20)을 허락하는 영예 역시 예수의 교회에 부여된다.

3. 예루살렘을 향하여(19-20장)

1. 결혼과 이혼에 관해서(19:1-12)
2. 예수의 어린이 축복(19:13-15)
3. 부자 청년과 부에 대한 소견(9:16-26)
4. 보상에 관한 베드로의 질문(19:27-30)
5. 포도원 농부의 비유(20:1-16)
6. 세 번째의 수난 예고(20:17-19)
7. 야고보와 요한의 어머니 요청(20:20-28)
8. 여리고 도상의 두 맹인(20:29-34)

19장은 예수가 갈릴리로부터 유대지방으로 왔다는 기사로 시작한다. 공관복음서의 경우 세 단화가 이 점에서 나타난다. 세 번째의 수난 예고는 유대를 향해서 출발할 때 한 말이다(20:17-19). 예수는 "보라! 우리는 지금 예루살렘에 올라가고 있다"고 말한다. 다른 단화들은 수난예고와 본질적인 관계가 없고, 상호 관련도 없다. 포도원 농부의 비유와 베드로의 질문 및 두 제자의 어머니 탄원에서 보상 문제가 취급된다. 예수는 보상에 관한 문제를 딱 잘라서 거부하지 않고, 보상문제에 새 방향을 제시한다. 그는 "너희는 너희가 묻고 있는 것을 알지 못한다"고 선언한다. "너희는 내가 마셔야 하는 잔을 마실 수 있는가?" 고난의 길을 가는 중에도 예수는 계속해서 맹인을 고쳐 주시는 구속자다(20:29-34).

4. 예루살렘에서(21-25장)

1. 예루살렘 입성(21:1-11)
2. 성전숙청(21:12-17)
3. 무화과 나무(21:18-22)
4. 예수의 권위에 관한 질문(21:23-27)
5. 두 아들의 비유(21:28-32)
6. 포도원의 악한 소작인의 비유(21:33-46)
7. 왕실 혼인잔치의 비유(22:1-14)
8. 바리새인의 질문(가이사의 세금) (22:15-22)
9. 사두개인의 질문(부활) (22:23-33)
10. 가장 큰 계명에 관한 질문(22:34-40)
11. 예수가 바리새인에게 메시아에 관하여 질문함(22:41-46)
12. 바리새인에 대한 경고(23:1-12)
13. 서기관들에게 선언된 화(23:13-36)
14. 예루살렘을 애도(23:37-39)

21-23장은 예루살렘 입성으로 시작하는데, 본질적인 특성으로서 유대인 공동체 당국자들과 예수가 토론하는 장면을 갖고 있다. 그의

상징적인 예루살렘 입성에서 예수는 그의 도성으로 행진하는(슥 9:9) 이스라엘의 약속된 왕이나 겸비하여 감추인 왕이라는 그의 주장을 확고히 했다. 그는 이 주장을 성전에서 돈바꾸는 자들을 축출하심으로써 증면한다. 따라서 그의 대적자들이 그의 권위에 관하여 질문하지만, 예수는 반문함으로써 그들을 견책한다. 그의 적대자들이 예수를 모함할 구실을 찾으려고 다른 질문들을 많이 계속하는 데 대해서 예수는 그들을 침묵시키는 다른 질문을 다시 하신다.

이 논쟁적인 토론에 이어 바리새인의 행위에 대한 예수의 경고가 나온다. 이 경고는 "여러분의 스승은 오직 한 분 뿐이고 여러분은 모두 형제들이다"(23:8)는 말씀으로 그의 제자들이 겸손할 것을 명령한 것과 일치한다.

바리새인에 대한 긴 저주의 말들은 구약성서에서의 예언자들의 심판의 말들과 완전히 일치한다. 구약에서 예언자는 내용이 없는 경건을 맹렬히 적대 비난했다.

그 사이에 있는 세 비유(21:28-22:14)는 모두 다른 측면에서 볼 때 이 논쟁의 일부분이다. 마태복음에서 이 복잡한 부분은 예수에게서 구원의 메시지만이 아니라 이스라엘 예언자들의 위협적인 메시지도 발견한다는 것을 가장 명백하게 증거한다. 이 부분은 성격상 예레미야가 예루살렘의 첫 붕괴 전에 그 도성을 애도한 것과 밀접한 예루살렘 도성에 대한 애도로 끝난다(23:37-39).

5. 종말의 도래(공관복음서의 묵시록)(24-25장)

1. 예루살렘의 파괴 고지(24:1-2)

2. 재난의 시작(24:3-14)

3. 마지막 때의 공포(24:15-28)

4. 인자의 도래(24:29-31)

5. 그 때는 아무도 모른다(24:32-36)

6. 깨어 있으라는 권고(24:37-44)

7. 충성스런 종과 불충한 종(24:45-51)

8. 열 처녀의 비유(25:1-13)

9. 달란트의 비유(25:14-30)

10. 최후 심판의 비유(25:31-46)

예언자에게 있어서 심판의 고발과 고지는 결합되듯이 마태복음에 있어서 바리새인과 사두개인의 탄핵 다음에 최후 심판이 고지된다. 본서의 이 부분을 눈에 띄도록 읽기 위해서는 산상 설교의 경우에서와 같이 개별적인 말씀들의 후기 편찬이 있다는 것을 인정하는 것이 중요하다. 이 말씀들은 다른 시기에 상이한 정황에서 표현되었으며, 따라서 우리가 최후의 일관된 그림을 그 말씀으로부터 구성하려고 하면 잘못 이해될 것이다.

25장의 묵시문학적 서술과 비유들을 결합시키는 주제는 경각심을 불러일으키는 것이다. 최후 사건의 무대를 고정시키는 것이 강조되지 않고 오히려 마지막 때와 그리스도의 재림의 돌연한 돌입으로 인한 놀라운 결과가 강조된다(24:27) 그것은 번개와 비교되고(25:32ff.), 정확한 시간은 아무도 모른다. 이것에 앞서 왕국의 복음이 전세계 도처에 전파될 것이다(24:14). 이 말씀은 임박한 종말의 대망을 초월할 것이다(24:34). 그러나 약속의 말씀들은 마지막 때의 모든 파멸보다 더 오래 지속할 것이다. "하늘과 땅은 사라질지라도 내 말은 결코 사라지지 않을 것이다"(24:35).

6. 고난, 죽음, 부활(26-28장)

1. 죽음의 음모에서 겟세마네까지(26:1-46)

1. 죽일 음모(26:1-5)
2. 베다니에서의 기름부음(25:6-13)
3. 유다의 배신(26:14-16, 20-25)
4. 최후의 만찬(26:17-19, 26-29)
5. 겟세마네(26:30-46)

수난사화에서는 성서적 인포메이션을 준비할 필요가 별로 없다. 수난사화는 계속적으로 전개되기 때문이다. 우리는 수난사화를 전후 문맥에서 읽고 듣는 대로 사건들의 명백한 인상을 그 순서에서 얻게 된다. 예수를 죽이려는 그의 적대자들과 그를 배신하는 한 제자의 결심이, 예수가 그들을 위하여 고난을 당하는 사람들 중의 하나가 어떻게 그에게 인사를 했는가의 이야기를 둘러싸고 한 틀을 형성한다.

죽음의 길에 들어서려는 초기에 예수는 옛 계약의 공중예배와 주의 만찬을 제정함으로써 새 계약의 공중예배를 연결시킨다. 그의 고난에서 희생의 역사는 그 완성에 이른다.

2. 예수의 체포에서 그의 죽음까지(26:47-27:66)

1. 체포(26:47-56)
2. 산헤드린 앞에서(26:57-68)
3. 베드로의 배신(26:69-75)
4. 유다의 최후(27:3-10)
5. 본디오 빌라도 앞에 서신 예수(27:1-2, 11-26)
6. 예수를 비웃음(27:27-31)
7. 그의 십자가 처형과 죽음(27:32-56)

8. 그의 장사와 무덤의 경계(27:57-66)

정신적인 영역에서 유대 당국자들과 세속적인 영역에서 로마의 치안관이 합동해서 예수를 정죄하고 죽음에 몰아 세웠다. 그러나 실제적인 충동은 예수가 그들의 예배와 신앙을 위협한다고 생각한 유대인 공동체의 산물이었다. 그런데 그의 고난과 죽음에서 예수는 이전의 논쟁설화에서 처럼 그들의 적대자가 아니었다. 오히려 그는 그의 고난을 받아드렸고 그의 적대자를 위해서도 역시 고난을 당하는 주의 종으로서 조용히 고난을 견디었다(사 53장). 십자가상에서의 절망적인 그의 절규(27:46=시편 22:1)로 그는 하느님의 옛 백성 가운데서 고난을 겪는 사람들의 비탄에 스스로 참여했고 이 비탄이 수난사화의 결론이 된다.

3. 빈무덤과 부활

1. 빈무덤(28:1-10)
2. 무덤의 경계(28:11-15)
3. 예수의 현현과 그의 선교명령(28:16-20)

3. 마가복음

디벨리우스*가 마가복음에 부친 명칭 "비밀 현현의 책"(Book of the Secret Epiphanies)은 예수가 신적인 권세를 가지고 오시는 때 사탄의 권세를 대항하여 수행되는 전투에 의해 특징지워진다. 그럼에도 불구하고 이 복음서는 메시아의 영광의 모호성 즉 "메시아 비밀"**이란 주제를 가장 강조하고 있다.

마가복음의 구조는 단순하다. 용어도 매우 간결하며, 전반적으로 예수의 첫 출현에서 그의 수난까지 급속도로 발전해간다. 그것은 보다 확장된 연설부분이 삭제되었기 때문이다.

마가복음에서는 예수의 오심, 수난, 부활에 관한 구원의 메시지를 "복음"이라 호칭한다. 이와 같이 이 복음서는 과거에 관한 이야기보다 부활한 그리스도의 현존(케리그마)에 관심한다.

1. 예수의 갈릴리 활동(1-9장)

1. 예수의 공생애 시작(1:1-45)

1. 세례 요한. 예수의 수세와 시험(1:1-13)
2. 예수의 메시지(1:14-15)

---

* M. Dibelius, *From Tradition to Gospel* (New York; Scribner, 1935), p.230.

** W. Wrede, *Das Messiasgeheimnis in den Evangelien*, Göttingen: Vandenhoeck und Ruprecht,1901.

3. 첫 제자들을 부름(1:16-20)
4. 치병사화(1:21-45)
   (1) 가버나움에서 마귀들린 사람을 고침(1:21-28)
   (2) 베드로의 장모와 많은 병자(1:29-39)
   (3) 문둥병자를 고침(1:40-45)

마가복음은 예수의 유년기는 전혀 언급하지 않고, 세례 요한과 예수의 수세와 시험을 간결하게 보도한다. 예수의 메시지는 첫머리에서 한 마디로 요약된다. "때가 찼고 하느님의 나라가 가까웠으니 회개하고 복음을 믿으라"(1:18; 참고. 22절).

시몬과 안드레의 소명에서 우리는 처음으로 "즉시"*라는 낱말을 우연히 대하게 되는데, 이것은 마가설화의 특수한 표현이다.

처음부터 예수의 행동은 그의 말과 병행한다. 3개의 치병사화에서 하느님의 병고치는 힘이 고통하는 사람들의 요구를 채워주시고, 관망자들은 "그가 더러운 귀신들에게 까지 명령하니 그들도 그에게 복종한다"(1:27)고 놀라와 한다. 예수는 그가 고쳐 준 문둥병자가 그의 깨끗해진 것을 말하지 못하게 한다(1:40-45). 그럼에도 "사람들이 사방에서 모여 들었다"(1:45).

2. 논쟁적 담화(2:1-3:6)

1. 중풍병자를 고침(예수의 사죄선언에서 발단된 공격)(2:1-12)
2. 레위의 소명(예수가 죄인들과 교제함으로 일어난 공격)(2:13-17)
3. 예수의 제자들이 금식하지 못함(2:18-22)
4. 안식일에 밀 이삭을 자름(2:23-28)
5. 안식일에 손 오그라진 사람을 고침(3:1-6)

---

* 역자 주: 희랍어 εὐθυς(즉시)는 마가복음에 42회 나오고 누가에서는 단 한 번만 나온다.

6. "어떻게 사탄을 쫓아낼 수 있는가?"(3:22-30)

1장의 설화와 관련된 부가적 설화:

(1) 바닷가에서 많은 병자를 고침(3:7-12)

(2) 12제자들의 소명(3:13-19)

(3) 예수의 진정한 친척(3:20-21, 31-35)

예수는 그의 치병활동 때문에 바리새인들과 충돌했다. 예수가 그들을 공격한 방법에 관한 중요한 모든 실례가 여기에 수록되었다. 바리새인은 예수가 사죄를 선언하고(2:1-12) 세리들, 죄인들과 함께 식탁을 같이 했기 때문에(2:13-17), 그리고 그의 제자들이 금식과 안식일 법을 엄수하지 않았기 때문에 분노했다(2:18-28). 그들은 예수가 안식일에 병을 고쳤기 때문에 감정이 상했다(3:1-6). 이 부분의 후반에 이미 유대지도자들은 예수의 파괴를 결정한다(3:6). 그가 브엘세바를 힘입어 귀신을 쫓아내고 있다는 비난에 대한 예수의 대답(3:22-30) 역시 유대인 지도자들과의 논쟁을 내포하는 이 부분에 속한다.

1장의 치병기사에 추가하여 이 부분에는 병든 많은 사람의 치병에 관한 요약이 포함되어 있다(3:7-12). 더러운 귀신들이 예수를 하느님의 아들로서 인식하였으나 그는 그들이 그 사실을 나타내지 않도록 명령을 했다.

12제자의 소명(3:13-19)은 1장 16-20절의 추가문이다. 그들은 예수의 활동을 억제하려고 했던 혈육의 형제들을 능가하는 진정한 친척들이었다(3:20-21,31-35).

3. 세 비유(4:1-20, 26-34)

1. 씨뿌리는 비유(4:1-9)와 그 해설(4:14-20)

2. 비유로 말하는 의의(4:10-13)

3. 저절로 자라는 씨(4:26-29)
4. 겨자씨 비유(4:30-34)

세 비유는 관점이 상이하지만, 모두 예수의 메시지의 효과 없는 결과에 관심한다. 스스로 자라는 씨의 비유는 마가의 특수 자료다. 이 비유는 단순한 매일 사건들의 비유적 표현(imagery)으로 하느님의 나라의 도래를 평가할 수 있는 귀하고 명백한 실례다. 소수의 사람(믿는 자들)만이 비유들을 이해하는 한, 비유들 역시 메시아 비밀을 표현한다(4:10-13).

4. 말 아래 둔 등불(4:21-25)

5. 기적사화(4:35-5:43)
1. 폭풍진압(4:35-41)
2. 거라사의 귀신들린 사람을 고침(5:1-20)
3. 혈루증 여인의 치병과 야이로의 딸의 소생(5:21-43)

이 모든 이야기는 아주 상세히 보도되는데, 그 공통점은 예수가 사람들 가운데 있는 한 사람, 곧 전능한 주였다는 것이다. 그는 여러 모로 자신이 그러한 스승인 것을 증명했다. 이것은 왜 악령의 실재가 상세히 표현되는가를 설명해 준다. 병자에게서 쫓겨난 악령들은 다른 거처를 찾아야 했고, 그래서 돼지 떼 속으로 들어간 것이다. 이것은 혈루증으로 앓는 여인이 예수의 도움을 애원하여 그의 옷을 만졌을 때 예수가 자기에게서 능력이 나간 것을 의식하게 된 이유를 설명해 주고 또한 예수의 폭풍진압을 증언하는 사람들의 놀라운 물음, 즉 "이분이 누구이기에 바람과 바다도 그에게 복종하는가?"(4:41)를 설명해 준다.

6. 나사렛에서의 배척으로부터 수난 예고까지(6:1-9:32)
1. 사소한 사건들

(1) 나사렛에서 배척을 당함(6:1-6)
(2) 열두 제자의 전도 파송(6:7-13)
(3) 세례요한의 처형(6:14-29)
(4) 베드로의 고백과 첫 수난 예고(8:27-33)
(5) 변모 사화(9:2-13)
(6) 두 번째의 수난 예고(9:30-32)

예수의 행로를 성격화하는 사건들은 마태복음에서와 같이 이 부분에서도 동일하다. 그러나 세례요한의 처형이 보다 상세하게 보도된다. 6장 7-13절은 마태복음에서(10장) 예수가 제자들을 파송하던 때 한 연설과 일치한다.

2. 기적사화(6-9장)

(1) 5,000명(6:30-44)과 4,000명의 급식(8:1-10)
(2) 바다 위로 걸음(6:45-52)
(3) 많은 병자를 고침(6:53-56)
(4) 수로보니게 여인(7:24-30)
(5) 귀먹은 벙어리(에바다, Ephphatha)*(7:31-37)
(6) 벳새다의 맹인(8:22-26)
(7) 간질병 소년(제자들의 실패)(9:14-29)

치병사화에서도 마가는 예수에게서 나온 능력의 결과를 강조하고, 다른 복음서에서 보다 구체적이며 자세하게 자주 묘사한다. 그런데 치병능력은 신앙과 짝을 이루어야 한다. 이 사실은 특별히 수로보니게 여인과 간질병 소년의 아버지의 경우에서 분명하다. 그들은 "주님, 내가 믿습니다. 나의 믿음 없는 것을 도와 주소서"(9:24)라고 간

* 역자 주: Ephphatha는 아랍어 표현으로서 '열리다'는 의미다.

구한다.

3. 논쟁담화(6-9장)

(1) 보다 큰 계명(7:1-13)

(2) 사람을 더럽게 하는 것(7:14-23)

(3) 바리새인의 표징 요구(8:11-13)

(4) 바리새인의 누룩에 대한 경고(8:14-21)

마가는 바리새인의 외적 규율과 손씻는 의식을 마태복음에서 보다 더 자세하게 제4계명*과 비교한다. 그는 예수가 "이렇게 하여 너희는 물려받은 전통을 가지고 하느님의 말씀을 헛되게 만든다"(7:13)고 말한 것으로 표현한다.

4. 제자들의 교훈(6-9장)

(1) 제자직에 관하여(8:34-9:1)

(2) 신분에 관한 분쟁(9:33-37)

(3) 알지 못하는 귀신 축출자(9:38-41)

(4) 죄의 유혹(9:42-50)

9장 38-41절은 마가의 특수자료다. 제자들과 대조적으로 예수는 그의 이름으로 귀신축출을 용납했다. 심지어 그의 추종자가 아닌 자가 했을 경우에도 용납했다. 그는 "우리를 반대하지 않는 사람은 우리를 지지하는 사람이라"고 선언했다(9:40). 제자들은 그리스도에게 속하기 때문에, 그들에게 주어진 한 잔의 물도 그리스도를 위한 행위다.

9장 42-50절에 있는 많은 것이 불분명하고, 예수와 그의 제자들에 관한 우리의 지식이 어떻게 제한되는가를 조금 암시한다.

---

* 한역자 주: 십계명의 안식일 계명.

2. 예루살렘을 향하여(10:1-52)

1. 결혼과 이혼에 관하여(10:1-12)

2. 어린이를 축복함(10:13-16)

3. 부자청년과 부에 관해서(10:17-27)

4. 보상에 관한 베드로의 질문(10:28-31)

5. 야고보와 요한의 질문(10:32-34)

6. 세 번째의 수난 예고(10:35-45)

7. 맹인 바디매오를 고침(10:46-52)

이 부분에는 자신에 대한 예수의 중요한 표현이 둘 있다. 두 표현을 함께 취급할 때 적절히 이해될 수 있다. 부자청년에게 예수는 "왜 나를 선하다고 하느냐? 하느님 한 분밖에는 선하신 이가 없다"(10:18)고 말했다. 그리고 높은 자리에 앉으려는 제자들에게는 "인자가 온 것은 섬김을 받으려 온 것이 아니라 섬기러 온 것이고 또 많은 사람을 위한 대속물로 자기 목숨을 내 주러 왔다"(10:45)고 말했다.

3. 예루살렘에서(11-13장)

1. 예루살렘 입성(11:1-11)

2. 성전 숙청(11:15-19)

3. 마른 무화과 나무(11:12-14, 20-25)

4. 권위에 대한 질문을 꾸짖음(11:27-33)

5. 포도원의 악한 소작인의 비유(12:1-12)

6. 가이사에게 바치는 세금에 대한 바리새인의 질문(12:13-17)

7. 부활에 대한 사두개인의 질문(12:18-27)

8. 가장 큰 계명에 대한 질문(12:28-34)

9. 예수가 바리새인에게 메시아에 대해서 질문함(12:35-37)

10. 법률학자들에 대한 경고(12:38-40)

11. 과부의 헌금(12:41-44)

12. 종말의 도래(13:1-37)
   1. 성전파괴의 고지(13:1-2)
   2. 재난의 시작(13:3-13)
   3. 마지막 때의 공포의 전율(13:14-23)
   4. 인자의 재림(13:24-27)
   5. "그 시간은 아무도 모른다!"(13:28-32)
   6. 깨어 있으라!(13:33-37)

마가는 3장 6절에서부터 유대인 지도자들이 예수를 파멸시키려 결정한 것을 반복함으로 여기서 시작하는 마지막 부분을 강조한다. 이 부분에서 마가는 마태가 마가에 추가한 구절을 제외하면 대부분 마태와 일치한다. 그러나 12장 28-34절에서의 차이는 의미심장하다. 마태와 누가에서는 예수를 시험할 목적으로 가장 큰 계명에 대해서 질문한다(마 22:35; 눅 10:25). 그러나 마가에서는 그것이 합법적인 질문인 셈이 된다. 서기관이 예수의 대답에 동의하고 예수는 그에게 "너는 하느님 나라에서 멀지 않다"고 말한다. 예수와 서기관의 이 의견 일치는 의미깊다. 왜냐하면 예수의 대답이 두 구약 인용문, 즉 한 하느님의 인정(모든 유대인의 예배에서 언급된 진술, 신 6:4)과 성결법전(聖潔法典, Holiness Code)*에서 나온 사랑에 관한 계명(레 19:18)으로 성립되기 때문이다.

마지막 때의 도래에 대한 강화는 마태, 누가와 비교하면 마가는 보다 짧다. 그러나 깨어 있으라는 권고는 특히 그의 결론에서 강조된다(13:33-37). 여행을 떠난 주인의 비유에서 문지기의 위치가 특별히 주목된다. "늘 깨어 있으라! 너희에게 하는 이 말은 모든 사람에게 하는 말이다"(13:37).

4. 예수의 고난, 죽음, 부활(14-16장)

1. 예수를 죽일 음모에서 겟세마네까지(14장)

1. 예수를 죽일 음모(14:1-2)
2. 베다니에서 기름부음(14:3-9)
3. 유다의 배신(14:10-11, 17-21)
4. 최후 만찬(14:12-16, 22-25)
5. 겟세마네(14:26-42)

2. 예수의 체포에서 그의 죽음까지(14:43-15:47)

1. 체포(14:43-52)
2. 산헤드린 앞에서(14:53-65)
3. 베드로의 부인(14:66-72)
4. 본디오 빌라도 앞에서(15:1-15)
5. 예수를 비웃음(15:16-20)
6. 예수의 십자가 처형과 죽음(15:21-41)
7. 예수의 장례(15:42-47)

3. 빈무덤과 부활(16장)
   1. 빈무덤(16:1-8)
   2. 부활한 자의 현현. 제자들의 훈령과 하느님의 우편에 예수가 들리우심(후대의 첨가문)(16:9-20)

비록 전체적으로 이 마감 부분이 마태복음과 본질적으로 일치할지라도 마가가 결론으로 삼는 빈무덤 설화는 둘을 비교해 보면 주지하는 대로 마태복음의 빈무덤 설화와는 현저히 다르게 들린다.

마태 28:8	마가 16:8
여인들은 두려워하면서도 크게 기뻐하며 급히 무덤을 떠나 제자들에게 소식을 전하려고 뛰기 시작했습니다.	여인들은 놀라 정신없이 무덤에서 나와 뛰어 갔습니다. 그리고 그들은 무서워서 사람들에게 아무 말도 못 했습니다.

후대의 첨가문(16:9-20)은 최고(最古)사본에는 없고, 6세기 중엽에 첨가된 것이다. 이 부분은 복음서의 부활 기사를 종합한 일종의 복음서들의 조화물이다. 그 밖에도 약간의 부록이 있다.

16장 9-11절은 요한복음 20장 11-18절에 일치하고, 16장 12-13절은 누가복음 24장 13-35절에, 16장 14-16절은 마태복음 28장 16-20절에, 16장 19절은 누가복음 24장 50-53절에 각각 일치한다. 16장 20절은 세상에서의 예수의 전도자들이 활동을 예기하기도 한다.

"제자들은 나가서 가는 곳마다 복음을 전했습니다. 주께서 그들과 함께 일하셔서 여러 가지 표징으로 그들의 전한 말씀을 확증해 주셨습니다" (16:20).

4. 누가복음

누가복음은 공관복음서 중에서 가장 현저하게 역사적 관심을 보여주며, 사도행전에 연속되는 역사적 작품의 일부이기도 하다. 사도행전의 저자는 누가복음의 저자와 동일하다.

누가는 역사를 전체로서 이해하고 이스라엘의 시대, 예수의 시대, 그리고 예수가 승천하셔서 다시 오실 때까지의 기간 등, 세 시기로 구분한다. 이러한 역사 구분에서 보면 예수는 "시간(Zeit)의 중심"*으로 파악된다. 누가복음은 두 번째 시기를 나타내고, 사도행전은 제3시기를 나타낸다. 첫 시기는 직접 복음서와 관련되는데, 이것은 복음서가 구약성서의 예언이 성취되었다고 암시하기 때문이고 특별히 예수의 유년기 설화(1-2장)에서 분명해진다.

구속사(Heilsgeschichte)에 근거한 이 역사관 때문에 예수의 임박한 재림 기대는 서서히 퇴색한다. 마가복음 1장 15절 "때가 찼고 하느님의 나라가 가까웠다"와 같은 표현이 누가복음에는 없다. 오히려 다른 복음서들보다 예수의 활동을 연속적으로 표현하려는 노력이 더 강하다. 이것은 누가복음 서문(Prologue, 1:1-4)의 진술에서 알 수 있다. "저 역시 이 모든 일들을 처음부터 자세히 조사해 둔 바 있으므로 이것을 순서대로 정리해서 엮어 보내 드리는 것이 좋겠다고 생각하였습니다." 누가는 나사렛 예수에 관한 사건을 두 번이나 세계사와 관련지어 기술한다(2:1; 3:1). 이처럼 예수의 활동이 누가복음에서는 보다 분명하게 여러 시기로 구분되어 배열된다. 유년기(1-2장)은 누가복음

---

* Hans Conzelmann, *Theology of St. Luke*(N.Y. Harper & Bros., 1960), pp.170-206

서에서만 상세하게 묘사되고 이어 예수의 갈릴리 활동 설화(3-9장)가 따른다. 이것과 아주 대조적인 설화는 소위 "누가의 여행기"(9:51-18:14)인데, 여기서는 예수가 수난을 향해 다가가는 것과 예루살렘에서의 활동(19-21장), 그리고 실제적인 수난 설화 자체(22-24장) 등이 언급된다.

누가는 마가의 틀을 따라 가면서 소위 Q자료를 마태복음에서와 같이 사용하고 또한 자기의 특수자료를 많이 사용한다. 누가의 특수귀절에서는 예수가 죄인들의 구세주라는 모습이 지배적이다. 예수는 특히 가난한 자와 천대받는 자들에게 관심이 컸다. 동시에 구약성서가 고지(告知)한 예수의 메시아성에 특별한 주의를 집중한다. 그러나 누가는 마태복음과 마가복음보다 더 명백히 예수의 사업이 어떻게 이방인에게로 확대되는가를 설명한다(예, 2:10; 4:24-27).

1. 예수의 유년기(1-2장)

1. 데오빌로에게 드리는 헌사(1:1-4) (S)*

2. 탄생 고지(1:5-56) (S)

1. 요한의 탄생 고지(1:5-25)
2. 예수의 탄생 고지(1:26-38)
3. 마리아가 엘리사벳을 방문(1:39-56)
   "성모의 송가"(The Magnificat)(1:46-55)

3. 탄생 설화(1:57-2:40) (S)

1. 요한의 탄생(1:57-66, 80)
   "찬송가"(The Benedictus)(1:67-79)

* 역자 주: "S"자는 누가의 특수자료를 가리킨다. S자료가 마가자료와 섞이는 경우는 "S"자를 괄호안에 넣을 것이다.

2. 예수의 탄생(2:1-20)
"높은 곳에는 영광"(The Gloria in excelsis)(2:14)
3. 예수의 할례와 성전에서 예수를 바침(2:21-40)

4. 성전에서 변론하는 12세 소년(2:41-52) (S)

누가복음의 예수의 유년기 설화는 새 시대와 옛 계약을 연결하는 역할을 한다. 즉 그리스도의 강림으로 시작한 시대를 그 이전의 시대와 연결을 짓는다.

구약성서의 언어와 아주 공통점이 있는 언어로 누가는 멧세기가 어떻게 옛 계약의 선민이 기다렸던 대로 널리 퍼지는가를 말한다. 그들의 대표는 부모들, 제사장들, 예언자들이었으나 무엇보다도 가난한 자들(목자들)이었다. 그들은 "너희가 대망하는 분이 오신다!"는 약속을 받았다.

보도된 사건들은 징조의 의의를 가지며, 기쁜 메시지를 확실하게 한다("그리고 이것이 너를 위한 징표가 될 것이다"는 천사의 말을 비교하라. 2:12). 메시지에 관한 주제는 구약성서에서 매우 중요한 것이었는데 여기서도 채용되어 그 절정에 이른다. 이것과 나란히 구약의 하느님 찬양은 그 메시지를 받아들인 자들이 환희에 찬 응답을 하는 표현이 있다. 이것이 예수의 유년기 설화의 2차적 주제다.

이와 같이 그리스도의 유년기 설화는 분명히 시편을 닮은 노래들이 끼어있다. 이 노래 중에는 천사들이 이사야 6장에서 천사들의 찬송을 따와 부르기 시작하는 송가, "높은 곳에서는 영광"이 있다. 요한과 예수의 탄생 고지는 그들의 탄생 설화와 마찬가지로 평행을 이룬다. 찬양의 응답 역시 비슷하다. 하느님의 옛 계약 백성의 후예로서 요한과 예수는 공통점을 갖는다. 그들은 예언자들의 계열 맨 끝에 있으며 그 예언을 성취한다. 이 유년기 설화는 신, 구약 성서의 밀접한 관계를 가장 아름답게 표현한다.

2. 예수의 갈릴리 활동(3:1-9:50)

1. 세례 요한과 예수의 수세(3:1-22)

1. 세례 요한의 출현과 그의 설교(3:1-9)
2. 사회적 지위에 관한 세례 요한의 설교(3:10-14)(S)
3. 메시아로서 예수를 암시(3:15-18)
4. 세례 요한이 체포됨(3:19-20)(S)
5. 예수의 수세(3:21-22)

2. 예수의 족보(3:23-38)

나사렛 예수의 실제적인 설화는 이제부터 시작한다. 따라서 누가는 3장 1절에서 가이사의 통치연대와 유대의 총독의 이름을 밝혀 예수의 설화의 시작을 세계사와 관련짓는다. 그는 또한 옛 예언의 서론적 표현, 즉 "하느님의 말씀이 …에 이르니"(3:2)를 포함시킨다.

누가에게 특수한 것은 직업을 가진 그룹들에게 한 세례 요한의 설교다(3:10-14). 그는 다른 사회적 지위를 가진 자들이 그에게 와서, 그의 회개의 설교 때문에 고무되어 "우리가 어찌 할꼬?"라고 물을 때 어떻게 할 것을 가르친다.

누가의 족보는 예수의 혈통을 요셉으로부터 아담에게까지 확대하는 점에서 마태복음의 족보와 차이가 있다. 마태복음의 족보는 아브라함에서 시작한다. 그러나 두 족보는 마리아의 혈통이 아니라 요셉의 혈통을 나타낸다.

3. 예수의 시험과 공생애 시작(4:1-30)

1. 그의 시험(4:1-13)
2. 그의 갈릴리 출현(4:14-15)
3. 나사렛에서의 예수의 취임 설교(4:16-30)(S)

예수의 갈릴리 활동에 대한 누가의 서문은 4장 16-19절이다. 예수는 당시 예배 관습에 따라서 그의 고향 회당에서 성서의 말씀을 해석했다. 이 해석이 새로웠던 것은 이사야 61장 1-2절을 그 자신에게 적용시킨 점이다. 그 당시 이 구절은 메시아에 대한 예언으로서 이해되었다. 그런데 예수는 "이 성경 말씀이 오늘 너희들에게 이루어졌다!" (4:21)고 선언했다. 이 선언에서 예수가 단언한 주장이 사람들을 분개시켰으며, 따라서 이 설화는 예수가 나사렛에서 배척받은 경우에 관한 설화로 전개된다. 이 배척 기사는 다른 복음서(마 13:53-58; 막 6:1-6)에도 있지만, 이 복음서들과는 달리 누가는 엘리야와 엘리사가 이방인을 도와 준(왕상 17장; 왕하 5장) 일에 관한 성서적 실례를 인용한다. 노한 청중들은 벼랑 끝에서 예수를 밀쳐 떨어뜨리려고 했으나 "예수는 그들의 한 가운데를 거침없이 걸어서 떠나가셨습니다" (4:30).

여기 서론에 이미 결정적인 모든 주제, 즉 예수는 구약성서에서 약속된 구속자라는 주제가 나타난다. 그런데 예수의 이러한 주장은 그의 동족의 배척을 당하는 결과가 된다. 여기에 복음은 이방인에게 전달될 것이라는 암시가 있는 동시에 예수를 죽이려는 결의와 이 계획의 실패가 암시된다.

4. 치병 기적(4:1-5:26; 6:17-19)

1. 가버나움 회당에서 귀신들린 사람(4:31-37)
2. 베드로의 장모와 다른 사람들을 고침(4:38-44)
3. 베드로의 고기 낚음(5:1-11)(S)
4. 문둥병 환자(5:12-16)
5. 중풍병자(죄의 용서)(5:17-26)
6. 많은 병자들을 고침(6:17-19)

5. 바리새인의 적대(5:17-6:16)

1. [중풍병자 (죄의 용서)(5:17-26)]
2. 레위의 소명(5:27-32)
3. 금식에 관한 질문(5:33-39)
4. 안식일에 제자들이 밀 이삭을 자름(6:1-5)
5. 안식일에 병을 고침(6:6-11)
6. 12제자들의 소명(5:12-16)

4와 5의 두 그룹의 구절들은 근본적으로 마태복음과 마가복음 혹은 둘 중의 하나와 일치한다. 중풍병자의 치병(5:17-26) 설화는 이 두 그룹의 구절을 한데 연결시킨다. 이 점에서 시기관과 바리새인들이 전면에 등장하여 예수의 구속행위를 맹렬히 공격하기 시작한다.

제자들의 소명에 대한 세 설화는 위에서 언급한 두 그룹의 구절들과 결합되었다. 따라서 예수의 교회의 핵심, 즉 첫 제자들의 무리는 그가 치유하셨을 때 그리고 그를 비난하는 것에 응수했을 때 동시에 일어났다.

베드로가 많은 고기를 잡은 설화는 누가의 특수 자료다. 예수가 그를 위해서 일으킨 이 기적에서 어부인 시몬은 살아계신 하느님의 현실에 직면하여 전율한다(사 6장 참고). "두려워 하지 말라"는 권고와 나란히 제자로 부르시는 소명이 있고 베드로는 다른 동료와 함께 그 소명에 복종한다.

6. 평지설교(6:20-49)

1. "축복과 화"(6:20-26)(S)
2. 자비하라!(6:27-38)
3. 티와 들보(6:39-42)
4. 좋은 열매와 악한 열매(6:43-46)
5. 두 개의 집(6:47-49)

누가의 평지설교는 마태의 산상설교와 상응하지만, 그 분량이 아주 적다.* 무엇보다도 산상설교의 특성을 나타내는 반제(反題)가 결여되어 있다(마 5:21-28 참고). 누가복음의 네 축복은 마태복음과는 달리 네 개의 화의 선언(6:24-26)과 대조를 이룬다. 처음 축복들은 분명히 가난한 자와 굶주린 자에게 선언된다(마태복음에서는 마음이 가난한 자와 의에 주리고 목마른 자에게 선언된다). 그 다음 부분에서 누가는 원수를 향한 사랑의 제명을 강조한다. 그 외에는 산상설교와 상응하는 말들에 근본적인 차이가 없다.

7. 사소한 자료(7:1-9:50)

1. 가버나움의 백부장(7:1-10)
2. 나인성 과부의 아들(7:11-17)S
3. 세례 요한의 질문과 예수의 대답(7:18-35)
4. 죄많은 여인이 예수에게 기름을 부음(7:36-50)(S)
5. 섬기는 여인들(8:1-3)(S)
6. 씨뿌리는 자의 비유와 그 의의(8:4-18)
7. 진정한 친척(8:19-21)
8. 폭풍진압(8:22-25)
9. 귀신들린 사람을 고치심(돼지 떼)(8:26-39)
10. 혈루증으로 앓는 여인과 야이로의 딸(8:40-56)
11. 12제자의 파송(9:1-6, 10)
12. 헤롯의 불안(9:7-9)
13. 5,000명 급식(9:11-17)
14. 베드로의 고백과 첫 수난 예고(9:18-22)
15. 제자직에 관한 발언(9:23-27)
16. 변모 사화(9:28-36)

* 어떤 말씀들은 후에 나온다

17. 간질병 소년을 고침(9:37-43a)
18. 두 번째의 수난 예고(9:43b-45)
19. 제자들 사이의 신분 논쟁(9:46-48)
20. 알지 못하는 귀신 축출자(9:49-50)

7장과 8장은 치병기사로 시작하고 끝난다. 나인성 과부의 아들을 일으키는 설화는 누가의 특수자료다. 누가복음은 가난한 자와 비참함 자들에 대한 예수의 동정을 취급하는 데 그 특징이 있다. 가난한 과부의 외아들을 살려 주신다(7:15).

예수의 메시아성에 대한 세례 요한의 질문과 예수의 대답에 이어, 이 대답을 계속하는 두 구절(누가에만 있는)이 있다. 하나는 죄많은 여인이 예수에게 기름붓는 설화다. 여기에 두 채권자의 비유가 포함된다(7:40-43). 이 설화는 누가가 자주 강조한 계열의 사상을 따라 예수를 죄인들의 구속자로서 나타낸다. 또 하나의 구절은 예수를 따르며 그들의 재산으로 그*를 섬긴 여인들에 관한 기사다(8:1-3).

8장의 나머지 구절들은 마태와 마가의 구절들과 상응한다. 9장 1-50절의 모든 것은 순서와 근본적인 내용에 있어서 마태, 마가와 어울린다.

3. 누가의 여행기(9:15-18:14)

1

1. 예루살렘을 향함. 사마리아 동리(9:51-56)(S)
2. 예수의 추종자가 되고자 하는 다른 세 사람(9:57-62)
3. 72제자들의 파송(10:1-12)
4. 고라신, 벳세다, 가버나움에 선언된 화(10:13-16)

* 역자 주: Westermann은 8:3에서 RSV가 따르고 있는 "그들"(αὐτοις) 대신에 "그"를 (αὐτό) 이라고 읽는다. RSV 난외를 비교하라.

5. 72제자들의 귀환(10:17-24)(S)

이 모든 구절들은 직접 간접으로 제자들과 제자직에 관련된다. 누가의 특수자료는 9장 51-56, 61-62절, 10장17-20절이다. 새로운 구분이 9장 51절 이하에서 시작되는데 이제부터 예수는 계속해서 예루살렘을 향해서 여행한다. 이 도상에서 일어나는 모든 것은 예수를 죽음의 자리에 몰아 넣는다. 사마리아 동리와 관련된 사건은 예수를 영접하지 못한 자들 역시 그의 자비를 힘입었다는 것을 이미 암시한다. 그러나 이 사실은 제자들이 미처 깨닫지 못한 것이었다. 그럼에도 불구하고 구속자의 말씀과 행위를 무시한 자들은 심판의 위협을 받는다(10:13-16). 똑같이 높은 입장이 제자들의 활동에도 허락된다(10:10-12, 17-20).

2

1. 최상의 계명에 관한 질문(10:25-28)
2. 선한 사마리아 사람(10:29-37)(S)
3. 마리아와 마르다(10:38-42)
4. 기도에 관해서(11:1-13)(S). 집요한 친구(11:5-8)
5. 악령(11:14-26)
6. 축복받은 예수의 어머니(11:27-28)(S)
7. 요나의 표적(11:29-32)
8. 말 아래 둔 빛(11:33-36)

선한 사마리아 사람의 비유는 누가에만 있다. 이것은 최상의 계명에 대한 질문에 이어 나온다. 마리아와 마르다에 관한 설명 역시 독특하다. 비슷한 줄거리가 예수의 어머니에게 축복을 선언한 여인에게 대한 그의 반응에서 발견된다. "하느님의 말씀을 듣고 이를 즐겨 행하는 사람이 오히려 행복하다"(11:27 이하는 누가에만 있다).

3

1. 바리새인에 대한 강화(11:37-12:1)
2. 예수를 인식하라는 훈계(12:2-12)
3. 부자 농부(12:13-21)(S)
4. 염려와 재물 축적(12:22-34)
5. 깨어 있음과 신실성(12:35-48)
6. 오는 때의 심각성(12:49-53)(S)
7. 때의 징조(12:54-56)
8. 화해의 권고(12:57-59)

부자 농부의 비유는 죽음이 깨트리는 안정에 대한 경고다. 이 부분 전체가 제자들 앞에 놓인 시대의 심각함을 가리킨다. 예수는 "나는 세상에 불을 지르러 왔다. 불이 이미 붙었기를 내가 얼마나 원했던고!"(12:49 이하)고 말한다.

4

1. 실로암의 탑(13:1-5)
2. 열매 없는 무화과 나무(13:6-9)(S)
3. 불구자 여인을 고침(13:10-17)(S)
4. 겨자씨와 누룩(13:18-21)
5. 좁은 문(13:22-30)
6. 오늘과 내일 그리고 제3일에(13:3133)(S)
7. 예루살렘에 임할 심판의 선언(13:34-35)

13장 31-33절에서 누가의 여행기의 서론에 해당한 진술이 다시 언급된다. 예수는 오늘과 내일 계속 그의 길을 가야 하고 그 땅에서 그의 일을 해야 한다. 그러나 예루살렘에서 제3일이 예수를 기다리며, 그날에 그의 일이 완성될 것이다. "예언자가 예루살렘 이외의 다른 곳에서 죽을 리가 없다"(13:33). 이 진술과 어울리는 표현은 회개에 관한 것(13:1-5)과 예루살렘에 임할 심판 선고(13:35)에 관한 것이다.

5

1. 수종병자를 고침(14:1-6)(S)
2. 잔치에 관한 말씀(14:7-14)(S)
3. 만찬회의 비유(14:15-24)
4. 십자가를 지는 제자직(14:25-27)
5. 탑의 건축과 전쟁수행. 소금(14:28-35)(S)
6. 잃어버린 양, 동전, 그리고 아들(15:1-32)(S)
7. 불의한 관리인(16:1-13)(S)
8. 부자와 나사로(16:19-31)
   바리새인과 율법(16:14-18)(S)

이 부분은 누가에 독특한 한 묶음의 비유로 그 특징이 있다. 누가의 여행기 중심에 있는 15장의 세 비유는 누가가 어떻게 예수 그리스도의 복음을 이해했는가를 가장 분명하게 표현한다. 그러나 다른 두 비유 역시 각자 나름으로 누가의 성격을 드러낸다.

6

1. 유혹, 용서, 믿음(17:1-6)
2. "우리는 무익한 종들이다"(17:7-10)(S)
3. 열 명의 문둥병자(17:11-19)(S)
4. 하느님의 나라와 인자의 날(17:20-37)(S)
5. 하느님을 두려워 않는 재판관(18:1-8)(S)

6. 바리새인과 세리(18:9-14)

이 부분은 17장 1-6절의 일련의 표현과 인자의 날에 관한 긴 강화를 제외하면 누가자료만을 포함하고, 누가의 여행기를 마무리한다. "너의 믿음이 너를 구원했다"는 문장으로 끝나는 열 명의 문둥병자의 치병기사와 두 비유는 모두 신앙의 특수한 태도, 말하자면 구원을 경험하는 자가 하느님을 찬양하는 신앙(17:11-19), 진지한 탄원을 포기하지 않는 신앙(18:1-8)죄를 고백하는 신앙(18:9-14)의 특수한 태도와 관련 있다.

4. 예루살렘을 향해서 (18:15-19:27)

1. 어린이를 축복하는 예수(18:15-17)
2. 부자 청년 관원(18:18-30)
3. 세 번째의 수난 예고(18:31-34)
4. 여리고의 맹인(18:35-43)
5. 삭개오(19:1-10) (S)
6. 열므나의 비유(19:11-27)

18장 15절 이하에서 누가는 다른 복음서와 다시 일치하기 시작한다. 18장 15-43절의 모든 구절들은 마태와 마가의 구절들과 같다. 누가복음 19장 1-10절만이 독특하고 여기서 다시 이 설화는 죄인들의 구속자에 관심을 나타낸다.

5. 예루살렘에서(19:28-21:38)

1. 예루살렘 입성(19:28-40)

2. 예루살렘 보시고 우심(19:41-44) (S)

3. 성전숙청(19:45-48)

4. 예수의 권위에 대한 질문(20:1-8)

5. 포도원의 악한 소작인(20:9-19)

6. 세금에 대한 질문(20:20-26)

7. 부활에 대한 질문(20:27-40)

8. 메시아에 대한 예수의 질문(20:41-44)

9. 바리새인에 대한 경고(24:45-47)

10. 과부의 헌금(21:1-4)

11. 마지막 때에 관한 강화(21:5-36) (34-36절) (S)

12. 마지막 동정(21:37-38) (S)

예루살렘에 계신 예수에 대한 기술 전체 가운데, 예루살렘을 보시고 예수가 어떻게 울었는가를 그린 설화(19:34-44)와 결론 부분에서 깨어 있을 것과 절제를 권고한 것(21:34-36)은 누가의 특수자료에 속하는 유일한 구절들이다. 수난사화가 시작되는 때 예수가 "하느님의 도성"의 임박한 파괴를 애도하는 것은 옛 계약의 하느님 백성의 역사와 예수의 하시는 일을 다시 한 번 연결한다. 이것이 전부가 아니다. 예루살렘에 대하여 애도하심으로 예수는 닥쳐오는 그의 고난이 그를 정죄하는 이 도성에도 관련될 것을 사전에 언급한다.

6. 예수의 고난, 죽음, 부활(22-24장)

1. 예수에 대한 음모와 유다의 배신(22:1-6)

2. 최후 만찬(22:7-23)

3. 지위에 관한 논쟁. 제자들에 대한 예수의 주의 환기(22:24-38)

4. 겟세마네(22:39-46)

5. 예수의 체포(22:47-53)

6. 베드로의 부인(22:54-62)

7. 산헤드린 앞에 서신 예수의 조롱과 확신(22:63-71)

8. 빌라도와 헤롯 앞에서(23:1-12) (S)

9. 예수와 바나바(22:13-25)

10. 십자가 처형(23:26-43) (S)

11. 예수의 죽음과 장사(23:44-56)

12. 빈무덤(24:1-11)

13. 엠마오에서 온 제자들(24:13-35) (S)

14. 부활하신 주의 현현(24:36-49) (S)

15. 예수의 승천(24:50-53) (S)

수난사화에서 공관복음서의 일치가 상당하기 때문에 개별적인 특징은 아주 그 수가 적다. 최후만찬 설화에서 사소한 차이 외에 누가는 나중에 그의 제자들에게 준 예수의 이상한 말씀을 내포한다(22:35-38). 이 말씀은 결코 충분히 설명되지 않는다. 여기서 우리는 "두 검"에 관한 진술을 읽는다. 이 진술은 교회사에서 세상적인 힘과 영적인 힘을 언급하는 것으로 해석되어 왔다.

빌라도가 어떻게 예수를 헤롯에게 보냈는가의 설화와 어떻게 빌라도가 헤롯 역시 고소할 근거를 찾지 못했다고 선언했는가의 설화는 누가의 특수 자료다(23:6-12).

누가는 예수가 죽음을 향해 전진하는 것과 연결지어 예루살렘 여인의 애도 설화를 첨가한다. 예수는 그가 예루살렘을 보고 울었을 때(19:41-44)의 애도와 같은 분위기 속에서 저 여인들의 애도에 응답한다.

십자가상의 강도들에 관한 삽화(23:39-43)는 다시 죄인들의 구속자임을 증언하는 설화로 역시 누가에만 있다.

누가적 설화의 강력한 개성은 엠마오 도상의 제자들 설화에서 섬세하게 나타난다. 이 설화는 구약성서 설화의 회고라고 하겠는데, 구약성서에는 하느님의 사자가 사람의 형상을 입고 왔지만 그가 떠나간 후에야 알게 되는 설화가 있다. 결론적으로 누가는 다시 시간의 한 복판에 있는 그리스도 사건의 중요한 특징을 지시한다. 이 그리스도 사건은 옛 계약의 역사를 거슬러 언급하는가 하면 선교활동과 교회의 시기를 내다본다.

5. 요한복음

제4복음서가 관심하는 것은 나사렛 예수에 관한 전승을 완성시키는 것이 아니라* 오히려 그를 하느님의 아들과 주님으로서 고백하는 것을 충분히 발전시키는 것이다(20:31). 이 사실은 요한복음 전체에 적용될 수 있는 방법으로 서설(Prologue) 중심(1:14)에 공식화되어 있다.

> "말씀이 육신이 되어 우리 가운데 계셨습니다. 그것은 아버지의 외아들의 영광이었습니다. 그에게 은혜와 진리가 충만했습니다"(1:14).

요한복음은 전체적으로 보아 이 구절을 발전시킨다. 이 복음서의 여러 가지 부분마저 서문에서 이미 파악될 수 있다. 세 개의 주요 부분은 11-12절의 마디(segment)와 상응한다.

1. 3-6장: "그가 자기 땅에 오셨으나"(11a)
2. 7-12장: "자기 백성들이 그를 영접하지 않았습니다"(11b).
3. 13-17장: "그러나 그를 영접한 사람들에게…"(12a)

첫 부분(3-6장)은 1장 4절에서 언급된 두 개념 즉 빛(=진리)**과 생명***이 중심이 되고, 둘째 부분은 위기 개념(분리와 심판) 즉 7-12장의 논쟁들이 중심이 되는데, 서설 5절에서 예상된다. 12절이 "그들이 그를 영접한 사람들"이라고 선언하는 사람들은 14절과 16절에서 말하

---

* 참고. 누가1:1-4.

** 특히 3-4장.

*** 특히 5-6장.

는 자들이다. 그들은 주님이 그의 고별연설에서 그들에게 주셨던 것을 받아들였다고 고백한다(13-17장).

요한이 공관복음서와 근본적으로 일치하기 시작한 부분은 수난설화(18-20장)부터다. 이와 같이 요한복음은 요한의 고백의 보다 추상적인 설명이 이 점에서 다시 한 번 이미 발생했던 것의 간단한 이야기여야 한다는 것을 분명히 시사한다.

그러나 동시에 요한의 수난사화는 공관복음서의 경우에서 보다 더 효율적으로 요한복음의 다른 모든 부분을 누비고 있다. 이것은 시간(hour)(혹은 때=time)에 관한 간단한 언급으로써 이루어졌다. 이 용어[hour]는 결정적인 구절에서 예수가 지향하고 있는 목표를 언급한다. 또 요한복음 전체가 이 목표를 향하여 움직인다는 것을 보여 준다. 이것은 전 부분(2-17장)을 소개하는 일종의 서문인 2장과 7장 1-13절, 12장과 고별사 결론에서 분명하다. 이러한 진행은 2장과 13장에 나오는 축제잔치의 대조에서 가장 강하게 표현된다. 전자는 "아직 내 때가 오지 않았습니다"라는 구(句)로서 지배되고, 후자는 "내 때가 왔다"는 구로서 지배된다.

내용개요

1. 서설(1:1-18)
2. 서론: 증언(1:19-51)
3. "우리가 그의 영광을 보았다"(2:1-17:26).
   1. 서곡: 생명과 심판(2:1-25)
   2. "그가 자기 고향에 돌아왔다"(3:1-6:71)
      (1) 그의 말씀(진리)에서(3:1-4:54)
      (2) 그의 기적(삶)에서(5:1-6:71)
   3. "자기 백성이 그를 영접하지 않았다"(7:1-12:50).

4. "그러나 많은 사람이 그를 영접한 대로"(고별사)(13:1-17:26)

4. "말씀이 육신이 되었다"(18:1-21:25).

1. 고난과 죽음(18:1-19:25)
2. 부활(20:1-30)
3. 추기(追記): 디베랴 바다에 나타남(21:1-25)

내용개요를 도표로 그리면 아래와 같다.

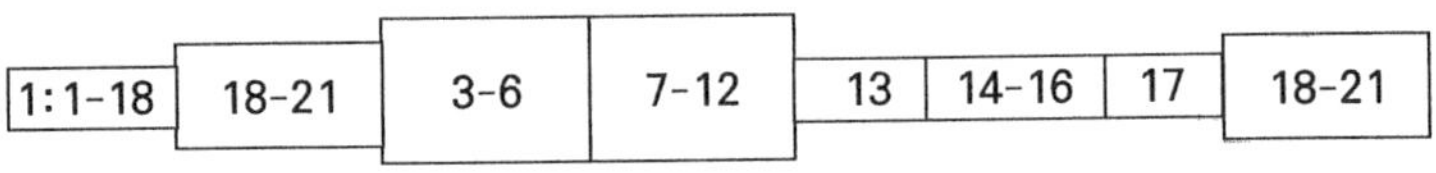

1. 서설(1:1-18)

요한의 서설은 찬송이다. 우리가 복음서 가지가 삽입한 추가문, 즉 세례 요한에 관한 간단한 언급(6-8, 15절) 및 추가절(1:13, 17)을 제외하고 읽으면 곧 알게되는 대로 말이다.

만일 우리가 이 찬송의 독특한 배열 즉 한 줄의 두 번째 개념을 흔히 취해서 새 줄에서 계속하는 방법을 터득하면 이 찬송을 쉽게 기억할 수 있다. 이 방법에서 구의 강력한 리듬이 특별히 나타난다.

1. 하느님과 함께 태초에 계신 Logos(말씀)(1:1-2)
2. Logos에 의한 창조, 생명, 빛(1:3-4)
3. 빛과 어둠의 비교(1:5, 9-10)
4. 이것에서 구원사에 관한 드라마가 나옴(1:11-12)

이 찬송의 둘째 부분은 이 드라마(1:14ff.)의 결과를 경험한 사람들의 고백이며 그것에 대하여 증거해야 한다. 이 드라마가 서설로 시작하여 복음서에서 연출된다.

2. 증인들(1:19-51)

1. 세례 요한의 증언(1:19-34)

요한복음과 공관복음서의 차이는 바로 여기서 분명하다. 예수를 가리키는 유일한 사람이 세례 요한이다. 그의 활동은 증언의 개념으로 표현된다. 설화는 요한에게 향한 질문 "당신은 누구냐"로 시작한다. 그는 "오직 길을 예비하는 사람"이라고 대답한다(1:19-28). 예수가 그에게 왔을 때 그의 첫 언급은 "이 분이 그이다." 이 분에 관해서 모든 것이 진술된다. 요한은 "나는 이 분이 하느님의 아들이라고 증거했다"(1:29-34)고 한다.

2. 일련의 증언들(1:35-51)

요한 역시 그의 제자들에게 예수를 향하게 한다. 이렇게 하여 예수에 앞서 있는 증언과 그를 따르는 많은 증인들 사이의 연결이 생긴다. 처음 제자들은 다른 제자들을 불러온다(1:41-44). 예수가 나다나엘을 부르시고, 그는 의심에서 환회에 찬 응답으로 옮겨간다(1:45-51).

3. "우리가 그의 영광을 보니"(2:1-17:26)

1. 서곡: 예수는 생명과 심판을 가져옴(2:1-25)

가나안 혼인잔치(요한복음에만 있음)와 성전숙청이 핵심부분 서두에 배열되는 것은 예수의 활동의 두 면을 설명하도록 의도된 때문이다. 두 면은 (1)예수가 가져오는 생명, 기쁨 및 성취와, (2) 그러나 이것들과 함께 가져오는 심판(말하자면 그의 말씀과의 관련에서 발생할 수밖에 없는 분리)을 말한다. 두 설화에서 예수는 고독한 모습을 지닌다. 그의 때가 아직 오지 않았고(2:4) 그는 그를 믿는 자들을 신뢰하지 않는다(2:23-25).

2. "그는 자기 고향에 돌아 왔다" (3:1-6:71)

1. 그의 말씀(진리)에서(3:1-4:54)
   (1) 니고데모에게(3:1-21)
   (2) 세례 요한에게(3:22-36)
   (3) 사마리아 여인에게(4:1-30)
   (4) 씨 뿌리고 거둠(사자들)(4:31-42)

여기에서 요한의 특성이 더 한층 분명해진다. 요한복음에는 긴대화들이 있다. 이 대화들은 대화 상대자가 완전히 후퇴하는 강화들이 된다. 더욱이 강화들은 예수가 하느님으로부터 보냄받은 자로서 자신을 계시하게 하는 근본적인 개념들은 발전시킨다.

예수는 그의 말씀을 통해서 모든 사람에게 오신다. 유식하고 저명한 니고데모는 질문을 가지고 예수에게 접근한다. 예수 자신은 수가성 우물가의 무명의 여인에게 가서 이야기한다. 유식한 니고네모는 고독한 이 여인보다 예수를 더 잘 이해하지 못한다. 그럼에도 이 개인들에게서 그리고 그들을 통하여 예수의 말씀을 계속 효과를 가지게 된다.

니고데모와의 대화(3:1-21)는 거듭남에 관한 것이다. 거듭남은 여기서는 일반적인 선에 따라 표현되는 구원의 수납에 이르게 한다. 그것은 하느님의 아들이 세상에 주신 선물에 근거한다.

사마리아 여인과의 대화(4:5-29)는 주로 "생수"에 관한 것이다. 대화가 진행됨에 따라 생명을 가져오는 분이 진리의 계시자로서 하신다. 신령과 진리로 예배하는 것에 관한 예수의 평가는(4:19-26) 3장과 4장의 대화를 요약한다.

그러나 증인들은 진리의 계시에 종속된다. 그러기에 요한의 증거(4:22-36)와 제자들의 증거(4:31-42)는 여기서 다신 한 번 시작된다. 예수가 진리의 보지자(bearer)라고 느껴 알기는 할지라도 확실히 아무것도 이해못한 사마리아 여인까지 증언에 참여한다. 그녀는 다른 동리 사람들은 불러 왔기 때문이다. 그 다음에 사마리아 여인은 세례요한이 그러한 대로(3:30) 후퇴할 수가 있다(4:41). 예수와 만남이 있었다는 것을 주목하는 것이 중요하다. 그러나 모두가 추수(수고의 결실)에 참여한다(4:31-36).

2. 그의 기적 행위에서(4:43-6:71)

(1) 가버나움의 관원(4:43-54)
(2) 벳세다 못가의 병자(5:1-16)
(3) 아버지와 아들. 생명과 심판(5:17-47)
(4) 오천 명 급식. 예수가 물위로 걸으심(6:1-26)
(5) 생명의 떡(6:27-59)
(6) 베드로의 고백(6:60-71)

요한의 다른 특징은 공관복음서에 나오는 기적들 중의 하나가 진술되는 방법에서 드러난다. 긴 강화가 그 기적사건에 추가된다. 이 강화는 계시에 대한 그 사건의 의미를 발전시킨다. 그러나 우리는 어느경우에든 기적들을 단순히 상징적으로 처리하여 사라지게 해서는 안 된다. 실제적인 물적 증거 없이는 기적들 다음에 나오는 강화들은 그 근거를 상실할 것이기 때문이다. 만일 예수가 구세주가 아니었다면 그는 아버지의 사랑의 계시가 되는 것도 실패할 것이다.

두 개의 치병설화가 처음에 나오는데 많은 다른 치병설화의 예증으로서 한데 묶여 있다. 한 설화에서는 믿는자가 고침을 받고(4:43-54) 또 한 설화에서는 안식일에 병을 고친다. 이 때문에 유대인이 예수를 증오한다(5:1-16). 이절에서 계속되는 강화는 치병들과 잘 어울린다. 병자가 예수를 믿고 그로부터 생명을 받았다. 즉 생명이 회복되었다. 예수는 그를 공격하는 유대인들에게 말했다. "그런데 너희는 생명을 얻기 위하여 내게 오기를 원하지 않았다"(5:40). 그럼에도 불구하고 그의 일은 오직 그가 아버지로부터 받은 것 뿐이었다. 예수의 적대자들이 주의깊게 고찰하고 있던 구약성서가 그에 관해서 증언했다. 예수의 현재의 활동은 또한 아버지에 대한 증거였다. 아버지는 생명과 심판을 예수에게 위임하셨다. 그러나 유대인은 그를 믿을 수가 없었다. 왜냐하면 결국 그들은 하느님의 큰 뜻보다 자기들의 명예에 관심했기 때문이다.

오천 명의 급식기적(6:1-15)은 예수를 풍성하게 하실 수 있는 분으로 계시한다. 이 이유로 사람들은 그를 왕으로 추대하려고 한다. 이 설화에 생명의 떡에 관한 설화가 첨부된다(6:26-59). 유대인은 그들의 조상이 광야에서 먹은 만나를 있을 수 있는 최상의 기적형태로 생각했다. 이것과 대립해서 예수는 보다 더 높은 그의 주장을 한다. "나는 생명의 떡이다"(6:35). 나머지 강화는 이 한마디 진술의 발전에 불과하다.

베드로의 고백(6:66-71)은 이 부분 전체(4:43-6:71)의 결론이다. 이것은 많은 제자들이 그의 무모한 주장에 감정을 상했기 때문에 예수를 버리는 상황에서 일어난다(6:60-65). 예수는 제자들에게 "너희도 가려느냐?"고 물으니 베드로가 제자들을 대변해서 "주여! 우리가 누구에게 가겠습니까? 당신은 영원한 생명의 말씀을 가지고 계시지 않습니까? 우리는 당신이 하느님의 거룩한 분이신 것을 믿고 또 알고 있습니다"라고 대답한다. 이와 같이 예수가 가져온 생명은 믿는 사람에게만 증여된다는 것이 결론적인 진술이다. 예수를 그리스도로서 고백하는 것외에 다른 믿음은 없다. 한 고백의 진수는 6장 60-71절에서 유달리 분명하게 표현된다. 이것은 여호수아 24장과 비교되는데, 여기서도 한 고백의 모든 특징들이 동일하다.

3. "자기의 백성이 그를 영접하지 않았다" (7:1-13)

1. 서곡: "때가 아직 오지 않았다"(7:1-13)
2. 장막절에(7:14-52)
3. 예수와 간음한 여인(8:1-11)
4. 세상의 빛-분리(8:12-59)
5. 나면서 눈먼 장님의 치병(9:1-41)
6. 목자(10:1-42)
7. 나사로를 살리심(11:1-44)
8. 예수의 죽음에 관한 산헤드린의 결정(11:45-57)
9. 베다니에서 예수가 기름부음 받음(11:45-57)
10. 예수의 예루살렘 입성(12:9-19)
11. 헬라인과 인자의 때(12:20-50)

7장 1-13절은—그 자체만으로는 이해하기 어려운 색다른 구절인데—2장 1-12절에 상응한다. 두 곳에서 예수의 친척들이 그에게 무엇인가 하도록 하지만 다음과 같은 이유를 들어 거부한다. 즉 "내 때가 아직 오지 않았습니다." 그럼에도 불구하고 좀 후에 그것을 한다. 위의 두 구절들은 각각 관련된 부분(2-6장과 7-12장)에 대해서 서론적인 구실을 한다. 둘의 차이는 각기 다른 부분에 관련된 것으로서 설명되어야 한다. 7장 1-13절에서 예수의 형제들은 예루살렘의 명절잔치에 나감으로써 그의 활동을 내놓고 하도록 그에게 요구한다. 예수가 처음에는 부인했음에도 불구하고 예루살렘에 가는 경우, 그것은 예수가 그의 형제들의 의도했던 것과는 전혀 다른 태도로 예루살렘에 공공연하게 나타내려고 가고 다른 것을 지시한다. 이 부분의 끝(12:20-50)은 분명히 이것을 가리킨다.

헬라에서 그를 보려고 온 사람들에게 이제 예수는 "내 때가 왔다"고 답변한다. 국제적 대표로서 온 헬라인은 그들이 추측했던 것과는 다른 입장에서만 예수를 만나야 한다. 그들은 예수의 "들리우심"(lifted up) 즉 그의 십자가 죽음의 증인이어야 했다. 죽음에 이르는 그의 길이 시작되는 단계에 그의 때가 왔다. 그 때는 2장 1-12절과 7장 1-13절에에서는 아직 오지 않았었다.

서론(7:1-13)이 이미 제시한대로 7-12장에서의 예수의 행위와 말씀은 그를 기다리는 죽음의 빛 아래서 행해지고 또 말해졌다. 그의 첫 마디가 이렇게 시작한다. "어째서 너희가 나를 죽이려 하느냐?"(7:19). 예수에 대하여 극히 다양한 의견들이 이제 알려진다. 그 의견들은 예수를 해롭지 않게 하려고 하는 당국자들의 의견을 비롯해서 단순히 그의 기적 때문에 그를 믿는 자들의 의견에 이르기까지 다양하다. 이 모든 사람 한복판에서 예수는 모든 사람을 초대한다. "누구든지 목마르거든 내게 와서 물을 마시라"(7:37). 그는 아무 요구를 제시하지 않은 채 친구들과 마찬가지로 그의 원수들에게 생명을 주기를 원하신다. 그대신 그는 그들 모두가 필요로 하는 것을 가지고 계신다. 7장 끝에서 니고데모가 다시 나타나 예수 대신에 탄원한다. 비록 그가 예수의 제자중의 한 사람이 되지 못했을지라도 예수가 그에게 한 말씀들이 무위로 끝나지는 않았고 니고데모 옆에는 예수를 체포하고자 한 종들이 있었다. 그들은 니고데모의 말에 압도되어 그들의 공격을 포기했다. 간음한 여인의 사화(8:1-11, 분명히 삽입이다) 다음에 세상 빛에 관한 예수의 긴 강화가 나온다(8:12-59). 예수는 "내가 세상의 빛이라"고 선언함으로 그의 아버지의 선물을 제공한다. 그러나 예수는 이러한 언급으로써 그의 적대자들에게 자기를 더 이상 납득시킬 수는 없다. 하느님이 그에게서 역사하고 계셨다는 것을 그들이 인식하게 되는 것은 그가 죽고난 후부터다(8:28). 아브라함의 참된 자손—이 문제로 예수는 그의 적대자들과 논쟁한다—에 관련된 예수의 강화(8:30-59)에서 적대자들은 점점 더 과격해진다. 결국 그들은 예수를 돌로 치려고 한다.

이 상황에서 예수는 다시 기적을 행하시어 맹인을 고친다(9장). 격렬하고 생생하게 드라마틱한 방법으로 안식일에 일어난 이 치병행위가 새롭게 극도의 반발을 일으킨다. 그러나 이 경우에 사건에 관련된 모두가 고정된 자기의 입장을 취하는 태도로 그리한다. 그리고 9장에서 여러 사람이 말한 표현의 다양성은 예수가 행한 것으로 야기된 의견을 분명하게 구분한다. 9장에는 이웃, 구경꾼, 부모, 바리새인, 맹인 자신이 있다. 맹인은 혼란한 가운데 그가 경험한 것을 포착할 수 있을 뿐이다. 즉 "그 분이 죄인인지는 내가 모릅니다. 다만 한 가지 아는 것은 내가 맹인이었다가 지금은 보게 되었다는 그것입니다" (9:25).

그 다음 사화는 선한 목자에 대한 것이다(10장).* 그 배경은 왕은 백성의 목자요, 축복과 보호로 그들을 보살핀다는 고대 왕에 어울리는 주장이다. 여기서 예수가 쓴 "나는 … 이다"(I am)라는 구가 공격의 구실이 된다는 것은 납득이 간다. 그러기에 또 예수를 제거하려는 다른 시도가 있다.

제11장에서 나사로를 일으키심은, 직접 수난사화에 연결되는데 강력한 상징적 성격을 띤다. 그것은 "나는 … 이다"의 구 즉 "나는 부활이요 생명이다"로 끝난다(11:25). 여기에서 죽음의 지배 아래 서 있는 자들을 위한 예수의 죽음과 부활의 의미에 관한 사전 예고가 나온다. 그는 그를 믿는 모든 사람을 위하여 죽음의 한계를 꿰뚫는 분이시다.

공관복음서와 일치하는 수난설화는 예수의 죽음에 관한 산헤드린의 결정으로 시작하고 베다니에서 기름부음받는 설화(12:1-8)와 예루살렘 입성설화에서 계속된다(12:9-19). 수난설화는 다시 한 번 7-12

---

* 텍스트의 순서는 이 장에서 번거롭다.

장의 결론 구절(12:20-50)과 13-17장의 고별사로 중간에서 끊긴다. 12장 20-50절에서 겟세마네 설화는 공관복음서의 설명(참고. 12:27-31)과 아주 대조적으로 기록된다. 여기서의 목적은 예수는 충분한 확신과 완전한 동의하에 그의 활동의 목표인 죽음에 임했다는 것을 가르키는 것이다. 그는 "내가 땅에서부터 높이 들려 올라가게 될 때 나는 모든 사람을 내게로 이끌 것이라"(12:32)고 말한다. "높이 들린다"는 말은 여기서 두 의미, 즉 십자가 상에 올리우시는 것과 아버지에게 높이 들리우시는 두 의미가 있다. 헬라인에의 응답에서 밀알에 관한 언급(12:24) 같은 것을 말한다.

또 다시 예수는 "인자가 누구입니까?" 하는 질문을 받는다. 그는 이사야 6장 요한복음 13장 40절(참고. 사 6:9-10)의 절박한 상태에 관련된 진술을 언급하는 것으로 대답을 대신할 수 있을 뿐이다. 같은 언급은 사도행전 마지막 장에서 발견된다.

4. 고별사

예수가 그의 제자들을 위하여 실시한 두 행동 즉 처음의 발씻기와 마지막에 한 제사장적 기도가 그의 고별사를 둘러싸고 있다. 좁은 의미에서 이 강화들은 14-16장으로만 구성된다. 14장은 예수의 고별에, 15장은 한결같은 우정, 그리고 16장은 교회의 미래에 각각 관심한다.

1. 세족의식(13:1-30)
   (1) 극진한 사랑(13:1)
   (2) 예수가 제자들의 발을 씻긴다(13:3-10)
   (3) 행동의 의의(13:12-20)
   (4) 배신자(13:2, 11, 21-30)
   (5) 예수의 찬미와 새 계명(13:31-35)
   (6) 베드로(13:36-38)

공관복음서 수난설화의 사건 순서는 13장에서도 기초가 된다. 세족(洗足)설화는 최후만찬을 대신하고, 배신자 지목과 베드로의 부인을 포함한다. 이 사건들은 여기서 예수가 그의 제자를 위하여 수행하시는(처음에 언급된) 한 행동으로 집약된다. 이것은 자기 사람을 극진히 사랑하심을 시위하시는 것이다. 이 사랑 안에서 17장에 진술된 대로 인자가 영화롭게 되고 그 안에서 하느님이 영화롭게 된다. 이 사랑은 세족식에서 상징적으로 묘사되고, 그의 죽음에서 완성하는 일, 즉 단순히 자기 사람을 위하는 그리스도의 일을 표시한다.

"그리고 때는 밤이었다"는 진술은 영광을 말하는 절 앞에 있으며 그것은 배신자를 지목하는 마지막 말이다. 여기서 우리는 서문에 있는 "빛이 어두움 속에 비치니 어두움이 빛을 이기지 못했습니다"(1:5)는 구절을 생각하게 된다. 그리스도의 영광은 어두움이 아주 짙어진 데서, 말하자면 그의 제자가 자기를 배신하는 자리에서 시작된다.

발씻기는 행동은 주가 가장 비천한 봉사를 몸소 하심으로써 새로운 공동체의 새로운 삶의 자세를 수립하신다. 이 봉사를 받은 사람들은 봉사 안에서, 또 그것을 통해서 형제들이 된다. 그들의 주님의 이 행동으로 새로운 사랑의 계명이 정립된다.

2. 예수의 고별(14:1-31)

(1) 아버지의 집으로(14:1-14)

(2) 내가 너희에게 돌아온다(협조자)(14:15-26)

(3) 결론: 평화와 기쁨을 선물하는 고별(14:27-31)

이 장의 결론에서 앞에서 말한 두 부분이 28절에서 요약된다. "내가 갔다가"(14:1-14) "너희에게 다시 오겠다고 한 말을 너희가 들었다." 예수가 제자들에게서 떠난다는 역설이 여기에 암시된다. 예수는 그들을 떠난다. 그러다가 그가 아버지에게 가고 있기 까닭에 그는 새로운 방법으로 그들에게 접근할 것이다. 이것이 바로 그가 아버지에게 갈

때만 제자들에게 올 수 있는 협조자(Counselor, 옹호자, 중재자: 보혜사)에 의해서 예수가 말하려는 것이다. 마지막 항(項)에서 예수는 같은 사실을 달리 말한다. 즉 예수는 그의 제자들에게 그의 평안을 남긴다(참고. 16:33). 31절에서 제자들에게 식탁에서 떠나자는 문장은 14-16장의 구분(section)의 순서에 혼선이 있다는 것을 표시한다. 왜냐하면 14장 27-31절은 분명히 고별사의 결론으로서 의도되었기 때문이다.

3. 세상 안의 그리스도의 공동체(15-16장)

(1) 포도나무: 내 안에 거하라!(15:1-8)

(2) 열매: 나의 사랑 안에 거하라!(15:9-17)

(3) 세상의 증오(15:18-16:4)

(4) 협조자(16:5-15)

1. "내가 협조자를 너희에게 보낼 것이다"(16:5-7)

2. 그가 세상을 심판할 것이다(16:8-11)

3. "그는 너희를 진리에로 인도할 것이다"(16:12-15)

(5) 작별의 슬픔과 기쁨(16:16-22)

(6) 예수의 이름으로 하는 기도(16:23-28)

(7) 염려 속의 평안(16:29-33)

포도원의 서론적 예증이 고별사 전 부분의 경향을 말해 주며, 제자들이 예수와 계속적으로 결합되어 있을 것이라는 약속을 표현한다. 교회는 예수 안에 거함으로써만 생명을 가질 것이다. 그래야만 교회는 열매를 맺을 수 있을 것이고 세상의 증오로부터 보호될 것이다.

협조자를 통해서 나타나는 예수의 새 현존은 내외(內外)로 유효할 것이다. 교회는 세상의 적을 두려워할 필요가 없는데 그것은 협조자가 세상을 장차 심판할 것이기 때문이다. 교회는 또한 그 자체의 생을 위하여 과거에 매일 필요가 없을 것이다. 왜냐하면 협조자가 교회에 앞서 갈 것이고 모든 진리로 인도할 것이기 때문이다.

이렇게 언급한 다음 고별사는 다시 예수의 고별에서 나타난 역설을 계속한다(16:16-22). 그가 떠난 후의 기간은 그의 원근(遠近)을 의식함으로써 구별될 것이다. 그는 "조금 있으면 너희가 나를 보지 못하게 되고 또 조금 있으면 보게 될 것이라"고 말한다. 교회는 슬픔과 기쁨을 맛 볼 것이지만 결국에는 기쁨이 있을 것이다. 예수가 "너희는 다시 나를 볼 것이라"고 말하기 때문이다. 그가 멀리 떠나 있는 동안에 그의 교회는 주의 이름으로 기도할 가능성이 주어진다(16:29-32) 이 문제의 결론은 33절에 있다. "너희가 세상에서 시련을 당할 것이다. 용기를 내라, 내가 세상을 이겼다."

4. 자신을 위한 예수의 기도(17:1-26)

(1) 아버지가 그를 영화롭게 하실 것을 간구함(17:1-5)

(2) 아들이 아버지에게 설명을 한다(17:6-8, 12-14, 18-19)

(3) 자기의 사람들을 지켜주실 것을 간구함(17:9-11, 15-17)

(4) 교회가 하나 되기를 간구함(17:20-23)

(5) 교회가 완전하게 되기를 간구함(17:24-26; 참조. 14:1-3)

예수는 그의 제자들을 떠난 후 그가 세상에서 하던 일을 아버지 손에 맡긴다. 땅에서 하던 일에 관해서 설명을 한 다음 아버지가 그 일을 떠 맡아 완성하여 줄 것을 요구한다. 그는 사람들에게 하나의 이름을 나타냈다. 이 이름은 하나며, 아들은 아버지의 한 말씀이기 때문에, 사람들 가운데서 그의 일을 보존하는 데 본질적인 것은 그들 모두가 하나 되는 것이다. 교회의 선교능률은 이같은 교회의 단일성에 달려 있다. "아버지께서 나를 보내셨다는 것을 세상이 믿게 하려는 것이다"(17:21b). 마지막 말은 고별사 시작을 회상하게 한다. 즉 아들은 아버지에게 그가 다시 그를 따르는 사람들과 하나 되기를 간구한다.

4. 말씀이 육신이 되었다(18-21장)

1. 예수의 고난과 죽음(18-19장)

1. 예수의 체포(18:1-12)
2. 대제사장 앞에서와 베드로의 부인(18:13-27)
3. 빌라도 앞에 서신 예수(18:28-40)
4. 매질과 수모(*Ecce homo*! 이 사람을 보라)(19:1-5)
5. 정죄(19:6-16)
6. 십자가 처형(19:17-24)
7. 마리아와 요한(19:25-27)
8. 예수의 죽음(19:28-37)
9. 그의 장례(19:38-42)

다른 많은 뚜렷한 특징과 나란히 요한복음의 수난설화에서 가장 특징적인 것은 빌라도와 예수 사이의 대화에서 나타난다(18:33-38; 19:4-5,7-11)이들 대화들은 예수의 메시아 주장에 관련된다.

빌라도가 예수에게 "당신이 유대인의 왕이오"라고 물은 데 대해서 예수는 "내 나라는 이 세상에 속한 것이 아니다"라고 대답한다. 그러나 그 다음 대답은 역설적인 성격을 가진 왕이라는 것을 내세운다. 왜냐하면 예수는 "나는 왕이다. 나는 진리를 증거하려고 났으며, 진리를 증거하려고 세상에 왔다"고 말하기 때문이다. 이 두 진술이 밀접하게 관계되었다는 것이 당장은 이해되지 않는다. 이 관계는 구약성서를 참고할 때만 설명된다.

예수가 빌라도에게 한 첫 대답은 마지막 때의 왕, 즉 구약 시대에 추구한 왕으로서 그의 왕권을 설명하는 것이다. 이 왕권은 이 세상에 속한 것이 아니다. 그런데 두 번째 대답은 이 왕권을 예언자적 직무와 동등시한다. 이 예언자적 직무는 왕의 직무와는 관계에서 보면 무의미한 두 번째절에 기술되어 있다. 예수는 주의 종으로서 그의 인격에서 옛 계약의 이러한 조정적 역할의 직무들을 결합한다.

"진리가 무엇이냐?"는 빌라도의 질문은 사라지고 대화는 침묵하게 된다. 다만 "이 사람을 보라!"(*Ecce homo*!)는 빌라도의 외마디와 "당신은 어디서 왔느냐?"는 물음에 대한 예수의 대답에서 겨우 계속될 뿐이다.

처음에는 예수가 침묵했으나 빌라도가 두 번째 질문한 후에는 예수는 총독이 가진 권력의 근원이시며, 그의 뜻으로 아들이 고난을 받아야하는 아버지를 암시한다. 빌라도와의 대화 둘째 부분에서, 고난받는 종의 개념은 비록 명확한 제시는 아닐지라도 왕과 예언자의 개념에 첨가된다. 이것이 예수의 일을 언급함에 있어서 복음서 기자의 가장 포괄적이고 심오한 말이 십자가 위의 명패에 관한 토론에서—암시하는 정도이지만—마무리 된다(19:19-22).

2. 부활(20-21장)

1. 빈무덤(20:1-10)
2. 막달라 마리아 앞에 예수가 나타남(20:11-18)
3. 제자들 앞에서. 성령의 선물(20:19-23)
4. 의심 많은 도마(20:24-29)
5. 요한복음의 결론(20:30-31)
6. 디베랴 바다에 예수가 나타남(21:1-14)
7. 베드로에게 주신 말씀(21:15-19)
8. 예수의 사랑하는 제자(21:20-23)
9. 요한복음의 두 번째 결론(21:24-25)

공관복음서의 각 복음서에 있는 부활설화가 거의 언제나 빈무덤 설화에도 독특한 것처럼 요한복음 역시 빈무덤 설화에서 현저한 특징이 나타난다. 특징이란 의심하는 도마 이야기(20:24-29)와 21장 속편이다. 도마 이야기는 "나를 보지도 않고 믿는 사람은 복이 있다"(20:29)는 말로 결론짓는다. 이것은 복음에서 언급한 증언들을 통하지 않고는 달리 예수의 부활에 접근하는 길을 모를 사람들을 위하여 교회에 한 말이다. 도마의 불확실성이 높이 들리우신 그의 주님으로부터 견책당하지 않았다. 그대신 주님은 그를 도와 믿음에 이르게 하고, 도마와 같은 사람들은 이것을 들어야 한다.

21장 1-14절 배후에는 베드로가 고기를 잡는 이야기(눅 5:1-11)가 있다. 부활한 주의 이 현현은 주님이 제자들의 삶에 참여하는 단순한 친교(21:12-13)에서는 물론 그의 당당한 기적 능력에서도 그의 제자들과 함께 하신다는 것을 보여 주려고 의도된 것이다.

특별한 말씀이 다시 베드로에게 주어진다(마태 16:17ff.와 어울린다). 세 번 주를 부인한 자에게 세 번이나 "네가 나를 사랑하느냐?"고 묻는다. 이 사실에도 불구하고 예수는 그에게 그의 양들을 부탁한다. 베드로는 자신의 힘으로 양들을 인도할 수 없을 것이지만 그의 주를 대신하여 죽음으로써 절정에 이를 행동을 하리만큼 그리스도를 따른 것이다.

결론적으로 예수가 사랑한 제자에 관한 언급은 불분명하다. 초대교회 내에서 그와 베드로 사이에는 분명히 긴장이 있었다. 그러나 한 가지 분명한 것은 주의 뜻이 그들이 가야할 길을 그들에게 보여주는 점이다. 요한복음의 두 번째 결론에서 이 복음서는 이 제자(the beloved disciple)가 쓴 것으로 된다(21:24). 처음 결론은 그 씌어진 이유를 다음과 같이 진술한다. 그러나 "여기에 기록한 것은 예수께서 그리스도요 하느님의 아들이심을 당신들로 믿게 하고 또 믿고 그의 이름으로 생명을 얻게 하려는 것입니다"(20:31).

6. 사도행전

사도행전은 누가복음에서 시작하는 역사서의 제2부작이다. 사도행전이 의도하는 것은 하나님의 말씀이 예루살렘으로부터 로마에 이르는 과정, 즉 전 세계를 위한 예수 그리스도의 구속 사업의 선포를 표현하려는 것이다. 1장 8절에는 승천하시는 주님이 제자들에게 선포한 말씀이 있다. "그러나 다만 성령이 너희에게 임하시면 너희는 권능을 받고(2장), 예루살렘과 온 유대(3-7장)와 사마리아(8장)와 땅 끝까지(9-28장)이르러 내 증인이 될 것이다." 이 줄거리는 사도행전의 근본적인 계획을 표시한다.

예수가 그의 제자들을 떠난 후에(1장) 사도행전과 복음서들 사이를 연결하는 사건은 오순절 사건(2장)으로 시작된다. 그러나 박해는 성령을 받음으로 시작된 복음의 돌연한 확대와 동시에 일어났다. 조롱(2:13)은 격렬한 간섭으로 발전했다. 그래서 베드로와 요한이 처음으로 체포된 사건(4:1-4)에서부터 줄곧 박해와 분산과 처형이 전체의 이야기 도처에 그리고 28장의 마지막 언급에 이르기까지 연쇄적으로 일어난다. 여기서 사도행전은 바울이 체포되었음에도 불구하고 복음은 '방해받지 않는다'는 설교를 하고 있었다는 진술로 끝을 맺는다.

사도행전의 구조면에서 스데반을 취급한 부분(6-7장)은 스데반의 살해에 이어 예루살렘에서 터진 그리스도인 박해는 이방인에게(8-12장) 복음을 선포하게 된 직접적 원인이었다는 것을 가르치려는 것이었다. 박해자들을 피하여 그리스도인이 도주한 결과로써 처음에는 사마리아(8장)와 다음은 아덴(11장)에 이르는 선교의 길이 바울의 모험적인 선교의 터전이 되었다.

사도행전 둘째 부분(13-28장)은 이러한 계획을 설명한다. 첫째는 세 번의 전도 여행인데 여기서 바울은 자유인으로서—비록 계속 박해를 받았을지라도—여행했다. 그 다음은 죄수 바울이 예루살렘에서 가이사랴를 거쳐 로마에 도달하는 경로다. 여기에서 사도행전은 바울에 대한 법적 기소와 후에 그에게 일어났던 것에 관해서 아무런 언급없이 돌연히 끝난다.

사도행전은 단순히 말씀의 선포의 진행에 관한 보도만이 아니라 베드로의 오순절 설교(2장)로부터 아그립바 앞에서의 바울의 마지막 변호(26장)를 포함한 많은 사도적 연설문에서 선포 자체가 표현된다는 것이 추가되어야 한다. 이러한 연설문의에 두 개의 원칙적인 형태의 강화역시 발견된다. 즉 메시지를 받아들이도록 요구하는 선교적 설교와 오직 이 메시지에 대한 관심 때문에 법정 앞에 서야 하는 변호연설이 발견된다.

사도행전의 도표는 다음과 같다.

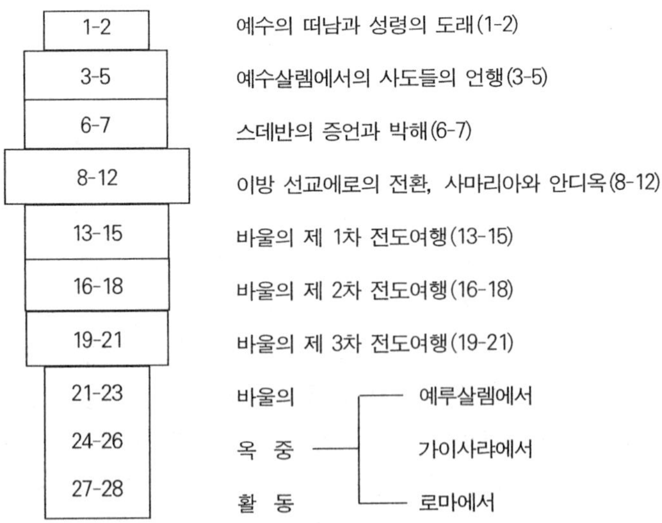

1. 예수의 승천과 오순절(1-2장)

데오빌로에게 말한 서문(1:1-3)은 누가복음(1:1-4)에 가깝고, 4절 이하는 누가복음의 마지막 장들과 직접 연결된다. 예수의 승천(1:4-14)은 기적적인 전시로서가 아니라 예수가 그의 제자들로부터 떠난다는 것으로서 묘사된다. 떠나는 이의 마지막 말씀은 선언형식으로 메시지가 예루살렘으로부터 "땅끝까지"에 이르게 되는 진로를 뚜렷히 나타낸다. 예수의 승천 후 천사들이 한 말은 그의 떠남을 넘어 그의 재림을 가리킨다(1:8, 11).

12사도를 채우기 위하여 유다를 대처하는 방법(1:15-26)은 역시 사도행전(1:4-14의 경우처럼)과 누가복음을 연결한다. 맛디아가 제비로 뽑혀 유다의 자리를 대신한다.

오순절 사건(2:1-13)은 언어의 장벽을 무너뜨림으로써 그리스도에 관한 메시지를 전파할 길을 닦는다. 이것은 창세기 11장에 있는 최초의 역사의 결론을 가리킨다.* 베드로의 설교(2:14-36)는 요엘 예언의 성취로서 성령의 강림을 해석한다. 또한 예수의 활동, 죽음, 그리고 부활을 구약성서에 약속된 메시지의 성취로서 해석한다. 베드로는 "이스라엘 온집은 확실히 알아 두시오. 하느님께서는 여러분이 십자가에 못박은 예수를 주와 그리스도가 되게 하셨습니다"(2:36)고 선언한다.

오순절과 베드로의 설교의 결과는 수많은 사람들이 "우리가 어떻게 하면 좋겠습니까?"고 묻게 되고, 그 응답은 많은 사람이 세례를 받았다는 것이다(2:37-41). 이렇게 하여 시작된 처음 회중은 공동생활을 한 것으로 묘사된다. 기도와 주의 만찬을 기억하고, 하느님을 찬양하는 중에 소유를 나누어 쓰는 데까지 이르렀다(2:42-47).

---

* 참조, 본서, pp. 41-42.

2. 예루살렘에서의 사도들의 연행(3-5장)

1. 베드로가 절름발이를 고침(3:1-11)
2. 베드로의 설교(3:12-26)
3. 베드로와 요한의 체포(4:1-4)
4. 그들의 심리와 석방(4:5-22)
5. 감사; 설교 계속(4:23-31)
6. 아나니아와 삽비라(5:1-11)
7. 사도의 기적(5:12-16)
8. 사도들이 옥에서 풀려남(5:17-25)
9. 산헤드린 앞에서; 가말리엘(5:26-42)

그리스도인의 박해는 이 두 번째 부분(B)에서 시작한다. 3장은 사도들의 활동과 발언에 대한 두 실례를 든다. 베드로와 요한이 잡히는 등 격렬한 반동이 일기 시작한다(4:1-4). 다음날 재판관은 심리과정에서 아무것도 성취할 수 없었다. 절름발이 치병은 사도의 권위를 입증했다. 이와 같이 그들은 재판관 앞에서 부활한 그리스도에 대한 신앙을 고백할 수 있었다. 그들은 "우리가 구원 받을 이름은 사람들에게 주신 이름들 가운에 하늘 아래 이 이름밖에 없습니다"(4:12)고 선언한다. 사도들이 "우리로서는 보고 들은 것을 말하지 않을 수 없습니다"(4:20)고 말하지 않을 수가 없었다. 기독교 공동체는 사도들의 석방을 보고 하느님께 감사를 드렸다. 그들의 기도는 성령의 선물이 다른 사람에게도 퍼지게 되는 계기가 되었다. 이와 같이 힘의 사용은 단순히 새롭고 솔직한 선포로 발전하게 했다(4:22-31).

이 점에서 처음 회중에 관한 두 번째 기술이 2장 42-47절의 기술과 일치하여 나온다. 여기서는 어떻게 교회가 존재했으며 박해에도 불구하고 확대되었는가를 보여 준다. 어떻게 이 교회 존재가 열정적이었던가는 회중을 속이려 했던 두 사람에게 내린 징벌에 대한 소름끼치는 이야기가 말해 준다. 이것은 여호수아 7장에 나오는 아간의 도둑 이야기를 회상하게 해준다.

사도들의 기적과 설교는 계속한다(5:12-16). 다시 투옥, 석방 및 유대인 재판 당국자들 앞에서의 신앙고백이 나온다(5:17-42). 이번에는 가말리엘이라는 바리새인의 충고에 힘입어 그들이 석방되었다.

3. 스데반의 증언과 박해(6-7장)

1. 일곱 집사의 선택(6:1-7)
2. 스데반의 체포(6:8-15)
3. 그의 옹호 설교: 그의 백성과 엉킨 하느님의 역사를 되새겨 봄(7:1-53)
4. 스데반에게 돌을 던짐(7:54-60)

1-3장에서 공동체는 평온하게 계속 지나는데 반해서 4-5장에서 박해가 시작한다. 그럼에도 불구하고 모든 수감자는 결국 기적적으로 석방된다. 그러나 6-7장에서는 상황이 좀 심각해진다. 스데반이 체포된 다음 처형되기 때문이다.

교회가 성장함에 따라 새로운 봉사직이 필요하게 된다(6:1-7). 그런데 사도행전은 집사들을 언급하지만 그들의 공식적인 직책 때문이 아니라 이 새로운 직책을 맡은 사람들이 실제로 또 근본적으로 예수 그리스도의 증인이었다는 것을 보고 하기 위해서다. 스데반이 이러한 증언자로서 당국자들의 진노를 샀기 때문에 체포되었다(6:8-15). 그리고 그가 돌에 맞은 것 역시 그리스도의 증언자로서였다(7:54-60). 스데반의 긴 설교는(7:1-53) 아브라함으로부터 솔로몬까지의 구속사를 설명한다. 이 점에까지는 그의 재판이 스데반의 말에 일일이 동의 않을 수 없었다. 스데반은 결론부분에서 그의 재판관들을 비난했다. "그대들의 조상들이 박해하지 않은 예언자가 한 사람이나 있었습니까? 그들은 의인이 오실 것을 예언한 사람들을 죽였고 이제 그대들은 그 의인을 넘겨 주고 죽였습니다"(7:51-53). 그러나 그의 마지막 말은 그에게 돌질하고 있던 자들을 용서해 줄 것을 비는 기도였다(7:60).

스데반의 연설에 나타난 하나님의 백성의 역사는 새로운 기독교 해석을 하려는 시도도 없이 표현된다는 것을 주시해야 한다.

4. 이방선교에로의 전환: 사마리아와 안디옥(8-12장)

1. 교회의 박해, 특히 사울의 박해(8:1-3)
2. 사마리아에서 일어난 빌립의 기적(8:4-8)
3. 마술사 시몬(8:9-13)
4. 사마리아에서 활동하는 사도들(8:14-25)
5. 에디오피아 여왕의 관리(8:26-40)
6. 바울의 회심(9:1-22)
7. 바울을 없애려는 유대인들의 음모(9:23-25)
8. 예루살렘에서의 바울(9:26-31)
9. 룻다와 욥바에서 행한 베드로의 기적(9:32-45)
10. 베드로와 고넬료(10:1-48)
11. 이방선교를 위한 하나님의 중재(11:1-8)

12. 안디옥 교회 설립, 바나바와 바울이 안디옥에 체재함(11:19-26)
13. 아가보와 예루살렘을 위한 모금(11:27-30)
14. 야고보의 처형(12:1-2)
15. 베드로의 감금과 석방(12:3-19)
16. 헤롯의 죽음(12:20-23)
17. 복음의 전파(12:24)

이 부분은 사도행전이 초대 공동체의 사건들을 배열해 가는 뚜렷한 과정을 보여주는 점에서 의미깊다. 이 부분은 최초로 가해진 대규모의 교회 박해로 시작해서(8:1-3) "주의 말씀이 점점 더 멀리 퍼져 믿는 사람이 많아졌습니다"(12:24)라는 문장으로 끝난다. 특별히 그 박해에 참여했던 사람이 사울이었는데, 얼마 후 그 자신이 그리스도의 사자가 되었다. 그는 동족의 핍박을 받은 사람으로서 그 메시지를 전파하는데 지도적 역할을 했다. 다른 지도자 야고보는 순교를 당했으나(12:1-2), 이 증인의 죽음이 복음의 진전을 어느 면으로나 변경시키지 못했다.

이 부분에서만 우리는 몇 사도들의 활동을 나란히 대면하게 된다. 빌립은 사마리아에서, 베드로는 룻다와 욥바에서, 바나바와 바울은 안디옥에서 각각 활동했다.

베드로와 바울의 활동이 9-12장에서 결합되는 수법은 특히 주목할 만하다. 아마도 이러한 결합은 베드로와 바울 사이가 대조됨에도 불구하고 복음의 진전에 양자가 다 참여했다는 사실을 표현하려고 의도된 것이리라(그러나 사도행전에서 양자의 차이는 아주 사소하다).

그런데 이 부분에서 강조된 주제는 분명하다. 그것은 그리스도에 관한 메시지가 이방인에게 신속하게 전파된 방법이었다. 모두가 놀라움과 경악으로 상세히 말해진다. 이 부분은 사마리아에서의 빌립의 활동으로 시작하는데 이것은 사도들이 분명히 승인한 모험이다(8:4-25). 그는 에디오피아 관리(내시)에게 세례를 주었다(8:26-40). 이 실례에서 설명조의 입장에서의 전환점은 성서의 해석이었다. 그것은 많은 사람의 죄를 대신하여 고난당하시고 죽은 주의 종(Servant of the Lord)에 대해서 말하는 구절이었다(사 53장).

이방 선교사업에 연결되는 두 번째 사건은 바울의 회심이었다. 바울의 회심 기사에서 교회의 주님 자신이 후에 이방인들의 대표적 사도가 된 자를 불렀다. 이 소명 이야기는 갈라디아 1장 13-24절은 말할 것도 없고 바울 스스로가 두 번이나 더 상세히 설명한다(2:3-21; 26:9-20). 동일한 사건이 이같은 네 개의 바울 회심에 관한 기사에서 자유롭게 또한 매번 다양하고 상세하게 말해진다는 것은 성서설화의 문자적 해석에 얽매이지 않는 좋은 실례가 된다.

세 번째 사건은 베드로가 고넬료에게 세례를 베푼 것이다(10장). 이방인의 세례를 정당화(11:1-18)하는 그의 설교에서 베드로는 이방선교에로의 전향에 결정적인 말을 한다. 하느님 자신이 이방선교를 하도록 명령했다는 것이다. 에디오피아 관리(내시)가 이사야서를 읽고 있는 자리에 빌립을 보낸 것은 하느님이었다. 그는 바울의 행로에서 계셨고 그를 회개시켰다. 하느님은 베드로를 백부장 고넬료에게 보내셨으며, 베드로는 "내가 누구이기에 하느님을 감히 거역할 수 있겠습니까?"(11:17)고 말할 수 있었을 뿐이었다. 음식물에 관한 법규와 순결에 관한 규칙들은 유대인 그리스도인들이 부정한 짐승을 먹는다는데 엄청난 장해물이었다. 이러한 규정들은 유대인 그리스도인들이 이방인과 함께 음식을 나눌 수 없게 했다. 그러나 하느님 자신이 베드로에게 부정한 동물을 먹도록 명령한 환상을 통해서 그러한 장애물을 제거했다(10:9-16).

5. 바울의 선교 여행들(13:1-21:17)

1. 바울의 1차 선교여행(13-14장)

1. 안디옥 교회의 선교: 구브로(13:1-15)
2. 요술쟁이와 총독(13:6-12)
3. 비시디아 안디옥에서 행한 바울의 설교와 그가 받은 박해(13:13-52)
4. 이고니온, 루스드라, 더베(14:1-20)
5. 안디옥에 돌아옴(14:21-28)

안디옥 교회 회의는 바울과 바나바에게 선교사업을 하도록 위촉했다(13:1-3). 그들이 선교여행에서 돌아 와서 회중들에게 "하느님이 자기들과 함께 행하신 모든 일과 어떻게 이방 사람들에게 믿음의 문을 열어 주신 것"을 보고했다(14:21-28). 이러한 여행중에 생긴 사건들은 본질적으로 다음과 같은 동일한 주제를 맴돈다. 설교는 메시지를 받아들이는 면과 거부하는 면으로 반응이 나타난다. 사도들은 병을 고쳐주고 돕는다. 그들은 박해와 중상 및 구타로 고생한다. 이에 대한 실례는 14장 19절 이하에서 간단히 보고되는 사건으로 충분하다. 즉 바울은 돌매를 당했고 성밖으로 끌려 나갔으며, 죽도록 버림을 받았다. "그러나 신도들이 바울을 둘러 섰을 때에 바울이 깨어 일어나 성 안으로 들어갔다." 이튿날 바나바와 함께 그의 선교여행을 다시 시작한다. 이러한 삽화를 보고하는 실제적이며, 너무 무미건조한 방식은 여기서 전설적인 발전이나 혹은 사도들의 기고만장(exaltation)을 차단한다.

2. 사도회의(15:1-33)

1. 할례요구(15:1-6)
2. 베드로와 바울, 그리고 야고보의 말(15:7-21)

3. 안디옥 교회에 보내는 편지: 사도적 법령(15:22-33)

사도회의의 결정사항들은 사도행전 15장과 갈라디아(2:1-10)를 비교하는 경우 여러 가지 문제를 제기한다. 여기서 주목할 만한 근복적인 것은 바울과 바나바의 이방선교가 인정되었다는 사실이다. 여전히 보류된 규칙들은 15장 20절과 29절에서 조금 다르게 표현되었다(참고. 21:25).

3. 바울의 2차 선교여행(15:35-40)

1. 바울과 바나바가 갈라짐(15:35-40)
2. 더베와 루스드라로부터 드로아에로(16:1-8)
3. 마게도냐 사람의 부름. 빌립보까지의 여행(16:9-12)
4. 빌립보 감옥에서 부른 찬양의 노래(16:13-40)
5. 데살로니가와 베뢰아(17:1-15)
6. 아덴에 간 바울이 아레오바고 법정에서 연설함(17:16-34)
7. 고린도에서 18개월을 보냄(18:1-17)
8. 에베소와 예루살렘을 거쳐 안디옥에로(18:18-22)

"믿는 무리가 한 마음과 한 뜻이 되었다"(4:32)는 것이 원시교회에 관한 표현이다. 그러나 이 문장이 이상적인 교회를 의미하지 아니한다는 것은 15장 사도회의에 상정된 기술적인 문제를 둘러 싼 논의에서 알게 된다. 또 다른 경우로서 제2차 선교여행 초기에 바울과 바나바 사이의 불화를 들 수 있다(15:35-40). 2차 선교여행중 가장 중요한 사건은 바울이 유럽으로 건너간 것이었다. 이러한 계획의 변화는 바울이 본 환상 때문이었는데, 바울은 그 환상중에 "마게도냐에 와서 우리를 도와 주시오"라고 외치는 것을 들었다(16:9-12). 여기에서 바울이 그의 선교를 어떻게 이해했는가를 알게 된다. 그가 전해야 했던 메시지는 도움을 필요로 하는 사람들에 대한 응답이었다.

빌립보에서 처음으로 입신한 사람은 여인이었으나(16:13-15) 다시 박해가 이미 시작되었다. 사도행전에서 특별히 전형적인 설화는 죄수가 어떻게 그리스도인이 되었는가를 말해 준다(16:16-40).

아덴에서 바울은 소위 아레오바고* 연설을 하는데, 이 연설은 상당히 희랍사상적 특색을 갖고 있다(17:22-34). 이 연설에서 통속 철학에서 온 많은 개념들이 발견될 뿐 아니라 희랍의 시인 아라투스(Aratus)**에게서 온 인용문도 발견된다(17:28).

바울의 연설은 "알지 못하는 신에게"(To an unknown god)라는 비문에 대한 언급 때문에 청중들의 관심을 샀다.

고린도에서 바울은 오랫동안 머물면서 천막 만드는 생업으로 생활했다. 특별히 고린도에 체재하는 동안에 그가 그를 배격한 유대인을 떠나 이방인을 위해 일하게 된 사정이 강조되었다(18:4-7). 유대인의 박해 때문에 그는 할 수 없이 이방인에게 옮겨 가야했다(18:18-22).

4. 바울의 3차 선교여행(18:23-21:17)

1. 갈라디아, 브루기아, 에베소에서 전도한 아볼로(18:23-28).
2. 세례 요한의 제자와 에베소(19:1-7)
3. 에베소에서의 바울의 활동(19:8-20)
4. 예루살렘과 로마 여행을 결심(19:21-22)
5. 은장이 데메드리오의 반항(19:23-40)
6. 여행을 계속함; 드로아에 체류(유두고)(20:1-16)
7. 밀레도에서의 작별(20:17-38)
8. 드로와 가이사랴를 지나 예루살렘에로 여행함(20:17-38).

---

* 역자 주: 아레오바고는 아덴에 있는 언덕이며, 유명한 법정이 있던 곳이었다. 아레오바고는 문자적으로 "Ares의 언덕"을 의미한다.

** "우리도 그의 자손이다"는 Aratus의 *Phaenomenon*에 나오는 말이다. "우리가 하느님 안에서 살고 움직이며, 또 하느님 안에 존재하기 때문이다"는 희랍의 7현중의 한 사람인 Epimenides에게서 온 인용문이다.

예언자 아가보(21:10-14; 참고. 11:27-30).

3차 선교여행의 첫 단계(18:23-19:7)는 그 무렵에 요한의 세례를 지키면서 널리 흩어져 살던 회중들이 있었다는 것을 보여준다. 그들 중 많은 사람이 그들의 지도자 아볼로와 함께 그리스도인 회중과 결합했다.

에베소에서 바울이 오랫동안 활동한 이야기는 헬레니즘 도시들이 소란스런 종교생활을 한다는 인상을 생생하게 한다. 에베소에는 그 무렵에 귀신을 내쫓고, 이 목적을 위해서 당시 가장 인기 있는 이름을 사용한 악귀축출자들이 있었다(19:13-20). 또한 아데미*의 지방제의를 이용한 큰 규모의 거래가 있었다. 하나의 그룹이 다른 그룹을 제거하고자 했을 때 그 도시를 소란하게 할 수가 있었다. 모든 사람은 무엇이 일어났는지를 실제로 알지 못한 채 뛰고 또 소리를 질렀다. 이러한 환경 속에 있는 작고 무기력한 그리스도인 회중은 갈길을 찾아야 했다. 비록 떠밀리고, 따돌림 받으며, 조롱받고 억울하게 고소를 받았을지라도, 그리스도인 회중은 계속 증가하고 또 발전했다.

제3차 선교여행을 묘사함에 있어서 특별히 주목할 만한 것은 여행에 관한 계속적인 보도가 행로에 있는 정거장들에 관해서 간단한 언급만을 내포한다는 사실이다. 그리고 그 사이에 서로 상관이 없는 작은 삽화들이 삽입된다. 이처럼 여행 보도(20:1-16)에 그리스도의 메시지가 세계로 전진하는 한 면으로서 심오하고 순수한 인간성을 밝혀주는 짤막한 장면이(21:7-12) 삽입되어 있다. 바울이 땅을 진동시킬 만한 설교를 하고 있는 동안에도 한 젊은이가 졸다가 삼층에서 떨어지는 사건이 생길 수 있었다. 그것은 예배가 너무 길었기 때문이었다.

---

* 역자 주: 아데미(Artemis)는 에베소의 최고의 여신이었다. 출산의 상징이며, 어머니 신으로서 아데미는 소아시아 전역에서 예배되었다. 이 여신의 신전은 고대 세계의 7대 불가사의 중의 하나였다.

그리고 이 젊은이를 치료하여 다시 살려낸 사람은 바울 자신이었다.

이러한 인간적 특성은 바울이 에베소의 장로들을 밀레도에 불러 모으고 행한 고별설교를 특징지어 주었다. 우리는 이 설교를 때로 사무엘의 고별사(삼상 12장)와 비교할 수 있다. 21장 10-14절에는 다시 초기 기독교 예언모습을 묘사하는 특이한 장면이 있다.

6. 죄수로서의 바울의 활동(21:18-28:31)

1. 예루살렘에서 죄수가 된 바울(21:18-23:35)

1. 야고보 앞에서의 바울의 보고와 야고보와 바울의 의견이 일치함(21:18-26)
2. 폭동. 병사들이 바울을 보호함(21:27-40)
3. 병영에 들어가기 전 바울이 자기를 변호함(22:1-22)
4. 바울이 그의 로마 시민권을 내세움(22:23-29)
5. 천부장이 바울을 산헤드린 의회 앞에 세운다(22:30)
6. 산헤드린 의회 안에서 일어난 소동(23:1-11)
7. 음모의 좌절(23:12-22)
8. 가아사랴 총독 벨릭스에게 바울이 호송된다(23:23-55)

여기서부터 마지막까지 바울의 운명을 조심스럽고 냉정하게 기술된 이야기가 계속된다. 어디에도 과장이나 지나친 강조가 없다 .바로 이러한 기술 방법을 통해서 미움을 받았고, 매를 맞으며, 혹독하게 박해를 당했던 한 죄수의 이야기는 승리를 거두는 방향으로 바뀌어진다. 이와 관련하여 생각할 것은 승리자는 바울이 아니라 그리스도였다는 점이다.

바울의 운명에 관한 이야기는 예루살렘의 유대인 그리스도인들이 이전과 같이 심히 회의적으로만 바울을 맞아들였다는 것으로 심상치 않게 시작한다(21:18-26). 유대인이 곧 그를 박해하기 시작했는데 (21:27-40) 그가 받은 박해는 예수의 체포를 현저하게 회상하게 한다. 그때와 같이 지금도 유대인들은 그들의 신앙을 배반한 자로 생각되는 자를 죽이려고 했다. 다행히도 로마의 천부장이 바울을 체포한 것이 그의 생명을 구하게 했다. 그러나 우리는 바울이 그의 생명에 관해서 무관심한 반면 그의 메시지에 관해서 큰 관심을 가졌다는 것을 느낀다. 이것은 그가 병영으로 끌려 들어가기 직전에도 그를 때리고 죽이려는 사람들에게 돌아서서 말하였다는 사실에서 드러난다. 바울은 자기를 변호하지만(22:1-22) 결국에는 그들이 바울을 다시 죽이고자 했다(22:22).

예수를 체포하던 때처럼 로마의 천부장은 어찌할 바를 몰랐다. 그는 바울을 채찍질하여 강제로 범행을 시인하게 하려고 했으나 여기서 바울은 그의 로마 시민권을 내세웠다(22:23-29). 이래서 그 천부장은 바울을 대제사장 앞에서 심문을 받게 한 후(23:1-11) 고등법원에 보내지 않을 수 없었다.

2. 가이사랴에서 영어의 몸이 된 바울

1. 벨릭스 앞에 선 바울이 그의 고소자들에게 응수함(24:1-21)
2. 벨릭스가 죄인을 옹호함(24:22-27)
3. 바울이 황제에게 상고함(25:13-27)
4. 베스도가 바울을 아그립바 왕에게 넘김(25:13-27)
5. 아그립바 앞에서 바울이 말함(26:1-29)
6. 아그립바가 바울의 무죄를 확인함(26:30-32)

바울을 증오해도 별 효과를 얻지 못한 유대인들이 이 부분(24, 25, 26장)에서는 점차로 후퇴한다. 바울에 대한 그들이 고소는 로마민들의 권위 앞에서 차차 사라진다. 이와는 달리 로마의 권위를 대표하는 사람들이 뚜렷한 윤곽을 드러낸다. 그들은 생생하고 동정적인 모습으로 묘사된다. 바울에 대한 소송, 즉 "나사렛 당의 괴수"(24:5)를 다루는 법정은 어느덧 유대인 법정에서 로마의 정의의 법정으로 바뀐다. 이 법정은 이 소송 사건을 정당하게 판결한다. 총결론은 바울에 대한 기소가 죽음에 해당한 범죄가 아니었다는 것이다. 동시에 우리는 이 이야기에서 로마 정권을 대표하는 자들이 바울이 그렇게도 위험을 무릅쓰고 전하고 있던 그 메시지에 개인적인 관심을 갖기 시작했다는 것을 감지한다. 이와 같이 해서 로마제국에서 복음의 성공적인 전진이 암시된다.

베스도와 아그립바 왕 앞에서 행한 바울의 연설(26장)은 강렬하고 거의 극적인 화법이다. 이 두 사람 앞에서 율법을 준수하던 유대인이며, 그리스도인들을 열심히 박해한 바울이 그에게 사명을 부여한 부활하신 주를 어떻게 만났는가에 관한 설명을 한다. 이제 바울이 로마의 권위를 대표하는 이 두 사람 앞에 서게 된 것은 이 사명을 완수하려는 데 있었다. 이 연설에서 바울은 단순하고 아주 인정어린 언어로 자기 앞에 있는 두 분을 단순히 통치인으로서 간주하지 않았다고 선언한다. 바울은 그들 역시 언젠가는 그리스도인이 될 수 있도록 하느님께 간구하였다(26:29).

3. 바울의 로마 여행(27:1-28:31)

1. 가이사랴로부터 그레데로 항해함(27:1-13)
2. 바다에서 만난 폭풍과 구출(27:14-44)
3. 멜리데 섬에서 체류(28:1-10)
4. 여행을 계속하여 로마에 도착함(28:11-16)
5. 로마에서 영어의 몸이 된 바울(28:17-31)

여기서는 확실히 목격자가 쓴 것으로서 특히 자세한 "우리"(We) 이야기는 완전히 자기의 상황에 인정하고, 이제 자기가 속한 작은 그룹의 사람들에 대하여 관심하게 된 사람으로서 바울 사도를 묘사한다.

그는 그들이 그리스도인인지 혹은 이방인인지에 관해서는 전혀 개의치 않고 그들 모두의 복지에 부심했다. 그래서 바울은 항해 벽두에 좋은 충고를 했다(27:9ff.). 그 다음 그는 다른 사람들이 이미 구출될 희망을 포기했을 때, 바다의 극심한 위험 속에서도 조용하고 자신만만하게 대처했다. 그는 실망한 그들을 격려할 수 있었다(27:20-26). 그리하여 결정적인 순간에 배에 탄 사람 전부를 구출했고(27:27-32), 자포자기에 빠진 그들을 권고하여 다시 음식을 들게 하였다.

이 그림은 세계에로 기독교가 더 퍼져나가는 데 중대한 의의가 있다. 바울은 자포자기한 이들에게 말했다. "그리고 바울이 이렇게 말한 후에 모든 사람 앞에서 떡을 들어 하느님께 감사를 드리고 떼어서 먹기 시작했다"(27:35). 그 다음 바울은 멜리데 섬에서 추장의 아버지의 열병을 고쳐 주었다. 멜리데 섬에서 파선된 배의 승객들이 피난처를 구했으며, 바울은 추장의 아버지외에도 많은 사람을 고쳤다(28:1-10). 이것은 마치 수고하고 무거운 짐진 자들을 돕기를 원하신 구세주가 복음을 통해서 인류에게 오시고 있었다는 것이, 바울이 로마에 도착하고 그래서 박두한 드라마가 전개되기 전에, 다시 뚜렷하게 밝혀져야 한다는 것 같다. 바울은 이 복음을 전하는 사자였다.

바울은 자기 처소에 연금된 채 로마에 체류하도록 허락되었다. 그는 또한 "내가 이 쇠사슬에 매인 것은 이스라엘의 희망 때문입니다"(28:20)라고 유대인들에게 명백하게 하려 시도했던 대로, 자기의 영향력을 지속할 기회를 가졌고, 마지막으로 유대인에게 다시 복음의 유효함을 납득시킬 기회가 있었다. 그는 다만 그들에게 그들의 마음이 완악하다는 것은 벌써 이사야 선지자가 선언한 것이며(6:9-10), 그러기에 구원은 이제 이방인에게 넘어갔다는 것을 말할 수 있었을 뿐이었다(28:17-28). 그리고 사도행전은 "아무런 방해도 받지 않고 아주 담대하게 하느님 나라를 전하고 주 예수 그리스도에 대한 사실을 가르치는"(28:30) 바울로 끝난다.

제2부

바울서신

7. 로마서

로마서는 바울이 기원 55년에서 56년 어간 겨울에 고린도에서 썼다는 것이 거의 확실하다. 그 때 그는 예루살렘 방문을 준비하고 있었다. 그는 예루살렘을 위해 모금한 헌금을 전달하기를 원했다(참고. 고후 8-9장). 그리고 나서 로마제국의 서반부, 심지어 스페인에서 선교사업을 하기를 원했고, 그 도중에 로마를 방문했으면 하고 원했다.

로마에는 무명의 그리스도인이 세운 교회가 이미 있었다. 보통 바울은 아직 교회가 없는 지역에서 복음을 설교할 것이라는 원칙을 견지했다. 그러나 그는 서방에서 선교하려면 로마 교인들의 도움이 필요했다. 바울은 그의 스페인 여행을 로마교인들이 도와줄 것을 기대했으며(15:23-24,28), 이제 로마서를 써 자신을 소개하고자 했다. 이와 같이 우리는 로마서에서 "땅끝까지" 복음이 전진하는 것을 이내 깨닫게 된다. 이 서신에서 밝혀진 메시지는 당시 사람들에게 알려진 땅끝까지 복음의 사자들을 가도록 하는 불가항력의 능력이었다(1:16).

로마서의 상황은 특수한 것이었으므로 바울은 다른 편지를 쓸 때와는 달리 로마교회가 제기한 질문들과 요구 또는 문제들을 해결하며 대답하려고 할 필요가 없었다. 이러한 책임을 전혀 느끼지 않고 오히려 그가 선포했던 바 예수 그리스도에 관한 메시지를 발전시킬 수 있었다. 이러한 이유 때문에 로마서는 분명하고 분간하기 쉬운 구조로 되어 있다. 로마서는 바울이 처음에 그의 고백으로서 명확히 명시하고 있던(1:16-17) 메시지를 설명한다.

이 로마서는 우선 교리가 아니라 메시지다. 이 서신의 기본적인 특징은 구약의 감사시의 특징, 말하자면 선언, 서론적 요약, 비참한 욕구를 되새김, 구출에 관한 이야기, 구원 받은 자의 응답 등의 특징들과 희미하게나마 유사한 면을 갖고 있다.

물론 로마서의 중요한 면은 이런 스케치로서는 다 말하지 못한다. 이것은 바울이 그의 서론적 요약(1:16-17)에서 구약의 성구 "그러나 의인은 믿음으로써 살리라"(합 2:4)를 언급하는 방법이다. 이러한 구약과의 관계와 그러므로 옛 계약의 하느님 백성과의 관계는 로마서 전체를 통해서 명백하다. 첫 부분(3:10-18)의 결론적 요약은 구약을 인용함으로써 세밀히 문서화된다. 둘째 부분이 시작되는 아브라함에 관한 것(4장)은 의인(justification by faith) 사상에 대한 최초의 성서적 실례를 지적한다. 5장 12-21절은 아담과 그리스도를 대조하며 7장은 그리스도 안의 새 생명과 율법 아래 있는 생명을 대조한다. 이런 사상계열은 바울이 이스라엘의 운명을 문제삼는 삽입구적 부분(9-11장)에서 가장 현저하게 드러난다.

로마서의 주요 구분은 다음과 같이 그릴 수 있다.

1:1-17	1:18-3:20	3:21-8:39	9:1-11:36	12:1-15:33	16

1. 서론(1:1-17)

인사로서 발신자(1절)와 수신자(7절 상반) 그리고 문안(7절 하반)이 언급된다. 발신자의 언급은 복음을 최초로 알기 쉽게 바꾸어 말함으로써 보다 충분히 확대된다(1:2-4). 바울은 이 복음을 전하는 사자다(1:5). 이 인사는 또한 편지의 수신자인 로마교회 역시 포함한다. 이어서 바울이 방문하고자 하는(1:8-15), 로마교회 회중의 신앙 때문에 하느님께 드리는 감사가 표현된다. 바울은 지금 그가 그들에게 진술하고 있는 메시지를 가지고 그들에게 가고자 한다.

1부

2. 하느님의 진노 아래 있는 이방인과 유대인(1:18:3-20)

1. 하느님 뜻을 알 수 있었던 이방인(1:18-32)
2. 하느님 뜻의 계시를 받은 유대인(2:1-3:8)
3. 그들은 모두 죄의 지배아래 있다(3:9-20).

모든 사람을 위한, 그리스도를 믿는 신앙을 통한 하느님의 의의 계시(1:16-17)는 다른 모든 구원의 길이 끝났다는 것을 증명한다. 바울은 이 사실을 이방인과 유대인들에게 시사한다. 이방인까지도 하느님을 알 수는 있었다. 창조 이래로 하느님의 보이지 않는 본성을 감지할 수 있었기 때문이다. 그러나 그들은 하느님을 하느님으로서 존경하지 않았고 그대신 우상을 숭배했다. 그러므로 하느님은 그들을 그들의 어리석음대로 방치하셨다(1:18-32).

그런데 그들에게 위탁된 율법에 의존하고, 할례 때문에 그들이 하느님 백성에 속했다는 사실에 의존해 온 유대인도 하느님의 진노 아래 있다. 그들이 스스로 다른 사람들을 판단하는 위치에 있으면서도 그들 자신이 동일한 행동을 하고 있는 만큼 하느님의 진노 아래 있는 것이다. "하느님은 무사공평하시기 때문이다"(2:11)고 바울은 선언한다. 율법 없이 범죄하는 자나 율법 아래서 범죄하는 자나 하느님 앞에서는 똑같다(2:1-3:8).

그러므로 아무도 율법의 행위로써 의롭게 될 수 없다. 성서가 말하는 대로 모든 인간은 죄의 지배 아래 있다(3:9-20).

2부

3. 의인(義認)의 은사(3:21-8:39)

1. 새로운 메시지: 믿음으로 의롭게 됨(3:21-31)
2. 신앙의 조상, 아브라함(4:1-20)
3. 믿음으로 의롭게 됨은 그리스도 안에 있는 우리에게 주어진 것이다(5:1-7:25)
   1. 그리스도의 죽음은 우리를 하느님과 화해시켰다(5:1-11)
   2. 한 사람을 통해서 죄와 죽음이 세상에 들어온 것처럼 한 사람을 통해서 무죄방면과 생명이 들어 왔다(5:12-21)
   3. 우리는 그리스도의 죽음에 연합하여 세례를 받으며, 그와 함께 부활한다(6:1-11)
   4. 죄에서 자유하여 의를 섬기는 삶(6-12-23)
   5. 죄에서 자유하여 새로운 영적 존재가 됨(7:1-6)
   6. "생명을 약속한 계명이 나를 죽음으로 인도했다. 나는 얼마나 비참한 인간입니까?"(7:7-25)

4. 의인(義認)으로 인해서 새 생명이 우리에게 주어진다(8:1-39)
   1. "아무도 그리스도 안에 있는 자는 정죄받지 않는다"(8:1-11)
   2. 우리는 이제 하느님의 자녀들이며 그리스도와 함께 상속할 사람들이다(8:12-17)
   3. 현재의 고난도 예수 그리스도 안에 있는 하느님의 사랑에서

우리를 더 이상 끊지 못할 것이다(8:18-39)

(1) 피조물이 간절한 마음으로 하느님의 아들들이 나타나기를 고대한다(8:18-22)

(2) 우리는 소망가운데서 구원을 받는다(8:23-25)

(3) "성령 자신이 우리를 위해 중재하신다"(8:26-27)

(4) "하느님은 그를 사랑하는 자들과 함께 모든 것을 선하게 해주신다"(8:28-30)

(5) "만일 하느님이 우리편이면 누가 우리를 대적하겠습니까?"(8:31-39)

로마서의 이 근본적인 부분에서 바울은 아주 상세하게 의인에 관한 메시지를 진술한다. 이 의인 사상은 바울이 1장 16-17절에서 이미 말했다. 여기서 바울은 최초로 그의 신앙고백으로서 의인사상을 형성했고, 이 사상을 발전시키는 처음 부분이 기쁨에 넘친 고백(8:31-39)을 함으로써 끝나고 있다. 이것은 바울이 이 중심 부분에서 거의 계속해서 일인칭으로 말해 왔다는 것과 일치한다. 이처럼 의인 사상에 대한 신학적 반성과 그 설명은 고백에서 시작해서 고백으로 마친다.

이 사실을 특별히 인상깊게 7장에서 8장으로 전환하는 데서 명백해진다. 율법 아래 있는 실존을 서술하는 7장은 "나는 얼마나 비참한 인간인가? 누가 이 사망의 몸에서 나를 구원해 주랴!"의 절규로 끝나고 있다. 이 절규는 갑자기 기쁨에 찬 구원의 부르짖음으로 바뀌어진다. "우리 주 예수 그리스도를 통한 하느님께 감사하노니." 이것은 실제로 새로운 삶을 얻은 사람의 즐거운 소리다. 8장에서 이 새로운 삶이 기술된다.

이방인이든 유대인이든 하느님의 진노 아래 있는 인간에게 남은 것은 결국 절망의 절규밖에는 없다. 그러나 그리스도는 이 탄식에 대한 하느님의 대답이며, 그에 관한 약속을 듣는 사람은 이제 구원과 자유

안에서 구속된 자의 의기양양한 고백(8:31-39)에 동참할 수 있다.

그런데 그리스도는 죽음의 몸에 갇힌 바 되어 있는 모든 인간의 탄식에 대한 해답이므로 자유케 하는 메시지는 온 세계에 전파되어야 한다. 이 이유 때문에 바울은 모든 이방인들 사이에서 복음선포를 위해 따로 세우심을 받았다(1:1-7). 이 이유 때문에 그는 또한 땅끝까지 이르러 복음을 전파하는 운동에 로마교회를 포함시켰다.

그리스도 안에서의 하나님의 구속의 행위에 관한 신학적, 개념적 표명은 의인개념(1:16-17)으로부터 근본적인 명제에까지 계속해서 나타난다. 이 명제는 3장 28절에서 형성되었다. 즉 "사람이 의롭다함을 얻는 길이 율법적 행위에 있는 것이 아니라 믿음에 있다는 것을 우리는 확신한다." 바울은 이 원리를 구약과 반대의 입장에서는 아니지만 그 당시의 유대교의 가르침과 정반대의 입장에서 진술한다. 이것이 4장에서 그가 논증하려고 의도한 바다. 그의 주장은 아브라함이 할례를 받음으로써가 아니라(4:9-12), 또 행위에 근거해서가 아니라(4:13-15), 신앙에 근거해서 하나님이 의롭게 여기셨다(창 15:6)는 것이다. 이렇게 해서 아브라함은 믿는 이들의 신앙의 조상이 되었다(4:16-25). 하느님은 그리스도를 통해서 무리를 구원하심으로써 똑같은 일을 입증하셨으며, 그리스도는 우리가 죄인되었을 때에 우리를 위하여 죽으셨다는 것을 보여 주셨다(5:1-11). 그것은 우리가 오로지 신앙으로만 하느님과 함께 은혜와 평화에 접근할 수 있게 하려는 것이었다.

모든 사람을 위해서 계획되는 이 하느님의 행위는 결정적인 것이기 때문에 그 행위는 세계사의 중심에 두 시기의 전환점으로서 의미있다. 한 시기는 아담에 의해서 결정된 것인데 죄와 사망이 지배되고, 그것은 한 사람의 범죄로 된 것이다. 그리스도에 의해서 결정된 또 다른 시기는 주입된 의의 선물로 지배되며, 그것은 한 사람의 의로운 행위로 인한 것이다(5:12-21). 믿는 자 개개인은 세례를 받음으로써 이같은 선물을 받게 된다. 세례를 통해서 그리스도의 죽음과 부활에 동참한다. 그래서 죽음과 죄는 더 이상 그를 지배하지 못한다(6:1-11). 그리스도인의 행위에 관련해서 이것이 의미하는 것은 죄의 노예상태에서 완전히 자유하다는 사실이다. 그 자유는 전 존재*를 기울여 하느님을 섬기는 것이며 의를 위한 섬김을 위한 자유다(6:12-23). 동시에 율법에 의해서 육에 속박된 데서의 자유이자 성령 안에서 새로운 봉사를 위한 자유다(7:1-6).

바울은 이 변화를 율법아래 있는 실존(7장)과 그리스도 안에 있는 삶(8장)을 대조시킴으로써 설명한다. 7장은 어떻게 율법이 인간을 죄와 죽음의 노예 상태에까지 이르게 하는가를 설명한다. 율법자체는 선하다. 그것은 생명에 이르게 해야 하지만, 율법이 탐욕을 자극하므로 율법은 결과적으로 죄와 죽음을 가져온다. 율법은 인간 실존을 절망적이며, 심한 갈등 속으로 인도한다.

그리스도는 이런 상황속으로 오셨으며, 우리를 죄와 죽음으로부터 자유하게 하셨다(8장). 이제는 더 이상 그리스도 안에 있는 자들에게 정죄함이 없다(8:1-11). 그들은 하느님을 아빠라고 부를 수 있고, 아빠에게 아주 가깝게 다가서게 하는 아들됨의 영을 받았다(8:12-17). 마지막 부분(8:18-39)에서 그 범위가 크게 확대된다. 그리스도 안에서 이루어진 구원은 죄 아래 눌린 속박상태에 만이 아니라 모든 피조물과 함께 우리가 참여하는 고난에 종속되는 실제까지 확대된다. 모든 피조물은 하느님의 아들들과 더불어 마지막 구원을 간절한 마음으로 대망한다(8:18-22). 우리들 자신은 고난으로부터 옮겨지는 것은 아니지만 소망중에 구원을 받는다. 그런데 성령이 현시대에 남은 재난 속에서 우리를 위해 중재하신다(8:26-27). 그러므로 믿는 이는 "모든 것이 선을 이루어야 한다"(8:28-30)는 확신을 가지고 그에게 닥쳐올지도 모를 어떤 것에도 대결할 수 있다.

이와 같이 마지막에 바울은 그의 신뢰에 기쁨에 넘친 확신을 가지

---

* 이것은 12:1ff.에서 취급된다.

고 다음과 같이 고백할 수 있다. "자기 아들을 아낌없이 우리 모든 사람을 위하여 내어주신 그 분이 어찌 그와 함께 모든 것을 우리에게 은혜로 주시지 않겠습니까?"(8:32).

4. 이스라엘의 운명에 대한 문제(9-11장)

1. 바울은 이 문제에 대하여 깊은 관심을 기울였다(9:1-5).
2. 약속은 무효화되지 않았다(9:6-13)
3. 하느님은 유대인과 이방인으로부터 그의 새 백성을 부르셨다. 그러나 이스라엘의 남은 자만이 현존한다(9:14-10:3)
4. 믿음의 말씀을 가까히 함(10:4-17)
5. 이스라엘 역시 말씀을 들었다(10:18-21)
6. 그러면 하느님이 그의 백성을 버리셨는가?(11:1-16)
7. 부러진 가지와 접붙여진 가지(11:17-24)
8. "이방사람들이 들어와 그 수가 찰 때까지 일부 이스라엘 사람들이 완고해진 대로 있으리라는 것"(11:25-32)
9. "그의 길을 알아 낼 수 없도다"(11:33-36)

9, 10, 11장은 신약중에서 이해하기 가장 어려운 부분중의 하나다. 시작과 결론은 명백하다. 바울은 옛 계약의 하느님의 백성에 관한 문제로 인해서 중심으로 고민했다. 만일 그의 민족을 구원할 수 있는 방편이라면, 그는 기꺼히 저주를 받아 그리스도에게 끊어지는 것도 감수하고자 했다(9:3). 이러한 인간적인 난처한 감정이 첫 부분(10:1-3)의 마지막에서 다시 터져나온다. "내 마음의 깊은 소원과 하느님께 대한 간절한 기원은 그들이 구원을 얻는 것입니다." 우리는

동시에 바울이 자기에게 가장 심한 박해를 했으며, 그를 계속해서 지독히 증오한 사람들에 관해서도 같은 기원을 했다는 것을 기억해야 한다.

11장 33절 이하에는 하느님을 찬양하는 놀라운 말씀들이 있다. 그 찬양은 "오, 하느님의 부요와 지혜의 깊음이여"란 말로 시작한다. 여기서 바울은 하느님의 헤아릴 수 없는 판단 앞에 고개를 숙인다. 그것은 헤아릴 수 없고 그 앞에서는 그 자신의 사상에 관한 한 단념해야만 했다. 이 마시막 말씀들은 보든 바울의 사려깊은 설명이 그의 백성의 처지에 관한 하느님의 섭리의 신비를 꿰뚫을 수 없다는 것을 아주 명백히 표현한다.

이러한 설명들에서 부각되는 가장 중요한 특징은 그것들이 사건들의 현상 이상을 가리키는 방법이다. 비록 이스라엘의 남은 자만이 이제 새 백성에 속한다고 해도 그것이 이스라엘에 대한 하느님의 마지막 말씀은 아니다. 그러므로 접붙임을 받은 가지들은 꺾어진 가지들 위에 올라서서는 안된다. 마음이 완고하게 된 사람들과 그리스도를 믿는 사람들 사이의 분리는 하느님이 그의 백성과 함께 하시는 역사의 마지막은 아니다. 이러한 생각이 반영된 10장 4-17절 가운데서 바울은 그리스도의 메시지에서 멀리 떨어져 있는 사람들을 초청한다. 그는 어떻게 인간이 그리스도를 믿게 되는가를 특별히 아름답고 분명하게 기술하는 가운데 저 초청을 한다. 증인을 파송하는 것에서부터 설교와 들음과 믿음과 아버지라고 부르게 되는 것이 연쇄적으로 일어난다. 이처럼 이 난해한 장(章) 한가운데서 첫 부분의 목표가 다시 거론된다. 즉 신뢰 안에서 한 아들이 아버지에게로 돌아온다는 목표가 재론된다.

5. 새로운 하느님 예배(12:1-15:13)

1. 산 제사와 영적 예배(12:1-2)

2. 한 몸의 지체(12:3-8)
3. 공동 삶에 관한 훈계(12:9-21)
4. "모든 사람은 위에 있는 권세에 복종한다"(13:1-7)
5. "사랑이 율법의 완성이다"(13:8-10)
6. 그 날이 가까웠다. 정신차리자!(13:11-14)
7. 약한 자를 환영(14:1-12)
8. 너희들의 형제에게 거침이 되지 말라(14:13-23)
9. 강한 자는 약한 자를 도와 주어야 한다(15:1-6)
10. "서로 서로 환영하라"(15:7-12)
11. "평화의 축복"(15:13)

로마서 마지막 부분에 있는 많은 훈계들은 첫 부분과 결합시키는 두 단락에 의해서 가장 잘 분별될 수 있다. 첫째 단락은 12장 1절의 "내가 하느님의 모든 자비하심으로 네게 권한다"는 훈계다.* 이 훈계는 그리스도 안에서의 새로운 삶이 하느님의 새 예배로서 이해된다는 것이다. 둘째는 "때가 어느 시점인지를 아는 것"에 관한 단락이다. 왜냐하면 밤은 지나가고 낮이 가까웠기 때문이다(13:11-14). 여기 낮에 있는 것처럼 단정하게 행동하라는 훈계가 있다.

1. 영적 예배(12-13장)

본서 마지막 부분에서 제의적, 경건한 유형의 훈계가 완전히 눈에 띄게 결여된 이유는 그리스도인의 새로운 삶이 영적인 예배로서 그리고 산 제사로서 생각되고 있다는 사실이다. 회중의 공중 예배는 그 교회의 지체들이 세상에서 행동하는 방법에 의해서 성취된다. 그러나

* 3-8장은 "하느님의 모든 자비하심"이라는 구(phrase)로 요약된다.

이에 대해서 본질적인 것은 회중이 그리스도 안에서 한 몸을 이루는 것이며, 믿는 자들은 스스로 각자의 은사를 가지고 이 몸의 지체가 된다는 사실이다(참고. 12:3-8; 고전 12-14장). 이 개념은 많은 개개의 훈계들에서 발전되며(12:9-21), "사랑은 순수하게 하라"는 문구로부터 시작해서 "그러므로 사랑은 율법의 완성"(13:8-10)이라는 문장으로 끝난다. 그 사이에 권위에 복종하라는 훈계가 있다(13:1-7).

2. 그리스도 안에서의 새로운 삶(14:1-15:13)

이 부분은 근본적으로 그리스도 안에서의 새로운 삶에 대한 한 증거와 관계 있다. 즉 강자와 약자가 평화롭게 함께 살아가는 새로운 삶, 말하자면, 아직도 전통에 강하게 묶여 있다고 스스로 생각하는 사람들과 전통은 이제 그들에게 더 이상 의미가 없다고 생각하는 사람들이 서로 평화롭게 살아가는 새로운 삶을 취급한다. 바울은 어느 편도 들지 않으나 상대방을 정죄하는 것과 또는 무시하는 일이 없도록 경고한다(14:1-12).

이 훈계중에 그리스도의 새로운 삶에 관한 깊은 바울의 통찰이 드러났다. "우리 가운데 자기 자신을 위하여 사는 사람도 없고 또 자기 자신을 위하여 죽는 사람도 없습니다. 우리는 살아도 주를 위하여 살고 죽어도 주를 위하여 죽습니다. 그러므로 살든지 죽든지 우리는 주의 것입니다"(14:17-18). 이 새로운 삶에 관한 한 자기 자신의 원칙을 주장하는 것보다 형제를 걸려 넘어지지 않게 하는 것이 더 중요하다(14:13-23). 이것과 관련해서 강한 자는 특별히 약한 자를 도와 줄 의무가 있다(15:1-6).

바울이 사랑을 언급하는 틀 안에 첫 그룹의 훈계들을 배치하는 것처럼 이 둘째 그룹의 훈계들은 "서로서로 환영하라"(15:7-12; 참고. 14:1)는 권고로 끝나고 있다. 이 점에서 바울은 로마서를, 평화를 기원하는 염원으로 결론한다(15:13). 그 염원의 첫 부분은 15장 5-6절이다.

6. 후기(15:14-33)

1. 로마서의 정당성(15:14-21)
2. 그의 방문에 관한 알림과 설명(15:22-29)
3. 바울은 로마에 있는 회중의 주선을 요구한다(15:30-32)
4. 평화의 축복(15:33)

이 후기에서 바울은 그의 로마서의 중요성을 설명한다(15:14-21). 그는 그가 로마에 가려 한다고 알리며(15:22-29), 그 곳 회중의 주선을 요구한다(15:30-32). 그리고 이 후기는 평화에 대하여 또 한 번 기원을 함으로써 끝맺는다(15:33).

16장은 로마서의 추가문이다(16장은 로마 교회를 위한 것인지 혹은 다른 회중을 위한 글인지 불확실하다. 아마도 에베소 교회에 보낸 것일 것이다.) 16장은 그 교회에 뵈뵈(16:1-2)를 추천하는 것과 거짓 교사에 대한 경고(16:17-20)와 축복(16:25-27)은 물론, 서로 문안하는 사람들이 긴 명단을 내포하고 있다.

8. 고린도전서

바울은 그가 세운 고린도 교회에 주후 53년 에베소에서 이 편지를 써보냈다. 이 편지에서 그는 고린도 교회가 그에게 보낸 편지에(고전 7:1에 언급됨) 대해서 대답한다. 이것은 차례로 보아서 불행히도 현재 남아 있지 않은 최초의 편지에 대한 바울의 반응이었다. 현재의 고린도전서에서 우리는 사도가 잠시 동안 그들과 함께 있은 다음 그들만 남겨두었던 처음 선교에서 세운 회중이 성장하는 것을 엿볼 수 있다. 이것이 이 회중 편지의 깊은 의미를 설명한다.

이렇게 지도자 없는 교회에서 문제들이 생긴 것은 불가피했다. 고린도 교회에는 특히 보다 깊은 영적 이해를 소유했다고 자인하는 사람들과 비교적 단순한 일반 민중으로 간주된 사람들 사이에 분열이 고조되었다. 여기에 여러 갈래의 파쟁이 추가되었다.

바울은 이 편지에서 고린도 교인이 편지를 통해서 그에게 제의한 일련의 문제들에 대해서 대답한다. 고린도전서의 배열은 이 관점에서 결정되었다. 바울이 일정한 순서 없이 하나 하나 나열한 많은 주제를 다음과 같이 대체로 배열할 수 있을 것이다.

1. 회중의 파쟁(1:1-4:21)
2. 회중의 도덕적 문란(5:1-6:20)
3. 세상에서 사는 회중(7:1-11:1)
4. 회중의 공중예배(11:2-14:40)
5. 죽은 자의 부활에 관해서(15:1-58)
6. 결론(16:1-24)

고린도전서를 도표 형식으로 나타내면 다음과 같다.

1:1-9	1-4	5-6	7-10	11-12	13	14	15	16

1. 인사(1:1-9)

이 편지의 발신자, 수신자, 장소, 인사(1:1-2)를 언급한 다음 고린도 교인이 받은 풍부하고 다양한 하나님의 선물과 은혜에 대한 감사가 표현된다. 이 풍요함으로 통해서 신실한 하나님은 그리스도의 재림 때까지 그들을 굳게 세워 주실 것이다.

2. 고린도 교회의 분열(1:10-4:21)

1. 파쟁 형성에 반대하여 하나가 될 것을 호소함(1:10-17)
2. 십자가의 메시지에 나타난 하나님의 능력(1:18-25)
   1. 고린도 교회가 시사하는 대로(1:18-25)
   2. 바울의 고린도 출현이 시사한 대로(2:1-5)
      하나님의 지혜(2:6-16)
   3. 고린도 교회 분열이 시사한 대로(3:1-4; 참고. 1:12)
3. 회중의 기초와 구조(3:5-23)
   1. 사도들은 그리스도의 종일 뿐이다(4:1-8)
   2. 그리스도의 종이 받을 고난과 치욕(4:14-21)
4. 권고(4:14-21)

이 편지의 첫 부분은 하나로 일치하도록 권고함으로 시작해서 같은 방법으로 다시 끝맺는다. 이 권고의 바탕은 두 사상 계열을 따른다.

(1) 십자가의 말씀은 능력이다(1:18, 24).* 십자가의 말씀에서 계시된 하느님의 지혜는 어리석음과 거리낌을 가장하여(1:18-25) 십자가에 달린 그리스도의 설교 안에 감추인 지혜다. 이 감추임은 고린도 교회의 구성(1:26-31)에서와 바울의 고린도 출현 및 진일보한 분열이 있었다는 데서도 암시된다. 이렇게 언급함으로써 바울은 그의 출발점에 돌아간다(1:10-17). 그 사이에 하느님의 지혜에 관한 어려운 말이 있다. 이 장귀는 2장 6-16절에서 삽입구의 위치에 선다.

(2) 둘째의 사상계열에 따라 바울은 지혜의 은닉성을 십자가를 설교함으로써 확실하게 한다. 그는 사도직을 가졌다는 관점에서 그렇게 한다. 그는 자신들을 바울파와 아볼로파라고 자처하는 파쟁 속에 있기 마련인 사도직의 그릇된 관념이 있다는 것을 시사한다. 사도들은 각자 자기의 특수한 과제를 갖고 있는 종에 불과하다. 이것이 교회와 그 구조의 결정적인 기초다. "하느님께서 예수 그리스도를 기초로 삼았으니 이 기초 외에 다른 기초를 놓을 수 없습니다…"(3:5-23).

사도들은 그리스도의 일꾼이며 하느님의 비밀을 맡은 관리인이다. 관리인에게 요청되는 모든 것은 그들의 신실성에 달려 있다(4:1-8). 이 신실성은 고난과 치욕에서 확실하게 되어야 한다. 만일 십자가의 설교의 은닉성이 분명하다면 그것은 여기에서다. 즉 "하느님께서 우리 사도들을 마치 죽이기로 작정한 사람처럼 맨 끝자리에 세워 온 세계와 천사와 사람들의 구경거리가 되게 하셨습니다"(4:9). 고린도인의 영적인 자만에 대해서 이상과 같이 미묘하게 견책한 후에 바울은 그의 권고를 되풀이 한다.

* 로마서 처음에 나오는 주제도 역시 하느님의 능력에 관심한다.

3. 회중의 도덕적 문란(5-6장)

영적 교만은 회중의 도덕적 문란을 야기시켰다. 바울은 그가 든 실례들을 인용한다. 즉 근친성교의 경우(5:1-5)로서 바울은 이 경우를 들어 부도덕한 회중의 구성원과의 공동생활을 경고한 것(5:6-13), 성도들의 분규를 세상 법정에 고소하여 중재를 요청함(6:1-11), 부도덕한 죄들(6:12-20)이 그것이다. 이러한 문란 하나 하나와 관련해서 바울은 그리스도인되는 명예와 위엄을 회중에게 보여 준다. "여러분은 여러분의 몸의 성령의 전이라는 것을 알지 못합니까?"

4. 세상에서 사는 회중(7:1-11:1)

1. 결혼과 독신에 관해서(7:1-40)

1. 독신의 유리한 점과 결혼의 양해(7:1-9)
2. 이혼에 관한 주의 명령(7:10-11)
3. 그리스도인과 이방인 간의 결혼에 대한 충고(7:12-17)
4. "모든 사람은 그가 부름 받던 그 때의 상태대로 머물러야 한다"(7:18-24)
5. 미혼자에 대한 충고(7:25-38)
6. 과부에 대한 충고(7:39-40)

2. 우상제물을 먹는 일에 관해서(8:1-11:1)

1. 우리에게는 한 하느님만 계신다(8:1-6)
2. 그럼에도 불구하고 약한 자를 생각하여(8:7-13)
3. 바울은 그의 생계비를 요청할 권리를 포기했음(9:1-18)
4. 그는 스스로 모든 사람의 종이 되었다(9:19-23)
5. 운동하는 사람은(9:24-27)

6. 광야에서의 이스라엘인(10:1-13)
7. "주의 식탁이냐, 귀신들의 식탁이냐"(10:14-22)
8. "성나게 하지 말라!"는 권고(10:23-11:1)

여기서 바울이 결혼에 대해서 말하는 것은 주님의 임박한 재림의 대망을 전제한다. 이 관점에서 그는 독신에 우선권을 두며, 음란에 빠지지 않기 위하여 결혼의 가치를 인정한다(7:1-9). 다른 데서와 같이 여기서도 바울은 그리스도인들에게 그들이 처음 소명을 받았던 상태로 머물 것을 권고한다(7:18-24). 이 권고는 그리스도인과 이방인 간의 결혼에도 적용한다(7:12-17). 바울이 미혼자(7:25-8)와 과부(7:39-40)를 위해 말하는 교훈은 모두 같은 의도에서 나온다. "나는 당신들이 모든 염려로부터 자유롭기를 원합니다"(7:32-36; 참고. 28절). 그러므로 "마치 우리는 가지지 아니한 것처럼 가진다"는 진술이 결혼에도 적용된다. 7장에서 바울이 관심하는 것은 삶의 질서로서의 결혼이 아니라 주께 향한 그리스도인의 온전한 헌신이다. 바울이 말한 대로 "시간이 짧기 때문이다."

우상 앞에 놓았던 제물에 관한 문제는 본질적으로 그 당시의 사회생활에 그리스도인의 참여 논쟁과 관련이 있다. 그는 "오직 한 분 외에는 신이 없습니다!"(8:1-6)고 말하기 때문이다. 그러나 이러한 이해가 사람들마다 똑 같지는 않았다. 그러므로 양심이 약한 사람을 십분 고려해야 한다. 하나의 관점을 다른 사람에게 강요하면 바른 이해가 손상되기 때문에 그것은 타인에게 거리낌이 된다(8:7-13; 10:23-11:1).

바울은 다시 1-4장에서와 같이 자신이 경험한 것을 예를 들어 말한다. 그는 그의 교회 봉사를 위해서 지원을 요구할 권리를 가졌지만 이 특권을 포기했다(9:1-18). 더욱이 그는 복음을 위하여 스스로 모든 사람을 섬기는 종이 되었다(9:19-23). 그는 없어지지 않을 월계관을 얻기 위해서 모든 것을 단념할 수 있었다(9:24-27).

바울은 교회의 향상을 광야 시절의 하느님의 옛 백성과 비유하고 (10:1-13), 그때의 시련과 현재의 시련을 비교한다. "자기가 서 있는 줄로 생각하는 사람은 넘어지지 않도록 조심해야 합니다"(10:1-13). 10장 14-22절의 단락은 보다 큰 부분(11:2-14:40)과 벌써 통하고 있다.

5. 회중의 예배(11:2-14:40)

1. 공중예배시 여자는 머리에 너울을 쓸 일(11:2-16)
2. 주의 만찬의 부당한 참여(11:17-34)
3. 성령의 선물(12:1-14:46)
   1. 성령의 선물은 다양하나 성령은 하나이심(12:1-11)
   2. 한 몸의 많은 지체들(12:12-31)
   3. 사랑의 노래(13:1-13)
   4. 알아들을 수 있는 말과 방언(14:1-25)
   5. "모든 것을 질서있게 행하라"(14:26-40)

여기 초대 그리스도교 예배에 관한 바울의 관찰은 우리들의 예배 형식에서 거의 완전히 제거된다. 그러므로 본질적인 점들에 특별히 주목하는 것이 무엇보다 중요하다. 바울은 예배형식(11:2-16; 14:26-40)과 주의 만찬의 공적 거행(11:17-34) 및 주를 섬기는 말(12:1-14:40)들에 관해서 말한다.

이 부분 전체의 중심은 바울의 사랑의 찬가다. 이것은 실로 그리스도인의 공중예배에 관한 그의 결정적인 말이다. 12장과 14장의 중간에 위치함으로써 이 사랑의 노래는 무아경의 방언에 대한 알아 들을 수 있는 말(예. 교회에 덕을 세우는 말)의 우위성을 확실하게 한다. 후자는 성령의 선물중에서 가장 뛰어난 것으로 간주되었다. 바울은 "방언하는 사람은 자신에게만 덕을 세웁니다"(14:4)고 말한다. 우리는 방언이 종교적 개인주의의 표현이라고 말해도 무방할 것이다. 그러나 이것이 그리스도교 예배의 목적은 아니고 오히려 그리스도의 몸으로서 모든 사람이 지체가 되는 교회의 "설립"을 위한 것이다. 그런데 사랑은 그리스도인만이 아니라 그리스도인이 아닌 사람을 위로하고 권면할 수 있는 설교와 알아들을 수 있는 언어에서 나타난다(14:23-25). 그리스도교에서 예배의 관심은 실제로 또 본질적으로 그리스도 안에서 세상에 주어지고 제시된 하나님의 사랑이다.

방언을 말할 때 드러나는 지나친 종교성에 대조해서 하느님이 사람에게 오시게 된 사랑의 풍요를 찬양한다(참고. 요 3:16; 시 113). 이 사랑은 교회의 예배에서 그들을 위해 의도된 인류에게 계속 전달되어야 한다. 그러나 이것은 느낄 수 있고 알아들을 수 있는 말로 설교하고 기도하고 찬양할 때 발생한다.

이러한 사랑 안에서만 주의 만찬은 합당하게 거행될 수 있다(11:17-34). 바울이 주의 만찬에 대한 교훈에서 주께로부터 받아 고린도 교회에게 전한 것(11:23-26)은 한 사람은 배고프고 또 다른 사람이 술 취하는 때 남용된다. 바울이 주의 만찬에 대한 그의 교훈을 온전한 권고, 즉 "너희가 먹기 위하여 함께 모일 때 서로 기다려야 한다"고 결론내릴 때 그는 근본적인 자세로서 주의 만찬의 본질인 사랑을 가르치고 있다.

이 사랑은 예배의 외적 형식에 까지 확대된다(11:2-16; 14:26-40). 바울은 성령의 현존이 자연스럽고 관례적인 것을 단순히 폐기하지 않는다는 한 실례로서 여자들이 너울을 쓸 것을 암시한다. "자기의 이익을 구하지 않는" 무한한 사랑은 관습과 질서 준수에까지 확대된다.

바울이 이 부분에서 교회 예배에 관해서 사실상 말하고자 하는 것은 개별적 교훈에서는 그렇게 많이 발견되지 않는다. 오히려 그것은 그리스도 안에서 계시된 하나님의 사랑에 대한 열정적인 암시에서 나타난다. 이것이 그리스도인 예배의 생동적인 핵심이다.

6. 교회의 희망(15장)

1. 부활의 메시지(15:1-11)
2. 부활에 대한 논쟁(15:12-19)
3. 부활에 대한 근거와 부활의 사건(15:20-28)
4. 부활 논쟁의 결과(15:29-34)
5. 죽은 자가 어떻게 부활하는가?(15:35-49)
6. 썩어질 것이 썩지 않을 것으로 덧 입을 것이다(15:50-53)
7. 구원받은 자들이 즐거워 함(15:54-58)

교회의 희망에 관한 이 위대한 결론장은 그 마지막 말에서 가장 명확히 제시된다(참고. 롬 8:31ff.; 11:33ff.). 바울이 부활을 부인하는 일부 고린도 교인들에 대해서 실제로 제시하고 있는 것은 죄와 죽음을 이긴 그리스도의 승리에 관한 기쁘고 절대적인 확신이다. "우리 주 예수 그리스도를 통하여 우리에게 승리를 주시는 하느님께 감사한다!" 이 확신은 바울이 받아 고린도인에게 전달해 준(참고. 11:23) 그리스도의 부활의 메시지에 기초한다(15:1-11). 바울이 말하는 바 이 부활의 확실성에 모든 것의 승패가 달려 있다. 죽은 자의 부활이 논쟁되는 곳마다 그리스도의 부활 역시 부인된다. 그러면 신앙은 절대적으로 헛된 것이 된다. "만일 그리스도 안에서 우리가 바라는 것이 이 생애만 있다면 우리는 모든 사람들 가운데 가장 불쌍한 사람들일 것입니다"(15:19). 15장의 마지막 문장이 이 진술과 직접 관계된다. 그러므로 내 사랑하는 형제들아, 굳게 서서 흔들리지 말고 주의 일에 더욱 열성을 다 하시오. 여러분이 아는 대로 주 안에서 수고한 것은 결코 헛되지 않습니다"(15:58).

15장 20-53절의 설명식의 단락은 그리스도의 부활의 메시지가 근거하는 부활에 관한 이 억제할 수 없는 감사와 확신에 관련되어야 하고 또 종속되어야 한다. 그 단락들은 오직 부활의 기적을 언급할 수 있을 뿐이고 부활을 이해시킬 수는 없다. 부활은 인간의 새 기원(epoch)을 창시하는 그리스도의 일(15:20-22)에 기초한다. 그의 일의 궁극적 목표는 죽음의 파멸이다(15:23-28). "따라서 하느님이 만유의 주가 되실 것입니다."

죽은 자가 어떻게 부활하느냐에 관한 문제에 대해서 바울은 은유로 대답할 수 있을 뿐이다. 이 질문이 직접적인 해답을 허용하지 않는 것은 "썩을 것으로 심겨 썩지 않을 것으로 다시 살아나기 때문이다"(15:42, 50-53). 바울이 15장에서 전개하고 또 그리스도에 대한 신앙의 존립을 좌우하는 부활의 메시지는 구약성서를 배경으로 해서만 바르게 인식될 수 있다. 그것은 감사 시편이나 죽음에 직면하게 되었던 사람의 확신(시 73 ; 욥 19장)에서 표현된 대로 죽음의 세력으로부터 구출받은 자들의 찬양에서 특별히 주목되어야 하고 그의 타인을 위한 죽음이 하느님에 의해서 시인되는 고난의 종의 노래에서 분별되어야 한다(사 53장).

구약성서가 하느님의 백성에 관한 메시지에서 정상에 이르는 것과 같이(겔 37장) 신약성서도 그리스도의 부활에서 죽음에 대한 승리에 관한 메시지에서 그 절정에 이른다(15:1-11, 54-58).

7. 고린도전서의 결론(16장)

1. 예루살렘 교회를 위한 모금(16:1-4)
2. 바울과 디모데와 아볼로의 고린도 방문을 알림(16:5-12)
3. 마지막 권면(16:13-18)
4. 마지막 인사와 친필로 쓴 결론(16:19-24)

9. 고린도후서

고린도후서는 아주 격정적인 태도로 바울의 고린도 교인에 대한 투쟁을 반영한다. 논쟁과 궁극적인 화해에 관한 상론(詳論)은 현대 독자들을 당황하게 한다. 바울과 고린도의 회중 사이에 실제로 무엇이 진행되었는지는 우리가 가지고 있는 현재의 고린도후서의 요점으로부터 결정지을 수 없다. 따라서 서신 차례로 나열하는 시도가 필요하다.

서신 전체의 어조는 사도로서 그의 직책에 대한 바울의 확언과 변호에 의해서 잡힌다. 이 직책 배후에 있는 권위는 고린도에 있는 그의 반대 세력의 도전을 받았다. 그러기에 바울은 그가 전달해야 했던 메시지를 위하여 탄원할 필요가 있었다. 그는 그의 직무와 그의 사업을 변호함으로써 탄원하고 또한 고린도에 있는 그의 반대자들 때문에 단순히 간접적인 방법을 구사하여, 그의 메시지를 위하여 그가 탄원하지 않을 수 없었던 것을 자주 언급함으로써 그렇게 한다. 이와 관련해서 1-2장과 7장에서 기쁨에 넘친 감사의 표시가 두드러진다. 8장과 9장은 예루살렘 교회를 위한 헌금만을 취급한다. 10-13장은 회중과의 날카롭고 감동적인 논쟁을 나타낸다. 여기서 회중은 바울과 전적으로 단절된 상태에 있는 것처럼 보인다.

1. 바울의 사도직(1-7장)

1. 인사(1:1-2)

2. 모든 위로의 하느님을 찬양(죽을 위험으로부터의 구출) (1:3-11)
3. 사도의 자랑(너희는 나의 자랑이요, 나는 너희의 자랑이다) (1:12-14)
4. 바울이 고린도에 가지 않은 이유(1:15-2:4)
5. 범죄자의 형벌에 관한 결론적 논평(2:5-11)
6. 드로아에서 디도를 보기를 기대함(2:12-13)
7. 바울의 봉사—생명에 이르는 향기와 죽음에 이르는 냄새(2:14-17)
8. "여러분은 우리의 추천장이다" (3:1-3)
9. "새 계약을 위한 일군들" (3:4-11)
10. 너울이 벗겨진다(3:12-18)
11. 우리는 "그리스도의 영광의 복음을" 설교한다(4:1-6)
12. 그의 죽음을 몸에 지니고 다님(4:7-12)
13. 그의 영광을 확신하여(4:13-18)
14. 우리는 주님과 함께 살 집을 확신한다(5:1-10)
15. 화해의 직분을 맡은 그리스도의 사절(5:11-21)
16. "나를 받아주라"는 마지막 권고(6:1-13;7:2-4)
    많은 환란 가운데 있는 하느님의 종(7:3-10)
17. 불신자와의 사귐에 대한 경고(6:14-7:1)

2. 드로아에서 디도가 전해준 기쁜 소식에 대한 기쁨(7:5-7, 13-16)

슬픔의 편지로 인한 비애(7:8-13)

3. 예루살렘을 위한 모금(8-9장)

4. 그의 회중에 대한 바울의 투쟁(10-13장)

1. 바울은 그가 세상풍조에 따라 행동한다는 비난에 대해서 자신을 변명해야 했다(10:1-6)
2. 그는 오직 그를 통해서 그리스도가 하신 것만을 자랑할 수 있다(10:7-18)
3. "위대하다는 사도들"은 거짓 사도들이다(11:7-12)
   왜 바울이 보상 없이 일했는가?(11:7-12)
4. 어리석음에서 한 말들(11:16-12:18)
   1. 바울의 자랑(11:16-22)
   2. 그리스도를 섬김으로 당하는 바울의 고난(11:23-33)
   3. 비밀 계시(12:1-6)
   4. 육신을 찌르는 가시와 그리스도를 위한 고난(12:7-10)
   5. 바울은 "위대한 교사"에 열세하지 않다(12:11-18)
      보상없이 일하는 바울(12:4-18)
5. 바울은 그의 3차 방문이 격렬하고 용서없을 것을 알림(12:19-13:10)
6. 마지막 경고와 소원(13:11-13)

단순한 개관을 통해서도 세 부분이 명백히 나타난다(모금을 취급하는 8장과 9장은 제외함). 이 세 부분이 관심하는 것은 다음과 같다:

(1) 바울의 회중과의 화해(1:1-2:13;7:5-16)

(2) 그의 사도 직분(2:14-6:13)
(3) 그의 회중에 대한 투쟁(10:1-13:10)

(1)과 (2)의 부분은 서로 엉켜 있다. 이것은 7장 5절 이하가 2장 12-13절과 밀접하게 조화되는 데서 쉽게 알 수 있다. 그 사이에 2장 14절-7장 4절이 삽입되었는데, 이것은 그 자체로 완결된 내용이다. 처음 이 두 부분은 마지막 권면에서 끝난다(6:1-13;7:2-4).

특히 어려움은 10-13장에서 나타나는데 여기서 바울의 어조는 그처럼 신랄하고 지독하다. 이 태도는 2-4장에서 고린도 교회와의 화해 때문에 감사로 시작하는 같은 편지에서는 거의 납득하기 어렵다. 이 어려운 문제(와 다른 문제)를 해결하기 위해서 보른캄(G. Bornkamm)* 은 우리는 다른 교회들에 보내기로 된 몇 개의 바울의 편지나 부분들의 후대 결합으로 고린도후서를 고려해야 한다고 시사한다. 차례를 생각하면 세 부분은 바울과 고린도 교회 사이의 반응을 보다 잘 설명할 수 있다.

이 견해에 따라서 가장 일찍 씌어진 부분은 2장 14절-7장 4절일 것이다. 즉 바울의 사도 직분을 서술한 부분이다. 이 편지를 쓴 뒤 바울은 고린도 교회를 방문하고 교인들이 완전히 그에게서 멀리 떠났다는 것을 발견했다. 그의 회중에 대한 슬픔과 관심 속에서 그는 "눈물의 편지"를 썼다(10-13장)(이 네 장은 7:8-13에서 눈물로 씌어진 것으로서 언급하는 편지를 전체 또는 부분을 나타낸다는 것으로 오랫동안 가정되었다). 이 편지와 디도의 잇따른 방문이 변화를 일으켰으며, 이것은 "화해의 편지"(1:1-2:13; 7:5-16)로 인한 감사와 기쁨에서 입증된다. 이 편지들 또는 편지의 부분들이 고린도 자체 내에서 후에 다른 교회들에게 전달되도록 되었던 바울의 한 편지 속으로 결합되었

* G. Bornkamm, "The history of the Origin of the so-called Second Letter to the Corinthians", in; *New Testament Studies*, Vol.8, pp.258-264.

다. 다음 도표는 이 편지들의 배열을 시사한다.

1:1-2:13 7:5-16	화해의 편지
2:14- 7:4	바울의 사도직분
8—9	예루살렘 교회를 위한 모금
10—13	눈물의 편지

1. 화해의 편지(1:1-2:13)

머리말 인사를 한 후 바울은 회중에게 그가 소 아시아 여행중에 죽을 고비에서 구출되었다는 것을 알린다. 또한 그는 이 사건을 교회에 대한 그의 직분과 연결시키며 그가 위로를 받았다는 것을 시사하는 것은 이 위로를 다른 사람과 함께 나누어 갖기 위함이다(1:3-11). 그가 하느님의 은혜로 말미암아 그의 사명을 다했다는 그의 자랑마저도 자신의 유익을 위해서 의도된 것이 아니었다. "여러분은 우리가 여러분을 자랑할 수 있는 것과 같이 여러분도 우리를 자랑할 수 있다"고 바울은 말한다.

바울은 그들을 용서하기 위하여 예고한 대로 고린도에 가지 못했다. 그래서 그는 "많은 눈물"을 흘리면서 편지를 썼다(1:15, 2-4). 이제 그의 태도가 바울에게 충격을 준 사람이 처벌을 당했으므로 바울이 용서한 것처럼 회중은 그를 용서했으면 한다(2:5-11). 바울은 고린도의 소식을 간절히 기다렸기 때문에 디도를 찾으려고 여행했다(2:12-13). 마게도디아에서 그를 만났을 때 디도가 고린도에서 가져온 소식에서 기쁨과 위로를 받았다(7:5-7, 13-16). 이처럼 눈물의 편지는 비록 처음에 슬픔을 주었을지라도 회개를 하게 했고 회개를 통해서 선한 열매를 생산한 것이다.

2. 바울의 사도직분(2:14-7:4)

바울의 직분은 순수한 하느님의 말씀에 관련되기 때문에 그것은 듣는 사람들의 생사와 관련 있었다(2:14-17). 바울은 이 일을 위해서 특수한 신임을 필요로 하지 않았다. 회중 자체가 바울이 추천하는 편지였다(3:1-3). 그 다음 바울은 계속해서 그의 사도 직분을 두 면에서 서술한다.

(1) 그것은 성령의 자유 안에서 새 계약을 섬기는 직분이다.

(2) 그것은 그리스도의 죽음과 부활이 구현되는 직분이다.

(1)

바울은 "씌어진 법조문이 아니라 영으로 된"(3:6) 새 계약의 일꾼이다. 만일 옛 계약의 직분(모세의 직분)도 영광스러웠다면 하물며 새 계약의 직분은 더욱 영광스럽지 않겠는가!(3:4-11). 모세가 쓴 너울은 그리스도를 믿는 사람들을 위해서 제거된다. "주의 영이 계시는 곳에 자유가 있다"(3:12-18).

(2)

그리스도 안에서 하느님의 영광의 빛남이 바울의 직분에서 계속된다(4:1-6). 이 직분의 외부형식에서 바울은 그리스도의 고난과 죽음을 몸에 짊어진다(4:7-12). 그러나 부활을 확신함으로, 모든 환란은 "비교할 수 없을 정도로 영원하고 큰 영광을 준비하고 있다"(4:13-18). 바울이 말한 대로 우리는 영원한 집을 확신하기 때문이다(5:1-10). 이렇게 예수의 죽음과 부활은 그리스도의 사절인 사람의 직분에서 효력을 발생한다. 그것은 화해의 직분이다(5:11-21).

마지막으로 바울은 고린도인이 그를 전적으로 받아 주기를 요구한다. 그의 마음이 그들에게 넓게 열려진 것과 같이 말이다(6:1-13; 7:2-4). 그들과의 친교에서 바울은 그의 극심한 환란중에서도 참으로 위로와 기쁨을 발견했다. "죽은 자 같으나 보시오, 살아 있습니다…" (이 단락에 깊이 감동시키는 대조절이 나열된다/6:3-10).

불신자의 사귐에 대한 그의 경고는 십중팔구 후대의 첨가다(6:14-7:1).

3. 예루살렘을 위한 모금(8-9장)

마게도니아 교회는 기쁘게 또 자유로이 기부했다(8:1-6). 바울은 "열심히 자진하여 줌으로써 이제 너희 사랑을 증명하라"고 말한다(8:7-15). 의연금의 전달이 선한 일꾼에게 위탁되었다(8:16-24). 바울은 헌금을 준비하도록 사건에 심부름꾼들을 파송하고 있었다(9:1-5). 마지막에 하느님을 찬양하여 기쁜 마음으로 내도록 권고한다(9:6-15).

4. 눈물의 편지. 그의 회중에 대한 바울의 특징(10-13장)

바울은 그를 비난하는 고린도인의 괘씸한 태도 때문에 신중히 적대한다. 그리스도에게 복종시키기 위하여 그는 하느님을 아는 지식에 장해물이 되는 사상에 대하아하여 더 한층 분투해야 한다(10:1-6). 그들은 바울에 관해서 "바울의 편지는 힘차지만 직접 대해 보면 그는 약하다"고 말하고 있었다. 이에 대해서 바울은 그의 반대자가 하듯이 분수를 넘어 자랑할 의도가 없다고 응수한다. 그 대신 그는 그들이 목도하는 것, 즉 그리스도가 그를 통해서 이룩하신 선교사업을 언급한다(10:7-18).

그는 어느 모나 고린도에 있는 "위대한 교사들"에 조금도 못하지 않았다. 반대로 그들이 바울과는 다른 그리스도를 설교하고 다른 성령을 전해주는 점에서 그들은 속이는 자들이며 거짓 예언자들이다(11:1-15). 동시에 바울이 고린도 교회로부터 보상받기를 거절한 데 대한 악의 있는 해석에 대립해서 자신을 변호해야 했다. 단순히 어느 면에서나 회중에게 짐이 되지 않으려는 것이 그의 목적이었다(11:7-12; 12:14-18).

이 두 단락 내에 그에게 맞서 자신들을 자랑한 그의 반대자들에 대한 바울의 반응이 포함된다. 분명히 어리석은 자기 찬양으로 응수한다. 그러나 그것은 자신의 약함 가운데서 분명히 자랑으로 바뀐다(11:16-12:13). 바울은 자기의 됨됨(what he was)을 자랑할 수 있었을 것이다(11:21-23a). 그러나 그는 오직 그리스도의 섬김에서 당하는 그의 고난만을 자랑하려고 했다(11:23b-33). 그는 장엄한 계시를 자랑할 수 있었을 것이다(12:1-6). 그런데 오히려 그는 "그의 몸에 찌르는 가시"만을 자랑하려고 했다(12:7-10). 바울이 이 가시로부터의 해방을 탄원함에도 불구하고 주님은 그를 해방시켜 주지 않았다. 그가 "위대한 교사들"보다 못하지 않다는 그의 주장이 이해되기를 원했던 것은 이런 의미에서 였다.

편지의 결론(12:19-13:13): 현재의 상황을 고려하면 바울은 고린도에서 불유쾌한 상황을 우연히 대면하지 않을까고 염려했다(12:19-21). 이 사건에서 그는 그가 고린도에 갈 때 용서 없이 행동할 것을 선언한다(13:1-4). 그러나 그는 그렇게 안 될 것을 희망한다. 실로 그의 권유는 넘어뜨리려는 것이 아니라 세우려는 것이다. 끝으로 그는 회중이 평화 가운데 살도록 권유한다. "하느님의 사랑과 평화가 여러분에게 있기를 원합니다"(13:11-13).

10. 갈라디아서

바울은 주후 53년에 에베소에서 갈라디아서를 썼다. 이 서신을 바울이 갈라디아 지역*에 세운 몇몇 교회들을 상대로 한 회람서신이었다(행 16:8). 그는 이 교회들이 유대교적 기독교 교리의 위협을 받고 있다고 보았다. 이 교리에서 율법과 할례는 분명히 구원을 얻는 부가적 요구로서 고려되었다. 그리스도와 그의 세례는 율법 종교의 완성으로서 이해되어 온 것 같고, 그리스도인들을 세계 운명에 영향을 준 한 질서와 연결시키는 것 같이 보인다. 율법의 마지막으로서의 복음 선포와 바울의 사도로서의 주장은 단호히 배격되고 있었다.

이러한 상황에 비추어 갈라디아 교인에게 말하는 바울의 신랄한 논조를 이해해야 한다. 단순히 또 하나의 교리문제가 아니라 그리스도와 더불어 영원히 사는 문제다.

바울은 1-4장에서 그가 갈라디아인들에게 이미 설교한 복음의 기원과 본질을 설명한다. 5-6장에서는 자유의 실현을 논하는데 그 자유를 위하여 이 복음은 해방을 가져온다.

* 역자 주: 갈라디아란 용어는 앙카라(Ankara) 근처에 살고 있었고, 갈라디아인이라 부른 종족에서 유래했는데 바울의 시대에는 동부 소아시아의 넓은 지역(로마의 관할 아래 있는)에 적용되었다. 갈라디아서의 수신 교회를 중심으로 북갈라디아설과 남갈라디아설이 논의된다.

1:1-5	인사
1:6-12	바울이 설교한 복음(1:6-12)
1:13-2:21	복음은 사람에 의해서 된 것이 아니다(1:13-2:21)
3:1-4:31	복음은 인간적 성격으로 된 것이 아니다(3:1-4:31)
5:1-6:10	자유의 실현(5:1-6:10)
6:11-18	친필로 쓴 마감말(6:11-18)

1. 바울이 설교한 복음(1:1-12)

1. 인사말, 평화의 문안(1:1-5)
2. 다른 복음을 전하는 자에게 저주를(1:6-10)
3. 참된 복음은 인간적 성격과 기원을 갖지 않음(1:11-12)

2. 복음은 사람에 의해서 된 것이 아님(1:13-2:21)

1. 바울이 복음의 사자가 된 내력(1:13-24)
2. 바울은 예루살렘의 지도자(기둥)들로부터 이방인을 위한 사도로 인정을 받았다(2:1-10)
3. 바울은 심지어 베드로에 대립해서 까지 자유로운 복음을 옹호했다(2:11-21)

복음을 타락시키고 있는 사람들에게 선언되고, 이 편지 서두(1:6-10)에 나오는 저주는 바울이 여기서 갈라디아 교인들과 유대를 계속하기 위하여 분투하고 있다는 것을 매우 진지하게 시사한다. 이전에 기독교를 박해한 적이 있는 바울은 그가 갈라디아인에게 선포하고 있는 그 메시지를 그리스도에게서 직접 받았다(1:13-24). 이방인들 가운데서 예수 그리스도의 일을 실제로 하고 있었다는 것을 예루살렘의 사도들이 인정했다. 그들 자신은 바울에게 어떤 종류의 제한도 가하는 일 없이 이방인을 위한 그의 사도권을 확인했다(2:1-10). 바울은 베드로의 일관성 없는 태도를 면박하고 복음의 자유를 사람들 앞에 나타냈다. 그가 이렇게 한 것은 "율법을 행함으로가 아니라 그리스도 예수를 믿음으로 의롭게 되기 위해서다"(2:16). 만일 의롭다함을 얻는 것이 행위로 온다면 그리스도는 헛되이 죽은 것이다(2:11-21).

3. 복음은 인간적 성격의 것이 아니다(3-4장)

1. 갈라디아 사람들 자신의 체험에 호소함(3:1-5)
2. 아브라함: 저주와 축복이 믿음을 거점으로 분리된다(3:6-14)
3. 약속에 의한 아브라함의 상속(3:15-29)
4. 우리는 구원 받은 자들로서 상속자다(4:1-7)
5. 갈라디아인들의 경험에 호소함(4:8-20)
6. 여종의 자녀와 자유한 여인의 자녀(4:21-31)

이 부분은 갈라디아인을 향한 호소로 시작하고 끝맺는다. 바울은 "어떻게 십자가에 달리신 그리스도가 여러분의 눈 앞에 밝히 나타나 보였는가"를 그들에게 되새겨 말한다. 그는 "여러분의 그 많은 경험이 다 허사로 돌아 갔습니까?"고 묻는다(3:1-5). 또한 바울은 그의 육체의 병이 원인이 되어 그들에게 설교를 했을지라도 그들이 영접했고 할 수만 있으면 바울을 위하여 무엇이든지 하려고 했다는 것을 그들에게 회상시킨다(4:8-20).

그가 선포하는 복음은 근본적인 분계선을 긋는다. 아브라함과 함께 믿음을 가진 자(참고. 롬 4장)는 축복의 편에 속하고 율법 아래 있는 자는 저주편에 속한다(3:26-4:7). 그러나 이것과 함께 그들의 이전 신분에 관련된 다른 분계선이 제거된다는 것이다. "그것은 여러분이 그리스도 예수 안에서 다 하나이기" 때문이다(3:28).

4장 21-31절에서 추가된 성서의 증명은 구약을 해설하는 방법에 관해서 예외적이며 이미 말한 것과 본질적으로 다른 것은 아무것도 더하지 않는다.

4. 자유의 실현(5-6장)

1. 그리스도는 사랑을 위해서 우리를 자유하게 하였다(5:1-6)
2. 회중에게 반복해서 하는 호소(5:7-12)
3. 사랑을 위한 자유(5:13-15)
4. 육신의 일과 성령의 열매(5:16-26)
5. "서로 남의 무거운 짐을 져 줍시다"(6:1-5)
6. "사람은 무엇을 심든지 그대로 거둘 것이다"(6:6-10)
7. 친필로 쓴 마감말(6:11-18)

이 서신에서 나타난 바울의 관심은 몇 마디로 집약된다(5:1-6). 즉 "양자택일"(either-or)이 있을 뿐이다. 구원의 수단으로서 율법을 받아들이는 것은 그리스도로부터 자신을 단절한다는 것을 의미한다. 그러나 그리스도에 대한 신앙은 사랑 안에서 그 자체를 효과적으로 증명하기 위하여 존재한다.

바울은 "여러분은 자유를 위하여 부름 받았다"고 말한다. 그러나 이 자유는 사랑의 법을 신중히 수용하는 데서만 존재한다(5:13-15). 육신의 일과 성령의 열매를 대조할 때 먼저 성령의 열매를 나열한다. "성령의 열매는… 사랑입니다"(5:16-26).

바울이 친필로 쓴 결론에서 그가 거짓 교사에 대해서 절박한 경고를 발할 때 갈라디아 교회에 대한 그의 사랑을 그런 식으로 고백하고 있는 것이다.

11. 에베소서

이 서신은 제사적 성격을 가지는 특별히 장엄한 언어로 유대인과 이방인을 포함하여 우주적 차원으로 확대해 사는 기독교 교회의 경이와 신비를 취급한다. 이 서신 첫 부분은 찬양의 입장에서 씌어지고(1-3장), 둘째 부분은 권고의 입장에서 씌어진다(4-6장). 그러나 교회의 구체적 환경과 사도와 그 교회와의 개인적인 관계 및 서로의 관심으로서 기쁨과 염려에 관해서 알려진 것이 적다. 언어와 관념과 신학적 개념상 바울의 다른 서신과 다른 것이 많다. 그러나 바울의 서신들을 아주 명백히 회상하게 하는 것이 많다.

따라서 많은 석의가들은 에베소가 바울의 정신을 따라 그의 제자 중에 하나가 썼으며, 이 까닭에 바울이 쓴 것으로 했다고 가정했다(이것은 동시에 문제의 인물이 가진 권위에 호소하는 적절한 방법이었다. 우리는 이와 관련해서 그러한 언어를 진정한 것으로나 사이비한 것으로서 결코 사용해서는 안 된다).

이 서신은 다음과 같은 도표로 표현될 수 있을 것이다.

1:1-23	인사, 감사, 중재(1:1-23)
2:1-10	그는 죽은 자를 살리셨다(2:1-10)
2:11-22	그는 멀리 떨어져 있는 자를 가깝게 하셨다(2:11-22)
3:1-13	그는 바울의 사도직을 통하여 신비가 선포되도록 하였다(3:1-13)
3:14-21	중재와 칭찬(3:14-21)
4:1-6:23	권고(4:1-6:23)

1. 찬양, 감사, 중재(1-3장)

1. 인사(1:1-2)

2. 감사(1:3-14)

3. 중재(1:15-23)

그는 죽은 자들을 살리셨다(2:1-10).
그는 멀리 떨어져 있던 자들을 가까이 하셨다(2:11-22).
그는 바울의 사도직을 통해서 신비가 선포되게 하셨다(3:1-13).

4. 중재와 찬양(3:14-21)

에베소서는 소개인사를 한 후 그리스도를 통해서 우리를 위한 그의 구속사업으로 찬양을 받으시는 하나님께 대한 찬사로 시작한다. 그것으로써 우리가 그의 영광을 찬양하는 자들이 될 수 있다(1:3-14). 사도는 또한 끝까지 교회가 그의 부름받은 소명의 넘치는 풍성함과 심오한 신비를 깨닫게 되기를 기원한다. 이 소명은 하늘과 땅을 포함하는 그리스도의 사업에 교회가 참여하게 했다(1:15-23). 이 그리스도의 사업을 2장 1절-3장 13절에서 설명한다.

(1) 자기들의 죄 때문에 죽음의 지배하에 있는 자들이 구속 사업의 상속자가 되었고, 그리스도와 함께 살리시어 하늘의 자리에 앉게 되었다(2:1-10).

(2) 그리스도는 유대인과 이방인 사이의 모든 담을 무너뜨리고 서로 원수된 두 사람을 새로운 한 사람으로 만드셨다. 유대인과 이방인은 사도와 예언자를 기초로 하여 세워진 한 사람으로 만드셨다. 유대인과 이방인은 사도와 예언자를 기초로 하여 세워진 새 구조를 이루어 가고 있다(2:11-22).

이 구속사업의 비밀은 "거룩한 사도와 예언자들"에게 계시된 것이다. 그들은 그 비밀을 이방인에게 기쁜 소식으로서 알게 하도록 되어 있고 하늘에 있는 통치자들과 권위자들도 그 비밀에 함께 참여한다(3:1-13).

그리스도의 구속사업을 이와 같이 설명한 다음 사도는 다시 한 번 기도와 중재와 찬양을 드린다(3:20-21). 중보의 기도는 1장 15-23절의 기도와 일치하고 그의 마지막 말은 다시 하느님의 영광의 찬양으로 끝난다(이것은 1:3-14에서와 같다).

2. 권고(4-6장)

1. 일치에 대한 권고(4:1-6)
2. 그리스도는 그의 영적선물을 그의 교회에 수여했다(4:7-13)
3. 이 선물들을 통해서 구성원들은 머리이신 그리스도에게까지 자라도록 되어 있다(4:14-16)
4. "새 인간성을 입으시오"(4:17-24)
5. 일상생활에 대한 권고(4:25-32)
6. 어두움에서 떠나 빛 안에서 걸으라(5:1-21)
7. 그리스도인 가정을 위한 의무 일람표(5:21-6:9)
8. 그리스도인의 갑옷(6:10-17)
9. 중재에 대한 권고(6:18-20)
10. 이 서신의 결론(6:21-24)

통일을 유지하라는 권고로서 권고 부분이 시작한다. 교회에 대해서 전에 말한 것과 일치한다. 여기에 교회의 일치에 관해서 신약성서의 가장 강력하고 명쾌한 소견 중의 하나가 있다. "한 주님, 한 믿음, 한 세례…"(4:4-6).

그리스도가 우주를 충만케 하시는 그의 구속방법에 의해서 그의 교회를 위하여 나누어 주신 선물의 다양성이 교회의 일치에 공헌하고 있다(4:7-13). 이 선물들은 섬기는 일을 하게 하고 그리스도의 몸을 세우기 위한 것이다. 몸의 비유적 표현은(4:14-16) 여기서 2장 20-21절에 있는 성전의 비유적 표현과 일치한다.

이러한 비유적 표현에서 개개의 그리스도인에게 이방인들과 같이 살지 말고 새 인간성을 입으라는 권고가 나온다(4:17-24). 이에 대한 구체적 실례들은 많은 독립된 권고(4:25-32)에서 들고 있다.

모든 이방인의 행동은 어두움에 속하지만 그리스도인은 빛의 아들들이 되어야 한다(5:1-21). 이 점에서 초대 그리스도인의 세례 때 부르는 찬송이 인용되었음이 거의 틀림 없다.

"잠자는 자여, 일어나라,
죽은 자 가운데서 일어나라,
그리스도께서 내게 빛을 주실 것이다"(5:14).

회중들의 사회적 지위에 대한 권고는 그 당시 유행되고 있던 대로 가정 의무의 일람표에서 체계있게 설명된다(5:21-6:9). 이 일람표에서 그리스도의 교회에 대한 관계는 결혼에 비교된다.

악마의 지배권력과 암흑의 세력들에 대항하여 그리스도인의 출전, 무장에 관한 풍부한 예증(6:10-17)이 권고 부분의 결론을 이룬다.

이 서신은 중보의 기도 요구와 두기고에 관한 통보 및 평화의 인사로 마친다(6:18-24).

12. 빌립보서

이 서신은 십중팔구 바울이 에베소에서 옥중에 있는 동안에 기록했다(고후1:8).* 빌립보 교회는 바울이 49-50년 사이에 유럽 땅에 세운 최초의 교회였다(16:11-40).

빌립보서는 빌립보 교인이 에바브로디도를 보내어 바울을 돕고, 쓸 것을 공급한 것을 계기로 씌어진 편지다(2:25-30). 에바브로디도는 바울과 함께 머무는 동안 심한 병을 앓았다. 그래서 바울은 그를 편지와 함께 귀가시켰다. 바울의 빌립보 교회와의 관계는 특별히 우정이 넘치는 사이였다. 이 편지 전체에 걸쳐 기뻐하라고 권고한다.**

바울은 빌립보 교회가 에바브로디도를 통해 그에게 보낸 선물에 대해서 감사하고자 했다. 그러나 그는 이 감사를 이 서신 마지막에서 표현한다(4:10-20). 바울은 감옥에 있는 그의 운명에 대한 보고부터

---

* 역자 주: 시위대(1:12)와 가이사의 집 사람(4:22)을 언급하기 때문에 이 편지는 보통 바울이 로마에서 옥중생활을 하는 동안(약 61-63년)에 씌어진 것으로 생각되어 왔다. 그러나 이것은 결코 결정적인 결론은 아니다. 에베소에서 나온 비문은(J. T. Wood, *Discoverries at Ephesus*, 1877) 시위대 군인이 에베소에도 주둔했다는 것을 보여 준다. 다른 비문은 "우리 주 아구스도의 종", 즉 "가이사 집의 권속들"에 대해서 말한다. 바울이 빌립보를 곧 방문하리라는 기대(2:24)는 만일에 이 서신이 에베소에서 왔다면 아주 자연스러울 것이다. 물론 사도행전에는 에베소에서의 바울의 옥중생활을 전혀 언급하지 않는다. 바울이 고린도 전서에서(15:32) "에베소에서 맹수와 싸웠다"는 것을 언급하는데 어떤 이는 이 사실이 투옥과 통하는 육체적 고생을 암시한다고 생각했다.

** 어떤 학자는 이 편지를 기쁨의 서신이라고 한다(한역자 주).

시작한다. 그럼에도 불구하고 이 이야기는 우리가 바울에게서 떠나 그리스도에게 향하도록 한다. 그러기에 서신 중심에 그리스도에 관한 노래가 있다(2:5-11). 빌립보서의 개요는 도표와 같다.

1:1-11	인사, 감사, 중재(1:1-11)
1:12-26	그의 상황에 대한 바울의 보도(1:12-26)
1:27-2:18	교인에 대한 권고(1:27-2:18)
2:5-11	그리스도에 대한 노래(2:5-11)
2:19-30	디모데의 파송: 에바브로디도를 돌려 보냄(2:19-20)
3-2-4:1	적들에 대한 경고와 호칭(3:2-4:1)
4:2-23	마지막 권고(4:2-23)

1. 인사, 감사, 중재(1-3장)

1. 인사(1:1-2)
2. 빌립보 교회에 대한 감사와 중재(1:3-11)

이 서신의 요지는 빌립보 교회에 대한 감사와 중재다(1:3-11). "내가 기도할 때마다 언제나 여러분 모두를 위하여 기쁜 마음으로 간구합니다"(1:4). 바울은 행복한 확신 속에서, 즉 하느님은 그가 그들에게 시작한 선한 일을 완성할 것이라는 확신 속에서 빌립보 교인들을 생각한다.

2. 그의 생활에 관한 바울의 보도(1:12-26)

1. 바울의 감금이 복음을 진전시켰다(1:12-18)
2. 그리스도는 살든지 죽든지 간에 그를 통해서 영광 받으실 것이다(1:19-26; 2:17-18)

그의 곤경을 말하면서 바울은 처음 문장에서 그의 감옥생활의 어려운 사실을 떠나 그의 투옥으로 인하여 하느님이 성취하신 결과에 대해서 언급한다. 메시지는 이러한 경험을 통해서 분명히 넓게 퍼졌다. 비록 메시지를 전하는 사람들의 경우에 매우 인간적인 동기들도 있었지만 실제로 문제된 것은 그리스도가 여러모로 선포되었다는 사실이었다(1:12-18). 그러나 바울이 미래를 응시할 때 그는 그의 죽음을 통해서거나 그가 계속해서 살아 있는 것을 통해서거나 간에 그리스도에게 영광돌릴 것을 안다(1:19-26).

3. 빌립보 교회에 대한 권고(1:27-2:18)

1. "여러분은 복음에 합당하게 생활하시오" (1:27-30)
2. "여러분은 이 마음을 품으시오" (2:1-5)
3. 우리의 주님으로서(그리스도에 대한 노래) (2:5-11)
4. 이 주님에게 어울리게 걸으시오! (2:12-16)

바울은 그의 환경을 말하고 나자 빌립보 교인들에게 권고를 한다. 그러나 복음과 주에게 합당한 생활로 이끄는 그의 권고는 이 서신의 중심과 통한다. 이것이 바로 그리스도 찬가다(2:5-11). 그 서두는 "여러분은 이 마음을 품으시오. 곧 그리스도 예수의 마음입니다"(2:5)로 장식된다. 이 찬가는 이미 그리스도의 겸손과 높이 들리우심 및 그것에서부터 궁극적 목표에 관한 최고(最古)의 노래중의 하나였다. 이것은 아마도 원시 기독교 회중 예배에서 그 독특한 문체를 물려받았다. 2장 12-16절에서 다시 한 번 권고가 나오며 그것은 바울의 상황에 대한 설명과 밀접하게 관련되었다. 그러므로 그 권고는 "나와 함께 기뻐하라"는 요구로써 끝을 맺는다.

4. 디모데에 관한 고지와 에바브로디도를 돌려 보냄(2:19-40)

기쁨의 근본적인 유의는 이 간단한 커뮤니케이션에서도 나타난다. 빌립보 교인과의 친교에 있어서 그것이 복음의 진전과 어떤 연결을 가졌다는 것외에는 바울에게 일상적인 것은 없었다.

5. 십자가의 원수들에 대한 경고(3:2-4:1)

1. 이 원수들의 명칭들(3:2-3)
2. 바울의 개인적 고백(3:4-14)
3. "주 안에서 굳게 서라"(3:15-4:1)

사이에 낀 이 장귀에서 바울은 전혀 다른 성질*을 가지고 교인들 속으로 파고드는 그리스도의 십자가의 원수들에 대하여 경고한다. 그들은 할례당(유대인 또는 유대화주의자?)에 속했고 매우 물질주의적인 관심을 표명했다(3:19). 그들에 반대해서 바울은 그 자신의 인격과 삶의 방법을 언급한다. 여기에서도 그는 그가 한 때 그리스도인들을 박해했다는 사실을 감추지 않는다. 오히려 그 상시 본질적인 것으로 여겼던 것들을 이제는 그의 유일한 목표가 된 그리스도를 위하여 배설물로서 생각한다(3:7-14). 바울은 그의 기쁨이요 면류관인 빌립보 교인들에게 동일한 것을 원한다. 그리고 주 안에서 확고하게 설 것을 그들에게 당부한다(3:15-4:1).

---

* 빌립보 3:1a은 4:4에서 곧 계속된다.

3. 마지막 권고와 인사(4:2-23)

1. 개인적인 권고(4:2-3)
2. 마지막 권고와 평화의 인사(4:4-9; 3:1)
3. 빌립보 교회가 보낸 선물에 대한 감사(4:10-20)
4. 인사와 마지막 소원(4:21-23)

마지막 권고는 염려가 없는 기쁨에로 부름으로써 다시 시작한다. 그것은 주님이 가까이 오셨기 때문이다. 이 서신 끝에 평화를 바라는 염원 안에(4:9, 23) 빌립보 교인들이 보낸 선물에 대한 바울의 감사가 포함된다. 바울은 이것을 그리스도의 사업의 큰 테두리 안에 어떻게 포함시킬지를 알았다. 그는 또한 하느님의 돌보심에 고린도 교인들을 위탁한다. "그리하여 사람의 모든 지각을 초월한 하느님의 평안이 그리스도 예수 안에서 여러분의 심정과 생각을 지켜 주실 것입니다" (4:7).

13. 골로새서

이 서신은 소아시아의 뤼쿠스(Lycus) 골짜기에 위치한 골로새 교회에 보내진 편지로서 아마도 로마에서 바울의 만년에 씌어졌다. 골로새 교회는 바울의 제자들이 세웠을 가능성이 크다(참고. 에바브라 1:7). 비록 바울은 골로새 교인들을 개인적으로 몰랐음에도 불구하고 골로새 교회와 일체감을 느꼈다. 골로새서는 에베소서보다 더 광범한 대상에게 보내어진 개인적인 연설의 성격을 띤다.*

이 서신은 천사의 세력을 이 세상 질서의 창설자와 수호자로서 간주한 이단에 대해서 경고한다. 이 이단은 금욕생활과 거룩한 절기와 정결의 규칙의 준수를 통하여 천사의 세력들과 그들의 조정에 존경을 나타내야 한다고 명령했다. 많은 면에서 이단은(유대인의 영향을 받은) 신비종교들 가운데 하나를 회상하게 한다. 골로새서는 이러한 이단에 대립해서 그리스도인이 세례시 그의 지배를 알게 됨으로 모든 세력에까지 미치는 그리스도의 유일한 지배권을 확신한다. 이와 같이 이 서신의 중심에는 세례식의 고백문(1:12-20)과 설명 및 그것에 기초한 권고가 있다.

골로새서의 계획은 다음과 같다.

---

* 에베소서와 같이 골로새서가 바울 자신이 아니라 그의 제자중의 하나에게서 기원했다는 가설은 여기서 명백한 근거를 가지지 못한다.

1:1-11	인사(1:1-2) 감사와 중재(1:3-11)
1:12-20	그리스도의 구속사업에 대한 세례식의 고백문(1:12-20)
1:21-23	교회가 구속사업에 참여함(1:21-23)
1:24-29	사도가 그리스도의 남은 고난을 그의 직분을 통해서 그의 몸으로 채워감(1:24-29)
2:1-4:6	권고 부분(2:1-4:6) 여러분이 받은 데 거하고 거기서 성장하라(2:1-7) 거짓 교사에 대한 경고(2:8-23) 모든 세력을 이기시는 그리스도의 승리(2:9-15) 주 예수의 이름 안에서의 생활을 위한 권고(3:1-17; 4:5f.) 그리스도인의 의무의 목록(3:18-4:1)
4:7-18	결론(4:7-18)

감사와 권고에 관한 부분 중심에 그리스도의 구속사업의 서술이 나온다(1:12-20; 2:9-15). 보다 최근의 해석을 따르면, 두 장귀(1:12-20과 2:9-15)는 초대 그리스도교 교회의 고백이나 노래를 위한 것이었다. 전자(1:12-20)는 바울이 여기서 문자대로 채용했거나 약간 변경하여 인수한 세례식의 고백문이었을 가능성이 크다. 만일 2장 5-11절의 그리스도 찬가를 포함하여 두 장구가 서로 비교된다면 우리는 어떻게 그리스도의 구속사업이 초대교회에서 자유롭게 알려지게 되었는가를 명확히 이해할 것이다.

1장 12-20절에서 그의 구속사업은 그 마지막 구원(1:19-20)은 물론 세계의 창조와 보존(1:15-17)과 관련있다(여기서 사도신경이 회상된다). 2장 9-15절에서 그의 구속사업은 하늘과 땅에 있는 모든 세력을 극복하는 승리로서 표현된다. 세례를 받음으로 그리스도와 함께 장사지냄을 받고 그와 함께 다시 일어나는 그리스도인은 그 승리에 참여한다. 바울은 이 사실을 이단 때문에 확언한다. 그는 이단으로부터 그의 교인들을 보존하기를 갈망한다. 이 그리스도의 승리가 나타난 뒤에는 "하나님의 신성의 충만하심이 몸을 이루어 그리스도 안에 머물러

있기" 때문에(2:9) 다른 어떤 세력의 지배는 더 이상 있을 수 없었다.

세례식 고백문(1:12-20) 앞에는 인사와 감사 그리고 중보적 기도(1:1-11)가 있고, 저 고백문에 이어 우리는 한 때 멀리 떠나 마음으로 원수가 되었으나 이제 하느님과 화해하게 된 회중을 얼핏 본다(1:21-23). 또한 사도 자신의 직분을 어렴풋이 본다. 바울은 그의 직분에 따라 그리스도의 고난과 영광을 계속 지니고 있으며 이제 분명하게 된 신비를 선포한다(1:24-29).

권고 부분은 이제부터다. 바울은 그들이 그리스도를 받아 들였으니 그리스도 안에서 살고 그 안에서 성장하라고 일반적인 권고를 한 후(2:1-6) 교인들을 위협하는 이단에 대해서 그들에게 경고한다. 그리스도 찬가에 앞서 그는 이 이단을 원시종교와 연결되는 철학으로 일컬은 다음(2:8) 그 요구가 무엇인지를 가르킨다. 그러나 그것은 그리스도를 믿는 교회에 대해서 더 이상 타당성을 갖지 못한다(2:16-23).

계속해서 그리스도인의 생활에 대한 권고가 따른다. 바울은 그리스도와 함께 일으킴을 받은 자에게 "위에 있는 것들을 생각하시오"(3:1-4)라고 말한다. 이 권고들은 마지막에 "여러분은 말에 있어서나 일에 있어서나 모든 것을 주 예수의 이름으로 하고 그를 통하여 하느님께 감사하시오"(3:17)라는 권고로 요약된다.

의무의 목록(3:18-4:1)은 교인들 사이의 사회적 지위에 관한 문제를 취급한다. 이 의무의 목록 중심에서 "무슨 일을 하든지 사람에게 하듯이 하지 말고 주께 하듯이 진심으로 하시오"(3:23)가 다시 한 번 반복된다. 이 말씀에 이어 바울을 비롯해서 그리스도의 비밀을 밝히는 사람들을 위해 기도해 줄 것을 권고한다(4:2-4). 이것은 다시 그 자신의 직분에 관한 바울의 평가(1:24ff.)를 회상하게 한다.

이 서신 끝에는 많은 사람에게 보내는 문안 인사가 있다. 마지막 인사 직전에 너무도 인간적이고 자발적이며 감동어린 탄식이 있다: "내가 갇혀 있다는 것을 기억하시오."

14. 데살로니가전서

데살로니가전서는 우리가 보존한 바울 서신중에서 최초의 서신이다. 주후 49년에 데살로니가 교회를 세운 후 수개월만에 이 편지를 썼다(2:17). 교회를 방문하기를 간절히 원하였으나 이루지 못하여 바울은 디모데를 보냈고 또 그로부터 좋은 소식을 받았다(2:17-3:8). 이 새로운 이 야기를 듣고 바울은 데살로니가전서를 셨다. 이것이, 왜 본서가 극히 자세히 설명된 감사의 표현만을 포함하고(1-3장) 서신의 마지막에 권고를 포함하는가를 설명해 주는 이유다(4-5장).

1. 감사(1-3장)

1. 인사(1:1)
2. 데살로니가 교회의 모범에 대해서 하느님께 감사함(1:2-10)
3. 데살로니가에서의 바울의 활동(2:1-12)
4. 박해중에 있는 그들이 말씀을 받아드린 데 대한 감사(2:13-16)
5. 디모데의 방문(2:17-3:8)
6. 바울이 그들을 다시 볼 수 있고 교인이 증가하기를 바라는 기도(3:9-13)

이 서신은 환란중에서도 기쁨으로 그의 말을 받아들인 교인들로 인하여 바울이 가진 유쾌함을 직선적으로 반영한다. 그들의 신앙과 희망과 사랑은 건전했다. 다른 교회에도 그들의 건실한 마음의 소문이 알려졌다(1:2-10; 2:13-16). 바울은 이 감사의 표현 속에 데살로니가에서 수행한 그의 직책에 대해서 감사해 하는 회상을 포함할 수도 있다(2:1-12). 데살로니가 교회와의 이런 유대는 그의 현재의 절망적인 환경에서 그에게 도움이 되었다(3:7-8). 그러므로 이러한 감사의 표현으로부터 그들을 다시 만날 수 있고 또 하나님이 거기서 시작한 일에 향상이 있기를 바라는 기도가 나온다.

2. 권고(4-5장)

1. 그들이 살아온 대로 계속 살아가기를 권함(4:1-2)
2. 하나님의 뜻은 여러분을 성화시키는 것임(4:3-8)
3. 사랑하고 조용히 일하며 존경하라는 권고(4:9-12)
   잠든 자들에 관해서(4:13-18)
   주의 날(5:1-3)
   경계와 절제에 대한 권고(5:4-11)
   다른 권고(5:12-22)
4. 서신의 결론(5:23-28)

이 마지막 부분에서 바울이 교인들에게 주는 모든 권고는 데살로니가인들이 바르게 행했다는 확실성이 스며 있다. 그는 오직 그들이 걸어온 방향에서 계속 살아가기를 희망한다. 그러므로 본서의 권고는 비판적인 특징이 결여되어 있다. 그가 잠든 자들의 운명에 관한 권고와 함께 말하는 것 역시 위로의 여운을 남긴다. 그리스도의 재림 전에 죽은 사람들도 그와 연합하게 될 것이다. 그가 다시 오시는 날은 예견하지 못한다. 그는 갑자기 임할 것이다(5:1-3; 참고. 마 24:42-

44). 만일 데살로니가 교인들이 늘 깨어 있고 자제를 나타내면 그들은 확신있게 그 날을 내다 볼 수 있다. “여러분을 부르신 이는 신실하셔서 이 일을 실행해 주실 것입니다”(5:24).

이 서신을 나타내는 도표는 다음과 같다.

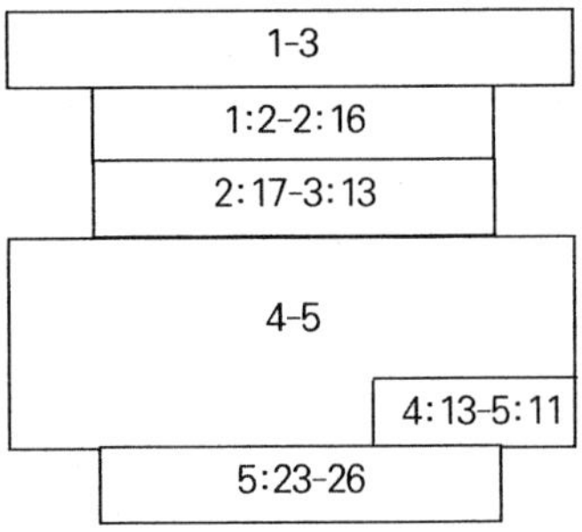

15. 데살로니가후서

1:1-2	인사(1:1-2)
1:3-4, 11-12	감사와 교인들을 위한 중재(1:3-4, 11-12)
1:5-10	최후심판(1:5-10)
2:1-12	그리스도의 재림(2:1-12)
2:13-3:5	감사를 계속함(2:13-14) 권고와 마지막 기도(2:15-17) 중재의 기도와 마지막 소원(3:1-5)
3:6-15	게으른 생활을 하는 자들을 멀리하라(3:6-15)
3:16-18	마지막 소원(3:16-18)

데살로니가후서는 전서에서와 같이 인사에 이어 감사로 편지를 시작한다. 그리스도의 재림을 취급하는 부분 역시 데살로니가 전·후서가 비슷하다. 그러나 후서가 전서에 흐르는 따뜻함과 감사를 결하고 있다. 감사와 중재의 표현은 개인적인 것으로서 들리지 않는다. 또한 교인들이 흥분하여 임박한 재림의 날을 기대하는 것에 반해서 그리스도의 재림을 명확히 분간할 만한 징조를 언급하는 방법에서도 차이가 있다(2:1-12).

이러한 징조들을 묘사하는 데서 특별히 강조되는 것은 신앙심이 없는 자들에게 임할 심판이다(1:5-10; 2:10-12). 그리스도의 재림 전에 적대자(혹은 신성모독자)가 올 것이다. 마지막 때에 관한 그릇된 개념 때문에 어떤 이들은 게으른 생활을 했다. 이 서신은 게으른 그들에 대해서 강하게 경고한다(3:6-15).

많은 해석가들은 본서가 바울의 유산을 보존하기 위하여 후대의 저자가 바울의 이름을 빌어 썼다고 가정한다. 하여간 데살로니가후서는 전서보다 늦게 씌어졌고 다른 상황에 전해졌다.

제3부

목회서신과 빌레몬서

목회서신

18세기 이래로 디모데 전·후서와 디도서는 "목회서신"이라는 명칭 아래 통일된 것으로 간주 되었다. 목회서신들은 바울의 제자들에게 써어진 것이고 그들을 통하여 소아시아와 그레데에 있는 큰 그룹의 회중에게 전해졌다. 문체와 회중의 상황을 제외하면 목회 서신은 본질적으로 다음 주제에서 일치한다.

(1) 그릇된 교리에 반대함
(2) 교회의 조직
(3) 권고

동시에 다른 바울의 서신과 분명한 차이가 주목되어야 한다.

1) 반대자들의 이론 안에 자체를 포함시키는 열정적인 논쟁 대신에 단순히 목회 서신은 바른 교리로부터의 탈선을 지시하는 것으로 만족한다.
2) 여기서 묘사된 교회의 구조는 후기의 소산임을 입증한다. 그래서 감독, 장로, 집사 등의 직책이 철저하게 조직화되고, 교회 생활을 완전하게 한정한다.
3) 권고들은 시민이 도덕적으로 성실하고 바르다는 분위기를 지시한다.

바울이 목회서신의 저자라고 생각하는 해석자들은 바울의 생의 만년에 씌어진 것으로 본다. 많은 주석자들은 목회서신을 주후 2세기에 소아시아에 기원을 둔 익명작품으로서 간주한다. 이 견해에 의하면 목회 서신의 최상의 의의는 바울 신학에 본질적, 또 근본적인 특징 안에서 그의 권위에 호소한 새로운 타당성에 있다. 이것으로 그 무렵 교회를 침범하고 있던 이단에 반대하였다. 이와 같이 목회서신은 바울의 설교가 이미 크게 변경된 초대 교회의 상황에서 실효를 거둔 방법에 대한 증언이 된다.

16. 디모데전서

인사(1:1-2)

이단자들에 대한 경고(1:3-11)

임무를 맡겨 주신 데 대한 감사(1:12-17)

이단자들 때문에 디모데에게 주는 권고(1:18-20)

교회 내에서의 기도에 관한 지침(2:1-15)

여자들의 종속(2:8-15)

감독의 자격 규정(3:1-7)

집사의 자격 규정(3:8-13)

그리스도에 대한 노래로 끝남(3:14-16; 6:14-16)

이단자에 대한 경고(4:6-11)

이단자들 때문에 디모데에게 주는 권고(4:6-11)

그의 직분에 관련하여 디모데에게 주는 권고(4:12-16; 5:1-2)

과부들을 위한 규정(5:13-16)

장로들을 위한 규정(5:17-22)

이단자들에 대한 경고(6:3-10)

이단자들에 때문에 디모데에게 주는 권고(6:11-21)

개인적인 권고(5:23-25; 6:1-2; 6:17-19)

이 서신의 계획은 다음과 같은 도표에서 나타난다.

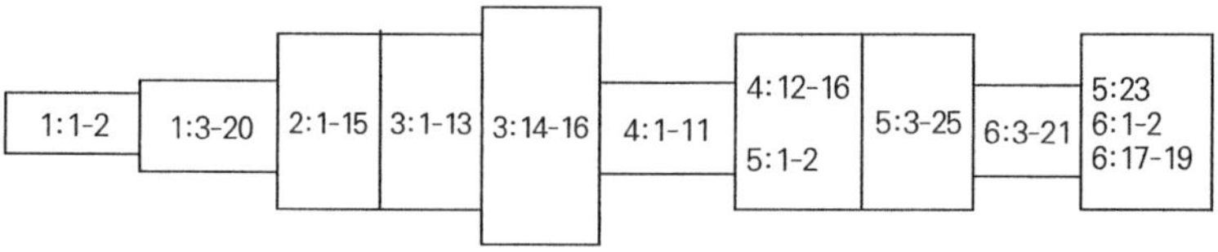

1. 이단자들에 대한 경고

인사에 이어 곧 이단자들에 대한 경고가 시작한다. 이 경고는 만일 이 서신의 으뜸가는 목적이 아니라면 그중의 하나이다. 경고가 3회 나오고, 각 경고마다 이단자들에 관련해서 디모데에게 주는 경고가 따른다(1장, 4장, 6장). 이 사실은 이단자들에 대한 실제적인 방어는 이제 회중자체에서 더 이상 추구될 것이 아니라 공적인 입장에서, 말하자면 중요한 직책을 가진 사람들에서 추구되어야 한다는 것을 분명히 지시한다. 동시에 목회서신에서 두 개의 근본적인 주제 사이의 관계는 이렇게 해서 분명하게 된다. 즉 두 주제가 아니라 이단과 교회의 행정직의 수립을 반대한다.

디모데는 다른 교리에 반대하도록 분명하게 명령을 받는다(1:3-11). 그러나 그것이 무엇을 의미하느냐는 것은 암시에 그치고 만다. 교훈이 "신화", "지리한 족보", "쓸데 없는 변론", "율법의 교훈"에 종사한다는 사실은 그것이 유대적 영지주의 이단이라는 것이 시사한다. 디모데전서는 이 잘못된 교리에 사랑의 명령과 신실한 믿음 및 건실한 교리를 대립시킨다.

율법은 의로운 자를 위한 것이 아니라 율법을 어긴 자들을 위한 것이다(1:9-10의 악덕의 목록을 주의하라).

여기서 주제가 마지막 때가 되면 일어난 것으로 예언된 이단에 관심한다는 것을 지시하는 부록이 4장 1-5절에 있다. 이 이단이 명령한 금식명령에 대한 응답으로서 디모데전서는 만일 감사한 마음으로 받게 된다면, 주님이 창조한 것은 아무것도 배격되어야 할 것은 없다고 진술한다.

6장 3-10절에서 이단자들에 관한 기술은 조금 모호하기까지 한다. 그들은 자만심과 탐욕 외에 "질문과 논쟁만을 일삼는 병든 사람이라"고 비난을 받는다. 이것과 대조해서 "깨끗한 인격과 일치하는" 겸손한 교훈을 언급한다.

바울은 이단을 예견하여 신앙과 선한 양심을 지켜 선한 싸움을 싸울 것을 그의 아들 디모데에게 권고한다(1:18-20). 이 말은 사탄에게 넘겨진 후메내오와 알렉산더에 관한 것과 대조된다. 디모데의 직책은 바울이 감사해 마지않는(1:12-17) 그의 임무에 기초했으며 그의 임무는 다시 "예수 그리스도가 죄인을 구원하시려고 세상에 오셨다"는 사실 위에 거점을 두었다(1:15). 이 부분은 송영으로 끝맺는다.

이단 때문에 디모데에게 주는 권고는 4장 6-11절에서 계속된다. 여기서 디모데는 불경하고 어리석은 신화와 이단자들의 저속한 규칙들을 거부하고는 교리상의 권위를 갖게 된다. 그는 신빙할 만한 말과 좋은 교훈을 가지고 반대하는 것이다(11절의 "이런 것들을 명하고 가르치라"를 주목하라).

6장 11-21절에서 디모데는 마지막 권고를 받는다. "오 디모데여, 그대에게 맡겨진 일을 잘 이행하시오. 믿음의 선한 싸움을 싸우시오. 그래서 영원한 생명을 얻으시오, 그대는 이것을 위해 부름을 받았고 또 많은 증인들 앞에서 훌륭하게 믿음을 고백했습니다"(6:20, 21).

2. 회중이 지켜야 할 규정들

이 규정들(2:1-15)은 교회 안에서의 기도에 관한 지침을 시작한다. 여기서 처음으로 고위층의 인사들을 위하여 중보의 기도와 감사를 드리라는 권고가 나온다. "그것은 평화스럽고 안정된 생활을 위한 것이다." 여자 교인들에게 관한 규정은 2장 9-15절에 첨가된다. 다음으로 감독과 집사의 자격 규정이 나온다(3:1-7, 8-13). 두 직책의 자격은 교회적, 신학적 성격보다 도덕적 성격에 의하여 규정한다. 두 구절(3:1-7, 8-13)의 결론에서 "우리 종교의 비밀"이 그리스도에 관한 노래에서 기술된다.

"그는 육신으로 나타나시고
영으로 외로움을 입증하셨으며
천사들에게 보이셨고
나라들 가운데서 전파되셨다.
온 세상으로 그를 믿게 하시고
영광 가운데서 들려 올라 가셨다"(3:16).

4장 12-16절에서 회중을 지도하는 그의 직무를 위하여—직무의 이름을 언급하지 않고—디모데에세 지침을 말한다. 여기서 본질적인 특징은 말이나 행실에 있어서 모범이 되고 참 믿음을 고수하는 것이다. 성서 읽기, 설교, 가르치는 것은 언급되었을 뿐이다.

교회의 제 규정은 과부와 장로들을 위한 교훈으로 끝을 맺는다. 여기서 과부들(5:3-16)은 특수한 의무를 지녔던 성직 서열에 속한다. 아직도 부양해야 할 가족이 있는 사람들은 이 서열에 속하지 않는다. 가족 부양이 선행되었다(5:4-8). 젊은 과부 역시 배제되었다. 과부의 직분을 감당할 전제 조건이 5장 9-10절에서 언급되었지만 정확하게 그 의무에 대해서 말하는 것은 없다.

장로들을 위한 교훈 역시 직무에 대해서 말하는 것은 거의 없다(5:17-22).

여러 가지 개별적인 권고는 5장 23절-6장 2절과 6장 17-19절 안에 내포되고, 노예와 부자에 관련된 논평을 포함한다.

17. 디모데후서

디모데후서는 전체로 보아서 디모데의 직분을 위한 권고다. 이 서신은 ① 그가 양육을 받은 경건을 보전하는 것을 취급하고, ② 고난의 길을 따르라는 도전과, ③ 그의 건전한 교리의 고수 및 ④ 그에게 맡겨진 것을 그가 전달하는 것 등을 취급한다. 이 권고 안에 이단에 대한 경고가 완전하게 엉켜 있다. 권고와 경고가 이 서신의 두 주요한 주제들이다. 이 주제에 그리스도의 사업과 바울의 직분에 대한 언급이 결합되고, 또한 바울을 지원한 사람들 얼마와 그를 저버린 다른 사람들의 언급도 결합된다. 그러나 이 몇 안 되는 주제들이 본서에서 엉성하게 배열되었으므로 본서의 그럴 듯한 배열을 한다는 것은 불가능하다. 그러므로 위에서 언급한 주제들을 근거로 해서 조사하는 것이 최선의 방법이다(도표를 보라).

디모데후서의 특징은 결국 디모데에게 전적으로 말해진 권고라는 데서 나온다. 그러므로 전체적으로 보아서 디모데전서보다 훨씬 더 사사로운 것이다. 여기에는 상세한 회중에 관한 규정이 없다. 바울의 평가는 의도에 있어서 객관적이기보다 훨씬 더 주관적이다.

고난의 길을 따르라는 도전은 이 서신의 특징이다. 이 도전으로 1장 8절의 예의바른 권고가 시작한다. 이 고난의 대비는 그리스도의 사업(1:8-10)과 바울의 모범(1:11-12)과 일치한다. 2장 3-13절의 권고는—그가 말한 대로 "그리스도 예수의 훌륭한 군인답게 고난을 함께 받으시오"(2:3)—그리스도의 사업과 바울의 모범과 밀접한 관련에서 다시 한 번 더 넓게 확대된다.

다른 주제에 관해서 디모데후서는 전서와 유사하다. 바울에게 사실이었듯이(1:3-5)* 디모데의 신앙은 그의 조모와 어머니를 통해서 온 것인데, 이 신앙에 기초하여 권고하는 방법이 주목할 만하다. 여기서 기독교 신앙은 유대인 신앙의 직접적인 계속으로서 본다. 이것은 목회서신이 어떤 전통적인 신앙개념을 표현하는가를 시사한다.

끝으로 디모데후서의 특징은 성실한 교인과 불성실한 교인 사이의 분리를 전면에 희미하게 나타내는 방법이다.

4장 6-22절 부분은 바로 사사로운 내용이므로 바울 자신이 쓴 편지의 일부였으리라.

다음의 도표는 본서에 나타난 주제들을 지시한다.

	1장	2장	3장	4장
인사, 감사, 중재	1-2			
1. 디모데의 직분을 위한 권고				
1. 그가 양육받은 경건을 유지함	3-7			
2. 고난의 길을 따름	8, 12	3-13	10-12	
3. 건전한 교리를 고수함	13-14	15,22-26	14-17	
4. 그에게 맡겨진 것을 전달		1-2		1-5
2. 이단에 대한 경고		14,16-18 19-21	1-9,13	
3. 그리스도의 사업	8-10	8-13		
4. 바울의 직분	11-12	8-10	11	6-8, 9-18
5. 성실한 교인과 불성신한 교인	15-18			10-16
마지막 인사				19-22

* 역자 주: 저자의 논평은 루터의 번역, 즉 "Ich danke Gott, dem ich diene von meinem Voreltern her"(나는 내가 나의 조상으로부터 섬기는 하느님께 감사한다/ AV)의 암시를 따른다. 이것은 헬라어 *apo progonon*의 직역이다. 바울은 그의 부모와 조상으로부터 유래한 감정과 원칙을 가지고 하느님을 섬긴다. 그래서 그에게 기독교는 유대와 다른 종교가 아니라 유대교의 자연스런 발전이었다(참고. 행 23:6; 24:14). RSV의 번역(나의 조상이 섬긴 대로 내가 섬기는 분)은 이 대담한 강조를 부드럽게 한다.

18. 디도서

1. 인사(1:1-4)
2. 장로(감독)에 관한 훈련(1:5-9)
3. 이단자들에 대한경고(1:10-16)
4. 의무의 목록(2:1-10)
   고백으로써 확인됨(2:11-15)
5. 개별적인 권고(3:1-2)
   세례식의 고백으로써 확인됨(3:3-7)
   강조된 권고(3:8)
6. 이단자들에 대한경고(3:9-11)
7. 서신의 결론(3:12-15)

이상의 개요를 예증하는 도표는 다음과 같이 구성될 수 있다.

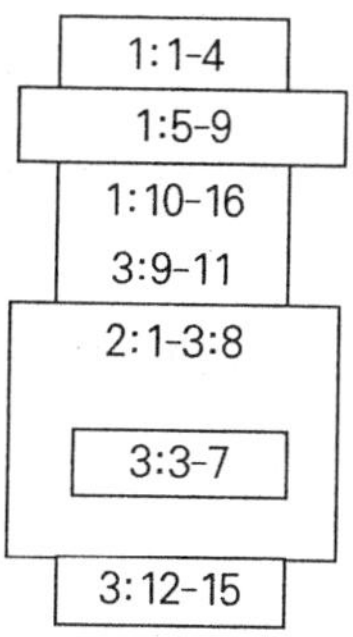

디도서는 위의 개관이 지시하는 대로 디모데후서보다 전서를 더 답습한다. 여기서 우리는 분명히 상호 관련되는 부분이 식별된다는 것을 명백히 발견한다. 인사에 이어 곧 장로들에 관한 훈련이 따른다. 이것은 감독(혹은 장로와 감독은 동일 직책?)에게 적용한다. 디모데전서에서처럼 그 직책은 이단에 저항할 의무가 있다(참고 1:9의 끝절). 그 다음이단의 서술이 있다(1:10-16).

의무의 목록은(2:1-10) 늙은 남녀와 오직 젊은 남자 또한 종(주인은 아님)을 권고한다. 권고는 고백과 공통점이 있는 기독교 신앙의 요약으로 확정된다.

> "모든 사람을 구원하시는 하느님의 은혜가 나타나서 우리를 교육하여 불경건과 세상 욕심을 버리게 하고 이 세상에 있는 동안 정신을 차려 바르고 경건하게 살게 하며 복된 희망과 우리의 크신 하느님이시며 구주가 되시는 그리스도 예수의 영광이 나타나기를 기다리게 합니다. 그리스도께서 우리를 위하여 자기 몸을 내어 주신 것은 우리를 모든 불법에서 속량하여 자기 백성을 삼으시고 아름다운 일에 열심있는 자들이 되게 하시고 깨끗하게 하시려는 것입니다"(2:11-15).

얼마 안되는 개별적인 권고(3:1-2)는 마찬가지로 세례식의 고백문을 의역함으로써 확정된다.

> "우리가 전에는 미련해서 순종할 줄 모르고 그릇된 길을 헤메며 …그러나 우리 구주 하느님의 인자하심과 인류에 대한 사랑이 나타나서 우리를 구원하셨습니다. 그것은 우리가 행한 의로운 업적 때문이 아니라 그의 자비하심을 따라 다시 나게 하는 씻음과 성령의 새롭게 하심으로 우리를 구원하신 것입니다. 하느님은 이 성령을 우리 주 예수 그리스도를 통하여 우리에게 풍성하게 부어 주셨습니다…"(3:3-8).

집권자들을 향한 순종을 보여주라는 권고(참고. 롬 13장)가 동시에 강조된다.

이 서신은 이단자들에 대한 제2차 경고로 결론을 맺고(3:9-12), 이어 개인적인 논평과 및 마지막 인사가 있다(3:12-15).

19. 빌레몬서(1장)

1. 인사(1-3절)

2. 감사와 중재의 기도(4-7절)

3. 오네시모를 친절하게 영접하기를 바람(8-20절)

1. 바울은 그리스도를 위하여 갇힌 죄수로서 또 노인*으로서 명령 하기보다 사랑으로 부탁한다(8-19)
2. 옥중에서 얻은 아들 오네시모에 관하여(10-11)
3. 바울은 빌레몬의 승락 없이는 오네시모가 자기를 섬기도록 하지 않으려고 그를 귀가시키고 있다(12-14)
4. 오네시모는 이제 빌레몬에게 한 형제가 되었다(15-16)
5. 바울은 친절한 영접을 부탁하고 빌레몬에게 손해를 끼친 것이 있으면 보상해 주기를 바란다(17-20)

4. 서신의 결론(21-25절)

바울은 빌레몬을 신뢰하고 이같은 편지를 썼다. 그는 속히 다시 만나기를 희망하고, 다른 사람의 문안을 대신 한 다음 "주 예수 그리스도의 은혜가 여러분의 영과 함께 있기를 바랍니다"로 결론을 맺는다.

---

* 역자 : 독일어 번역을 따르고 있다(참고. RSV 난외). 여기서 사용된 헬라어는 문자적으로 "늙은이"를 의미하는 *presbutes*다. 이 용어는 헬라어 동사 *presbeuein*(장로가 되다, 혹은 사절이 되다)으로부터 유래했다(참고. 고후 5:20; 엡 6:2). RSV는 번역에서 사절의 의미를 채용했다.

도표 형태로 이 편지를 표현하면 다음과 같다.

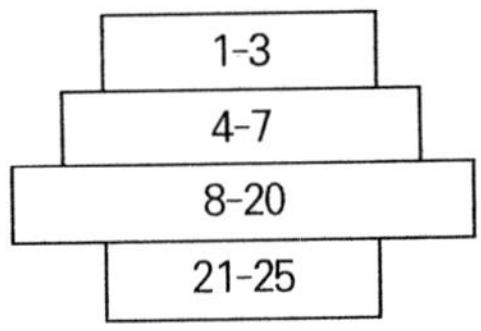

제4부

나머지 서신

20. 히브리서

히브리서는 떠내려 갈 위험 가운데 있는 회중(혹은 그룹)에게 보내는 위로와 격려 및 설명적인 메시지다(2:1). 그들은 실망했고 유혹을 받기 쉬웠다(3:6,14; 10:35; 12:12). 이 서신은 그들을 격려하여 그들이 고백하는 신앙을 굳게 잡도록 한다(4:14). 처음부터 마지막 문장에 이르기까지 그리스도의 위대성을 그들 앞에 내세움으로 격려한다. 이와 같이 예수를 찬양하는 것이 일련의 구약성서의 표현들과 연합적 주석을 통해서 나타난다. 그 모든 것은 그리스도의 인격과 사업의 우월성을 증명하기 위한 것이다. 나그네로서 하느님의 백성은 그리스도가 그들에게 위대하신 분이 되는 그 정도로 힘을 내고 인도를 받게 된다. 이렇게 해서 그들은 그들의 목적지를 향하게 되었으며 마지막 순례를 하고 나면 안식한다.

"히브리인들에게"라는 칭호는 뒤늦게까지 이 서신에 없었다. 이 책은 인사 없이 시작하고 다만 결론만(13:18-25)이 서신의 성격을 분명히 나타낸다. 저자나 수신자에 관해서 아무것도 알지 못한다. 이 서신은 뒤늦게야 경전에 들어왔고 서신의 본질적인 의의는 구약성서의 제사장직과 희생적인 직분으로서 예수 그리스도의 직무를 해석하는 데 있다.

서론: 하느님의 마지막 말씀(1:1-4)

하느님은 마지막 때에 그의 아들을 통하여 말씀하셨다. 그는 그의 아들을 그의 구속사업을 마친 후 그의 오른편에 앉히셨다.

1. 그리스도의 우월성(1:5-4:13)

1. 성서에 따르면 그리스도는 천사들 위에 높이 들리우셨다(1:5-14)
   이 말씀에 유의하라는 권고(2:1-4)
2. 그의 고난 때문에 그는 영광을 받았다(시 8편) (2:5-10)
3. 그는 우리를 구원하기 위하여 우리의 형제가 되었다(2:11-18)
4. 그는 아드님으로서 모세보다 뛰어나신다(3:1-6)
5. 불신앙에 대한 경고(시 9:7-11편) (3:7-4:13)

2. 그리스도 안에서 제사장의 직무와 제물이 완성된다(4:14-10:18)

1. 우리에게는 우리를 동정하는 대제사장이 있다(4:14-16)
2. 우리에게는 하느님이 임명했고 확인한 대제사장이 있다(시 2편) (5:1-10)
3. 연약한 회중, 대담한 약속(5:11-6:20)
4. 멜기세덱의 서열을 따른 제사장이신 그리스도(7:1-28)
   1. 레위자손의 제사장직보다 우월한 멜기세덱의 제사장직(7:1-10)
   2. 레위계통의 제사장직은 그리스도에 의해 폐기된다(7:11-24)
   3. 이것은 단 한 번에 이루어졌다(7:25-28)
5. 그리스도, 새 계약의 중보자(렘 31장) (8:1-13)
6. 지성소의 옛 접근과 새 접근(9:1-28)
   1. 옛 지성소 접근(9:1-10)
   2. 그리스도 자신의 피에 의한 접근(9:11-22)

3. 유일회성(once for all)(9:23-28)

7. 단 한 번만의 그리스도의 희생(10:1-18)

3. 권고: "이제 가까이 나아갑시다"(10:19-13:17)

1. 희망에 대한 신앙고백을 굽히지 않고 굳게 잡읍시다(10:19-25).
2. 배교자들은 심판대 앞에 서게 될 것이다(10:26-31).
3. 여러분의 확신을 버리지 마시오(10:32-39)
4. 신앙의 역사(11:1-40)
5. 믿음의 창시자요 완성자를 바라보자!(12:1-3)
6. 훈련은 아버지의 사랑의 표징(12:4-11)
7. 참고 견딜 것을 권고함(12:12-29)
8. 여러 가지 권고(12:1-17)
9. 이 서신의 결론(13:18-25)

위의 내용은 다음과 같은 도표 형식으로 표현될 수 있다.

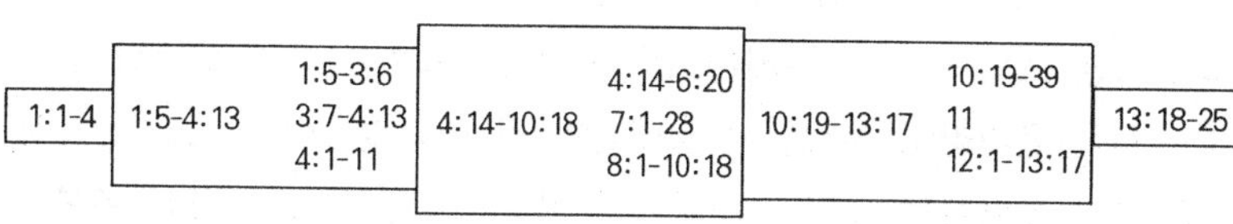

히브리서는 주의깊게 계획된 3부분으로 배열된다.

(1) 첫 부분은 예수 그리스도의 우월성(1:1-4:13)을 서술하지만 동시에 둘째 부분과 통하는 주제를 내포한다. 이 최고의 존재가 굴욕을 무릅쓰고 우리의 형제가 되었다.

(2) 중간 부분(4:14-10:18)은 구약성서의 관점에서 표현되는 우리

를 위한 그의 구속사업에 대해서 말하고, 어떻게 제사장의 직무와 희생이 지성소에 들어가게 하신 그리스도 안에서 성취되었는가를 보여 준다.

(3) 셋째 부분(10:19-13:17)은 지성소에 들어가고, 그리스도의 구속사업을 받아들이며 또한 그를 아는 지식을 확고히 하라고 요구한다.

이것과 함께 히브리서의 가장 중요한 특징들이 지적되었다. 그러나 희브리서를 이해하려면 모든 것을 결속시키는 것, 즉 말씀의 개념을 주목하는 것이 본질적인 것이다. 이 말씀의 개념 아래 그리스도의 완전한 구속사업(1:1-4)이 포함된다. 그리스도는 세상에 대한 하느님의 궁극적인 말씀이라고 고백한 사람들의 이야기의 상세한 기술에서 믿음에로의 장중한 호출이다. 바로 이 점에서 "그리스도는 믿음의 창시자요 완성자다"(12:2).

서론 : 하느님의 마지막 말씀(1:1-4)

1장 1-4절은 서론의 성격을 띤다. 몇 마디로 그리스도의 전 구속사업이 그의 높이 들리우심을 강조함으로써 기술된다. 이 사업에서 하느님은 그의 아들을 통해서 말씀하셨다. 비록 그것이 최초의 말씀은 아니었을지라도 하느님의 절대적인 최후의 말씀이다. 그것은 "하느님께서 옛날에는 우리 조상들에게 예언자들을 통하여 여러 부분에 걸쳐 여러 방법으로 말씀하셨기 때문이다." 히브리서는 궁극적인 말씀과 예비적 말씀 사이의 관계를 다룬다

1. 예수 그리스도의 우월성(1:5-4:13)

모세(3:1-6)만이 아니라 천사들보다 뛰어난 그리스도의 우월성

(1:5-14)은 성서에서 입증될 수 있다(모세에 대한 우월성은 아들로서, 그의 이름에 의해서, 천사에 대한 우월성은 시편 2편, 110편에서). 이 두 부분(1:5과 3:1-6) 사이에서 그리스도의 높이 들리우심(2:5-18)은 그의 겸손과 연결된다. 그는 "죽음의 고난을 당하심으로 영광과 존귀의 면류관을 받으실 것이다"(2:9). "왜냐하면 그가 고난을 통해서 그들의 구원의 창시자를 완전하게 하신다는 것은 마땅한 일이기 때문이다"(2:5-10). 인간적인 면에서 동일한 것이 2장 11-18절에서 지시된다. 그는 그의 구속사업을 통하여 우리의 형제가 되었다(시편 22:23). "그러므로 그는 모든 점에 있어서 형제들과 같아져야만 했습니다"(2:17).

천사들과 모세보다 뛰어난 그리스도의 우월성을 입증하는 두 부분에 이어 각 경우마다 이 초고의 힘(2:1-4과 3:7-4:13)에 복종하라는 권고가 있다. 3장 7절 이하에서는 이 사실이 시편 95편 7-11절의 주석에서 나온다. "오늘날 너희가 그의 말을 듣거든 너의 마음을 완고히 하지 말라…"

하느님과 새 계약을 맺은 나그네 된 백성은 옛 계약의 백성을 회상하게 되고(3:15-18), 그들을 통해서 뒤에 처지는 것과 불신앙에 빠지고 목표를 상실하는 데 대해서 경고를 받는다. 이 첫 부분은 하느님의 말씀의 활력에 대한 경고조의 언급으로 끝난다(4:12;참고, 1:2).

2. 그리스도 안에서의 제사장의 직분과 제물의 완성(4:14-10:18)

구속사업에 대한 두 선행조건이 4장 14절-5장 10절 처음에 서론으로서 나온다. 그것은 우리와 같이 여러면에서 그가 유혹을 받았기 때문에(4:13-16; 5:7-8) 우리를 동정할 수 있는 대제사장이 우리에게 있다는 것을 진술한다. 그러나 그리스도는 그 자신을 위해서 대제사장 직분의 위엄을 떠맡지 않았다. 오히려 그리스도를 언급하는 것으로 해석되는 시편 2편과 110편에서 지시된 하느님이 그 직무를 그에게 부여하셨다.

7장 1절 이하는 직접 5장 10절과 연결된다. 그 사이에 있는 중요한 삽입 부분(5:11-6:20)은 수신자들의 편모를 제공하는데 그것은 7-10장에서 실질적인 편지 중심부를 마련하기 위한 것이다. 그들은 아직 말해지는 것을 이해할 위치에 있지 못하다(5:11-14). 그럼에도 불구하고 저자는 이 위대한 관심들에 대하여 그들에게 말하고자 한다. "여러분에게는 구원에 이르게하는 더 좋은 것이 있다는 것을 확신합니다"(6:9)고 저자는 말한다.

이 부분 중간(6:1-10)에 일단 배교자가 된 사람들이 다시 회개하는 것을 거부한다(6:4-8). 이 거부는 구원이 가까왔다는 것과 예리한 대조를 이룬다. 예를 들면, 이 점에서 루터는 히브리서를 날카롭게 반대했다.

삽입 부분의 결론(6:11-20)은 4장 14절의 권고를 다시 채용한다. 즉 오래 참으면 확실히 보상을 받게 될 것이다. 하느님은 맹세코 그의 약속을 보증하셨다(창 22:16ff.).

7-10장에서 그리스도의 구속사업이 두 면에서 발전한다.

(1) 그리스도는 멜기세덱의 서열을 따른 대제사장이다(7-8장). 이 개념의 근거는 시편 110편 4절(히 5:6; 6:20)이고, 7장 1-10절에서는 창세기 14장에 따라 묘사된다. 그것이 지시하는 것은 그리스도는 레위지파의 제사장보다 우월하다는 점이다. 멜기세덱의 제사장직이 하느님의 맹세에 기초를 둔 것인 한(시 110:4) 예수는 보다 나은 계약의 보증이 되었다(7:11-28). 8장은 이 사실을 보다 상세하게 설명하고 이와 관련해서 증빙 장귀를 그대로 인용한다(렘 31:31-34).

(2) 9-10장에서 새로운 예배가 옛 예배와 비교된다. 성소와 지성소를 분리하는 것이 고대 지성소의 특징이었다. 대제사장이 제사를 드

릴 때 자유롭게 접근을 못했다. 그것은 그가 해마다 백성들의 죄를 위하여 제물을 바치기 때문이다(9:1-10). 그러나 그리스도는 자기 자신의 피로 단번에 지성소—손으로 만든 곳이 아니라 영원한, 그리고 바로 하늘 그 자체인—에 들어갔다. 옛 예배와의 연결은, 죄가 깨끗해지는 것은 옛 지성소만이 아니라 이 지성소에서 피에 의해서만 가능하다는 사실에 있을 뿐이다(9:11-28). 부연하면 제물의 독특성이 강조된다. 더욱이 그리스도의 희생의 우월성은 구약성서에 이미 동물을 제물로 드리는 제사와 예물을 기뻐하지 않는다는 예증이 있다는 사실로써 증명된다(40:6-8; 51:16). 또한 이 부분은 예레미야 31장의 새 계약을 언급하는 것으로 끝난다.

3. 권고: "이제 가까이 나아가자"(10:19-13:17)

마지막 부분은 10장 19-25절에서 다시 중심부의 서론적 권고를 채용하고 (10:23=4:14) 19-21절에서 이 중심부를 요약하며 계속해서 24-25절의 단순한 권고에 이른다. 이것은 위협(10:26-31)과 약속(10:32-39)위에 기초를 둔다. 위협 가운데는 다시는 회개할 수 있는 가능성의 부인이 있는데 "살아계신 하느님의 심판의 손에 빠져 들어가는 것은 무서운 일입니다"(10:31)는 경고와 한 쌍을 이룬다. 이미 참고 견디어 낸 고난을 연상시키는 약속에는 영원을 예상하는 격려가 있다: "여러분은 확신을 버리지 마시오. 그 확신에는 큰 보상이 붙어 있습니다"(10:35).

절망한 사람들을 격려하기 위하여 저자는 이제 그들의 주의를 "많은 주인들"(11장)에게 직접 향하게 한다. 그는 옛 계약 아래서의 하느님의 백성의 역사를 신앙의 역사로 묘사하고 마지막 부분에서(11:35-38) 어떻게 그들이 이 기간 동안에 그들의 신앙 때문에 고통했는가를 강조한다. 만일 우리가 11장을 한 문자씩 주의 깊게 읽으면 이 서신을 쓰고 돌려 읽은 기독교 공동체가 어느 정도 구약성서 안에서 살았는가를 알 것이다. 그들은 옛 계약의 역사를 하느님의 역사로서 이해했다.

믿음을 굳세게 하라는 권고(10:19-25)는 11장에서 그런 이 역사의 목표를 언급함으로써 12장 1-3절에서 다시 거론된다. "우리의 믿음의 창시자요 완성자이신 예수를 바라보자!" 그의 고난 때문에, 그를 따르는 자들이 체험한 훈련 역시 아버지의 사랑의 징표로서 받아들일 수 있다(12:4-11). "그러므로 힘 없는 손과 쇠약한 무릎을 일으켜 세워 곧으시오"(12:12)라고 저자는 말한다.

이렇게 저자는 히브리서의 마지막 권고를 도입하고(12:12-17) 동시에 시내산 계약과 하늘의 예루살렘(12:18-29)과 비교한다. 이러한 권고들 가운데 "예수 그리스도는 언제나 어제나 오늘이나 영원히 같습니다"(13:18)는 진술이 있고, 그리스도의 사업을 길이 기억될 방법으로 요약한다.

21. 야고보서

야고보서는 교육적이며 권고적 문장으로 되었으며, 무관심하고 부주의하게 된 기독교 공동체를 대상으로 쓰고 있다(이것이 "흩어져 사는 열두 지파"(1:1)의 언급이 의미하는 것이다). 이 서신은 그들을 불러내어 진지하게 또 중심으로 복종하게 하고자 한다. 여기 서한 문체는 단순히 문학적인 고안이다. 수신자의 상황에 대해서 특별히 또는 구체적으로 언급한 것은 전혀 없다. 구원의 근본 사실에 관해서 거의 전적으로 평가하지 않는 것이 특히 주목할 만하다(이것은 베드로전서와 대조적이다). 그리스도의 이름은 거의 언급되지 않는다.

권고들이 분명히 연결되지 않는 채 연달아 있다. 그러나 근본적인 특성인 신앙의 실재를 보여 주는 언급을 자주 하는 데서 식별될 수 있다.

1. 인사(1:1)
2. 시련을 통한 확신(1:2-18)
3. "그저 듣기만 하지 말고 말씀을 행하는 자가 되시오"(1:19-27)
4. 가난한 자들을 멸시하지 말라(2:1-13)
5. 행동이 없는 믿음은 죽은 것이다(2:14-26)
6. 가르치는 직책을 소홀히 하는 데 대한경고 및 혀의 위력(3:1-12)
7. 이기적인 야망에 대한 경고(3:13-18)
8. 세상의 친구가 되는 것은 하나님과 원수가 됨(4:1-10)
9. 비난과 그릇된 안정에 대한 경고(4:11-17)
10. 부자에 대한 비난(5:1-6)
11. "인내하라"(5:7-11)
12. 여러 가지 권고들(5:12-20)

1:1 | 1:2-16 | 1:19-27 | 2:1-13 | 2:14-26 | 3:1-12 | 3:13-18 | 4:1-10

4:11-17 | 5:1-6 | 5:7-11 | 5:12-20

야고보서는 오늘날 우리가 "실제적인 기독교"라고 부르는 것을 주창한다. 저자는 분명한 신학에 관심이 없다. 야고보서에는 이교에 대한 관심의 흔적이 없다. 야고보에게 위험스러운 것은 오직 불완전한 그리스도인의 행위나 왜곡된 그리스도인의 행동이다.

2장 14-26절에서 순종하여 행동하기를 피하기 위하여 믿음에 호소하는 태도를 반대한다. 이 점에서 이 서신은 오해되거나 왜곡된 바울의 교훈을 공공연히 반대하고 아브라함을 예로 들어 로마서 4장에 나타난 바울의 사상과 정반대의 결론을 내린다. 이 관점에서 야고보서에 대한 루터의 반감이 전적으로 이해되어야 한다.

더욱 우리는 야고보가 변경된 상황에서 그리고 타락한 바울주의자와 관련해서 말하고 있다는 것을 명심해야 한다. 비록 야고보가 행동으로서 신앙을 증명할 것을 요구한 것은 전적으로 옳다고 해도 그 자신은 이미 바울이 의미했던 것을 바르게 인식했던 것 같지는 않다.

2장 1-13절에서 가난한 자들을 위한 중재가 특히 강조되고 5장 1-6절은 부자들의 고소를 강조한다. 이 귀절들은 야고보서가 씌어진 시기(약 A.D 100년)에 사회적인 격차가 기독교 내에서 한 위협이 되기 시작하고 있었다는 것을 전제한다. 이 점에서 야고보의 평가는 이기적인 야심과 모든 형태의 불화에 대한 그의 경고에서와 같이(3:13-18) 회개에로의 솔직하고 용감한 부름이다. 혀의 위력에 관한 관찰(3:1-12)은 구약성서의 지혜*를 특별히 회상하게 한다.

---

* 역자 주. 본서, pp. 299ff. 참조.

22. 베드로전서

이 서신은 소아시아에 있는 교회들에게 전달되었으며 대체로 로마에서 씌어진 것으로 되어 있다(5:13). 사도 베드로가 저자였느냐에 관한 문제는 논의할 여지가 많다. 주해자들은 베드로의 권위를 힘입어 실바누스가 기록했다고 가정한다.

이 서신은 인사(1:1-2)와 하나님께 영광을 드린 다음(1:3-12) 곧 권고로 시작해서 편지 끝까지 권고적인 말로 일관한다(5:12-14). 그리스도와 그의 사업에 관해서 말하는 찬송가 같거나 고백적인 성격의 귀절들이 권고 안에 반복해서 삽입된다. 또한 구약성서를 상세히 언급한다. 권고 속에 주류를 이루는 주제는 고난을 대비하도록 일깨우는 것이며 이 고난의 대비와 위로와 약속이 연결된다.

인사(1:1-2)

1. 하나님께 영광(1:3-12)

1. "산 희망을 향하여 새로 남" (1:3-5)
2. 판단의 불로써 시련을 당함(1:6-9)
3. 예언자들이 이 성취를 예증했다(1:10-12)

2. 거룩한 행위와 형제애에 대한 권고(1:13-25)

1. "마음을 가다듬어라" (1:13-17)
2. 여러분은 값비싸게 매입되었다(그리스도의 사업) (1:18-21)
3. "마음으로부터 서로 사랑하라" (1:22)
4. 산 말씀을 통하여 새로 남(1:23-25; 참고. 사 40:6-8)

3. "산 돌이신 그에게로 오라"(2:1-10)

1. 완전히 새로운 시작을 하라(2:1-3)
2. 그 돌은 이사야 28장 16절의 약속에서 확정되었음. 그 약속이 이제 성취되었다: "너희는…거룩한 백성이다" (출 19:5-6) (2:4-10)

4. 사회적 지위에 관한 권고(2:11-3:7)

1. "이방인 가운데서 행실을 아름답게 하시오" (2:11-12)
2. 집권자에게 복종할 것을 권고함(2:13-17)
3. 종들에 대한 권고(2:18-25)
   그리스도는 여러분을 위해 죽으셨다(2:21-25; 참고, 사 53장)
4. 부부를 위한 권고(3:1-7)

5. 일반적인 권고, 특히 고난을 위하여(3:8-5:9)

1. 평화를 구하고 그것을 찾으라(3:8-12; 참고. 시 34:13-17)
2. 고난을 참는 자들은 복이 있다(3:13-17)
3. 세례에서 충당되는 그리스도의 사업(3:18-22)

또한 죽은 자들을 위하여(3:19f. ; 4:6)

4. 변화된 삶(4:1-6)
5. 여러 가지 권고들(마지막이 가까웠다) (4:7-11)
6. 그리스도인으로 고난받는 여러분, 기뻐하시오(4:12 19)
7. 장로들에 주는 권고((5:1-4)
8. 젊은 이에게 주는 권고: "정신을 차리고 깨어 있으시오. 여러분의 대적 악마가…" (5:5-9)

6. 베드로전서의 결론(5:10-14)

1. "모든 은혜의 하나님…" (5:10-11)
2. 마지막 말. 문안. 평화의 인사(5:12-14)

이 서신을 도표로 표시하면 다음과 같다.

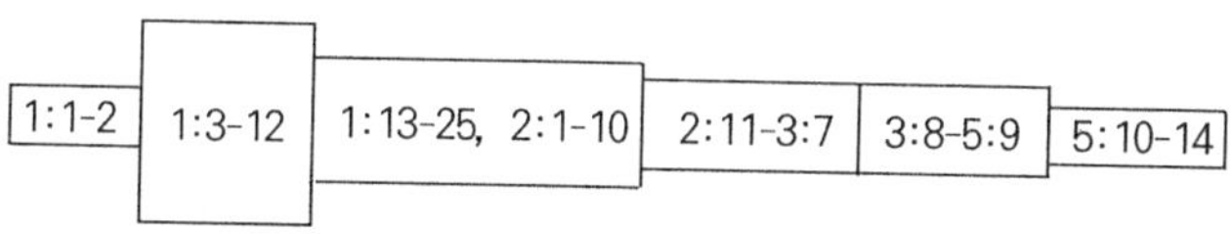

처음의 하나님 찬양 안에(1:3-12) 이 서신의 모든 주제에 관한 예증이 들어있다.

1. 새로 남

하느님은 그리스도 안에서 우리를 위하여 행하신 것 때문에 영광을 받으신다. 그는 우리로 하여금 산 희망을 가지고 새로 태어나게 하셨다(1:3-5). 1장 23-25절에서 첫 부분을 다시 "새로 남"을 언급한다.

다음 부분은 이제 성취된 약속을 기초해서 새롭게 시작하기를 요구하며(2:1-10), 세례를 이 새로운 시작으로서 분명히 지적한다(3:19-22/4:1-6의 변화를 받은 삶의 이야기는 이것과 일치한다). 결정적으로 베드로전서를 지배하는 이 주제 때문에 우리는 이 서신 전체를 세례 설교나 세례에 관한 권고로서 인식하려는 유혹을 받는다. 그러나 이것은 너무 제한된 개념이 될 것이다. 서신 전체를 통해서 수신자는 실제로 개인적 그리스도인이 아니라 교회이기 때문이다. 그럼에도 불구하고 본서의 권고 메시지의 근본 주제는 세례에서 증명되는 "새로 남"이다.

이 새로 남은 "예수 그리스도의 죽은 자로부터의 부활"을 통해서 가능하다(1:3-5). 교회는 이 신앙을 고백하며, 사도가 "여러분이 속량받은 것은…그리스도의 귀한 피로 된 것입니다"고 말할 때 위의 사실을 상기한다(1:18-21). 그는 "그리스도께서도 여러분을 위하여 고난을 받으시고 여러분에게 본을 남겨 놓으셨습니다"(2:21-25)고 말할 때, 특히 노예들에게 위의 사실을 상기시킨다. 여기서 다시 그리스도의 구속사업을 서술하는데 이사야 53장의 약속을 반영한다. 이 구속사업의 요약이 3장 18-22절에 나오고, 그것은 고난받을 것을 예배하라는 부름과 연결되었다(3:13-17).

2. 고난을 통한 신앙의 증명

고난을 통한 신앙의 증명(1:6-9)이 두 번째 지배적인 주제다. 이와 관련해서 권고적 자료가 모든 면에서 친절하고 격려하는 위로의 가락을 가지고 있다. 이것은 특별히 3장 13-17절에서 그러한데 여기서 고난받는 사람들에 대하여 축복을 사용한다(참고, 3:14). 무엇보다 이것은 십중팔구 박해와 관련해서 상기된다. 그러나 2장 19-21절에서 노예들에게 말한 권고는 이 박해 외에도 모든 종류의 고난이 고려되고 있었다는 것을 시사한다. 그리스도인 실존의 바로 이런 면이 사도에게 얼마나 중요했는가는 4장 12-19절의 단락에서 이해된다. 예비적인 결론적 진술을 한 후 그는 여기서 다시 한 번 이러한 위로의 권고를 상세히 취급한다. "그리스도인"이라는 이름은 여기에서만* 그리고 사

* "만일 우리가 그리스도인으로 고난을 받으면…"(4:16)

도행전 11장 26절과 26장 28절에서 나온다.

끝으로 젊은 이에게 말한 마지막 권고는 고난이 그리스도인 실존의 일부분이라는 것을 언급한다. "정신을 차리고 깨어 있으시오. 여러분도 아는 대로 세상에 있는 여러분의 형제들도 같은 고난을 다 당해왔습니다"(5:8f.).

3. 구약성서의 약속

그리스도인에게 수여된 구원—지금 계시되었다—은 구약성서, 특별히 예언자들의 약속에 근거하고 있다(1:10-12). 구약성서의 언급이 본서 전체를 꿰뚫고 있다.

(1) 새로 남을 가져오는 산 말씀(1:23ff.)은 이사야 40장 1-11절의 서론의 주제다

(2) "여러분도 산 돌이 되어 신령한 집을 지으시오"(2:1-10). 이 권고는 이사야(28:21-35)와 출애굽기(19:5f.)의 모퉁이 돌에 관한 말에 기초한다.

(3) 그리스도에 관한 고백(2:21-35)은 이사야 53장의 고난받는 종의 노래에 기초한다.

(4) 일반적 권고(3:8-12)는 시편 34장 13-17절을 인용한다. 이상의 귀절들은 베드로전서가 언급하는 가장 중요하고 분명한 구약성서의 문맥에 불과하다. 동시에 이것은 이상에서 언급한 모든 귀절에서 자연스럽게 또는 재해석 없이 일어난다는 것을 주목해야 한다. 이 구약성서의 말씀 하나 하나는 오늘날 똑같은 방법으로 정확히 이해될 수 있다.

권고 자료가 개개의 장귀에서 발전되는 방법을 상세히 설명할 필요는 없다. 그것은 다른 서신들에 나오는 같은 종류의 자료와 정확하게 일치하기 때문이다.

23. 베드로후서와 유다서

1. 인사(1:1-2)

2. 신앙심을 키우고 증진시키라는 권고(1:3-11)

3. 임박한 죽음을 예상한 유언(1:12-15)

4. 그리스도의 재림에 관하여(1:16-21)

5. 이단자들에 대한 고지(2:1-3; 참고, 유다 4)

(유다서 3-18과의 일치를 주목)

1. 이단자들이 일어날 것이며 많은 추종자를 얻을 것이다(2:1-3; 참고 유다 4)
2. 하나님은 이전에 내린 심판과 일치하게 그들을 심판할 것이다(2:4-9; 참고, 유다 5-7)
3. 그들은 천사들까지도 모독할 것이다(2:10-11; 참고, 유다 8-10)
4. 그들은 비열한 행동을 한다(2:12-16; 참고, 유다 11)
5. 타락한 그들은 그들 자신의 부정에로 돌아감(2:17-22; 참고, 유다 12-16)

6. 그리스도의 재림(3:1-18)

1. 조롱자들의 질문: 재림의 지연은 웬 일인가?(3:1-4)

2. 노아 때 홍수의 재난과 마지막 때의 불의 재난이 일치한다(3:5-7)
3. 그의 재림 지연은 그의 인내 때문이다("천년이 하루같이…")(3:8-9)
4. 주의 날은 도적같이 임할 것이다(3:10)
5. 마지막 때를 예비하라(3:11-15)
6. 바울이 말한 대로 재림의 지연은 우리의 구원을 위한 것이다(3:15-16)
7. 마지막 권고와 송영(3:17-18)

베드로후서의 도표는 다음과 같이 나타낼 수 있다.

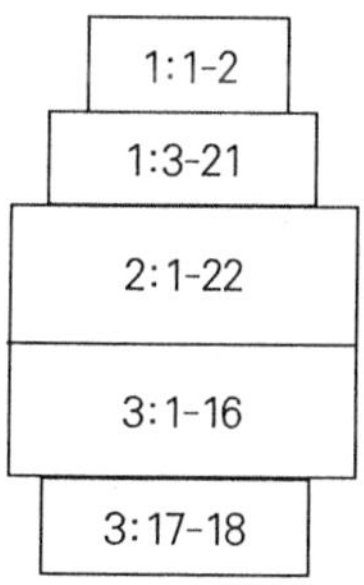

거의 모든 주석가들은 베드로후서를 후대의 것으로 본다. 본서의 문체는 헬레니즘의 특색을 가진다. 예: 신의 본성을 함께 하는 자에 대한 언급(1:4), 덕의 개념(1:5). 본서는 이단자들이 잘못 호소하고 있는 바울 서신의 경전이 있다는 것을 이미 전제하고, 2장에서 유다서 3-18절을 재현한다.

본서의 목적은 그리스도의 재림이 사실이라는 것을 확인하는 것이다. 이 서신은 2장에서 서술되는 영지주의적 이단들에 반대했다. 이단자들은 조롱하는 "그러면 재림이 지연되는 것은 무엇이냐?"고 물었다. 베드로후서는, 그에게는 천년이 하루같은 하나님을 이 조롱과 대립시킨다. 그가 여전히 허용하는 지연은 우리의 구원을 위한 것이다. 바울을 포함한 모든 사도들은 이 점에서 일치한다. 바울의 편지들은 많은 면에서 이해하기 어렵다. 이단자들은 분명히 그의 어려운 것을 곡해하였다.

주의 날이 도적같이 올 것이다(참고, 마 24:43-44). 이 날을 예비하는 것이 좋다.

유다서

1. 인사(1-2절)
2. 전통적인 신앙을 위해 투쟁할 것을 권고(3절)
3. 사도들의 예언(17-19), 이단자들(4-16절)
4. 권고: "가장 거룩한 신앙 위에 너희를 세우라"(20-23절)
5. 송영(24-25절)

24. 요한 1서

요한 1서에는 인사말이 없고, 그 대신 서사로 대치되었다. 이 서신은 이단의 침입 위험 속에 있던 회중이나 회중의 그룹에서 씌어진 권고적 팜플렛이다. 이단은 영지주의적 이단으로 명확히 지목된다(2:18-27). 이단자들은 그리스도가(그들 역시 인정함) 참 인간 예수라는 것을 부인하고 있었다(4:2f.). 그들은 자신들이 완전하고 무죄(1:10)하다고 생각했으며 그러므로 그들은 계명에 복종할 의무가 없다고 믿었다(2:4).

이단자들이 공격을 가하고 있던 점들이 요한 1서의 주요한 주제들을 이룬다. 이것을 기초로 해서 보면 서사가 요한복음 1장 14절의 재 진술이라는 것이 또한 명백하다. 이단자들이 공격대상인 성육신 신앙의 중심을 이루었다. 이 서신의 서사와 문체는 요한 1서와 요한복음 기자가 동일한 저자, 또는 여하튼 동일한 신학그룹에게서 유래했음직하다고 할 만큼 요한복음을 답습한다. 이 사실은 요한 2서와 3서에도 해당된다. 요한 2, 3서는 보다 분명하게 실제적인 편지로서 인정되어야 한다.

서사: 우리는 생명의 말씀을 증거한다(1:1-4)

1. 빛의 메시지(1:5-2:17)

1. 빛 가운데서 행하라— 죄를 고백하라(1:5-2:2)
2. 하느님을 알라— 그의 계명을 지키라(2:3-6)
3. 형제애에 대한 옛 계명과 — 새계명(2:7-11)

4. “여러분은 아버지를 압니다” (2:12-17)

2. 적그리스도의 메시지에 대한 경고(2:18-29)

1. “자녀들아, 지금은 마지막 때다!” (2:18-19)
2. 여러분은 진리와 거짓말장이를 안다(2:20-23)
   “예수가 그리스도이심을 부인하는 그 사람이 거짓말장이가 아닌가?”
3. 여러분이 처음부터 들은 그 안에 거하라(2:24-29)

3. 하나님 안에 거하라—사랑 안에 거하라(3:1-24)

1. 그 안에서 사는 자는 죄를 범하지 않는다(3:1-10)
2. 사랑하지 않는 자는 죽음 안에 머문다(3:11-18)
3. 그의 계명을 지키는 자는 그의 안에 거한다.
   “하나님은 우리의 마음보다 크시다” (3:19-24)

4. 이단자들에 대한 경고(4:1-6)

5. 하나님은 사랑이시다. 사랑하자(4:7-21)

6. 우리의 믿음이 사랑 안에서 세상을 이긴다(5:1-5)

7. 그리스도를 증거하는 이는 셋인데 성령과 물과 피다(5:6-12)

8. 결론: 우리의 기도를 다 들어주신다고 확신함(5:13-15)

부록: 죽을 죄와 죽지 않을 죄(5:16-21)

요한 1서의 개요는 다음 도표에서와 같이 표시될 수 있다.

1:1-4	1:5-2:17	2:18-29 4:1-6	3:1-24	4:7-21	5:1-12	5:13-15	5:16-21

고도로 개성이 특이한 이 서신의 문체는 요한복음과의 관련에서와 그것을 기초로 해서 이해될 뿐이다. 실제로 요한 1서 전체를 통틀어 변화무쌍한 방식으로 확장되는 소수의 선언문과 도전이 있을 뿐이다. 이것들은 계속 약간 다른 표현을 하며 서로 상이한 관계에서 계속 나타난다. 이것의 일부분이 역설적인 대조로 자체를 표현하는 요한 사도의 문체가 갖는 독특한 개성이다. 이 역설들은 새로운 방법으로 사용되기 때문에 우리는 의미의 놀랄 만한 차이와 말씨에 있어서 서로 마찰이 되는 두 진술상의 전혀 논리적인 모순 때문에 거듭 깜짝 놀라게 된다. 이에 대한 실례로 1장 8절과 3장 6절 사이의 모순된 진술을 들 수 있다. 믿는 자들에게 죄가 무슨 의미가 있느냐는 것은 그러한 역설적 스타일에서 표현될 수 있을 뿐이다.

25. 요한 2서와 3서

"장로"가 두 서신을 보낸 자로 지적된다. 요한 2서는 교회가 수신자이며 요한 3서가 가이우스(Gaius)라고 하는 개인이 수신자다.

인사(1-3절)와 감사와 중재(4-6절) 다음에 요한 2서는 요한 1서(2:18-29)와 같이 동일한 이단자들에 대해서 경고하며 그들로부터 엄격하게 격리할 것을 명령한다(7-11절). 이 서신의 결론에서 장로는 그가 곧 방문할 것을 알린다.

요한 3서는 가이우스가 형제들을 영접한 일로 그를 칭찬하고(3-8절), 영접하지 않았고 또 이 서신의 필자를 인정하지 않은 디오드레베(Duitreopes)를 꾸짖는다(9-10). 디오드레베는 아마도 카리스마적 순회사도를 반대한 교회의 감독행정을 대표한 사람이었던 것 같다(참고, "으뜸이 되기를 좋아하는 자", 9절), 편지 결론(13-15절)은 요한 2서의 결론과 아주 흡사하다. 두 서신의 도표는 다음과 같다.

요한 2서

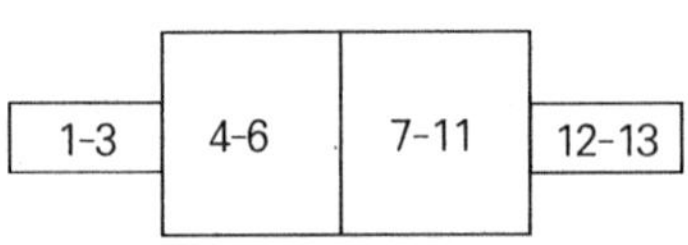

요한 3서

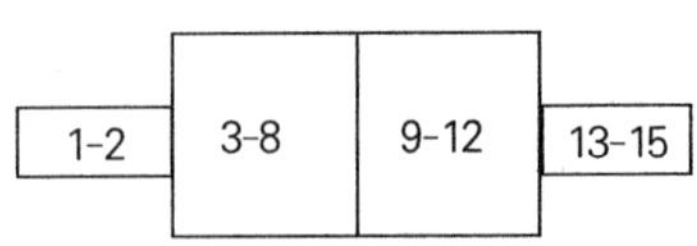

제5부

묵시문학

26. 요한계시록

요한계시록은 후기 유대교에 매우 많았던 묵시문학 중 중요한 문학그룹에 속하는 것으로 다니엘서의 일부와 이사야의 소 묵시록(24-27장)과 스가랴의 환상(1-6)을 들 수 있다. 에스겔의 많은 부분도 묵시문학적 특색을 내포한다. 신약성서에서는 "공관 묵시록"(Synoptic apocalypses)도 같은 계열로 보아야 한다.

계시록의 특수한 성격은 소아시아* 지역(2-3장)에 있는 일곱 교회에 보낸 편지와 마지막 때의 환상(4-22장)을 결합시키는 방법에서 추론된다. 소명에 관한 이야기(1장)가 위의 편지와 환상보다 선행한다. 책 전체가 편지로서 시작하고(1:4), 끝을 맺으며(22:21), 따라서 교회에서 말하기 위한 것이다. 박해가 계속 일어난 기간에 교회들은 현재처한 안타깝고 광대한 컨텍스트를 봄으로써 또한 이러한 강력한 운동들의 목표, 즉 심판과 구원하려고 그리스도가 재림하는 때 있을 그의 궁극적 승리를 언급함으로써 강건해지고 위로를 받아야 했다.

계시록은 학자들의 지배적 의견에 의하면 1세기 말경에 씌어졌다. 저자가 소아아시아의 장로였는가, 신분을 알 수 없는 요한이었는가는 옛날부터 논란의 대상이었다. 또한 계시록을 신약성서의 경전의 하나로 받아들이는 문제도 오랫동안의 논쟁점이었다. 신약성서서 전체로

---

* 역자 주: 소아시아에 있는 로마의 작은 지방으로 북으로는 비두니아, 동쪽으로는 갈라디아, 남쪽으로는 밤빌리아와 루시아, 서쪽으로는 에게해로 경계를 이룬다. 신약성서에 나오는 "아시아"란 용어는 아시아 대륙을 뜻하지 않는다.

서의 계시록의 의의는 무엇보다도 그리스도 사건이 시간적, 공간적으로 최대한 넓은 영역 안에 설정된다는 사실에 있다. 이 책을 도식으로 표기하면 다음과 같다.

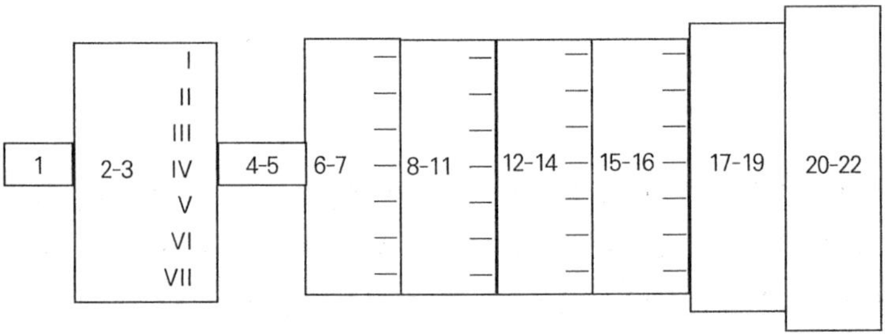

1. 선견자 요한의 소명에 관한 환상(1:1-20)

1. 확대된 표제(1:1-3)
2. 송영으로 발전한 편지의 서론(1:4-8)
3. 밧모라는 섬에서 소명의 환상(1:9-20)
   1. 서론 : 밧모섬에 정배당한 요한(1:9)
   2. 일곱 교회를 위하여 위탁받은 임무(1:10, 11, 19f).
   3. 인자 같은 이의 환상(1:12-16)
   4. "두려워 말라, 나는…"(1:17-18)

선견자 요한이 그의 소명 때 받은 환상은 예언자들의 소명을 연상하게 한다(참고 사 6장; 렘 1장; 겔 1-3장). 이 환상에서 하느님(또는 높이 올리우신 그리스도)은 그의 성스러움 속에서 인간을 만나신다. 인간은 이 현현 앞에서 극도로 놀라며, 이 환상 안에서 성서 전체를 누비는 확언 "두려워 말라"를 듣는다. 그의 임무는 이 해우로부터 유래한다(이사야 6장의 배열을 참고하라)*

실재적이며 절대적 기초가 되는 계시가 이 해우 안에 포함된다. 즉 그리스도는 자신을 계시하고 "나는 처음이요 나중이며 산 자…" (1:17f.)**라고 선언한다. 계시록 전체가 단순히 그리스도의 이 자기 계시를 밝힌다. 이 계시 다음에 오는 위탁(19절)은 즉시 계시록 전체를 요약한다. 즉;

네가 본 것 = 1장: 소명 때 본 환상
지금의 일들 = 2-3장: 회람서신
다음에 일어날 일들 = 4-22장: 미래관

2. 일곱 편지(2-3장)

1. 에베소 교회(2:1-7)
2. 서머나 교회(2:8-11)
3. 버가모 교회(2:12-17)
4. 두아디라 교회(2:18-29)
5. 사데 교회(3:1-6)
6. 빌라델비아 교회(3:7-13)
7. 라오디게아 교회(3:14-22)

일곱 교회에 보내는 이 모든 공개서신은 동일한 근본 특색을 내포한다. 즉 교회들의 현재적 조건에 비추어 칭찬하고 인정하는 경우도 있고 험한 책망을 하는 경우도 있다("나는 네 행한 일…을 알고 있다. 그러나 나는 네게 나무랄 것이 있다"). 각 회중마다 평가가 다르다. 평가는 가벼운 꾸중(버가모)에서부터 극도로 심한 비판(라오디게아)까지 다양하다. 서머나 교회의 경우에서만 칭찬과 비난이 완전히 결여되어 있다. 여기에서만 회중의 불행을 꼬집어 말한다.

---

* 본서 p. xxx참조
** 1:4-8의 인사의 송영의 이것과 병행한다.

미래에 관하여 일곱서신은 교회의 먼 운명에 관한 고지와 회개하라는 권고를 포함한다. 어떤 교회의 경우에는 심판의 위협이 포함된다. 그러나 모두 구원의 약속으로 끝난다. 일곱 서신 전부가 인내와 신실한 것을 계속 요구한다. "죽도록 충성하라 그리하면 내가 생명의 면류관을 네게 주겠다"(2:10; 마찬가지로 3:11). 이러한 메시지로 교회에게 말하는 이가 그리스도 자신이다. 1장의 환상에서 높이 들리우신 자의 서술이 각 서신에 서론의 말로 모방된다.

3. 계시(4-22장)

1. 보좌의 환상: 면류관을 쓴 분과 어린 양(4-5)
2. 일곱 봉인(6-7장)
3. 일곱 나팔(8-11장)
4. 막간: 두루마리와 천사(10:1-11:4)
5. 마지막 시기의 드라마(12-14장)
6. 일곱 대접(15-16)
7. 바벨론에 대한 심판과 승리(17-19장)
8. 평화의 통치와 새 예루살렘(20-22장)

요한에게 내린 계시에 있어서 이 폭넓은 문학적 구성의 계속성과 의의는 극도로 복잡하다. 그것은 또한 전혀 다른 방법으로 현재까지 해석되어 왔다. 그러므로 여기서 지시된 소수의 사고계열에 대한 구별은 단지 시도에 불과할 뿐이다.

4장과 5장의 보좌환상은 성격상 서론적이다. 선견자가 고지해야 하는 모든 것은 그가 하나님과 만남으로서 유래한다. 하나님은 주권을 가지신 주님이요(4장) 동정하시는 주이시다(5장). 보좌에 앉으신 이 분의 환상은 이사야 6장 및 에스겔 1장과 상세하게 일치한다. 이야기 중심부에 하늘의 영물(靈物)이 하느님의 주권을 경배한다. 이것은 이사야 6장의 "거룩 거룩 거룩…"과 일치한다. 그가 그의 손에 쥐고 있는 일곱 봉인으로 고정된 두루마리 세계사를 에워싸는 신의 계획을 지시한다. 그러나 역사의 신비는 감추어져 있다(일곱 봉인이 이것을 시사한다). 역사 안에의 하느님의 활동이 감추어져 있는 동안 모든 산 피조물의 슬픔은 선견자가 눈물 흘림으로써 시사된다(5:4). 만일 그의 고난과 죽음을 통해서 승리하신 그리스도 곧 어린 양이 두루마리를 열지 않는다면(5:9f.). 저 역사의 신비는 영원히 봉인된 채 있을 것이다. 그러므로 그리스도와 그가 하신 일은 이제 하느님을 찬양하는 가운데 내포된다. 마지막에 모든 피조물은 기뻐 외쳐 말한다. "보좌에 앉으신 이와 어린 양에게 찬양과 존귀와 영광과 권능이 영원무궁하도록 있으시옵소서"(5:13).

그 다음에 나오는 것을 이해하기 위하여 우리는 고대문서가 자주 두 부분으로 구성되었다는 것을 가정해야 한다. 두 부분이란 누구나 읽는 공개 부분과 봉인된 부분을 말한다(보른캄과 다른 이들*).

일곱 봉인환상(6-7장)은 두루마리의 한 부분을 나타낸다(5:1). 이 환상들은 일곱째 봉인의 개봉에 의하여 문서가 실제적으로 노출되는 서곡이다. "어린 양이 일곱째 봉인을 열었을 때 약 반시간 동안 침묵이 있었습니다"(8:1).

8장 2절-22장 21절에서 이제 계속되는 것은 선견자에게 봉인된 일곱 두루마리를 명백히 하는 것으로 일곱 나팔의 환상부터 시작한다(8-11장). 나팔 소리로 최후심판이 시작한다. 처음 여섯 나팔(8-9)은 파괴적인 심판의 여러 가지 활동을 고지하는 반면에 일곱째 나팔은 다른 면 즉 영원한 구원의 도래(11:15-19)를 지시한다. 그러나 여섯

---

* Bornkam.G., "Studien zu Antike und Urchristentum, in; *Beiträge zur evangelischen Theologie*, Vol. 28(1959), pp.xxxf.; Staritz, K.. "Zu Offenbarung 5:1", *Zeitschrift für die neutestamentliche Wissenschaft*, Vol. 30(1951), pp.xxxff.

째와 일곱째 나팔의 환상 사이의 간막(10:1-11:14)은 하느님 백성의 역사와 다음에 일어날 일들을 생생하게 연결한다. 이 부분에서 보다 중요한 간막—본래 아주 완전한(12-14)—이 소개된다. 강력하고 믿기 어려운 이미지로 하느님 백성의 운명과 역사가 마지막 때의 행위와 연결된다. 12장의 여인은 하느님의 백성을 나타낸다. 그녀의 아들이 메시아이고 12f. 장에 나오는 용과 두 짐승은 하느님의 백성을 위협하고 파괴하는 세상 권력들이다. 마지막 역사에 관해서 하느님 백성의 이야기는 넓고 아주 제한된 선들을 따라 스케치 한다(12-14).

진노의 접시에 관한 일곱 환상은 이제 15-16장에서 나온다. 진노의 접시들은 하느님을 거역하는 세상 위에 쏟아진다. 여기서 이 환상들은 세밀한 데까지도 일곱 나팔 환상과 정확히 일치한다는 것을 깨달아야 한다. 이것은 고정된 연속이 여기서 진술된 것이 아니라 사건들의 신비로운 상호작용이 진술된 것을 시사하기 위한 것이다.

일곱 나팔		일곱 봉인
준비	8:2-6	15:1-5; 16:1
첫째	8:7	16:2
둘째	8:8f.	16:3
셋째	8:10f.	16:4(-7)
넷째	8-12	16:8f.
다섯째	9:1f.	10:10f.
여섯째	9:14f.	16:12(-16)
일곱째	11:15-19	16:17(-21)

17-19장에서만 마지막 활동이 시작한다. 그리스도에 반대하는 세상 권력은 무시무시한 높이에까지 올라가는 "음녀 큰 바벨론"으로 묘사된다. 요한은 "나는 성도들의 피와 예수의 증인들의 피에 취한 여인을 보았읍니다"고 선언한다(17장). 그녀는 천사들이 "무너졌다. 무너졌다. 큰 도시 바벨론이…"(사 21:9 참고)라고 부르짖은 대로 그녀

의 높은 위치에서 아래로 세게 던져진다. 이야기는 전 세계가, 무엇보다도 무역과 상업이 이 세상 권력의 전복으로 영향을 받게 되는 것을 묘사한다(상인들은 18:11-17a에서, 사공들은 18:17b-19에서 각각 언급된다).

그러나 하늘에서 이 순간에 환희에 찬 승리의 부르짖음이 일어난다. "우리 주 하느님 전능하신 이가 통치하신다"(19:6; 제관시 참고).* 19장에서 이 승리의 환희와 함께 이야기는 최후완성의 묘사로 넘어간다(20-22장).

이제 평화의 통치가 마지막 때의 무서운 재난이 사라진 후에 동튼다. 사탄의 마지막 한번의 공격이 있을 뿐이고(20:7ff.) 결국 그는 영원히 파멸될 것이다. 선견자는 계속해서 말한다. "나는 새 하늘과 새 땅을 보았습니다…나는 새 예루살렘을 보았습니다"(21:1ff.). 이 새로운 신의 세상은 결국 모든 약속의 궁극적인 성취 곧 평화를 성취할 것이다.

> "보라, 하느님의 장막이 사람들 가운데 있다.
> 그는 그들과 함께 계실 것이요, 그들은 하느님의 백성이 될 것이다.
> 하느님께서는 친히 그들과 함께 계셔서
> 그들의 눈물에서 모든 눈물을 씻겨 주실 것이다.
> 그래서 다시는 죽음이 없고
> 슬픔도 울부짖음도 고통도 없을 것이다"(21:3-5).

이 길이 기억될 만한 영원한 구원의 묘사는 전적으로 구약성서의 말(utterance)로 구성된다는 것이 계시록의 특징이다. 여기서 처음으로 신, 구약성서의 관계가 완전히 분명하다. 하느님의 백성이 역사를 통하여 그들의 오랜 여행중에 약속받은 것을 그리스도의 재림시 그의

---

* 역자 주: 제관시의 상세한 토론을 위해서는 Mowinckel의 *The Psalms in Israels Worship*, Nashville:Abindon, 1962 Vol. 1. pp.xxx-xxx를 보라

궁극적 승리를 통해서 처음으로 실현된다. 그의 재림은 사망과 죄의 세력을 종식시킨다.

아브라함이 "너로 인하여 땅의 모든 족속이 복을 받으리라…"(창 12:1-3)는 말씀으로 약속받은 것은 그리스도의 최후 승리에서 최종적으로 성취하기에 이른다. 그러므로 그의 교회—일곱 서신(2-3장)의 수신 교회처럼 시련중에 있는—는 교회의 주를 대망하며 산다.

"이것들을 증거하시는 이가 말씀하신다.
'그렇다. 내가 속히 오겠다.
아멘. 주 예수여, 오시옵소서!"(22:20)